Wang Yi u. a.
Hannah Nation und J. D. Tseng (Hg.)

Treuer Ungehorsam

Chinas verfolgte Christen
Erste öffentliche Texte der Hauskirchen zu Staat und Kirche

MIX
Papier | Fördert gute Waldnutzung
FSC® C014496

Wang Yi u. a.
Hannah Nation und J. D. Tseng (Hg.)
Treuer Ungehorsam
Chinas verfolgte Christen
Erste öffentliche Texte der Hauskirchen zu Staat und Kirche

Best.-Nr. 271914
ISBN 978-3-86353-914-6
Christliche Verlagsgesellschaft Dillenburg

Titel des amerikanischen Originals:
Faithful Disobedience
Writings on church and state from a chinese house church movement

InterVarsity Press, P.O. Box 1400, Downers Grove, IL 60515-1426
ivpress.com, email@ivpress.com

Wenn nicht anders angegeben, wurde folgende Bibelübersetzung verwendet:
Elberfelder Bibel 2006, © 2006 by SCM R. Brockhaus in der
SCM Verlagsgruppe GmbH Witten/Holzgerlingen.
Außerdem wurden verwendet:
NeÜ bibel.heute, © 2010 Karl-Heinz Vanheiden und Christliche Verlagsgesellschaft (NeÜ).
Gute Nachricht Bibel (GNB).

1. Auflage

www.cv-dillenburg.de
Übersetzung: Herrmann Grabe
Fachlektorat: Dr. Wolfgang Häde

Satz und Umschlaggestaltung: CV Dillenburg
Umschlagmotiv: © Huang Jinhui, CC Wikipedia
Druck: GGP Media GmbH, Pößneck
Printed in Germany

Wenn Sie Rechtschreib- oder Zeichensetzungsfehler entdeckt haben,
können Sie uns gern kontaktieren: info@cv-dillenburg.de

TREUER UNGEHORSAM

WANG YI u. a.

Hannah Nation und J. D. Tseng (Hg.)

CHINAS VERFOLGTE CHRISTEN

ERSTE ÖFFENTLICHE TEXTE
DER HAUSKIRCHEN ZU
STAAT UND KIRCHE

„Zum ersten Mal erhalten wir in englischer Sprache Zugang zu einigen der führenden Persönlichkeiten in Chinas nicht registrierten Kirchen. Wir hören von Schicksalen, die von der turbulenten Geschichte des Christentums in China geprägt sind. Bei allen geht es um die schwierige Beziehung der Kirche zum Staat und zur Gesellschaft. Die Christen dort haben sich neu auf eine eschatologische Sichtweise eingestellt. Dieser Einblick in die chinesische Kirche regt zum Nachdenken an und fordert unser Verständnis von einem treuen Christenleben heraus. Das gilt also nicht nur für China, sondern geht weit darüber hinaus."

Alexander Chow, Universität Edinburgh, Autor von *Chinese Public Theology*

„Alle Christen leben als Fremdlinge in dieser Welt. Wir, die wir in einem nachchristlichen Umfeld leben, müssen uns erneut fragen, was es für die Kirche bedeutet, Salz und Licht in einer Gesellschaft zu sein, die dem christlichen Glauben feindlich gegenübersteht. *Treuer Ungehorsam* zeigt uns den Preis, den die Hauskirchen in China für ihre Nachfolge Christi bezahlt haben. Wang Yi und andere liefern uns auch einen klar umrissenen theologischen Rahmen dafür, warum sie dies getan haben. Auch wenn sich nicht alle Hauskirchen einig sind, wie sie sich gegenüber den politischen Behörden verhalten sollen, ist ihr Engagement für die Heilige Schrift und die kommende Welt ein Zeugnis vor der chinesischen Gesellschaft und eine Ermutigung für alle Christen weltweit."

Timothy Keller (verstorben 2023), Gründungspastor der Redeemer Presbyterian Church in Manhattan

„Pfarrer Wang Yi ist ein chinesischer Theologe im pastoralen Dienst und ein bekannter gesellschaftlich engagierter Intellektueller. Er ist scharfsinnig, wortgewandt und furchtlos. Unter seiner Leitung hat die Early Rain Church den Einfluss der ‚Hauskirchen', d. h. der *Jiating*-Kirchen, auf viele Bereiche der chinesischen Gesellschaft ausgedehnt. Diese Texte-Sammlung zeigt deutlich die Tiefe des chinesischen christlichen Denkens und die Entwicklung ihrer biblischen, historischen, systematischen und praktischen Theologie. Sie ist ein Muss für jeden, der sich für das Christentum in China, die Gesellschaft und Kultur dort interessiert. Außerdem ist sie für alle Christen von Bedeutung, die in der heutigen Welt mit Einschränkungen, Unterdrückung und Verfolgung konfrontiert sind."

Fenggang Yang, Gründungsdirektor des Center on Religion and the Global East an der Purdue-Universität (Indiana, USA)

„Dieses wichtige Kompendium von Schriften aus der Hauskirchen-Bewegung bietet allen Lesern und auch Wissenschaftlern eine Insider-Perspektive auf die Geschichte der Hauskirchen im Rahmen der chinesischen Kirchengeschichte. Durch eine Kombination von akademischen Aufsätzen, Gottesdienstpredigten und Interviews lenkt der Band die Aufmerksamkeit auf zwei Schlüsselelemente in Wang Yis Schriften, die sein Denken und Wirken bestimmt haben: Da sind erstens die Beziehungen zwischen Kirche und Staat und zweitens seine Theologie des Martyriums mit eschatologischer Dimension."

Chloë Starr, Professorin für asiatische Theologie und Christentum an der Yale Divinity School

„Die Dinge, die zu unserem Verständnis der Beziehungen zwischen Kirche und Staat beitragen, sind nicht nur im engeren Sinne exegetischer Natur, sondern ergeben sich auch aus unseren Erfahrungen als Christen. Was die Bibel zu solchen Themen sagt, kann sich in unseren Köpfen sehr schnell ein wenig verschieben. Nehmen wir beispielsweise Christen aus den Niederlanden des 19. Jahrhunderts, Stammesleute aus Papua-Neuguinea und Han-Chinesen aus China. Sie alle wollten, wie auch wir, ihr Leben unter der Weisung von Christi Vorsehung in dieser zerrissenen Welt führen. Wang Yi und seine Mitstreiter in diesem herausfordernden Band schreiben in dem vollen Bewusstsein, dass sie nicht die einzige christliche Stimme in China sind, ganz zu schweigen von anderen Ländern, aber sie verteidigen die nicht registrierten Kirchen mit exegetischem Geschick, theologischer Klarheit und pastoraler Sensibilität. Die Kirchen des Westens können viel von ihnen lernen."

D. A. Carson, emeritierter Professor für Neues Testament, Trinity Evangelical Divinity School

„Wang Yis Treue unter Verfolgung wirft ein Schlaglicht auf das Evangelium, indem sie Ungerechtigkeit und die Tiefe menschlicher Verdorbenheit aufdeckt. Noch wichtiger ist, dass sein Beispiel als leidender treuer Diener Gottes ein Vorbild für alle leidenden Diener Christi darstellt. Durch Gottes Gnade hat sich somit an einem weiteren treuen, unbeugsamen Christen in China gezeigt, wie die Wahrhaftigkeit des Evangeliums in der dunklen und hoffnungslosen Welt aufleuchtet – durch den Dienst dieses leidenden Dieners Jesu Christi."

David Ro, Regionaldirektor der Lausanner Bewegung Ostasien und Vorsitzender des Kongresses Asien 2022

„*Treuer Ungehorsam* ist ein Muss für jeden, der die Vitalität, die Gelehrsamkeit, die Ethik und das regimekritische Zeugnis der leitenden christlichen Denker im heutigen China verstehen will. Diese Werke von Wang Yi und anderen verknüpfen sorgfältig die spirituellen und theologischen Wurzeln des Leidens und des Zeugnisses früherer Hauskirchenführer wie Wang Mingdao, um ihr eigenes individuelles, fundiertes und pointiertes öffentliches

Zeugnis der Wahrheit gegenüber der Macht im heutigen China zu vertreten. Man kann das gegenwärtige Verhältnis zwischen Christentum und Staat in China auf keine Weise besser verstehen als durch die Beiträge dieser zeitgemäßen Aufsatzsammlung."

Thomas Harvey, akademischer Dekan des Oxford Centre for Mission Studies und Autor von *Acquainted with Grief: Wang Mingdao's Stand for the Persecuted Church of China*

„Das wichtigste Merkmal des globalen Christentums ist das gemeinsame Gespräch, das Christen aus unzähligen verschiedenen Kulturen miteinander führen. Dieses fesselnde Buch bringt eine der dynamischsten christlichen Bewegungen der Welt in die Wohnzimmer von Christen auf der ganzen Welt. Die theologischen Überlegungen von Pastor Wang Yi sind eine unverzichtbare Lektüre für Christen in aller Welt, die über die Zukunft ihres Glaubens nachdenken wollen."

Todd M. Johnson, Co-Direktor des Center for the Study of Global Christianity am Gordon-Conwell Theological Seminary

„Die Dynamik der Hauskirchenbewegung in China ist trotz all ihrer Schwierigkeiten einer der fesselndsten und inspirierendsten Berichte der Zeitgeschichte. Während die Bewegung als Ganzes meist aus kleineren, unauffälligen Kirchen besteht, ist Pastor Wang Yi eine wichtige Stimme aus größeren, bekannteren Kirchenkreisen. Die ernüchternde Realität seiner derzeitigen Inhaftierung ruft uns umso mehr dazu auf, für ihn (und andere inhaftierte Christen) zu beten und uns ernsthaft mit seinen Gedanken auseinanderzusetzen."

Kevin S. Chen, außerordentlicher Professor für Altes Testament am Christian Witness Theological Seminary in San Jose, Kalifornien, und Autor von *The Messianic Vision of the Pentateuch*

„Dieses fundamental wichtige und einzigartige Buch ist ein Zeitdokument voller Primärquellen und ein Beispiel par excellence nicht nur für nicht registrierte Kirchen in China, sondern auch für die indigenen Theologien weltweit. Seine natürliche Art gibt dem Leser die Möglichkeit, einen Blick auf das zu werfen, was wirklich im Leib Christi auf der ganzen Welt vor sich geht. Dies hilft uns, unser eigenes Selbstverständnis zu schärfen, was wirklich christlich oder was einfach nur unsere Kultur ist. Außerdem hilft es uns als Lernenden, nicht nur zu geben, sondern auch zu empfangen, was der Heilige Geist in der Kirche wirken möchte."

Allen Yeh, außerordentlicher Professor für interkulturelle Studien und Missiologie an der Biola University und Autor von *Polycentric Missiology: Twenty-First-Century Mission from Everyone to Everywhere.*

„Die Predigten von Pastor Wang Yi tragen das Herz der neutestamentlichen Briefe in sich, das noch immer durch die Flure der Geschichte hallt. Indem er ein breites Spektrum historischer, politischer, kultureller und geistlicher Themen für seine eigene Early-Rain-Gemeinde behandelt, warnt, ermahnt und bereitet er uns darauf vor, dass die neutestamentliche Realität der Verkündigung einen hohen Preis hat. Das lebt er uns vor. So wie unsere Gebete Pastor Yi in seiner Gefängniszelle stärken werden, wird diese Predigtsammlung Heilige auf der ganzen Welt darin bestärken, Not und Verachtung um des Reiches Gottes willen zu ertragen – auch inmitten unserer eigenen zerbrechlichen Freiheit."

K. A. Ellis, Direktor des Edmiston Center for the Study of the Bible and Ethnicity

„*Treuer Ungehorsam* ist eine bemerkenswerte Dokumentation des chinesischen Christentums und der Hauskirchen in China. Es enthält Berichte aus erster Hand über die jüngsten Angriffe auf Hauskirchen, insbesondere auf die Early Rain Covenant Church.

Man muss mit Wang Yis Theologie, seiner Charakterisierung der Christen, die zu den Drei-Selbst-Kirchen gehören, oder seiner Art, auf Verfolgung zu reagieren, nicht völlig übereinstimmen, um doch zu erkennen, dass dieses Buch unschätzbare Einblicke in die Kämpfe bietet, die die Early Rain Covenant Church durchgemacht hat. Dieses Buch beschreibt eindringlich das Ringen der Hauskirchen mit der Frage, wie sie inmitten von Verfolgung am wirkungsvollsten Gehör finden können."

Agnes Chiu, Assistenzprofessorin für Systematische Theologie und Direktorin für Forschung und strategische Initiativen am China Evangelical Seminary North America

FÜR JIANG RONG UND SHU YA

Ich danke meinem Gott bei jeder Erinnerung an euch allezeit in jedem meiner Gebete und bete für euch alle mit Freuden wegen eurer Teilnahme am Evangelium vom ersten Tag an bis jetzt. Ich bin ebenso in guter Zuversicht, dass der, der ein gutes Werk in euch angefangen hat, es vollenden wird bis auf den Tag Christi Jesu.

Philipper 1,3-6

Am Abend kehrt Weinen ein, und am Morgen ist Jubel.

Psalm 30,6

INHALT

Vorwort zur deutschen Ausgabe 17
Wolfgang Häde — Hilfsaktion Märtyrerkirche

Vorwort 19
Ian Johnson

Danksagungen 27

Einführung 29
Hannah Nation

Abkürzungen 51

Zeitleiste mit wichtigen Daten 53

Teil I: Unser Hauskirchen-Manifest 59

1. Warum wir eine Hauskirche sind 65
Wang Yi

2. Das geistliche Erbe der Hauskirche 74
Jin Tianming

3. Tradition der Hauskirche in China: Nonkonformistisch 87
Wang Yi

4. Entstehung von Hauskirchen und städtischen Kirchen 97
Jin Mingri

5. Warum haben wir uns nicht der nationalen DSB angeschlossen? 106
Sun Yi

6. Die christlichen Rechtsabweichler von 1957 128
Wang Yi

7. Wir erheben unsere Stimme, um 60 Jahre religiöser Verfolgung zu beenden 179
Wang Yi

8. 95 Thesen 194
Wang Yi und Early Rain Covenant Church

Teil II: Die eschatologische Kirche und die Stadt 229

9. Das Missions- und Arbeitslager des Evangeliums 233
Wang Yi

10. Die Stadt Gottes auf Erden 257
Wang Yi

11. Der Weg des Kreuzes, das Leben der Märtyrer 271
Wang Yi

12. Das Kreuz und die Mülldeponie 295
Wang Yi

13. 20 Arten der Verfolgung als Gottes Weise, uns zu weiden 302
Wang Yi

14. Geschichte ist der großgeschriebene Christus 311
Wang Yi

15. Eine Gelegenheit für die Gemeinden, den Weg des Kreuzes zu gehen 330
Wang Yi

16. „Christus ist Herr. Gnade ist König. Trage das Kreuz. Bewahre den Glauben." 345
Wang Yi

TEIL III: Verhaftung und der Weg des Kreuzes 359

17. Eine gemeinsame Erklärung der Pastoren 363
Die Leitung der Early Rain Covenant Church

18. Was werde ich angesichts von Verfolgung tun? 368
Wang Yi

19. Meine Erklärung des treuen Ungehorsams 378
Wang Yi

20. Wie sollte die Kirche der Verfolgung begegnen? 389
Li Yingqiang

21. Das ist auch mein Standpunkt! 394
Jin Tianming

22. Brief an alle christlichen Kirchen: Aufruf zum Gebet 397
Presbyterium Westchina

Fazit 403
Hannah Nation

Glossar 409

Weiterführende Literatur 435

Hilfsaktion Märtyrerkirche – Wir helfen da, wo Christen leiden 437

VORWORT ZUR DEUTSCHEN AUSGABE

WOLFGANG HÄDE – Hilfsaktion Märtyrerkirche

Verfolgte Christen warten nicht nur auf unsere tätige Hilfe. Sie haben gleichzeitig für uns als Christen im Westen eine Botschaft. Ihnen zu helfen, aber auch diese Botschaft zu vermitteln ist Aufgabe der „Hilfsaktion Märtyrerkirche", die vor über 50 Jahren vom verfolgten rumänischen Pfarrer Richard Wurmbrand gegründet wurde.

Allein die Standhaftigkeit vieler Christen in Not ist eine herausfordernde Botschaft an uns. Immer mehr gelangen jedoch auch Zeugnisse theologischer Überlegungen von Verfolgten zu uns. Wenn sie unter großem Druck Antworten in Gottes Wort finden, sollten wir ihrer Stimme aufmerksam zuhören.

Die Texte chinesischer Christen in diesem Buch, besonders von Wang Yi, dem Pastor der Early Rain Covenant Church in der Großstadt Chengdu, sind zuerst einmal Dokumente, die uns teilnehmen lassen an diesen Reflexionen chinesischer Theologen. Nicht alle Schlussfolgerungen, wie etwa die harte Beurteilung der staatlich kontrollierten „Drei-Selbst-Kirche", die wir als „Hilfsaktion Märtyrerkirche" so nicht teilen, oder auch das reformierte Gemeindemodell müssen wir vollständig übernehmen.

Doch auf die Fragen, mit denen Pastor Wang Yi sich auseinandersetzt, müssen auch wir Antworten finden. Es geht vor allem um ein dem Reich Gottes angemessenes Verhältnis zwischen Kirche und Staat. Christen in Deutschland standen und stehen vor sehr ähnlichen Herausforderungen, und das galt nicht nur für die Zeit der Nazi-Herrschaft. Wenn ein Staat Christen einen anderen „höchsten Wert" neben Christus aufdrängen will, also etwa „Christus und die Nation" oder „Christus und die Partei", dann muss die Kirche, so Wang Yi, darin die Gefahr des Götzendienstes erkennen und benennen. Wang Yi hat sein Land immer wieder zur Buße aufgerufen. Wir müssen prüfen, wo auch wir das in unserem Land tun sollten.

Herausfordernd ist für uns auch Wang Yis Theologie der Verfolgung. Die Kirche Jesu Christi muss bereit sein, für Jesus Leiden auf sich zu nehmen. Die größte Gefahr droht in der Verfolgung jedoch nicht den treuen Christen, sondern den Verfolgern, die durch ihr Handeln das Gericht Gottes auf sich und auf ihr ganzes Land ziehen. Das hat Wang Yi unüberhörbar und öffentlich zum Ausdruck gebracht – in dem Wissen, dass die Verfolgung ihn vermutlich bald selbst treffen werde. Seit 2018 ist er in Haft. Er hat sich und seine Gemeinde geistlich und gedanklich bewusst darauf vorbereitet.

Die Mahnung an seine eigene Gemeinde ruft erst recht uns als Christen im Westen zu treuer Nachfolge, auch wenn das bei uns dann „treuen Ungehorsam" gegen staatliche Einflussnahme bedeuten sollte:

> *„Wenn ihr nicht für euren Glauben sterben wollt, dann werdet ihr auch nicht dafür leben. Wenn ihr nicht bereit seid, für euren Glauben zu sterben und ganz dafür zu leben, dann ist er nichts wert."* (S. 244/245)

Möge Jesus Christus die Lektüre dieser Texte an uns segnen!

VORWORT

IAN JOHNSON[1]

Als ich Wang Yi zum ersten Mal traf, führte er mich in einen Konferenzraum mit Blick auf ein Stadtviertel aus alten, etwas heruntergekommenen Bürogebäuden im Zentrum von Chengdu, der wichtigsten Metropole im Westen Chinas. Es war um das Jahr 2011, und seine Kirche hieß damals noch Early Rain Reformed Church, später wurde sie in Early Rain Covenant Church umbenannt. Wie viele Kirchen, die nicht bei der Regierung registriert waren, war sie in einem Bürogebäude untergebracht. Dieses war ziemlich alt und hatte nur einen funktionierenden Aufzug, der ächzend bis in den 17. Stock fuhr. Ich hatte kurz einen Blick darauf geworfen und dann doch lieber die Treppe genommen.

Ich erklärte, dass ich an einem Buch über das Wiedererwachen der Religion in China arbeitete. Ich hatte viele ländliche Kirchen in den traditionellen christlichen Kerngebieten Chinas besucht, z. B. in der Provinz Henan, aber ich hatte den Eindruck, dass große, städtische Kirchen wie die seine immer wichtiger wurden. Würde er mich bei seinen Gottesdiensten dabei sein und mit den Gemeindemitgliedern sprechen lassen?

---

1 Ian Johnson ist ein mit dem Pulitzer-Preis ausgezeichneter Journalist, der seit 35 Jahren über den sozialen Wandel, die Politik und das religiöse Leben in China schreibt. Er ist Senior Fellow für Chinastudien beim Council on Foreign Relations und schreibt regelmäßig für die New York Times.

Pastor Wang stimmte sofort unter zwei Bedingungen zu: Erstens, nicht in der Kirche zu fotografieren, und zweitens, wenn ich jemanden zitieren wollte, könnte ich das gern tun, bräuchte aber dessen Erlaubnis. Seine Argumentation war einfach: Early Rain hatte nichts zu verbergen. Es war eine öffentliche Einrichtung. Alle waren willkommen, und niemand sollte in dem, was er schrieb, eingeschränkt werden. Wenn ich also seine Kirche besuchen wollte, war das mein Recht. Und wenn ich etwas schreiben wollte, war auch das mein Recht als freier Mensch. Seine Einschränkungen dienten lediglich dazu, die Privatsphäre der Gottesdienstbesucher zu respektieren und den Gottesdienst würdig zu feiern.

Zu diesem Zeitpunkt arbeitete ich bereits seit Mitte der 1980er-Jahre immer wieder in China. Ich wusste, dass es für mich mit Risiken verbunden war, seine Kirche regelmäßig zu besuchen. Ich fragte ihn nach den Sicherheitsleuten im Erdgeschoss des Gebäudes und ob sie den Behörden melden würden, dass ein Ausländer regelmäßig das Gebäude betrat und in den 17. Stock stapfte.

„Ja", sagte er. „Aber Ausländern ist es nicht verboten, die Kirche zu besuchen. Wir sind eine offene Organisation. Wir haben nichts zu verbergen. Kommen Sie und feiern Sie mit uns Gottesdienst."

Wir unterhielten uns noch ein wenig weiter, und mir wurde klar, dass meine Anwesenheit im Vergleich zu den vielen Herausforderungen, mit denen Early Rain konfrontiert war, wahrscheinlich recht unbedeutend war. Und so stimmte ich seinen Bedingungen zu und begann, die Kirche regelmäßig zu besuchen. Ich verbrachte Hunderte von Stunden in Gottesdiensten, Seminaren, Gebetsgruppen und Gesprächen mit Gemeindemitgliedern, von denen fast alle bereit waren, ihre Erfahrungen mit mir zu teilen.

Damit begann für mich eine ungewöhnliche religiöse Erfahrung. Ich war in Kanada als anglikanischer Christ aufgewachsen (in den Vereinigten Staaten heißen sie Episkopale) und fühlte mich ziemlich wohl, wenn ich zur Kirche ging. Aber für mich lag die Schönheit des Gottesdienstes hauptsächlich in der Musik und in der shakespeareschen Sprache der King-James-Bibel oder des Book of Common Prayer. Die meisten Pfarrer, denen ich begegnete, hielten keine wirklich überzeugenden Predigten, und der Gottesdienst der Kirche erschien mir kaum mehr als eine würdige Sonntagmorgenzeremonie, die bestenfalls wichtige Lektionen darüber vermittelte, wie man ein anständiges Leben führen konnte.

In Wang Yis Gottesdiensten zu sitzen war etwas anderes. Seine Predigten waren keine Predigten, die er noch schnell in den Gottesdienst hineinzwängte, damit alle bald zu Kaffee und Donuts in den Gemeindesaal gehen konnten. Es waren schön gestaltete, logisch aufgebaute, lehrreiche Einsichten für das praktische Christentum. Meistens waren sie lang. Es war gar nichts für ihn, eine halbe Stunde zu reden, und die meisten Predigten dauerten sogar 45 Minuten. Und doch wirkten sie nicht langatmig. Er stellte das Christentum nicht als lästige Pflichterfüllung dar, sondern als einen wesentlichen Bestandteil, um der Gesellschaft um uns herum einen Sinn zu geben. Damals war er 38 Jahre alt und hatte sich erst 2005, also sechs Jahre zuvor, bekehrt, und so war auch er auf einer Reise – er lernte die Bibel kennen und lehrte sie gleichzeitig.

Dies ist keine Lobeshymne auf Wang Yi. Wie viele Leiter nicht registrierter Kirchen in China war er ein Autodidakt, der die Bibel auswendig gelernt hatte, aber die Dinge auf eine bisweilen dogmatische Weise sah. Auch seine Ansichten über Frauen (sie durften nicht als Älteste dienen, geschweige denn Pastorinnen sein) waren nicht die meinen. Und er lieferte sich mit Leuten, mit denen er nicht einverstanden war, regelrechte Schlachten, was nicht gerade der christlichste Ansatz zur Problemlösung zu sein schien. Ich glaube, andere Gemeindemitglieder hatten ähnliche Bedenken – einige verdrehten bei seinen Angriffen die Augen oder machten sich über sein feuriges Temperament lustig.

Aber für sie und für mich war der Besuch von Wang Yis Gottesdiensten eine tiefgreifende Erfahrung. Ein Teil davon war, dass die Menschen das Gefühl hatten, an etwas völlig Eindeutigem und Offenem teilzunehmen – etwas, an dem sie sich beteiligen, das sie mitgestalten konnten. Dies ist eine radikale Sache in China, wo in der Regel jemand anderes, meist die Kommunistische Partei Chinas, das Leben der Menschen bestimmt.

Das lag auch an seinem persönlichen Charisma, seiner Redegewandtheit und seinem scharfen Verstand. Seine Predigten waren mitreißend, nicht im Sinne rhetorischer Effekthascherei, sondern wegen der klaren und verständlichen Art und Weise, wie er die Bibel erklärte, sodass sie für das tägliche Leben eines in China lebenden Menschen einen Sinn ergab. Er sprach über reale Probleme und brachte sie mit dieser Religion in Verbindung, die er keineswegs als „westlich" oder „ausländisch" ansah, sondern als einen universellen Glauben, der ausgerechnet in dem Teil der Welt entstand war, den wir heute den Nahen Osten nennen.

In meinem Buch ging es auch um andere Religionen, die von ethnischen Minoritäten in China oder den dominierenden Han-Chinesen praktiziert werden, und so verbrachte ich auch Zeit mit Buddhisten, Daoisten und Anhängern von Stammesreligionen. Auch diese waren idealistische Menschen, die versuchten, ihren Anhängern eine moralische Struktur zu geben. Dieses Ziel ist nach wie vor für viele Chinesen wichtig, die sich von der im Grunde amoralischen Welt, die die Kommunistische Partei Chinas seit ihrer Machtübernahme 1949 errichtet hat, bedrängt fühlen. Viele dieser anderen religiösen Führer hatten ebenfalls engagierte Anhänger, die in ihren spirituellen Botschaften Sinn und Werte fanden.

Aber Wang Yi – und andere nicht registrierte protestantische Kirchen – waren am direktesten mit ihren Anhängern verbunden. Sie boten die beste Hilfe und Beratung an und waren ausgezeichnet organisiert, gründeten häufig Schulen, Seminare und organisierten Jugendgruppen. Dies erklärt, warum das protestantische Christentum weithin als die am schnellsten wachsende Religion Chinas angesehen wurde, bis in den 2010er-Jahren ein hartes Vorgehen gegen sie begann.

Wang Yi war sich über diese Risiken im Klaren. Er wusste, dass er jederzeit verhaftet werden konnte, aber er weigerte sich, in die von der Kommunistischen Partei Chinas gepflegte Kultur der Geheimhaltung hineingezogen zu werden. Deshalb lehnte er auch die Bezeichnung „Untergrundkirche" ab. Seine Kirche war einfach eine Kirche und hatte die gleiche Existenzberechtigung wie die offiziellen Kirchen. Sie war nicht registriert, weil sie sich dafür entschieden hatte, nicht registriert zu sein. Ich fand diese Logik überzeugend und bevorzuge in meinen Schriften den Begriff „nicht registriert", weil er zutreffender ist als „Untergrundkirchen", die oft gar nicht im Untergrund existieren, oder „Hauskirchen", die eigentlich nur kleine Gruppen von etwa einem Dutzend Menschen bezeichnen. Denn es handelt sich bei ihnen oft um Kirchen, die Büroräume mieten und Kindergärten, Seminare und sogar Buchhandlungen betreiben. Sie sind das, was Politikwissenschaftler als Zivilgesellschaft bezeichnen – Gruppen, die unabhängig von staatlicher Kontrolle existieren.

Nicht alle Religionen auf der Welt sind mit diesen Problemen konfrontiert. Einige haben das Glück, in offenen Gesellschaften zu leben, die Religionsfreiheit gewähren. Andere sind staatlich anerkannte Religionen, die die Vorzüge, aber auch die Pflichten der staatlichen Unterstützung genießen. Aber bis zu einem gewissen Grad müssen alle Gläubigen entscheiden, wie sie mit den Behörden umgehen wollen. Wang Yi und andere Leiter der nicht registrierten Kirchen Chinas haben sich darüber Gedanken gemacht und versucht, durch Erklärungen und Manifeste Antworten zu finden. Viele davon sind in diesem Buch dokumentiert.

Diese Aufsätze können als spezifisch für China angesehen werden, spiegeln aber auch eine bemerkenswerte explosionsartige Verbreitung des Glaubens wider, die in vielen Ländern zu beobachten ist. In China war der Glaube lange Zeit verboten. Jetzt aber ist er auf dem Vormarsch, was die Behörden verblüfft. Einige Glaubensrichtungen wurden vereinnahmt, insbesondere der Buddhismus und der Taoismus, Chinas einheimische Religion, die nun staatliche Unterstützung, aber auch strenge staatliche Kontrolle erleben. Andere Religionen, wie z. B. der Islam, werden regelrecht unterdrückt. Hier hat die Regierung vor allem in der westlichen Region Xinjiang eine brutale Kontrollpolitik betrieben. Wieder andere, wie der Katholizismus, waren Teil schwieriger Aushandlungen darüber, wie Bischöfe geweiht werden. Was die Protestanten anbelangt, so ist es das Ziel der Regierung, alle Kirchen in die staatlich kontrollierte Organisation zu zwingen. Denjenigen, die sich weigern – wie die Kirche von Wang Yi –, droht die Zerschlagung oder zumindest eine radikale Verkleinerung.

Viele dieser Kämpfe innerhalb Chinas haben globale Auswirkungen. China ist heute die größte buddhistische Nation der Welt und versucht, dies in Form von „weicher Macht" in anderen buddhistischen Ländern zu nutzen. Die Unterdrückung des Islams wurde international verurteilt und führte zu einem teilweisen Boykott angesehener Veranstaltungen in China, wie z. B. der Olympischen Winterspiele 2022. Die Verhandlungen der Regierung mit dem Vatikan werden von den rund 1,2 Milliarden Katholiken in aller Welt aufmerksam verfolgt. Inzwischen hat auch das harte Vorgehen gegen den Protestantismus große Aufmerksamkeit erregt, was zum Teil auf die sozialen Medien zurückzuführen ist.

In China wurde diese Kampagne zur Kontrolle der Religion durch neue Gesetze ermöglicht. Diese schützen die Religionsfreiheit nicht, sondern schränken sie ein. Darin spiegelt sich ein genereller Aspekt des Rechtssystems in China wider. Idealerweise sollten die Gesetze über den Launen eines Herrschers stehen – als Rechtsstaatlichkeit, als „Herrschaft *des* Gesetzes". Aber in China und in vielen anderen Ländern ist das Gesetz ein Instrument der Unterdrückung – „Herrschaft *durch* Gesetze". Es ist diese Art von staatlich kontrolliertem Rechtssystem, das in den letzten zehn Jahren die nicht registrierten Kirchen Chinas ins Visier genommen hat und 2018 zur Verhaftung von Wang Yi führte. Einige sahen das harte Vorgehen gegen Wang Yi und seine Kirche als Sonderfall an und argumentierten, dass er zu forsch gewesen sei. Diese Kritik übersieht jedoch die Tatsache, dass der Staat gegenüber allen Religionen nervös reagiert und dass letztendlich alle ins Visier genommen werden, wie die Ereignisse belegen.

All diese Risiken waren Wang Yi klar, als ich ihn vor einem Jahrzehnt traf. Er schrieb oft über die Gefahr einer Verhaftung und darüber, wie man sich angesichts eines repressiven Staates verhalten solle. Er entschied sich jedoch für den Kurs radikaler Transparenz. Er ließ seine Predigten aufzeichnen und stellte eine Sammlung davon allen Besuchern zur Verfügung – seien es Gläubige oder Polizisten.

Die Menschen der Early Rain Church kamen nicht heimlich durch die Hintertür, sondern trugen ihre Sonntagskleidung und Namensschilder. Sie waren stolz darauf, Yis Kirche zu besuchen, und taten dies auch ganz offen. Dies war ihre Kirche, eine kleine Insel der Selbstbestimmung in einem Meer von staatlicher Kontrolle, geleitet von einem energischen Idealisten.

„Es ist riskant, so öffentlich zu leben", sagte er mir an diesem Morgen. „Aber im Untergrund zu agieren ist, glaube ich, das größere Risiko. Wir werden keine freie Gesinnung haben, wenn wir nicht frei handeln. Freiheit gehört zur Grundhaltung des Christseins. Aber man kann nicht frei leben, wenn man sich für einen Kriminellen hält. Also versuchen wir, diesen Weg der Offenheit zu gehen."

Wang Yi hat diesen Weg in gutem Glauben beschritten, bis er verschlossen wurde. Jetzt, da er im Gefängnis sitzt, fällt mir wieder ein, was er einmal in einem Brief an seine Frau Jiang Rong schrieb für den Fall, dass er verhaftet würde:

„Ich bin immer noch Missionar, und Du bist immer noch die Frau eines Pastors. Das Evangelium war gestern unser Leben, und es wird auch morgen unser Leben sein. Denn derjenige, der uns berufen hat, ist der Gott von gestern und der Gott von morgen."

DANKSAGUNGEN

Unser Dank und unsere Anerkennung gelten den vielen Menschen, die dieses Buch mit Rat und Tat unterstützt haben.

Zunächst möchte ich mich bei „Urban Farmer" bedanken, der die Idee zu diesem Buch gepflanzt und eine frühe Übersetzung des „Unser Hauskirchen-Manifest" betreut hat. Er hatte die Weitsicht, die Bedeutung des Manifests lange vor den Ereignissen von 2018 zu erkennen und Wang Yis Wunsch zu übermitteln, das Manifest außerhalb Chinas zu verbreiten.

Wir danken den Stipendiaten, Beratern und Mitarbeitern des Zentrums für Hauskirchentheologie für ihre vielfältigen Beiträge und Ratschläge. Besonderer Dank gilt Clara Kim, „Apollos Bell", „Jin Chen" und Brandon O'Brien.

Wir danken den vielen Übersetzern, die im Laufe der Jahre treu an diesen Texten gearbeitet haben, insbesondere Ryan, dessen sprachliche Begabung und Führungsqualitäten es ermöglicht haben, die Theologie der chinesischen Hauskirchen weithin zu verbreiten.

Vielen Dank an Trey Nation und Erik Lundeen, die für die Beantwortung theologischer Fragen zur Verfügung standen und dabei halfen, versteckte Hinweise aufzuspüren.

Wir sind Jon Boyd zutiefst dankbar, dass er sich auf dieses Projekt eingelassen hat, und für seine unendliche Geduld mit uns, während wir unzählige Details untersucht haben.

Und zu guter Letzt möchten wir uns bei einer sehr wichtigen Gruppe von Chinesen bedanken, die uns bei der Kommunikation mit den notwendigen Stellen in China geholfen haben. Ihre

Namen bleiben anonym, aber die Früchte ihrer Treue sind offensichtlich.

EINFÜHRUNG

HANNAH NATION

Am Sonntag war Wang Yi an der Reihe zu predigen. Er trug ein hellblaues Oxford-Hemd mit kurzen Ärmeln und eine gestreifte Krawatte. Er sprang vorwärts und hielt sich an der Kanzel fest wie an einem Pogo-Hüpfstab. Er sprach über die heutige Bibellese, die Geschichte von der Speisung der 5000 durch Jesus mit nur wenigen Fischen und Broten – also über ein Wunder.

„Genauso sind die Gemeinden in China heute. Man hört so viele Leute sagen, vor allem solche Intellektuelle, wie ich es früher war: ‚Das Christentum kann die wirtschaftliche Entwicklung fördern. Der Kapitalismus wurde vom Christentum eingeführt. Es kann uns zu Nahrung und Kleidung verhelfen. Es kann eine zivilisiertere Form des Handels fördern, die auf Vertrauen basiert.‘

Das Christentum kann zu Demokratie und Menschenrechten führen. Es kann uns zu einem Staat machen, der auf einer rechtsstaatlichen Verfassung basiert. Mit anderen Worten: Wie das himmlische Manna und die Brote im Evangelientext kann das Christentum uns ermöglichen, uns satt zu essen. Das Christentum kann eine wirklich harmonische Gesellschaft hervorbringen.

Aber darum geht es in den Evangelien nicht. Was ist die Beziehung zwischen den Evangelien und dem Kapitalismus? Es gibt keine Beziehung. Was ist die Beziehung zwischen

Gott und der Demokratie? Da gibt es keine Beziehung. Was ist die Beziehung zwischen dem Christentum und einem satten Magen? Es gibt keine Beziehung.

Das heißt nicht, dass wir nicht für Freiheit und Demokratie eintreten sollten und dafür, dass die Menschen sich satt essen können. Aber das ist nicht das, worum es in der Bibel geht.“

Stattdessen gehe es darum, dass Gott sich durch Jesus offenbart. Es beginne damit, dass jeder Einzelne Verantwortung für sein eigenes Handeln übernimmt, sagte er, und es beginne mit dem griechischen Verb „sein“. Und dann begann er zu rezitieren.

„Ego eimi“, sagte er auf Altgriechisch. „Ich bin. Ich bin das Brot des Lebens.

Ich bin das Licht der Welt.

Ich bin der Weg, die Wahrheit und das Leben. Ich bin.“[2]

Am 9. Dezember 2018 wurde Wang Yi (王怡), der Pastor der Early Rain Covenant Church (秋雨圣约教会) in Chengdu, China, festgenommen und inhaftiert. In den darauffolgenden Tagen und Wochen wurden auch die gesamte Leitung von Early Rain und Hunderte von Mitgliedern verhaftet, und das gesamte materielle Eigentum der Kirche wurde zerstört oder beschlagnahmt. Ein Jahr später, im Dezember 2019, wurde Wang Yi zu neun Jahren Freiheitsentzug verurteilt.

Diese Ereignisse sorgten weltweit für Schlagzeilen. In den USA berichteten sowohl die New York Times als auch Fox News darüber. Im Vereinigten Königreich berichteten mehrere Sender, darunter die BBC, über Wang Yi und Early Rain.[3] Viele

2 Ian Johnson, The Souls of China: *The Return of Religion After Mao* (New York: Vintage Books, 2017), S. 205–206.

3 A. d. V.: Im deutschsprachigen Raum berichteten z. B. am 30.12.2019 der SPIEGEL und die NZZ (Neue Zürcher Zeitung) darüber.

nordamerikanische und europäische diplomatische Vertretungen äußerten sich zu seiner Verurteilung und missbilligten das Vorgehen der chinesischen Regierung.

Teilweise wurde diese weltweite Aufmerksamkeit auf Chengdu durch eine Erklärung gelenkt, die Wang Yi vor seiner Verhaftung verfasst hatte und die von Early Rain 48 Stunden nach seiner Festnahme veröffentlicht wurde. „Meine Erklärung des treuen Ungehorsarms" („My Declaration of Faithful Disobedience") wurde kurz nach Wang Yis Verhaftung ins Englische und in mehrere andere Sprachen übersetzt und fand im Internet Hunderttausende von Lesern. Obwohl in den letzten zehn Jahren auch mehrere andere prominente Hauskirchen geschlossen und ihre Leiter verhaftet wurden, ist Wang Yis schriftliche Erklärung eine der ersten Erklärungen eines Hauskirchenpastors im 21. Jahrhundert, die weite Verbreitung fand.

In der Medienberichterstattung über die Verhaftung von Wang Yi und über die Schließung von Early Rain blieb die genaue Art des Konflikts zwischen Wang Yi und den chinesischen Regierungsbehörden unklar. Für die Medien außerhalb Chinas war es am einfachsten, die Darstellung von Menschenrechtsverletzungen und politischer Verfolgung aufzugreifen. Diese Darstellung ist zwar nicht falsch, hat aber mehr mit der westlichen Wahrnehmung Chinas und der Kommunistischen Partei Chinas (KPC) zu tun als mit den Äußerungen und Überzeugungen von Wang Yi selbst. Unabhängig davon, wie der Westen oder die KPC Wang Yis Konflikt mit dem Staat einordnet oder versteht, hat er selbst ein sehr spezifisches und besonderes Verständnis von den Ereignissen.

Für Wang Yi ist der Konflikt zwischen seiner Kirche und dem Staat in erster Linie – und vielleicht ausschließlich – als ein geistlicher Konflikt im Rahmen einer realen, eschatologischen Dimension zu verstehen. Für Wang Yi ist der Konflikt zwischen Early Rain und der KPC ein Konflikt zwischen der Stadt Gottes und der Stadt des Menschen, ein Konflikt darüber, wer die Autorität über die Menschheit und die Schöpfung hat. Indem dieses Buch die Schriften Wang Yis in deutscher Sprache für sich selbst sprechen lässt, versucht es, diese theologische Dimension in die Berichterstattung über Wang Yi miteinzubeziehen. Niemand kann die hochkomplexe religiöse Demografie Chinas und die sich daraus ergebenden politischen Konflikte verstehen, ohne zu versuchen, den vielfältigen theologischen Konflikt der chinesischen Pastoren zu verstehen.

Mit anderen Worten: Um die politischen Konflikte zwischen Kirche und Staat in China aus der Perspektive der beteiligten Kirchen zu verstehen, muss man damit beginnen, die Theologie zu verstehen, die sie erarbeitet haben und als Grundlage für ihre Entscheidungen verwenden.

WAS IST EINE HAUSKIRCHE?

Wenn der Leser kein chinesischer Staatsbürger oder Sinologe ist, wird er sich beim Lesen eines Hauskirchen-Manifests wahrscheinlich zuerst fragen, was genau eine Hauskirche ist. Das Verständnis von der Hauskirche in China ist in der weltweiten Christenheit im Allgemeinen höchst unklar. Wir denken dabei oft an dunkle Räume, in denen sich ein Dutzend Menschen versammelt und flüsternd betet, wo niemals laut gesungen wird, und schließlich einer nach dem anderen leise wieder geht, um nicht aufzufallen. Während dieses Bild vor etwa 30 Jahren auf die Realität vieler chinesischer Christen zutraf, trifft es auf die Hauskirche heute nicht mehr zu.

Lassen Sie mich ein anderes Bild malen. Ich weiß von einer Hauskirche in einer bedeutenden Stadt im Landesinneren, die vor etwa einem Jahrzehnt durch das Evangelium der Gnade nach der historisch reformierten Theologie eine starke

Erneuerung erlebte. Der Pastor dieser Gemeinde erlebte eine persönliche Erneuerung durch ein neues Verständnis der Freiheit des Evangeliums, und die Frucht seiner persönlichen Erneuerung war die Erweckung der übrigen Leiter der Gemeinde. Diesen Leitern fielen später dann viele Dinge in dem Wohnblock auf, in dem die Kirche Räume gemietet hatte, ebenso im umliegenden Wohnkomplex. Überall musste aufgeräumt und repariert werden. Sie überzeugten die Gemeinde, sich öffentlich an der Instandsetzung des Gebäudes zu beteiligen: Sie reparierten Lampen in den Fluren, sammelten Müll und trugen so zum Allgemeinwohl des Stadtteils bei. Diese Aktionen fielen nicht nur den unmittelbaren Nachbarn der Kirche auf, sondern auch den Sicherheitsbeamten und Polizisten in der Nachbarschaft, und schließlich wurde der Pastor zu einem Treffen mit diesen untergeordneten Verwaltungsbeamten gerufen. Die örtlichen Behörden beschlossen, nicht einzugreifen, und die Kirche wuchs auf mehr als 500 Mitglieder an, die sich auf mehrere Tochtergemeinden verteilten. Bis 2018 engagierte sich diese große Kirche öffentlich und pflegte ein freundschaftliches Verhältnis zu den örtlichen Behörden. Seit 2018 hat sich die Beziehung zu den Behörden geändert. Dennoch ist die Kirche weiterhin in dem Stadtteil aktiv und wächst weiter. Und trotz all dieser politischen, theologischen und zahlenmäßigen Veränderungen hat sie sich stets als „Hauskirche“ bezeichnet. Dies ist eine der Realitäten des städtischen chinesischen Christentums.

Stellen Sie sich bei der Lektüre von Wang Yis Manifest nicht die ländlichen Hauskirchen der 1960er- und 1970er-Jahre vor – verstreut und Schutz suchend. Denken Sie eher an Chinas schillernde, schnell wachsende Städte, in denen die Menschen ihren materiellen und sozialen Träumen nachjagen und sich mit der Vielzahl von Ideen und Philosophien auseinandersetzen, die auch so viele andere urbane Zentren der Welt prägen. In diesem

Licht stelle ich fünf Merkmale heraus, mit denen wir beginnen können, die Hauskirche zu verstehen und zu definieren.

Erstens: Die Hauskirche ist nicht registriert. Am grundlegendsten für die Identität der chinesischen Hauskirchen ist die Weigerung, der Aufforderung der Regierung nachzukommen, sich registrieren zu lassen und sich den offiziellen Strukturen zu unterwerfen, die in der Volksrepublik China (VRC) für die Regulierung und Beaufsichtigung aller religiösen Praktiken bestehen – einschließlich Theologie, Predigt und pastoraler Ausbildung, kurz gesagt, der gesamten geistlichen Leitung einer Gemeinde.

Das Christentum ist in China streng genommen nicht illegal, obwohl es zeitweise stark unterdrückt und in den 1960er und 1970er-Jahren sogar aus der Öffentlichkeit verschwunden war. Vor der kommunistischen Revolution konnte das Spektrum des chinesischen protestantischen Christentums vereinfacht gesagt anhand seiner Beziehung zum Westen beschrieben werden, wobei am einen Ende einheimische unabhängige Gruppierungen wie die Wahre Jesus-Kirche (True Jesus Church) zu finden waren und auf der anderen Seite Kirchen, die zur anglikanischen Gemeinschaft gehörten. Mit der Ausweisung aller westlichen Missionare und dem Abbruch aller konfessionellen Beziehungen durch die Kommunisten in den 1950er-Jahren änderte sich dies jedoch völlig. Seit Mitte des 20. Jahrhunderts ist die grundlegende Beziehung, die die Unterschiede zwischen Kirchen in China definiert, nicht mehr die Beziehung zum Westen, sondern die zur KPC. Auf der einen Seite dieser neuen Achse steht ein bedeutender Teil des chinesischen Christentums innerhalb der Patriotischen Drei-Selbst-Bewegung (DSB), einer staatlich genehmigten Organisation, die sich der Autorität der KPC unterwirft. Auf der anderen Seite stehen die Kirchen, die sich weigern, sich bei der DSB registrieren zu lassen, und in der historischen Tradition der „Hauskirchen" stehen. Während der explosionsartigen

Ausbreitung des Christentums in China um die Jahrtausendwende schien es jahrzehntelang so, als ob sich ein Mittelweg auftun könnte, der halbstaatlich sanktionierte Kirchen im „grauen Bereich" zulässt. In den letzten zehn Jahren scheint dieses Phänomen jedoch zunehmend zu verschwinden, da die Regierung die Einhaltung der Vorschriften für religiöse Angelegenheiten durchsetzt, die seit 2018 wirksam sind.

Natürlich ist dies eine einfache Skizze eines Systems, das sehr komplex ist. Wo ordnen wir z. B. eine große nicht registrierte Kirche in Wenzhou ein, die öffentlich Gottesdienst feiert, deren Kreuze aber abgerissen wurden?[4] Oder eine neue nicht registrierte Kirche, die sich in einem Ballsaal eines Hotels mitten in Shanghai trifft und deren Pastor sich in den 2000er-Jahren durch einen amerikanischen Missionar bekehrt hat und der seine theologische Ausbildung im Ausland erhielt? Können wir solche Kirchen mit Recht als „Hauskirchen" bezeichnen?

So sagte mir ein guter Freund, der mehr als zehn Jahre Erfahrung in der Arbeit mit nicht registrierten Kirchen vor Ort hat:

> *„Mir fällt keine nicht registrierte Kirche ein, die sich nicht selbst als ‚Hauskirche' bezeichnet. Es gibt ein unbestreitbares historisches Erbe, mit dem sich nicht registrierte Kirchen identifizieren. Sogar diejenigen, die am öffentlichsten und offensten waren, haben sich selbst als Hauskirchen deklariert, nicht wegen des Ortes, an dem sie sich trafen, nicht einmal wegen ihres theologischen Hintergrunds, sondern*

---

4 Wenzhou in der Provinz Zhejiang ist bekannt für große und sichtbare Kirchengebäude, sowohl von DSB-Kirchen als auch von nicht registrierten Kirchen, die in der Regel ihre eigenen Gebäude haben. Dieser Trend traf auf Widerstand, als zwischen 2014 und 2015 die lokalen Behörden rund 1000 Kreuze von Kirchengebäuden in der gesamten Provinz entfernten und dabei in einigen Fällen sogar ganze Kirchengebäude abrissen.

wegen des historischen Erbes der nicht registrierten Kirchen in China.

Ich habe an Gebetstreffen mit Leitern von Wenzhouer, charismatischen, städtischen Reformierten und völlig ungebundenen Hauskirchen teilgenommen. Sie sind alle sehr unterschiedlich, und in gewisser Weise war es für viele von ihnen wie ein Wunder, dass wir alle zum Gebet zusammenkommen konnten. Aber als jemand den Gottesdienst leitete und ein Kanaan-Lied anstimmte, begannen sie alle gemeinsam zu singen, als ob sie aus derselben Kirche kämen. Der Grund dafür ist, dass die Kanaan-Hymnen von Xiaomin ein Erkennungsmerkmal sind, das alle Hauskirchen gemeinsam haben.[5]

Es gibt ein gemeinsames Erbe der Nichtregistrierten, das als Grenzlinie dient."

Zweitens: Die Hauskirche ist nicht geheim. Nur weil die Hauskirche nicht registriert und daher nach manchen Auslegungen illegal ist, bedeutet das nicht, dass sie eine Kirche im Verborgenen ist. Im Allgemeinen sind Hauskirchen vorsichtig und versuchen, nach der Weisung Christi zu handeln, klug wie Schlangen und aufrichtig wie Tauben zu sein. Und da die Beschränkungen für nicht registrierte religiöse Praxis seit Anfang 2018 erneut verschärft wurden, haben die meisten Kirchen erhebliche Vorkehrungen getroffen, um ihre Aktivitäten vor unerwünschten Blicken zu schützen und ihre Mitglieder vor gesellschaftlichem und staatlichem Druck zu bewahren. Aber im Allgemeinen sind chinesische Hauskirchen nicht völlig verborgen. Einige können

---

5 Lü Xiaomin ist eine bekannte Hymnenkomponistin. Lü begann 1990 mit dem Komponieren und hat mehr als 1800 Kirchenlieder verfasst, von denen viele sowohl in Hauskirchen als auch in Drei-Selbst-Kirchen weit verbreitet sind, wie auch in Taiwan und in der chinesischen Diaspora.

nur durch Mundpropaganda gefunden werden, aber die meisten schrecken nicht davor zurück, ihre Existenz vor Ort bekannt zu machen, und die meisten Chinesen, die in städtischen Zentren leben, haben mindestens eine Person getroffen, die sich zum Christentum bekennt.

Die Hauskirchen sind kein Geheimnis, auch weil die Hauskirchen oft groß sind. Die neue Ausgabe der World Christian Encyclopedia (WCE) schätzt, dass es in China heute 112 030 000 Christen aller Konfessionen gibt (7,9 % der Gesamtbevölkerung), und sie geht davon aus, dass sich diese Zahl bis 2050 fast verdoppeln wird.[6]

Viele, die in China dienen, bezweifeln diese Zahlen ernsthaft und geben sich mit Zahlen um die 70 Millionen zufrieden.[7] Ein Regierungsbericht aus dem Jahr 2018 nennt jedoch 38 Millionen Anhänger innerhalb der protestantischen DSB. Das bedeutet: Wenn die Zahlen der DSB stimmen und die Skeptiker der hohen Zahlen der WCE recht haben, ist die Anteil der nicht registrierten protestantischen Christen an der chinesischen Gesellschaft immer noch so groß, dass sie unmöglich verborgen sein können.[8]

Drittens: Die Hauskirchen sind theologisch stark engagiert. In dem Maße, wie die Hauskirchen wachsen und sich ihre demografische Entwicklung in Richtung der städtischen Zentren Chinas verschiebt, nimmt auch ihre theologische Arbeit zu. Die Möglichkeiten der theologischen und seelsorgerlichen

---

6 „China", in *World Christian Encyclopedia,* Hg. Todd Johnson und Gina Zurlo, 3. Aufl. (Edinburgh: Edinburgh University Press, 2019), S. 141.

7 Joann Pittman, „How Many Christians Are in China? Preferred Estimates, Part 3", *ChinaSource,* March 9, 2020, ww.chinasource.org/resource-library/blog-entries/how-many-christians-in-china-preferred-estimates-part-3/.

8 Joann Pittman, „Religion in China—by the Numbers", *ChinaSource,* April 23, 2018, www.chinasource.org/resource-library/blog-entries/religion-in-china-by-the-numbers/.

Ausbildung im In- und Ausland haben in erheblichen Maß zugenommen, und trotz des wachsenden politischen Drucks auf die Hauskirchen ist das Ausmaß der theologischen Reflexion, der Publikationen und der Anwendung auf den eigenen Kontext beeindruckend. Damit verbunden sind ein verstärktes globales Bewusstsein und wachsende internationale Beziehungen. Nach der Isolation in der zweiten Hälfte des 20. Jahrhunderts zeigen die Hauskirchen ein stärker werdendes Bedürfnis nach Interaktion und Austausch mit der weltweiten Gemeinde. Ein großer Teil der Hauskirchen, vor allem in den zahlreichen städtischen Zentren Chinas, hat großes Interesse an Kirchengeschichte und systematischer Theologie und bemüht sich sehr darum, sich in den globalen Diskurs über beide Themen einzubringen. Im Gegensatz zu den chinesischen Kirchen des 19. und frühen 20. Jahrhunderts, die bei diesen globalen Interaktionen auf die Unterstützung westlicher Denominationen und Organisationen angewiesen waren, ist die heutige Hauskirche besser in der Lage, sich als unabhängiges Gegenüber zu positionieren, ohne zu den früheren Strukturen der Abhängigkeit von externen kirchlichen Autoritäten zurückzukehren. In der Praxis liegt dies auch an der Einschränkung von Kontakten und Verbindungen zu anderen Kirchen durch die chinesische Regierung.

Es ist zwar hilfreich, das verstärkte theologische Engagement innerhalb der Hauskirchen wahrzunehmen, doch wäre es falsch, daraus abzuleiten, dass dies etwas völlig Neues sei. Tatsächlich war für Wang Mingdao, die Vaterfigur der Hauskirchen, nach seinem eigenen Bericht der theologische Streit zwischen Liberalen und Fundamentalisten im 20. Jahrhundert der auslösende Faktor. Im Laufe dieses Buches wird der Leser mehrfach auf Hinweise auf seinen Aufsatz „Wir – um des Glaubens willen“ stoßen, der weithin als grundlegendes Dokument für die Entstehung der chinesischen Hauskirchenbewegung gilt.

Der 1955 von Wang Mingdao verfasste Aufruf an die chinesischen Christen, sich nicht der patriotischen Drei-Selbst-Bewegung[9] anzuschließen, fällt dadurch auf, dass er weder die Kommunistische Partei Chinas noch den Kommunismus oder Regierungen im Allgemeinen erwähnt. Wang Mingdao war ein unabhängiger chinesischer Pastor, ohne denominationelle oder finanzielle Verbindungen zu westlichen Konfessionen oder Missionaren, und als solcher erfüllte er viele der Ideale für religiöse Unabhängigkeit, die die KPC forderte. Auch nach der Machtübernahme durch die KPC sprach er sich nicht gegen die neue Regierung aus. Seine gesamte Argumentation gegen die DSB war *theologischer* Natur: Er konnte sich nicht guten Gewissens mit denen zusammentun, die nicht an die Grundlagen des Glaubens glaubten – wie die Jungfrauengeburt, die individuelle Erlösung von der Sünde und die Auferstehung der Toten beim zweitem Kommen Jesu. Wang Mingdaos Widerstand gegen die religiösen Organisationen der KPC, der sich allein auf theologische Argumente gegen die liberale Theologie stützte, zeigt, dass das chinesische Christentum schon vor der Machtübernahme der KPC theologisch motiviert war. Es war die Theologie, die seine Reaktion auf die patriotische Drei-Selbst-Bewegung prägte. Wie Frank W. Price 1956 nach der Veröffentlichung von „Wir – um des Glaubens willen“ schrieb, „erschüttert eine akute theologische Kontroverse die chinesische Kirche. Dieses wird sich wahrscheinlich in verschiedenen Formen fortsetzen. Neue Verfechter des Glaubens werden auftauchen, vielleicht aus verschiedenen theologischen Schulen“.[10] Die chinesische Kirche

9 A. d. V.: „Drei-Selbst“ bezieht sich auf Selbstständigkeit gegenüber dem Ausland in dreifacher Hinsicht: eigene Organisationsstruktur, finanzielle Unabhängigkeit und eigene Verkündigung und Verbreitung.

10 Wang Ming-tao, „We – For the Sake of Faith“, übers. von Frank W. Price, Occasional Bulletin, 15. März 1956.

des frühen 20. Jahrhunderts war keine ungebildete oder oberflächliche Kirche; in ihr gab es viele tiefgründige Schriftsteller und Prediger, und so ist es auch heute noch.

Viertens: Die Hauskirche ist nicht einheitlich. Um es ganz klar zu sagen: Abgesehen von ihrer besonderen Weigerung, sich der Autorität der KPC zu unterwerfen, gibt es keine einheitliche Theologie oder gar Identität der Hauskirchen. Chinas Hauskirchen sind traditionell dem pietistischen Fundamentalismus zuzuordnen, und dies ist nach wie vor ein wichtiges theologisches Kennzeichen der Hauskirchen. Aber es gibt auch charismatische, im weitesten Sinn evangelikale und reformierte Strömungen innerhalb der Hauskirchen, und man darf die katholische Hauskirche nicht vergessen. Unter diesen vielen Strömungen ist eine gnadenzentrierte Theologie, die sich auf die historische Soteriologie der protestantischen Reformation stützt, in den städtischen Zentren Chinas auf dem Vormarsch. Aber die Hauskirchen und ihre theologischen Überzeugungen sind vielfältig, und das wird wahrscheinlich auch so bleiben, wenn die Hauskirchen sich auf die vielen verschiedenen Formen des Christentums einlassen, die außerhalb der nationalen Grenzen Chinas zu entdecken sind.

Fünftens: Die Hauskirche ist chinesisch. Das klingt wie die Feststellung einer offensichtlichen Tatsache. Aber eine der bemerkenswertesten Facetten der chinesischen Hauskirche ist ihr wirklich einheimischer Charakter. Selbst nachdem sich China Ende des 20. Jahrhunderts wieder dem Westen geöffnet hatte und Hunderte von Missionaren kreative Wege fanden, in das Land einzureisen, ist die Kirche in China nie wieder zu dem zurückgekehrt, was sie vor der kommunistischen Revolution war. Mit dem abrupten Ende der gesamten westlichen Missionsunternehmungen in China wurde die chinesische Kirche zur größten von Einheimischen geführten Bewegung in der gegenwärtigen globalen Kirchengeschichte.

Diese Merkmale sind bei der Lektüre des Werks von Wang Yi zu beachten. Die ersten drei werden von Wang Yi selbst deutlich gemacht, aber die Punkte vier und fünf sind hilfreich, um die Argumente von Wang Yi richtig einordnen zu können. Das Publikum, das er in erster Linie überzeugen will, besteht aus Chinas Christen in den Hauskirchen, ob charismatisch, fundamentalistisch oder reformiert. Obwohl seine Schriften auch außerhalb Chinas wichtig sind, richten sie sich in erster Linie an eine Kirche, die auf der Suche nach ihrer eigenen Identität mit kulturellem und politischem Druck, mit theologischen Auseinandersetzungen und zahlenmäßigem Wachstum ringt.

WER IST WANG YI?

Wang Yi wurde 1973 in Santai, einer kleinen Stadt in der Provinz Szechuan 130 Kilometer nordöstlich von Chengdu, geboren. 1996 schloss er sein Jurastudium an der Universität Szechuan ab und begann, an der Universität Chengdu Rechtswissenschaften zu unterrichten; außerdem engagierte er sich im Bereich der Menschenrechte. Wang heiratete seine Jugendliebe Jiang Rong (蒋蓉), der er über 800 Liebesbriefe geschrieben hatte, während sie in einer anderen Stadt studierte.

Wang Yi begann Ende der 1990er-Jahre, online und für verschiedene chinesische Zeitschriften zu schreiben. Im Jahr 2003 wurde er Kolumnist für *China News Weekly* und trat dem *Independence Chinese Pen Center* bei. Außerdem veröffentlichte er zehn Bücher im Internet. Seine Schriften, meist kulturelle und politische Kommentare, verschafften Wang Yi nationale Aufmerksamkeit. Im Jahr 2004 wurde er als jüngste Person in die Liste der „50 einflussreichsten öffentlichen Intellektuellen Chinas" des *Southern People Weekly* aufgenommen.

In den frühen 2000er-Jahren hörten Wang Yi und Jiang Rong das Evangelium von christlichen Freunden. Wang Yi beteiligte sich auch an einem Online-Dialog mit chinesischen christlichen Intellektuellen. Jiang Rong wurde zuerst gläubig und ließ sich 2004 taufen. Im April 2005 organisierte das Ehepaar einen Bibelstudienkreis in ihrer Wohnung in Chengdu, obwohl Wang Yi noch nicht Christ war. Kurz darauf bekehrte sich Wang Yi, wurde getauft und begann, in einer Bibelstudiengruppe namens „Early Rain Fellowship" (秋雨之福团契) zu unterrichten.

Im Jahr 2006 wurde Wang Yi als Vertreter der christlichen Intellektuellen der chinesischen Hauskirchen zu einem Treffen mit Präsident George W. Bush ins Weiße Haus eingeladen. Wang Yi kehrte 2008 nach Washington D. C. zurück, um an der Konferenz für „Christliche Juristen weltweit" teilzunehmen, und wurde dort mit dem Preis zur Förderung der Religionsfreiheit ausgezeichnet.

Nach seinem Ausscheiden aus der Universität Chengdu gründete Wang Yi 2008 die Early Rain Reformed Church (Reformierte Kirche des Frühregens) (成都秋雨之福归正教会), die er seither leitet. Diese wurde später, nach einer konfliktbeladenen Kirchenspaltung im Jahr 2018, in Early Rain Covenant Church umbenannt. Im Jahr 2011 wurde Wang Yi von einem der ersten einheimischen Presbyterien der chinesischen Hauskirchen zum presbyterianischen Pastor ordiniert. Vor ihrer erzwungenen Schließung im Jahr 2018 wuchs die Early Rain Covenant Church auf mehr als 600 Mitglieder und rund 800 Teilnehmer an. Man gründete mehrere neue Gemeinden und führte ein Ausbildungssystem ein, das von der Grundschule bis zum Hochschulseminar reichte. Wang Yis Predigten, Schriften und Nachrichten rund um Early Rain wurden landesweit von anderen Hauskirchen übernommen und sorgten oft für Spannungen unter den chinesischen Christen.

Innerhalb Chinas ist Wang Yi oft umstritten, da viele Pastoren und Laien in den Hauskirchen es vorziehen würden, die Fragen rund um Kirche und Staat völlig zu vermeiden. Diese Kritiker sind mit Wang Yis klaren Aussagen gegenüber der KPC nicht einverstanden und wenden sich gegen seine Veröffentlichung theologischer Schriften in politischen Blogs und Zeitschriften. Es gibt auch solche, die nicht damit einverstanden sind, dass Early Rain die presbyterianische Kirchenordnung übernommen und Kirchenzucht und klassisch reformierte Lehren eingeführt hat. Darüber hinaus erlebte Early Rain in den Jahren vor Wang Yis Verhaftung eine schmerzhafte Kirchenspaltung, von der viele Details im Internet veröffentlicht wurden. In vielerlei Hinsicht sind Wang Yis Schriften in diesem Buch sowohl an Kritiker innerhalb der chinesischen Hauskirchen als auch an die chinesische Regierung gerichtet. Er möchte andere Christen von seinen Ansichten über den Staat und die Kirche und über deren letztendliche Bestimmung überzeugen.

Wie alle verfolgten Christen kann auch Wang Yi außerhalb Chinas mythologisiert und heroisiert werden, insbesondere von denen, die mit seinem kulturellen Kontext nicht vertraut sind. Aber das ist weder für ihn noch für die Leser dieses Buches hilfreich. Wang Yi ist ein Mensch wie alle anderen, und wie alle Christen bekennt er sich dazu, ein gefallenes und beschädigtes Abbild des Schöpfers zu sein, jemand, der sein Vertrauen auf Jesus als den Retter der Menschheit und deren einzige Hoffnung auf Erlösung setzt. Man muss nicht mit allen Argumenten von Wang Yi übereinstimmen, um zu erkennen, dass er ein begnadeter Denker und eine wichtige Stimme aus der Hauskirche ist, mit der man sich beschäftigen sollte. Dieses Buch möchte den Lesern in den deutschsprachigen Ländern die Möglichkeit geben, sich selbst mit Wang Yis Gedanken auseinanderzusetzen und dabei tiefer zu blicken als in den üblichen Geschichten über „verfolgte

Christen", die so weit verbreitet sind, dass wir oft nur beschränkt fähig sind, tatsächlich auf die Kirchen außerhalb des Westens zu hören. Der beste Weg, Wang Yi zu respektieren und zu ermutigen, besteht darin, das, was er geschrieben hat, ernst zu nehmen, unabhängig davon, ob man mit ihm übereinstimmt oder nicht.

EINE ANMERKUNG ZU DEN QUELLEN

Wie bereits erwähnt, ist Wang Yi ein produktiver Schriftsteller und war schon vor seiner Bekehrung online sehr präsent. Er schrieb regelmäßig öffentliche Briefe an seine Gemeinde; seine Predigten wurden aufgezeichnet und auf der Website seiner Kirche veröffentlicht, bevor diese abgeschaltet wurde; und er betrieb einen persönlichen Blog. Außerdem veröffentlichte er Artikel in verschiedenen externen Blogs, Magazinen und Zeitschriften. Die Quellen in diesem Buch stammen aus dieser großen Vielfalt an Texten und aus mündlichen Äußerungen. Wie Chloë Starr, eine bedeutende Kennerin der chinesischen Theologie schreibt:

> *Literarische Form und theologischer Inhalt sind ein untrennbares Ganzes. … Chinesische Theologie ist, wie die Lektüre chinesischer Texte, im Wesentlichen beziehungsorientiert: Es handelt sich nicht um die virtuose Darbietung eines Gelehrten, bei der der Leser oder Student den vorgegebenen Schritten bis zu ihrer logischen Schlussfolgerung folgt, sondern um einen offeneren Prozess, bei dem der Leser als ebenbürtiges Gegenüber eingeladen ist, selbst Verbindungen innerhalb des mitgeteilten Netzwerkes von Andeutungen herzustellen.*[11]

11 Chloë Starr, *Chinese Theology: Text and Context* (New Haven, CT: Yale University Press, 2016), S. 3.

Wang Yi ist sicherlich keine Ausnahme von dieser Beobachtung – die in diesem Buch dargelegte Theologie ist kein akademisches Werk, das systematisch die Frage von Kirche und Staat behandelt. Es ist die theologische Arbeit eines Pastors, der sich um seine Herde sorgt, der schreibt oder zu anderen spricht, während er für sich selbst Fragen beantwortet.

Kurz vor seiner Verhaftung und Inhaftierung wies Wang Yi die Leiter von Early Rain an, alle seine Schriften als offen zugängliche Quellen online zu stellen. In Übereinstimmung mit dieser Anweisung hat Early Rain in Zusammenarbeit mit einer unabhängigen Gruppe die Wang Yi Resource Library ins Leben gerufen, die alle chinesischen Originaldokumente enthält, die in diesem Buch übersetzt, kommentiert und in einigen Fällen auch auszugsweise wiedergegeben werden.[12]

Dieses Buch kann auf vielfältige Weise gelesen werden. Jedes einzelne Kapitel kann für sich allein stehen; daher glauben wir, dass dieses Buch ein hilfreiches Werkzeug für Forschung im Bereich globaler Theologie, politischer Theologie, für Chinastudien und andere Bereiche sein wird. Es kann auch fortlaufend gelesen werden, da es die Entwicklung der Theologie von Wang Yi nachzeichnet. Der erste Teil dieses Buches, „Unser Hauskirchen-Manifest", wurde 2010 von Wang Yi selbst verfasst und von Early Rain im Selbstverlag herausgegeben. Später, im Jahr 2015, wurde es überarbeitet und um die „95 Thesen" ergänzt. Dieser Teil ist viel dichter als der Rest des Buches, da sein Inhalt ursprünglich für wissenschaftliche Blogs, Zeitschriften und Journale geschrieben wurde und nicht aus mündlichen Kontexten oder Hirtenbriefen übernommen wurde. Die Teile zwei und drei, „Die eschatologische Kirche und die Stadt" bzw. „Die Verhaftung und der Weg des Kreuzes", wurden von uns aus Wang

12 See Wang Yi Resource Library, www.wangyilibrary.org.

Yis zahlreichen Schriften als repräsentativ für seine theologische Entwicklung und seine geistige Vorbereitung auf seine Verhaftung und Inhaftierung ausgewählt. Es gibt zwar keine Brüche in Wang Yis Denken, doch lassen sich so viele Entwicklungen feststellen, dass wir den Leser ermutigen, nicht mit dem Schluss des ersten Teils aufzuhören, sondern den Kapiteln am Anfang und am Ende das gleiche Gewicht beizumessen. Mehrere enge Freunde Wang Yis haben uns gegenüber angemerkt, dass bei ihm ein fortschreitender Übergang vom Denken eines Juristen zum Denken eines Theologen festzustellen sei. Unser Wunsch war es, diese Bewegung im Verlauf des Inhalts aufzuzeigen. Wichtig ist außerdem, darauf hinzuweisen, dass dieselben Freunde einmütig erklärt haben, der wichtigste Einzelaufsatz, den Wang Yi jemals verfasst hat, sei „Geschichte ist der großgeschriebene Christus" (Kap. 14).

Wir hoffen, mit diesem Buch die Schriften Wang Yis auch für die Leser interessant zu machen, die ihn bisher nicht kannten. Obwohl sein Schreibstil leicht verständlich ist, verweist er häufig auf den chinesischen Kontext. Daher haben wir versucht, jedes Kapitel mit den notwendigen kontextuellen Erläuterungen einzuleiten und es in eine lose Erzählung einzubetten. Außerdem haben wir ein Glossar und ausführliche Fußnoten zur Erläuterung spezifischer kultureller Bezüge eingefügt. Fußnoten wurden im Allgemeinen für einzelne Verweise verwendet. Für die wichtigsten Namen und Ereignisse, die wiederholt genannt werden, finden Sie im Glossar längere Erklärungen. Darüber hinaus enthalten die Kapitel fünf und sechs Bibliografien, die von Sun Yi (孙毅) und Wang Yi selbst zur Verfügung gestellt wurden. Wir haben uns dazu entschieden, ihre Referenzen nicht zu ergänzen.

Wir halten es für wichtig, darauf hinzuweisen, dass die meisten Texte in diesem Buch ursprünglich entweder für mündliche Kontexte oder als Online-Essays geschrieben wurden. Daher schenkte Wang Yi Quellennachweisen nach akademischem Standard keine besondere Beachtung, zumal viele Quellen aus dem Korpus der unveröffentlichten, nicht katalogisierten und manchmal nicht überprüfbaren Erzählungen und Dokumente der frühen chinesischen Hauskirche stammen. Dies hat unsere Arbeit natürlich zuweilen recht schwierig gemacht, und wir bitten um Nachsicht, wenn es uns nicht überall möglich war, Zitate vollständig nachzuweisen.

Die hier vorliegenden aus dem Chinesischen ins Englische und von da ins Deutsche übertragenen Texte sind das Ergebnis der Zusammenarbeit eines bemerkenswerten Teams von Menschen, die anonym bleiben möchten. Ohne sie wäre dieses Buch nicht möglich gewesen, und wir sind ihnen zutiefst zu Dank verpflichtet für ihr Engagement, die Schriften chinesischer Pastoren für uns Deutsche zugänglich zu machen. Ihre sprachlichen Fähigkeiten öffnen die Tore zwischen den weltweit verstreuten Gemeinschaften derer, die einmal im Himmel vereint sein werden.

WARUM SOLLTE EIN CHRIST IM WESTEN ETWAS ÜBER DIE PROBLEME ZWISCHEN KIRCHE UND STAAT IN CHINA LESEN?

Wahrscheinlich werden viele Menschen ein theologisches Werk eines chinesischen Schriftstellers allein aufgrund der geografischen Entfernung einfach übergehen. Man könnte meinen, dass die Unterschiede im kulturellen Kontext zwischen dem demokratischen Amerika und Europa des 21. Jahrhunderts und dem kommunistischen China des 21. Jahrhunderts viel zu groß für einen Dialog sind. Doch beschäftigen sich Christen aus der modernen nordamerikanischen und europäischen Mehrheitskultur bereitwillig mit der 500 Jahre alten Theologie der Reformation in Europa, also einer Zeit und einem Ort, mit denen heutige Amerikaner nicht viel gemeinsam haben. Selbst wenn Europa Amerika geografisch näher ist: Sind wir tatsächlich kulturell näher an der vormodernen, vorindustriellen, vordigitalen, vordemokratischen, präsäkularen und vorkapitalistischen europäischen Christenheit? Ich möchte die Leser nicht davon abhalten, sich mit dem theologischen Erbe des Westens zu beschäftigen, sondern sie vielmehr anregen, darüber nachzudenken, ob sie vielleicht mehr mit dem urbanen China gemeinsam haben, als ihnen bewusst ist. Die städtischen chinesischen Christen kommen sicherlich aus einem ganz anderen historischen, kulturellen und politischen Kontext. Aber wie die europäischen Leser arbeiten und leben auch die chinesischen Stadtchristen in einer Zeit, die von materiellem Profit, Technologie und Säkularismus beherrscht wird. Wir sind nicht so weit voneinander entfernt.

Das Christentum ist gegenwärtig auf dem Vormarsch in der vielleicht größten einzelnen Menschengruppe mit einer gemeinsamen kulturellen Identität in der Geschichte der modernen Zivilisation – und befindet sich zugleich im Konflikt mit den herrschenden Mächten dieser großen Kultur. Man muss nicht mit Wang Yi übereinstimmen, um zu erkennen, dass es wichtig ist, ihn und andere vergleichbar produktive theologische Autoren zu hören und zu verstehen, und sei es nur, um die wichtigen Entwicklungen innerhalb des Christentums im 21. Jahrhundert zu verfolgen. Wenn dieses Jahrhundert wirklich das chinesische Jahrhundert ist, dann ist es jetzt an der Zeit, die theologischen Entwicklungen in China zu verstehen, denn diese Debatten werden im gesamten globalen Christentum Widerhall finden. Wie Wang Yi selbst so oft in seinen Schriften andeutet, sind die chinesischen Hauskirchen die lebenden Erben der älteren theologischen Debatten der westlichen Kirchen, und sie sind bereit, die nächste Frontlinie der Theologie zwischen Kirche und Staat zu bilden. Wang Yi selbst verkörpert dies. Wann ist das letzte Mal ein namhafter, öffentlich anerkannter, säkularer Rechtsgelehrter in Europa Christ geworden und hat sich dann voll und ganz dem heiklen Thema der Theologie zwischen Kirche und Staat zugewandt? In einer Zeit, in der Nordamerika und Europa immer weiter auf den Säkularismus zusteuern, den das moderne China repräsentiert, brauchen wir die Perspektive derer, die den Glauben zunächst von außen betrachtet, sich dann aber für ihn entschieden haben. Die Gedanken eines ehemaligen Menschenrechtsanwalts, der als Pastor und Theologe unter einem autoritären Regime lebt, sind gerade jetzt für diejenigen Kirchen von Bedeutung, die dabei sind, die politischen Allianzen des Christentums zu entwirren.

Wissenschaftler und Akademiker fangen an, Wang Yi in seinem besonderen kulturellen Kontext zu studieren – ein wichtiges Unterfangen, das fortgesetzt werden sollte. Wir müssen die Schriften von Wang Yi jedoch nicht nur als chinesische Texte für den chinesischen Kontext betrachten, sondern sie auch in den weltweiten theologischen Austausch des Christentums einbeziehen. Alle christlichen Texte sind gleichzeitig lokal und global, denn der christliche Glaube war schon immer sowohl lokal als auch global.

In diesem Buch werden drei wichtige Aspekte der Schriften Wang Yis über die Hauskirche hervorgehoben, die über den chinesischen Kontext hinausreichen können. Erstens: Die Geschichte einer Kirche prägt unweigerlich ihre Identität. Zweitens: Die eschatologische Bestimmung der Kirche bestimmt nicht nur ihre himmlische, sondern auch ihre irdische Wirklichkeit. Und drittens ist der Weg des Kreuzes der Weg, den die Kirche gehen muss, wenn sie wirklich mit Christus vereint sein will – dies wird in den Schriften, die dieses Buch zugänglich macht, deutlich werden. Obwohl Wang Yi speziell für den chinesischen Kontext schreibt, sind dies drei Punkte, mit denen sich alle Kirchen zu allen Zeiten auseinandersetzen sollten, egal, zu welchen Schlussfolgerungen sie schließlich kommen.

ABKÜRZUNGEN

CCR = Chinas Christenrat
KPC = Kommunistische Partei Chinas
KPGC = Katholische Patriotische Gesellschaft Chinas
ERCC = Early-Rain-Covenant-Church
AM = Außenministerium
VRC = Volksrepublik China
SARA = Staatsadministration für religiöse Angelegenheiten
DSB = (Patriotische) Drei-Selbst-Bewegung

ZEITLEISTE MIT WICHTIGEN DATEN

1517 – Portugiesische Schiffe kommen in Kanton (dem heutigen Guangzhou) an und versuchen, Handel zu treiben.

1552 – Der erste Versuch der Jesuiten unter Franz Xaver, eine Mission in China zu gründen, scheitert.

1582 – Matteo Ricci wird zusammen mit anderen Jesuitenpriestern am kaiserlichen Hof empfangen und gründet katholische Missionsstationen in China. 920 Jesuiten dienen in China, bevor zwei Jahrhunderte später die ersten protestantischen Missionare eintreffen.

1807 – Robert Morrison, der erste protestantische Missionar in China, trifft in Kanton ein. In den folgenden Jahrzehnten gründen Methodisten, Presbyterianer, Baptisten und Episkopale Missionsstationen in den Küstenhäfen Chinas, die durch Verträge mit westlichen Kolonialmächten geöffnet wurden.

1839–1842 – Der Erste Opiumkrieg endet mit der Öffnung von fünf Vertragshäfen für ausländische Aktivitäten im Rahmen des Vertrags von Nanking, und die Briten gewinnen die Kontrolle über Hongkong.

1850–1864 – Der Taiping-Aufstand wird zwischen der Qing-Dynastie und dem Taiping-Himmelreich ausgetragen, einer theokratischen, synkretistischen Sekte unter der Führung von Hong Xiuquan, dem selbst ernannten Bruder von Jesus Christus. Der Aufstand stürzt China schließlich in einen tiefgreifenden Bürgerkrieg und gilt als einer der blutigsten Kriege in der Geschichte mit mehr als 30 Millionen Toten.

1854 – Hudson Taylor trifft in Shanghai ein und beginnt mit der ersten Missionstätigkeit im Inland; in den folgenden Jahrzehnten wird die China-Inland-Mission (CIM) gegründet, und es werden Methoden der Indigenisierung[13] eingesetzt.

1858–1860 – Nach dem Ende des Zweiten Opiumkriegs wird Ausländern, darunter auch Missionaren, im Rahmen der Verträge von Tientsin und Peking das Recht eingeräumt, ins Landesinnere zu reisen. Großbritannien zwingt China, den Opiumhandel zu legalisieren.

1894–1895 – Am Ende des Ersten Chinesisch-Japanischen Krieges erlangt Korea die Unabhängigkeit vom chinesischen Kaiserreich, und Japan gewinnt die Kontrolle über Taiwan.

1897–1898 – Großbritannien, Frankreich, Deutschland und Russland erhalten koloniale Vollmachten über verschiedene chinesische Provinzen.

1899–1900 – Der Boxeraufstand bricht gegen die ausländischen Kolonialmächte in China aus, und wendet sich auch gegen die Präsenz von Missionaren. Die Boxer töten Tausende von chinesischen Christen und mehr als 100 Missionare und deren Kinder. Nachdem die Kaiserwitwe Cixi gedroht hat, alle Ausländer in Peking zu töten, besetzen die verbündeten Kolonialmächte die Hauptstadt und fordern Reparationen.

1911–1912 – Die chinesische Revolution setzt der Qing-Dynastie und der kaiserlichen Herrschaft in China ein Ende. Die Nationalistische Partei wird ins Leben gerufen, und die Republik China wird gegründet.

1919 – Studenten der Vierte-Mai-Bewegung protestieren gegen den kolonialen Einfluss, gegen die feudalen Mächte und die traditionelle chinesische Kultur.

---

13 A. d. V.: Indigenisierung bezeichnet das Bemühen, die biblische Botschaft und ihre Träger (Missionare, Evangelisten, die heranwachsende Kirche) unter kulturellen Aspekten der lokalen Kultur anzupassen.

1921 – Die Kommunistische Partei Chinas (KPC) wird gegründet.

1922–1927 – Die christenfeindliche Stimmung löst in ganz China gewalttätige Proteste gegen die Missionstätigkeit aus und veranlasst die Missionare zur Flucht aus dem Land.

1928 – Die Nationalistische Partei erlangt unter Chiang Kai-Shek die politische Macht und beginnt einen militärischen Feldzug zur Wiedervereinigung Chinas.

1934 – Mao Zedong führt die KPC auf den Langen Marsch, nachdem Chiang Kai-Shek alle Kommunisten aus seinen Reihen entfernt hatte.

1920er- und 1930er-Jahre – In ganz China kommt es zu evangelikalen Erweckungen, Tausende bekehren sich und lassen sich taufen.

1937 – Die Nationalistische Partei und die KPC schließen sich zusammen, um die japanischen kaiserlichen Truppen aus Nordchina zu vertreiben.

1941–1946 – Evangelische und katholische Missionare werden während des Zweiten Weltkriegs verhaftet oder fliehen; die meisten kehren nach dem Ende der Kämpfe mit Japan nach China zurück.

1945 – Die Nationalisten und die KPC besiegen Japan.

1946 – Es kommt zum chinesischen Bürgerkrieg zwischen der Nationalistischen Partei und der KPC.

1949 – Die KPC besiegt die Nationalisten, und die Volksrepublik China (VRC) wird gegründet.

1950 – Wu Yaozong veröffentlicht „Das christliche Manifest", in dem er seine Unterwerfung und Loyalität gegenüber der KPC erklärt. Schließlich unterschreibt die Hälfte aller chinesischen Christen das Dokument.

1951 – Die Abteilung für religiöse Angelegenheiten wird unter der Aufsicht der KPC eingerichtet.

1951 – Die VR China bricht die diplomatischen Beziehungen zum Vatikan ab.

1951–1952 – Alle katholischen und protestantischen Missionare werden aus China ausgewiesen.

1954 – Die Patriotische Drei–Selbst–Bewegung (DSB) wird unter der Leitung von Wu Yaozong und unter der Leitung der Abteilung für religiöse Angelegenheiten gegründet. Alle Kirchen sind verpflichtet, sich registrieren zu lassen und sich deren Autorität zu unterwerfen. Auch die gesamte theologische Ausbildung unterliegt ihrer Aufsicht.

1955 – Wang Mingdao veröffentlicht „Wir – um des Glaubens willen" als Antwort auf „Das christliche Manifest" und die Gründung der DSB. Wang Mingdaos Aufsatz und seine Weigerung, der DSB beizutreten, gelten als der Beginn der Hauskirchenbewegung.

1957 – Die Anti-Rechts-Kampagne greift Tausende chinesischer Intellektueller an und eliminiert sie aus den Führungspositionen.

1957 – Die Katholische Patriotische Gesellschaft Chinas (KPGC) wird gegründet, um die katholischen Kirchen in China zu überwachen.

1966–1976 – Die Kulturrevolution überrollt China und zerstört das öffentliche Leben. Alle Kirchen und theologischen Seminare werden geschlossen und die DSB und KPGC werden aufgelöst.

1979–1980 – Nach dem Tod von Mao Zedong und dem Ende der Kulturrevolution wird die DSB offiziell wieder eingesetzt. Der Chinesische Christenrat (CCR) wird als Schwesterorganisation der DSB gegründet.

1982 – Das Dokument 19 wird im Rahmen der Reformen von Deng Xiaoping zur offiziellen Politik. Das Dokument erlaubt ein größeres, allerdings offiziell reguliertes Spektrum religiöser Aktivitäten.

1989 – Die Proteste des Vierten Juni auf dem Platz des Himmlischen Friedens und die gewaltsame Reaktion der Regierung haben starken Einfluss auf die politischen Ideale einer ganzen Generation von Studenten in China.

2008 – Das Erdbeben in Szechuan tötet fast 90 000 Menschen und macht Millionen von Menschen im Südwesten Chinas obdachlos. Es offenbart massive Korruption unter Regierungsvertretern und Bauunternehmern.

2011 – Die Shouwang-Kirche in Peking wird daran gehindert, den von ihr erworbenen Raum für Gottesdienste zu nutzen, und sie beginnt, ihre Gottesdienste in öffentlichen Parks abzuhalten.

2012 – Xi Jinping steigt zum Präsidenten der VR China und zum Generalsekretär der KPC auf.

2013 – Der Letzte der ersten Generation prominenter Hauskirchenpastoren, Lin Xiangao, stirbt in Guangzhou.

2014–2015 – In Wenzhou, bekannt als „Chinas Jerusalem", und in der gesamten Provinz Zhejiang findet eine Kampagne zum Abriss von mehr als 1000 sichtbaren Kirchenkreuzen statt.

2016 – Xi Jinping startet eine neue Kampagne zur „Sinisierung des Christentums".

2018 – Die Neuen Vorschriften für religiöse Angelegenheiten treten in Kraft und aktualisieren das Dokument 19 und die Religionspolitik der KPC.

2018 – Die Zionskirche in Peking und die Early Rain Covenant Church in Chengdu werden beschlagnahmt und geschlossen.

2019 – Wang Yi wird wegen „Anstiftung zum Umsturz der Staatsgewalt" und „illegaler Geschäftstätigkeit" zu neun Jahren Haft verurteilt.

TEIL I

UNSER HAUSKIRCHEN-MANIFEST

Ende 2010 stellte Pastor Wang Yi von der Early Rain Covenant Church ein Buch mit dem Titel 我们的家庭教会立场 *(women de jiating jiaohui lichang)* zusammen. Wörtlich übersetzt heißt dieser Titel *Unser Hauskirchen-Standpunkt* oder freier übersetzt *Unser Hauskirchen-Manifest*. Das Buch enthält Schriften von drei der bekanntesten Hauskirchen Chinas – der Early Rain Covenant Kirche, der Shouwang Kirche und der Zionskirche (die letzten beiden befinden sich in Peking) – und zeigt, dass diese Kirchen zwar unterschiedliche ekklesiologische Überzeugungen vertreten, sich aber in ihrer Ablehnung der Unterwerfung unter Chinas staatlich sanktionierte kirchliche Behörde und die Patriotische Drei-Selbst-Bewegung einig sind. Die frühen 2000er-Jahre waren wichtige Jahre für die Hauskirchen in China, und mehrere Ereignisse haben die in Wang Yis Buch vertretenen Kirchen davon überzeugt, dass eine besondere hauskirchliche Identität erarbeitet, anerkannt und bewahrt werden muss.

Zwei Jahre zuvor, im Jahr 2008, hatte das Erdbeben in Szechuan die Hauskirchen im ganzen Land dazu veranlasst, rasch auf die humanitären Bedürfnisse im Westen dieser Provinz zu reagieren. Während dieser Hilfsaktionen traten die Hauskirchen in bisher nie dagewesener Weise öffentlich in Erscheinung, und die von ihnen geleistete Hilfe war sichtbar, sowohl vor Ort durch persönliche Präsenz als auch landesweit durch Online-Hilfsangebote.[14] Dieses Maß an Organisation und öffentlicher Präsenz ließ in den folgenden Jahren nicht nach; vielmehr hielt die Dynamik unter den Kirchen im städtischen China an und brachte verschiedene soziale, pädagogische, konfessionelle, ökumenische und theologische Bewegungen hervor.

In der Zwischenzeit bereitete sich die weltweite christliche Gemeinschaft auf den dritten Kongress der Lausanner Bewegung vor. Die Lausanner Bewegung bringt weltweit führende Kirchenvertreter zusammen, um das Anliegen der Evangelisation und Mission zu fördern. Der erste Kongress fand 1974 in Lausanne (Schweiz) statt und gilt als ein entscheidender Augenblick in der modernen Kirchengeschichte, der die Kirche zur Erfüllung des Missionsbefehls zusammenführte. Ein zweiter Kongress fand 1989 in Manila auf den Philippinen statt.

Der Kongress in Kapstadt im Jahr 2010 wurde sorgfältig geplant, sodass ein umfassenderes Bild der weltweiten kirchlichen Wirklichkeit vermittelt wurde, indem den Stimmen aus der Mehrheitswelt besondere Aufmerksamkeit geschenkt wurde. Mehr als 200 chinesische Delegierte aus Hauskirchen waren zur Teilnahme an dem Kongress eingeladen, was die größte anwesende Delegation gewesen wäre. Als die Delegierten jedoch versuchten, nach Kapstadt zu reisen, wurden sie von den chinesischen Behörden an verschiedenen Flughäfen im Land aufgehalten, und ihre Pässe wurden beschlagnahmt. Als Delegierter wurde Wang Yi vier Stunden lang festgehalten und durfte nicht weiterreisen. Wie schon 1989 in Manila blieben

14 Li Ma and Jin Li, *Surviving the State, Remaking the Church: A Sociological Portrait of Christians in Mainland China* (Eugene, OR: Pickwick Publications, 2018), S. 106–107.

die 200 Plätze der chinesischen Delegation während des Kongresses leer, und die Lausanner Bewegung hielt eine besondere Gebetszeit für die Kirche in China ab. Die chinesische Delegation sandte eine Meldung an den Kongress, in der sie mitteilte, dass sie die Entscheidung ihrer Regierung friedlich und in der Hoffnung auf Christus akzeptiere. In der Botschaft wurden mehrere Bibelstellen zitiert, darunter Philipper 1,29: „Denn euch ist es im Blick auf Christus geschenkt worden, nicht allein an ihn zu glauben, sondern auch für ihn zu leiden."

Das chinesische Ministerium für internationale Angelegenheiten gab eine Erklärung ab, in der es den Grund für seine Entscheidung, die Delegation festzuhalten, erläuterte: Die Organisatoren des Kongresses hätten versäumt, Teilnehmer der Patriotischen Drei-Selbst-Bewegung einzuladen. In einer Erklärung der Regierung hieß es: „Diese Maßnahme stellt öffentlich das Prinzip unabhängiger, autonomer, im Inland organisierter religiöser Vereinigungen infrage und stellt daher eine grobe Einmischung in die religiösen Angelegenheiten Chinas dar." Die Nicht-Einladung von Delegierten der DSB und die Einbeziehung der Hauskirchen, die in China keine rechtliche Identität haben, wurde als politisch subversiver Akt verstanden.

2010 war auch ein bedeutendes Jahr für die Pekinger Shouwang-Kirche (北京守望教会, *Beijing Shouwang jiaohui*). Sie ist eine große, nicht registrierte Gemeinde, die 1993 gegründet und von Jin Tianming (金天明) geleitet wurde.[15] Anfang der 2000er-Jahre wurde Shouwang von der Polizei durchsucht und aufgefordert, sich bei der Regierung zu registrieren. Jin Tianming legte die Regierungsvorschriften

15 Wörtlich übersetzt bedeutet *shouwang* „Wächter".

so aus, dass er sich bei der Staatsadministration für religiöse Angelegenheiten (SARA) registrieren lassen könnte, ohne der Patriotischen Drei-Selbst-Bewegung beizutreten, was er 2006 auch versuchte. Aufgrund ihrer Größe hatte die Gemeinde zunehmend Schwierigkeiten, ausreichend große Räume für ihre Treffen zu finden. Im Jahr 2008 wurde Shouwangs Registrierungsantrag offiziell abgelehnt, und 2009 begann die Polizei mit Razzien in der Gemeinde und schikanierte die Arbeitgeber der Mitglieder. Die Gemeinde konnte sich nicht mehr in den von ihnen gemieteten Räumen treffen und begann, sich im Freien in Parks zu versammeln, da sich der Konflikt um mögliche Veranstaltungsräume verschärfte.

Im Jahr 2010 sammelte Shouwang 27 Millionen CNY (ca. 3,5 Millionen Euro) von ihren 1000 Mitgliedern, um eine eigene Immobilie zu erwerben. Nach Angaben von Shouwang verschlechterten sich die Beziehungen zur Regierung jedoch weiter, nachdem die Mitglieder der Kirche an der Teilnahme am Lausanner Kongress gehindert worden waren. Im Jahr 2011 hinderte die Regierung Shouwang daran, ihr Grundstück zu nutzen, das sie nach Angaben der Kirche legal erworben hatte. Daraufhin erklärte die Shouwang, dass sie öffentliche Gottesdienste im Freien auf einem bekannten Platz der Stadt abhalten werde. Jin Tianming und mehrere Kirchenführer wurden umgehend unter Hausarrest gestellt, und andere Kirchenmitglieder wurden wiederholt festgenommen.

Zusätzlich zu den Kapiteln der Shouwang-Führer hat Wang Yi in seinem Manifest ein Kapitel von Jin Mingri (金明日) eingefügt. Er ist der leitende Pastor der Zionskirche (锡安教会, *xian jiaohui*), einer der größten Hauskirchen in Peking, und der Gründer des Chinesischen Christlichen

Theologischen Seminars. Bevor er sich der Hauskirche anschloss, war Jin Mingri Pastor innerhalb des DSB. Er war einer der ersten von der Regierung anerkannten Seminarabsolventen, nachdem die DSB nach der Kulturrevolution wieder eingesetzt worden war. Zu der Zeit, als Wang Yi das Manifest verfasste, war „Zion" eine „öffentliche" städtische Hauskirche, die nicht bei der DSB registriert war. Sie hatte über 1500 Teilnehmer und sechs Versammlungsorte in Bürogebäuden in ganz Peking.

Die Kapitel im ersten Teil sind Übersetzungen von Wang Yis „Unser Hauskirchen-Manifest". Während die Kapitel in den Teilen zwei und drei dieses Buches größtenteils aus mündlichen Kontexten übernommen wurden, stammen die Kapitel im ersten Teil alle ursprünglich aus verschiedenen Zeitschriften oder Büchern, was diesen Teil zum dichtesten und komplexesten macht. Nachdem Wang Yi sein Manifest erstmals 2010 verfasst hatte, überarbeitete er es 2015, um die „95 Thesen" von Early Rain aufzunehmen. Mit Ausnahme des sechsten Kapitels, das von den Herausgebern auszugsweise wiedergegeben wurde, um es von der Länge den anderen Kapiteln dieses Buches anzupassen, wurde das Manifest vollständig wiedergegeben.

Das Manifest zeigt den Einfluss von Jin Tianming und Jin Mingri auf Wang Yis Verständnis der Geschichte der Hauskirche sowie die Bedeutung dieser Geschichte für die Gestaltung und Prägung der Identität vieler zeitgenössischer städtischer Hauskirchen in China. Es gibt mehrere Hauptthemen, die in „Unser Hauskirchen-Manifest" zu finden sind. Erstens wird erklärt, was die Tradition der Hauskirche ist und wie sie sich von der DSB unterscheidet. Zweitens wird erläutert, warum die im Manifest vertretenen Kirchen entschlossen sind, diese Tradition weiter zu pflegen, und sich weigern, sich der DSB zu unterwerfen. Drittens ruft das Manifest andere Hauskirchen auf, sich den Verfassern anzuschließen und sich in Ablehnung des nationalistischen Götzendienstes dem Königtum Jesu Christi als alleinigem Haupt der Kirche zu unterstellen.

1

WARUM WIR EINE HAUSKIRCHE SIND

WANG YI

Das folgende Dokument ist ein Hirtenbrief, den Wang Yi an seine Gemeinde geschrieben hat, nachdem die chinesische Delegation auf dem Weg zum dritten Lausanner Kongress in Kapstadt, Südafrika, festgenommen worden war. Die Hirtenbriefe von Wang Yi wurden in der Regel zunächst per E-Mail direkt an seine Gemeindeglieder gesandt und dann für die breitere Öffentlichkeit ins Internet gestellt. Ein Auszug aus diesem Artikel wurde auch in *The Kosmos,* einer chinesischen Online-Zeitschrift für Theologie und Kultur, veröffentlicht.

Dieses Kapitel skizziert Wang Yis Verständnis von Kirche, seine theologischen Argumente für die Trennung von Kirche und Staat und die Geschichte der Patriotischen Drei-Selbst-Bewegung. Im Zentrum von Wang Yis Theologie steht die Frage: Wer hat die höchste Autorität über die Kirche? Er ist der Ansicht, dass die verschiedenen Antworten auf diese Frage die Unterschiede zwischen den Staats- und den Hauskirchen in China grundlegend bestimmen.

An meine Mitbrüder in der Early Rain Covenant Church: Frieden. Ich bin dankbar, dass am 15. dieses Monats einige Brüder und Schwestern früh morgens zu mir nach Hause kamen, um mit uns zu beten, Loblieder zu singen und zu erfahren, wie wir am Flughafen aufgehalten wurden. Viele weitere Brüder und Schwestern haben sich um uns gekümmert und für uns und die anderen Teilnehmer gebetet. Meine Frau Jiang Rong sagte, sie seien wie Engel gewesen und hätten uns als Familie den Trost des Herrn vermittelt.

Dieses Mal hat die Regierung aus Angst vor der Teilnahme chinesischer Hauskirchenpastoren am Dritten Lausanner Kongress für Weltevangelisation ihre Bürger in großem Umfang an der Ausreise gehindert. Im Grunde handelt es sich hier um einen Konflikt zwischen Gottes Ruf an die Kirche zur „Weltevangelisation“ und der offiziellen Doktrin der sogenannten Selbstverwaltung, Selbstversorgung und Selbstverbreitung.[16]

Der Sprecher des Außenministeriums, Ma Chaoxu, sagte, dass die „geheimen Mitteilungen und Einladungen des Lausanner Treffens an Personen außerhalb der legitimen chinesischen Kirche“ (gemeint ist die Drei-Selbst-Kirche) das staatliche Prinzip einer „selbst verwalteten Kirche“ verletzten. Dies sei eine grobe Einmischung in „Chinas religiöse Angelegenheiten“.[17]

Der Herr benutzt diesen Vorfall, um allen chinesischen Christen den geistlichen Konflikt zwischen den Hauskirchen und den Drei-Selbst-Kirchen erneut vor Augen zu führen. In der Vergangenheit hatte die Patriotische Drei-Selbst-Bewegung auch Kontakt zu dem Lausanner Organisationskomitee aufgenommen, in

16 Diese ist eine Anspielung auf den Namen „Patriotische Drei-Selbst-Bewegung“, siehe Glossar.

17 Das Außenministerium der Volksrepublik China ist eine Exekutivabteilung des Staatsrates der chinesischen Regierung. Diese Behörde ist für die Ausarbeitung von außenpolitischen Maßnahmen, Entscheidungen und Erklärungen in Bezug auf die VR China zuständig. Außerdem verhandelt und unterzeichnet sie ausländische Verträge und Abkommen, entsendet Vertreter für auswärtige Angelegenheiten in andere Länder und vertritt die Interessen der VR China bei den Vereinten Nationen und anderen internationalen Organisationen.

der Hoffnung, daran teilnehmen zu können. Aber die Grundlage der Verbundenheit innerhalb der Kirche des Herrn beruht nicht auf Macht oder Kraft (Sach 4,6), sondern auf einem gemeinsamen Bekenntnis (Eph 4,5-6). Die Lausanner Bewegung vertritt eine evangelikale Perspektive und glaubt an die Autorität der Bibel und die Universalität der Mission des Evangeliums, die verlangt, dass „die ganze Gemeinde der ganzen Welt das ganze Evangelium" bringt.[18]

Dies steht in direktem Widerspruch zu den Grundsätzen der Abteilung für Einheitsfrontarbeit der Kommunistischen Partei und der staatlichen Behörde für religiöse Angelegenheiten. Darüber hinaus heißt es im 13. Punkt der Lausanner Vereinbarung: „Es ist Gottes Auftrag für jede Regierung, die Bedingungen für Frieden, Gerechtigkeit und Freiheit zu gewährleisten, unter denen die Gemeinde Gott gehorchen, dem Herrn Christus dienen und das Evangelium ohne Beeinträchtigung verkünden kann." Und sie fordert die Kirche auf, „unsere tiefe Sorge für all diejenigen zum Ausdruck (zu bringen), die unrechtmäßig in Gefangenschaft sind, besonders für unsere Brüder, die wegen ihres Zeugnisses für den Herrn Jesus leiden. Wir geloben, für ihre Freiheit zu beten und zu wirken. Ebenso weigern wir uns, uns durch ihr Schicksal einschüchtern zu lassen." Wenn also diejenigen, die von der Kommunistischen Partei als „legitime Vertreter der chinesischen Kirche" ernannt wurden, diese Erklärung sorgfältig durchläsen, könnten sie sie niemals in gutem Glauben und Gewissen unterschreiben. Das zeigt, dass sie zur Synagoge des Satans gehören (Offb 2,9) und auf dem Stuhl des Moses sitzen (Mt 23,2). Wegen ihrer weltlichen „religiösen

18 Die Lausanner Verpflichtung gilt weithin als eines der wichtigsten Dokumente über Evangelisation und Mission in der modernen Kirchengeschichte. Das Dokument ging aus dem Ersten Lausanner Kongress im Jahr 1974 hervor. Der Hauptautor war John Stott. Die Verpflichtung hat unter den städtischen Hauskirchen in China großen Anklang gefunden.

Angelegenheiten“ wagen sie es nicht, sich mit den Söhnen und Töchtern des Allerhöchsten zusammenzutun und übereinzustimmen. Deshalb glauben wir, dass das „Drei-Selbst“-System einem staatlichen Monopol innerhalb eines religiösen Wirtschaftskomplexes gleicht, das sich den Anliegen der politischen Macht unterwirft, und deshalb nicht die Kirche des Herrn ist. Denn „die Kirche“ ist von Natur aus keine konkrete Organisation, sondern eine geistliche Gruppe von Heiligen in Gottes unsichtbarem Reich, die aus jeder Sprache, jedem Stamm und jeder Nation auserwählt sind (Joh 18,36).

Innerhalb des „Drei-Selbst“-Systems gibt es zwar zahlreiche Kirchengebäude (Zentren für religiöse Aktivitäten), doch keine einzige selbstständige „Gemeinde“. Der bösartige religiöse Wirtschaftskomplex kontrolliert alles, denn die Pläne Satans zielen darauf ab, die „Ortsgemeinde“ zu zerstören. Tatsächlich kann man im heutigen China nur unter den Hauskirchen wahre und selbstständige „Ortsgemeinden“ finden.

Warum bestehen wir heute auf dem Weg der Hauskirche? Warum müssen wir die Gläubigen, die von dem „Drei-Selbst“-System verführt wurden, warnen, sich schnell von der Sünde Jerobeams loszusagen, der die goldenen Kälber anbetete, die in Bethel und Dan standen (2Kö 10,29), und sie stattdessen aufrufen, die Bibel besser kennenzulernen und sich nach der Wahrheit zu sehnen, damit Gottes Volk nicht wegen seines Mangels an Erkenntnis zugrunde geht (Hos 4,6)? Warum müssen wir jene „Drei-Selbst“-Pastoren ermahnen, umfassend Buße zu tun, weil sie auf den Wegen Kains wandeln und mit Gottes Wort hausieren gehen (2Kor 2,17) und aus Gewinnsucht dem Irrtum Bileams nachlaufen (Jud 11)? Und warum bitten wir Gott, sich der schwachen, im Gewissen geplagten Glieder und Mitarbeiter des Leibes innerhalb des „Drei-Selbst“-Systems zu erbarmen, damit sie einen Glauben empfangen, der die Welt überwindet, und vor dem

Herrn gerecht sind, treu bis in den Tod, und den Siegeskranz des Lebens empfangen (Offb 2,10)?

Kurz gesagt, müssen wir dies im Hinblick auf die Lehren der Bibel und in Anerkennung der historischen Fakten tun:

1. DAS ERSTE DER ZEHN GEBOTE: „DU SOLLST KEINE ANDEREN GÖTTER HABEN NEBEN MIR." (2MO 20,3)

Die Braut hat nur *einen* Ehemann, die Kirche hat nur *ein* Haupt, und die Seele hat nur *einen* König. Damit Gläubige dieses Gebot wirklich verstehen und ernst nehmen, muss die Antwort auf jede Sache oder Person, die nach Herrschaft oder Zwang über unser Leben strebt – seien es unser Ehepartner, unsere Eltern, unser Land oder unsere politischen Parteien –, ganz gleich, ob die Forderung von Tränen oder Waffen begleitet wird, schlicht lauten: „So spricht der Herr: Du sollst keine anderen Götter haben neben mir." Sobald die Kirche in die Falle tappt, sich von Gefühlen leiten zu lassen, von Macht abhängig zu werden oder sich in Fragen der Lehre, des Priestertums oder der Sakramente der Politik zu beugen, hat sie einen falschen Gott angebetet. Sie wird die schönste Eigenschaft der Braut Christi, ihre Reinheit, verlieren und so aufhören, die Gemeinde des Herrn zu sein.

2. DIE TRENNUNG VON KIRCHE UND STAAT: „GEBT DENN DEM KAISER, WAS DES KAISERS IST, UND GOTT, WAS GOTTES IST." (MT 22,21)

Einerseits verleiht Gott dem Staat die Macht, das Schwert zu führen (Röm 13,1-13), um die äußere Ordnung und den Frieden aufrechtzuerhalten. Andererseits gibt er der Gemeinde die Schlüssel zum Himmelreich (Mt 16,19), um das Evangelium zu predigen, die Sakramente auszuteilen und als „Verwalter der Geheimnisse

Gottes“ (1Kor 4,1) geistliche Angelegenheiten zu beurteilen. Die Regierung hat aber kein Recht, sich in den Glauben ihrer Bürger oder in die Lehren, geistlichen Berufungen, Gottesdienste und Predigten der Kirchen einzumischen. Wir akzeptieren keine Einmischung in die Religionsfreiheit durch das Büro für religiöse Angelegenheiten einer atheistischen politischen Partei; wir akzeptieren nicht die Vorstellung, dass sich die Kirche des Herrn einer „Verwaltungsabteilung“ unterwirft; wir weigern uns, „religiöse Angelegenheiten“ als eine Aufgabe der Regierung zu akzeptieren. Mit anderen Worten: Religiöse Angelegenheiten sind weder Sache von „meinem Land, China“ noch Sache der Vereinigten Staaten oder Südafrika. Wahre Religion (Frömmigkeit) gehört Christus, ist Sache der ganzen Welt und Sache des Gewissens eines jeden Gläubigen.

Solange die Regierung an ihrem „Theokratie“-Modell festhält – indem sie religiöse Angelegenheiten als interne Regierungsangelegenheiten betrachtet –, solange sie die Schlüsselgewalt der Kirche in Hinsicht auf das Königreich Christi missachtet und lokale Kirchen daran hindert, sich unabhängig von der Drei-Selbst-Kirche im Büro für zivile Angelegenheiten registrieren zu lassen, sind wir entschlossen, in die Fußstapfen der Heiligen vor uns zu treten, wie Wang Mingdao und Yuan Xiangchen, und bis zum Tod an der Position der Hauskirche festzuhalten. Einerseits gehorchen wir der allgemeinen und legitimen Regierung und respektieren die Macht ihres Schwertes. Andererseits werden wir durch gewaltlosen zivilen Ungehorsam das Wort predigen, ob zu gelegener oder ungelegener Zeit (2Tim 4,2). Menschen können in Ketten gelegt werden, aber das Evangelium kann nicht gebunden werden (2Tim 2,9); die Diener können getötet werden, aber unser Herr ist bereits auferstanden.

3. BEAUFTRAGT DURCH DEN MISSIONSBEFEHL (MT 28,18-20; LK 24,46-48)

Weil unser souveräner Gott der Gemeinde das Recht und die Verantwortung gegeben hat, das Evangelium bis an die Enden der Erde zu verbreiten, bedeutet dies, dass das geistliche Reich Christi höher steht als jeder Staat. Denn Christus hat keinen Pass, der Glaube kennt keine nationalen Grenzen, und die Wahrheit kennt keine Hautfarbe. Wo wären die chinesischen Christen ohne westliche Missionare? Deshalb wenden wir uns entschieden gegen das, was die Drei-Selbst-Kirche unter „sich selbst verbreiten" versteht, gegen die bewusste Täuschung durch die Vorschrift von „zugewiesener Botschaft, zugewiesenem Ort und zugewiesenem Volk" und gegen die sogenannten Richtlinien zur Religionsfreiheit. Die seit einem halben Jahrhundert bestehende „Patriotische Drei-Selbst-Bewegung" ist eine antichristliche Bewegung, gerade weil sie einen öffentlichen Glauben und die Existenz eines Reiches, das über den Nationalstaaten steht, nicht anerkennt und versucht, mithilfe der Regierung eine „nationalistische Kirche" zu errichten. Dies ist ein Plan Satans, China zu benutzen, um die Gemeinde des Herrn zu zerstören. Aber Gott hat es zum Guten gewendet (1Mo 50,20) und mehr als ein halbes Jahrhundert der Verfolgung genutzt, um stattdessen die Hauskirchen zu errichten, zu segnen und zu schützen.

4. GESCHICHTE UND REALITÄTEN DER „PATRIOTISCHEN DREI-SELBST-BEWEGUNG"

Viele in ihren Reihen sind falsche Führer und Lehrer, die die Gemeinde und ihre Mitarbeiter anklagen und verfolgen. Solche befinden sich unter den Bischöfen, Leitern und Amtsträgern der „Drei-Selbst-Bewegung" (und den ihr angeschlossenen

Organisationen) auf allen Ebenen bis zum heutigen Tag. Bis heute haben sie nicht Buße getan und sich von ihren bösen Wegen abgewendet. Sie führen weiterhin häretische Lehren ein, die auf „Rechtfertigung durch Liebe" beruhen, und befürworten religiösen Synkretismus durch „theologische Rekonstruktion" im gesamten Drei-Selbst-System.[19] Viele örtliche Drei-Selbst-Kirchen helfen weiterhin ihren örtlichen Regierungen, die Hauskirchen zu verfolgen, und folgen damit den schändlichen Wegen des Judas – wir wagen es nicht einmal, für sie wegen dieser zum Tod führenden Sünde zu beten (1Jo 5,16). Sie unterstehen derselben Aufsicht und erhalten dieselbe Vergütung wie die Regierungsangestellten. Sie organisieren „politische Studien" und erhalten Leitung und Lehre von Heiden; sie singen weiterhin „rote Lieder" in ihren Versammlungen[20], hängen die nationale Flagge auf und billigen die Anbetung des Staates. Wahre Gläubige sollten sich weigern, einer solchen Religion der Kanaaniter zu folgen, und höchst beunruhigt darüber sein, dass sie sich der despotischen Macht Baals und seinen abtrünnigen Wegen beugen.

Nun mag jemand sagen: „Aber wir müssen sie auch lieben." Ja, wenn man diesen Weg geht, eine Hauskirche zu sein, zu leiden und den Preis für diese Unfreiheit zu zahlen, und außerdem danach zu streben, das volle Evangelium zu verbreiten und hart daran zu arbeiten, den Weg des Herrn zu beachten und im Licht zu wandeln, dann ist nichts größer als diese Liebe zu seinem Bruder (1Jo 2,6-10).

Was ist wahre „religiöse Selbstständigkeit"? Sie besteht genau darin, Jesus als Herrn anzuerkennen und die Bibel zu bewahren. Jede „Selbstständigkeit" außerhalb von Christus ist reine

---

19 Siehe Glossar: „Der Chinesische Christenrat" und „Sinisierung des Christentums".

20 „Rote Lieder" sind Lieder, die die Kommunistische Partei Chinas und die Volksrepublik China preisen. Sie sind meist historischer Natur und stammen aus den Revolutionsjahren um 1949 bis zum Ende der Kulturrevolution.

Rebellion gegen den Herrn und kommt vom Bösen. Was sind wahre „Selbstverbreitung“ und „Selbsterhaltung“? Sie bedeuten, dass Gläubige nicht mit Ungläubigen an einem Joch ziehen. Denn wie passen Gerechtigkeit und Ungerechtigkeit zusammen, und was hat Christus mit Satan gemeinsam (2Kor 6,14-15)?

Deshalb heißt es im fünften Punkt des „Early Rain Glaubensbekenntnisses“, an dem Ihr und die Ältesten festhalten: „Wir nehmen das Erbe der chinesischen Hauskirche an, halten an Jesus Christus als dem einzigen Haupt der Kirche fest und bewahren den Grundsatz der Trennung von Kirche und Staat.“

Brüder und Schwestern, ach, dass der Herr unser Leben in dieser Welt gebrauchen möge, in der die Finsternis vergeht und das wahrhaftige Licht schon leuchtet (1Jo 2,8); dass wir wie Martin Luther wären, der sagte: „Hier stehe ich, ich kann nicht anders, Gott helfe mir.“

Aus Gnade, treu dem Herrn, euer Mitknecht
Wang Yi

15. Oktober 2010

2

DAS GEISTLICHE ERBE DER HAUSKIRCHE

JIN TIANMING

Dieser Aufsatz wurde erstmals am 20. September 2009 in dem chinesischen Theologie-Blog *The Kosmos* veröffentlicht. Obwohl sich Jin Tianming und Wang Yi nicht den gleichen ekklesiologischen Vorstellungen verpflichtet fühlen, respektieren sie sich gegenseitig und haben vor ihren jeweiligen Inhaftierungen miteinander kommuniziert.

Jin Tianming hat viele Erklärungen im Namen seiner Kirche verfasst. Hier benennt er sieben Merkmale, die alle chinesischen Hauskirchen gemeinsam haben. Dies ist wichtig für Jin Tianmings Argumentation, dass „Hauskirche" nicht einfach eine verwaltungspolitische Bezeichnung ist, sondern vielmehr eine historische christliche Tradition mit ausgeprägten theologischen und spirituellen Vorstellungen und Bekenntnissen.

Ich glaube, dass es sieben Aspekte des geistlichen Vermächtnisses der Hauskirche gibt: das Festhalten an den wesentlichen Glaubensinhalten; das Festhalten an der Trennung von Kirche und Staat; das Gehen auf dem Weg des Kreuzes; die Konzentration auf das innere Leben; die Konzentration auf Buße, Gebet und das Wirken des Heiligen Geistes; die Betonung des Lebens aus dem Glauben und der besondere Schwerpunkt auf der Evangelisation.

1. AN DEN WESENTLICHEN GLAUBENSINHALTEN FESTHALTEN

Hauskirchen halten an den Grundlagen des Glaubens fest. Im Gegensatz zur liberalen Theologie betonen diese Fundamente vor allem drei Bereiche: (1) Die absolute Autorität der Bibel. Sie ist Gottes vollständige und irrtumslose Offenbarung, die absolute Autorität und Wahrheit für unseren Glauben und unser Leben. Diese absolute Autorität darf auf keinen Fall geschwächt werden. (2) Die Betonung der vollen Göttlichkeit Jesu Christi. Jesus Christus ist der Sohn Gottes, die leibhaftige Offenbarung Gottes. Für die Sünden der Menschheit ist er gestorben und auferstanden, und er wird wiederkommen. Und (3) sind der Tod und die Auferstehung Christi das Herzstück der Erlösung. Sie sind die einzige Voraussetzung für die Errettung des Einzelnen. Die Hauskirchen haben viel dazu beigetragen, die falschen Lehren der liberalen Theologie zu bekämpfen und das Fundament eines reinen Glaubens aufzubauen, indem sie an den oben genannten wesentlichen Überzeugungen festhielten.[21]

Einige Hauskirchen lehnen jedoch, um ihren Glauben an diese wesentlichen Dinge zu unterstreichen, jegliche Theologie ab und kritisieren sie (da sie der Meinung sind, dass die Theologie den absoluten Charakter des Glaubens und der Wahrheit schwäche). Sie betonen das Heil des Einzelnen und vernachlässigen den Aufbau der Gemeinde und die Fürsorge für die Gesellschaft (sie glauben, dass das Heil der Seelen am wichtigsten sei, da diese Welt letztlich vergehen wird). Im Laufe der Zeit entfernt sich ihr

---

21 In der Vergangenheit brachten ausländische Missionare sowohl fundamentalistische als auch liberale Theologien aus dem Westen nach China. Darüber hinaus reisten in den ersten Jahrzehnten des 20. Jahrhunderts viele junge Elite-Intellektuelle zum Theologiestudium und zur Ausbildung nach Übersee und lernten dort die verschiedenen theologischen Traditionen kennen, die an amerikanischen und europäischen Seminaren zu finden waren.

Glaube von der Welt, und die Gemeinde kapselt sich langsam von der Welt ab, weil sie sich selbst isoliert. Dies ist eine Abkehr vom Geist des Mensch gewordenen Christus, von dem es heißt: „Das Wort wurde Fleisch" (Joh 1,14). Dies ist auch der Grund, warum sich immer weniger Hauskirchen fundamentalistisch nennen und sich stattdessen als evangelikal bezeichnen.

2. AN DER TRENNUNG VON KIRCHE UND STAAT FESTHALTEN

Die Hauskirche hat stets nachdrücklich betont, dass Jesus Christus das Haupt der Gemeinde ist und dass die Gemeinde sich nicht mit weltlichen Mächten vereinigen oder ihnen hörig sein darf, um nicht in geistliche Promiskuität zu verfallen. Daher hat die Hauskirche den Grundsatz der Trennung von Kirche und Staat beibehalten. Der Autor hat jedoch festgestellt, dass die frühen Hauskirchen (und auch die neueren) bei der praktischen Anwendung dieses Grundsatzes eher vom Standpunkt des individuellen Glaubens aus an die Sache herangegangen sind, als sich direkt mit der Frage des Verhältnisses zwischen Kirche und Staat auseinanderzusetzen.

Warum nicht der Drei-Selbst beitreten? Zunächst führte Wang Mingdao einen Grund an, der später von den Hauskirchen weitgehend übernommen wurde: „Lasst euch nicht mit Ungläubigen zusammenspannen", was bedeutet, dass wir nicht dieselben Überzeugungen teilen wie die Drei-Selbst-Kirche. Was aber, wenn Wu Yaozong und Ding Guangxun die liberale Theologie aufgegeben und am wahren Glauben festgehalten hätten, wie würden wir dann mit dieser Frage umgehen? Dies ist heute eine Schlüsselfrage. In Wirklichkeit weigern sich die Hauskirchen nicht nur wegen deren „liberaler Theologie", dem Drei-Selbst-System beizutreten, sondern weil hinter dem Drei-Selbst-System eine Unterwerfung unter die Kontrolle und Leitung durch die Regierung steht. Daher kann man sagen, dass die Teilnahme an „Drei-Selbst" darin besteht, die Macht der Regierung – und nicht Christus – als Haupt anzuerkennen. Eine solche Kirche ist keine „Jungfrau" mehr, sondern eher eine „Prostituierte", die mit einem weltlichen Regime verbunden ist (Mt 25,1-13; Offb 17). Innerhalb der Hauskirchentradition gab es auch solche (wie Yuan Xiangchen und Lin Xiangao), die diese Frage unter dem Gesichtspunkt aufgeworfen haben, wer über die Entscheidungsmacht verfügt.

Was ist das Ergebnis, wenn die Frage der Beziehungen zwischen Kirche und Staat auf Dauer vernachlässigt wird, weil man meint, das sei alles nur Politik? Die Kirche würde ihren rechtmäßigen Platz in der Gesellschaft und in der öffentlichen Wahrnehmung völlig aufgeben. Vor der Drei-Selbst-Bewegung konnten christliche Führer, ob es nun Wang Mingdao oder Watchman Nee war, offen Zeitschriften und Zeitungen herausgeben und so ihre Stimme in der gesamten Gesellschaft zu Gehör bringen. Aber als die Kirche das Thema der Beziehung zwischen Kirche und Staat vermied, verlor sie ihre Möglichkeit, vor der gesamten Gesellschaft und der Öffentlichkeit Zeugnis abzulegen. In der Vergangenheit reagierte die Hauskirche also sehr sensibel und nervös, wann immer ein Christ in der Öffentlichkeit Stellung bezog. Bis vor Kurzem waren viele Hauskirchen noch vorsichtig und distanzierten sich sogar absichtlich von diesen „aktivistischen" Christen, weil sie fürchteten, „sich die Finger zu verbrennen".[22] Aber heute haben viele Hauskirchen von diesen Personen

22 Gemeint sind die Weiquan-Aktivisten (维权律师, „Anwälte, die die Rechte verteidigen"), nämlich Juristen und Gelehrte, die für die chinesischen Bürger ihre Bürgerrechte und öffentlichen Interessen durch Rechtsverfahren und juristischen Aktivismus zu erkämpfen versuchen. Es ist bemerkenswert, dass unter den Weiquan-Aktivisten in China ein erheblicher Prozentsatz Christen

Hilfe dabei erhalten, an die Öffentlichkeit zu gehen und rechtliche Maßnahmen zu ergreifen, um die legitimen Rechte und Interessen der Kirchen zu schützen. Die „Drei-Selbst"-Kirchen unterwerfen sich der Regierung und geben ihre Mission auf – sie trauen sich nicht, können nicht und werden nicht an die Öffentlichkeit gehen.

Aber mit dem Wachstum der Hauskirchen wird die Kirche des Herrn voll und ganz in den öffentlichen Raum Chinas eintreten (die Beteiligung der Gemeinden an den Hilfsmaßnahmen im letzten Jahr beweist dies).[23] Manchmal müssen wir dem Beispiel des Apostels Paulus folgen, der sein römisches Bürgerrecht und die Gesetze seiner Zeit oft dazu nutzte, sein Recht auf Glauben und Predigen zu schützen und auszuweiten, um so am Glauben festzuhalten und mithilfe des Gesetzes die Unabhängigkeit der Kirche zu schützen.

3. AUF DEM WEG DES KREUZES GEHEN

Da die Hauskirchen sich weigern, Kompromisse mit der Regierung einzugehen, werden sie den Weg des Kreuzes gehen müssen – so zeigt es die Geschichte. Sie werden ohne zu zögern alles aufgeben müssen, einschließlich ihres Lebens und ihrer Familien.

Daher wird das Leiden in dieser einzigartigen historischen Zeit zum Kennzeichen des chinesischen Christen. Wahre Christen werden an ihrem Glauben festhalten und sich weigern, bei der Wahrheit Kompromisse eingehen. In dieser Zeit wird es fast unmöglich sein, Leiden zu vermeiden (es sei denn, der Herr sorgt

---

sind. Bei seinem Eintritt in den geistlichen Dienst galt Wang Yi selbst als Weiquan-Aktivist.

23 Siehe Glossar: „Szechuan-Erdbeben von 2008".

für übernatürliche Fürsorge und für Schutz). Besonders diejenigen, die die Kirche leiten, müssen sich der Verantwortung stellen und Verfolgung erleiden.

Wir glauben, dass das Leiden das Leben der Pastoren und Gläubigen läutert wie auch das der Kirche. Durch die Leiden geistlicher Ältester wird ein unerschütterliches Fundament für die chinesische Kirche geschaffen. Langes Leiden bringt jedoch seine eigenen Herausforderungen mit sich, da es den Glauben individualisiert und den Leib Christi zerbricht, sodass sich jeder seinem Glauben allein stellen muss. Weil es dann keine Gemeinden mit einer gewissen Größe mehr gibt und ihre Pastoren oft im Gefängnis sitzen, können die Brüder und Schwestern nur noch beten und in der Heiligen Schrift lesen (wenn sie überhaupt noch eine Bibel haben) und im Geheimen Gemeinschaft pflegen (wenn die Polizei nicht ihre Häuser verwüstet hat). Leid individualisiert den Glauben und schwächt das kollektive Bewusstsein der Kirche (ihre Gruppenidentität), indem es die Betonung auf den individuellen Glauben und das individuelle Zeugnis legt, während die Bedeutung des Aufbaus der Gemeinde und ihres gemeinsamen Zeugnisses außer Acht gelassen wird. Daher sollten Hauskirchen, die auf lange Sicht Verfolgung entgegengehen, den Glauben und den inneren Frieden suchen, den friedlichere Zeiten ermöglichen, um der Gefahr vorzubeugen, dass das Leiden eine Quelle geistlichen Stolzes wird. Sie müssen auch lernen, sich in friedlichen Zeiten genauso treu dem Willen Gottes hinzugeben und den Weg des Kreuzes zu gehen.

4. KONZENTRATION AUF DAS INNERE LEBEN

Das geistliche Unterscheidungsmerkmal der Hauskirche ist das innere Leben der Gläubigen, wobei der Schwerpunkt auf der individuellen Beziehung der Gläubigen zum Herrn liegt.

Das Streben nach geistlichem Aufbruch und Wachstum in ihrem geistlichen Leben durch Frömmigkeit wird zu einer starken Grundlage, wenn sie Leid erfahren. Ob Watchman Nee, der von den Pietisten beeinflusst wurde, oder der reformierte Pastor Jia Yuming, der ein presbyterianisches Seminar absolvierte, sie alle sind sich in diesem Punkt einig, und dies war immer der Schwerpunkt der chinesischen Hauskirche.

Die Hauskirche verwendet jedoch häufig den Begriff „geistlich", um das innere Leben zu beschreiben. Das macht eine objektive Betrachtung von Gottes Geboten als ethischem Maßstab schwierig. Das Ergebnis ist, dass das geistliche Leben oft nicht mehr mit dem Alltag in Berührung kommt. Wenn die Bibel von einem wahrhaft geistlichen Menschen spricht (jemand, der vom Geist erfüllt ist), dann geht es immer um eine klare Übereinstimmung mit einer biblischen Ethik und nicht um Bewertungen aufgrund innerer Gefühle oder bestimmter Lebensumstände. Ein wahrhaft geistlicher Ehemann, eine geistliche Ehefrau, ein Vater, eine Mutter, ein Sohn, eine Tochter, ein Herr, ein Dienender – sie alle haben einen äußeren Maßstab, nach dem sie beurteilt werden (Eph 5,18–6,9). Wenn wir den auf der biblischen Wahrheit beruhenden ethischen Maßstab beiseitelassen und uns nur auf das innere Wachstum im Leben konzentrieren, passiert es schnell, dass menschliche (oder sogar fleischliche) Maßstäbe als geistliche Maßstäbe missdeutet werden.

Darüber hinaus wird eine Überbetonung des inneren Lebens unweigerlich zu einem Extrem führen: zu einem Widerwillen gegen jegliche Bemühung, die Gemeinde zu organisieren. Dafür gibt es drei Gründe. Erstens liegt, wie bereits erwähnt, die Betonung auf der individuellen Beziehung zum Herrn als dem zentralen Mittel des Glaubens. Das führt oft zu der Auffassung, dass die Leitung und Organisation einer Gemeinde von den Menschen ausgehe und nicht „geistlich" sei. Zweitens hat die

Kirche lange Zeit vermieden, sich mit den Beziehungen zwischen Kirche und Staat zu befassen. Nachdem sie den öffentlichen Raum verlassen und sich in die Häuser zurückgezogen hatte, war die Größe der einzelnen Gemeinden so gering, dass keine Notwendigkeit bestand, zusätzliche Strukturen, Arbeitsbereiche oder Leitungsstrukturen zu schaffen. Drittens wurde in bestimmten historischen Kontexten (auch heute) alles Organisierte kritisch betrachtet; und daher wollte man es vermeiden, sich überhaupt zu organisieren. Die Ablehnung von Organisation hat den Gemeinschaftscharakter des Glaubens und des Dienstes der Gemeinde verwässert. Sie hat nur den geistlichen Charakter der Kirche betont („Denn wo zwei oder drei oder mehr in seinem Namen versammelt sind, da ist Gemeinde").[24] Dies hat dazu geführt, dass Hauskirchen keine angemessene Ekklesiologie haben. In diesem historischen Kontext ist daher nachvollziehbar, warum Kirchen in den privaten Bereich gegangen, zu „Hauskirchen" geworden sind und sich die Taktik des „Abtauchens" zu eigen gemacht haben (die lange Zeit der geistliche Trumpf der Hauskirchen war), um den persönlichen Glauben und das Wachstum innerhalb sicherer Grenzen zu schützen. Dieser „Haus"-Charakter der Hauskirche legte großen Wert auf vertraute Gemeinschaft und Beziehungen, sodass Hauskirchen typischerweise eine starke Tradition der Gemeinschaft haben.

In der Vergangenheit haben die Hauskirchen für das Recht auf individuellen Glauben gelitten; die Hauskirche von heute muss im Leiden ausharren, damit Gemeinde gebaut wird. Der Konflikt zwischen Kirche und Staat hat sich im Kern nicht geändert.

24 Paraphrase von Mt 18,20.

5. KONZENTRATION AUF BUSSE, GEBET UND DAS WIRKEN DES HEILIGEN GEISTES

Hauskirchen betonen in der Regel das Bekenntnis der Sünde und die Buße, was auch direkt mit ihren Vorvätern im Glauben zusammenhängt. Wang Mingdao betonte das heilige Leben der Christen als neue Schöpfung, und „von Sünde gereinigt zu werden“ war der Schwerpunkt und Höhepunkt der evangelistischen Erweckungsversammlungen von John Sung. Wenn heute jemand bereit ist, Christus zu vertrauen, leiten wir ihn an, ein Gebet der Entscheidung zu sprechen.

Vor mindestens 20 Jahren begann man jedoch damit, dass jemand, der bereit war, Christus zu vertrauen, in der Regel von einem älteren Bruder oder einer älteren Schwester in einen stillen Raum begleitet wurde, um alle seine Sünden von der Jugend bis heute zu bekennen. Nur diese Art der Reue und des Loslassens von Sünden wurde als Zeichen der Wiedergeburt angesehen. Hauskirchen legten aufgrund ihrer Betonung des inneren Lebens auch großen Wert auf das Gebet und das Wirken des Heiligen Geistes. Denn in bestimmten historischen Situationen konnte man nicht viel tun außer beten. Im Gebet suchten sie den Herrn und erlebten so das mächtige Wirken des Heiligen Geistes. Die Konzentration auf Buße, Gebet und das Wirken des Heiligen Geistes wurde zum geistlichen Kennzeichen der Hauskirchen, das untrennbar mit den geistlichen Auswirkungen der evangelistischen Erweckungen von John Sung in ganz China und sogar in der gesamten chinesischsprachigen Welt verbunden ist.

Die chinesischen Hauskirchen haben in der Vergangenheit definitiv im inneren Leben der Gläubigen eine Erweckung durch den Heiligen Geist sowie ein äußeres Aufblühen der Gemeinden erlebt. Vielleicht wurde deshalb in der Soteriologie der Hauskirchen nicht die „Rechtfertigung durch den Glauben" betont, die hervorhebt, dass der Glaube durch den Heiligen Geist gewirkt wird. Vielmehr lag der Schwerpunkt auf den persönlichen Erfahrungen derjenigen, die gerettet, wiedergeboren und von der Sünde befreit worden waren. Es fehlte eine biblische und theologische Perspektive, um die Errettung zu interpretieren und zu definieren. Heute haben die Hauskirchen begonnen, sich mit der Theologie und den überlieferten Glaubensbekenntnissen zu befassen.

6. BETONUNG DES LEBENS AUS DEM GLAUBEN

Es wird Wert darauf gelegt, dass Prediger ein Leben des Glaubens führen und dass bei allen Diensten ein reiner Glaube und ein Vertrauen auf den Herrn bestehen. Diese Art des Glaubens „nicht durch Macht, und nicht durch Kraft, sondern durch meinen Geist, spricht der HERR", ist ein absolut wertvoller Teil der Hauskirchentradition (Sach 4,6). Denn wenn es ums Überleben geht, umgeben von einem Umfeld, das nicht frei ist, müssen die Prediger ihren Glauben an Gott unter Beweis stellen (wie sollen sie ihre Brüder und Schwestern lehren, sich wirklich auf Gott zu stützen, wenn es ihnen in grundlegenden Bereichen des Lebens an Glauben mangelt?). Vor allem an schwierigen Orten (wie auf dem Land) müssen sie vielleicht dem Beispiel des Paulus folgen und „Zelte machen", um Brüder und Schwestern vor wirtschaftlichen Belastungen zu bewahren.

Es ist richtig, dass Prediger aus dem Glauben leben und auf diese Weise Selbstverleugnung praktizieren. In der Vergangenheit haben die Hauskirchen jedoch übermäßig betont, dass Prediger aus dem Glauben leben müssen, und dabei die Tatsache vernachlässigt, dass die Mitglieder auch für die Bedürfnisse ihrer Pastoren sorgen müssen. Solch eine Vernachlässigung sollte nicht geschehen. Es gibt sogar Fälle, in denen eine Kirche die Mittel hatte, ihre Prediger finanziell zu unterstützen, und dennoch an der Ansicht festhielt, dass es „ungeistlich" sei, wenn Prediger ein Gehalt erhalten oder den gleichen Lebensstandard haben wie andere (vergesst nicht: „Der Arbeiter ist seines Lohnes wert", 1Tim 5,18). Wir müssen über solche Missverständnisse nachdenken und sie vor Gott korrigieren. Einem Drei-Selbst-Pastor mögen mehrere Häuser geschenkt worden sein, sodass es für ihn oft schwer ist, an der Wahrheit festzuhalten, während er den Mammon anbetet; aber Hausgemeinden gehen manchmal auch zu weit und sorgen oft nicht einmal dafür, dass ein Prediger genug zu essen hat.

In der Vergangenheit haben wir nur selten erlebt, dass Gemeindemitglieder Gelder für die Unterstützung von kirchlichen Diensten bereitgestellt haben. Das hat sicherlich mit den Sicherheitsbedenken zu tun, die mit dem Aufstellen eines Kollektenbehälters verbunden sind. Wenn wir Gott mit reinem Herzen vertrauen, vernachlässigen wir schnell eine angemessene Planung und Vorbereitung; wir verlassen uns in der Regel allein auf das Gebet. Dieser Ansatz war angesichts der besonderen Umstände sehr angebracht, denn wir brauchten wirklich die klare Führung des Heiligen Geistes. Da die Kirchen so klein waren, konnten außerdem jederzeit Anpassungen vorgenommen werden. In der Vergangenheit war es sehr wertvoll, sich allein auf den Herrn zu verlassen, aber wir dürfen nicht vergessen, dass der Heilige Geist auch auf andere Weise wirkt. Er ist ein strategischer, intelligenter und weiser Geist. Mit dem Wachstum der Kirchen und der Entstehung gemeinsamer Dienstbereiche am Leib Christi wird es immer notwendiger, auf dem Fundament des Gebets sorgfältig zu planen.

7. EIN BESONDERER SCHWERPUNKT LIEGT AUF DER EVANGELISATION

Von Ende der 1970er- bis Anfang der 1980er-Jahre litten die Hauskirchen auf dem Land unter massiver Verfolgung. Die Prediger hatten keine andere Wahl, als ihre Heimatorte zu verlassen. Doch dies führte zu einem Höhepunkt in der nationalen Evangelisation und Mission. Aufgrund der „Politik der dreifachen Festlegung“[25] [der Regierung] konnten Drei-Selbst-Gemeinden nicht frei neue Standorte eröffnen oder regionale Grenzen überschreiten, um zu evangelisieren. Die Evangelisation (hier im weitesten Sinne definiert) in der Stadt und in ländlichen Gebieten wurde zu einem besonderen Merkmal der Hauskirchen. Dies war schon immer ein Schwerpunkt der Gemeinde und hat ihr Freude und den Segen Gottes gebracht.

Hauskirchen haben immer den Schwerpunkt auf die Evangelisation gelegt, aber es fehlte ihnen an einer vollständigen Ekklesiologie, und wegen der restriktiven Umstände haben sie den Aufbau und die Betreuung der Ortsgemeinden vernachlässigt. In der Anfangszeit war die Ernte reichlich und der Bedarf an Predigern akut, sodass wir heute mit einer Situation konfrontiert sind, in der Evangelisten so viele Gemeinden gegründet haben, dass ein zunehmender Bedarf an Predigern besteht, insbesondere an solchen, die eine solide Ausrüstung in der Wahrheit, ein starkes charakterliches Zeugnis und genügend Einsicht und Weisheit haben, um Gläubige hauptamtlich zu leiten. Mit dem Wachstum der Gemeinden erkennen wir zunehmend die Notwendigkeit, Gemeinden zu gründen und Mitarbeiterteams zu bilden.

---

25 Gemeint ist die Vorschrift der Religionsbehörde, dass christliche Arbeit 1. nur an „festgelegten Orten“ innerhalb von 2. „festgelegten Regionen“ geschehen darf, mit Predigten, die 3. von „festgelegtem Personal“ gehalten werden, wobei alles jeweils von der Regierung genehmigt werden muss.

Unter Gottes Segen sind die städtischen Hauskirchen in den letzten Jahren erheblich gewachsen. Auch die Größe der örtlichen Gemeinden hat aufgrund von Durchbrüchen in den Beziehungen zwischen Kirche und Staat zugenommen – sie haben sich langsam von der Hausgemeinschaftsform der Kirchen zu einer „Gemeindeform" entwickelt. Daher haben die Hauskirchen, ungeachtet ihrer äußeren Erscheinungsform und ihrer unterschiedlichen Sichtweisen des Dienstes, inzwischen einige der Grenzen der Hauskirchentradition überwunden. In diesem historischen Kontext ist die Diskussion und Weitergabe des geistlichen Erbes der chinesischen Hauskirche noch wertvoller geworden.

3

TRADITION DER HAUSKIRCHE IN CHINA: NONKONFORMISTISCH

WANG YI

In Anlehnung an das Thema des vorangegangenen Kapitels argumentiert Wang Yi, dass „Hauskirche" nicht nur ein administrativer Status ist, sondern vielmehr eine geistliche und theologische Tradition innerhalb des chinesischen Christentums, die ihre ganz eigenen Verpflichtungen und Vorstellungen in Bezug auf den Glauben, die Beziehungen zwischen Kirche und Staat, das geistliche Leben und die Rolle der Kirche im öffentlichen Raum beinhaltet. Er fordert die Gläubigen auf, den Titel nicht einfach zugunsten neuerer Begriffe wie „nicht registrierte Kirche" oder „unabhängige Kirche" aufzugeben, denn es sei wichtig, die Identität der „Hauskirche" zu bewahren, da christliche Gemeinschaften, die ihre Traditionen und Namen aufgeben, nicht wissen, wer sie sind, woher sie kommen und wohin sie gehen.

In seinen Schriften erklärt Wang Yi häufig, dass es in China keinen wirklich öffentlichen Raum gibt, weil alle Lebensbereiche unter der Kontrolle der Regierung bleiben. Daher behauptet Wang Yi, dass die sichtbare Kirche die einzige wahre öffentliche Stimme in China ist und dass sie diese Rolle nicht aufgeben sollte. Er spielt mit dem Konzept der

Sphärensouveränität in seiner Aussage, dass das Wesen der Hauskirche darin besteht, den öffentlichsten Glauben in der privatesten Umgebung zu leben.

Dieses Kapitel ist ein Auszug aus einem Artikel, den Wang Yi am 14. Dezember 2009 geschrieben hat und der zuerst auf dem Blog *Human Rights* in China unter dem Titel „Über die Traditionen der Hauskirche und den öffentlichen Charakter der städtischen Kirche" veröffentlicht wurde.

Was genau ist die „Hauskirche", und was ist ihre Tradition? Zwischen 2003 und 2006 gab es unter den neu entstehenden städtischen Kirchen Chinas und den chinesischen Kirchen in Übersee zeitgleich eine Tendenz, die die Identität der Hauskirche infrage zu stellen und zu verwässern drohte. Einige aufstrebende städtische Intellektuelle, Christen aus der Mittelschicht und Geistliche vertreten folgende Ansicht: Die Trennung zwischen der Hauskirche und der Kirche der Patriotischen Drei-Selbst-Bewegung (DSB) sei ein Konflikt zwischen Gläubigen der vorherigen Generation und kein Konflikt unserer Zeit. Diese Ansicht beruht jedoch in erster Linie auf einer Fehleinschätzung der Zeichen der Zeit und auf der falschen Erwartung, dass die Regierungspolitik gegenüber den neu entstehenden städtischen Kirchen nachsichtiger sein wird. Einige Kirchen spielen die Frage des Verhältnisses zwischen Kirche und Staat als Kernanliegen des gegenwärtigen kommunistischen Regimes absichtlich herunter und stufen die neu entstehenden städtischen Kirchen als eine dritte Art von Kirche ein, die sich von den Hauskirchen und den DSB-Kirchen unterscheide.

Wenn wir sagen, dass der größte Mangel und die größte Schwäche der Hauskirche in China darin bestehen, dass sie sich von der universalen Gemeinde Jesu und den Traditionen der Heiligen zu allen Zeiten getrennt hat, müssen wir natürlich anerkennen, dass der Höhepunkt dieser Trennung nach 1949 als Folge der Verfolgungen durch die atheistisch-autokratische Regierung stattfand. Eine tiefere und frühere Ursache war jedoch der Druck des Nationalismus auf die chinesische christliche Gemeinschaft. Nach dem Boxeraufstand und der Anti-Christlichen-Bewegung führte die Beziehung zwischen den westlichen Kirchen und dem chinesischen Nationalismus zu einer regelrechten Angststörung in der chinesischen Kirche. Die beiden direkten Folgen dieser Angststörung waren Indigenisierung und separatistische Tendenzen. So gesehen ist es unausweichlich, dass die Treue eines Wang Mingdao, die Heiligungslehre von Watchman Nee und die reformierte Theologie von Pastor Jia Yuming im Bannkreis dieser Angst angesiedelt waren.

Beim Aufkommen der antiimperialistischen Patriotischen Drei-Selbst-Bewegung[26] bewahrten diese Brüder durch Gottes Gnade in einer schwierigen Zeit den Glauben. Sie hinterließen ein unschätzbares geistiges Erbe. Und durch seine Barmherzigkeit ließ Gott auch ihren Nationalismus zu und nutzte ihn. Lange bevor die Regierung diese Kirchen verfolgte, hatte eine Gruppe lokaler Kirchen unter der Leitung von Herrn Wang, Bruder Nee und Bruder Jing von der Jesus-Familie bereits die Verbindungen zu westlichen Kirchen und deren Spenden, Finanzen sowie deren Führung und Theologie abgebrochen. Auf diese Gruppierung traf in der Tat die Bezeichnung „Drei-Selbst" zu, mehr als auf jede andere. Diese Christen wurden die stärkste Opposition und die entschiedensten Fundamentalisten gegen die DSB. Sie waren tatsächlich die Nach-1949er-„Nonkonformisten". Der Grund für ihre Ablehnung der Konformität mit einer „Staatsreligion" hat jedoch nichts mit dem Staat zu tun, sondern mit ihrem Glauben. Der Artikel „Wir – um des Glaubens willen"

26 Dies ist eine frühere Bezeichnung für die Patriotische Drei-Selbst-Bewegung (DSB).

von Wang Mingdao ist eine Kritik an der „Fraktion der Ungläubigen" innerhalb der Kirche, aber er richtet sich nicht gegen das atheistische Regime.[27] Mit anderen Worten, er vermied das Thema der Beziehungen zwischen Kirche und Staat. Er hatte seine eigene Weisheit, aber auch Unzulänglichkeiten in seiner theologischen Position. Daher besteht die Position der Fundamentalisten nach 1949 darin, ihre Soteriologie zu verteidigen, aber die Ekklesiologie, die Ansichten über das Reich Gottes oder den grundsätzlichen Konflikt zwischen Christentum und Kommunismus nicht anzusprechen.

Die Situation zwischen der Römisch-Katholischen Kirche und den chinesischen katholischen Priestern war völlig anders.[28] So wies Pater Gong Pinmei lange vor der Gründung der DSB zusammen mit anderen Priestern mit sehr klaren biblischen Werten und ungeheurem geistlichen Mut darauf hin, dass die Absicht der Regierung darin bestehe, „ein irdisches Himmelreich, eine antichristliche Utopie zu errichten", wozu er erklärte: „Wir lehnen das absolut ab!" Im Gegensatz dazu war innerhalb des Protestantismus fast kein Geistlicher in der Lage, einen tiefen Einblick und eine angemessene Einschätzung der gesellschaftspolitischen Situation des Christentums in China zu geben. Das Wesen der Römisch-Katholischen Kirche (auch wenn wir mit ihren Lehren und ihrer Ekklesiologie nicht einverstanden sind) ermöglichte es den chinesischen katholischen Kirchenführern, die Fesseln des Nationalismus vom christlichen Glauben abzuwerfen. Innerhalb des Protestantismus waren jedoch alle, von den Liberalen bis zu den Fundamentalisten, bis zu einem gewissen Grad vom Nationalismus beeinflusst.

---

27 Der englische Begriff *unbelievist* ist ungewöhnlich, dennoch haben ihn die Herausgeber als beste Übersetzung gewählt. Man könnte es auch als „die ungläubige/nicht gläubige Fraktion" verstehen. Siehe Glossar: „Wir – um des Glaubens willen".

28 Siehe Glossar: „Katholische Patriotische Gesellschaft Chinas".

Daher betonte Wang Mingdao in seiner öffentlichen Erklärung, dass er sich nicht mit solchen ungläubigen Gruppen, [wie denen von] Wu Yaozong und Ding Guangxun, zusammentun werde. Als jedoch der Chinesische Christenrat in Peking Zugeständnisse machte und ihnen erlaubte, eine unabhängige politische Studiengruppe außerhalb der DSB zu organisieren, konnte die Frage der Beziehungen zwischen Kirche und Staat nicht vermieden werden. Damals berieten sich elf Kirchenführer aus Peking, die der DSB nicht beigetreten waren. Nach den Gesprächen sagten sie, dass sie dieser Studiengruppe nur als „Einwohner Pekings", nicht jedoch als Kirchenführer beitreten könnten, weil die Kirche nichts mit dem Staat zu tun habe. Durch die Gnade Gottes war es ihnen in dieser besonderen Zeit möglich, eine vollständig separatistische Position einzunehmen und die Kontrolle der Regierung abzulehnen.

Die Herausbildung der fundamentalistischen (oder evangelikalen) Tradition der Hauskirche ist ein gewaltiger Akt der Gnade, den Gott in China nach 1949 vollbringen sollte. Im heutigen China ist diese Tradition der geistliche Vater und das große geistliche Erbe fast jedes einzelnen Christen, unabhängig davon, ob sein eigener Glaube direkt mit der Tradition der Hauskirche verbunden ist oder nicht. Allerdings sehen wir auch einige Mängel in dieser Tradition: (1) die latente Last des Nationalismus, (2) die Tendenz der Ortskirche, sich von der allen Kirchen gemeinsamen altkirchlichen Tradition zu isolieren, (3) die bereitwillige Akzeptanz eines Heilig-Profan-Dualismus in Hinsicht auf die Beziehungen zwischen Kirche und Staat. Diese drei Schwachstellen müssen im Zuge des Reformprozesses der Hauskirche gemäß der Theologie der weltweiten Gemeinde und des reformierten Glaubens immer wieder angesprochen und bearbeitet werden.

Als der Staatsrat um das Jahr 2006 die Verordnungen für religiöse Angelegenheiten ausarbeitete und verkündete, kam es daher zu einer Krise unter den neu entstehenden städtischen Kirchen. Durch die Schaffung einer endlosen Liste neuer Begriffe wie „nicht registrierte Kirche“, „unabhängige Kirche“, „individuelle Kirche“ usw. versuchten sie, sich vom Erbe der Hauskirche zu trennen. Sie versuchten, die Bedrohung loszuwerden, die ihre historische Bedeutung darstellt, und verwässern das 60-jährige Erbe der Hauskirche. Was die kulturelle Dimension der Bezeichnung „Hauskirche“ betrifft, so ist die Entstehung dieses Namens – wie jedes Namens – von historischer Bedeutung; was die religiöse Dimension betrifft, so verweist die Namensgebung auf die Bedeutung der Gnade und des Reiches Gottes. Den Begriff „Hauskirche“ zu leugnen und zu verwässern bedeutet, die Gnade Gottes für die Hauskirche in den letzten 60 Jahren zu leugnen und zu vergessen. Angesichts dieser historischen Gnade wüssten wir ohne diese chinesische puritanische Bewegung der „Hauskirche“ überhaupt nicht, wer wir sind. Wir wüssten nicht, woher wir kommen und wohin wir gehen.[29] Wenn wir diese Heilsgeschichte Chinas einfach umgehen und sagen, dass wir Dinge direkt von Gott erhalten, sind wir undankbar.

Ich traf eine Mitarbeiterin einer Kirche in Taiwan.[30] Wir sprachen über die Rückenprobleme von Jonathan Chao. Sie sagte: „Viele ältere Geistliche, die in den Hauskirchen gearbeitet haben, haben Rückenprobleme. Jahr für Jahr trugen sie bei ihren Besuchen in den Dörfern Kisten voller Bibeln, Materialien und Büchern und riskierten dabei Verhaftung und Abschiebung.“ Die „Hauskirche“ ist eine „inkarnatorische“ (d. h. fleischgewordene)

---

29 Mit der Verwendung des Begriffs Puritaner bezieht sich Wang Yi hauptsächlich auf den nonkonformistischen Aspekt der Puritaner, die sich weigerten, sich der religiösen Autorität und Aufsicht der Kirche von England zu unterwerfen.

30 *Mitarbeiter (Coworker)* ist eine Bezeichnung, die sowohl für einen ordinierten Ältesten oder Diakon verwendet wird als auch für Laienleiter wie Kleingruppenleiter oder Leiter in jungen Gemeinden ohne benannte Diakone oder Älteste.

Tradition, die aus zahllosen einzelnen Elementen besteht, die durch die Gnade miteinander verbunden sind. Möge der Herr uns gnädig sein, damit wir eine so junge Tradition nicht aufgeben. Gerade wenn man die Mängel der Hauskirchentradition kennt, könnte man sagen: „Diejenigen Christen, die die Hauskirchentradition leugnen oder verwässern, sind eigentlich die ‚hauskirchlichsten' Christen von allen."

Gott sei Dank sind die städtischen Kirchen in den letzten Jahren immer noch gelegentlichen Verfolgungen ausgesetzt. Eine „unabhängige Registrierung" ist vorerst nicht möglich. Zwischen 2004 und 2007 ist eine neue Serie von Anpassungen der staatlichen Religionspolitik zu Ende gegangen. Besonders zwischen 2008 und 2009 versuchte die Regierung wegen der Olympischen Spiele, wegen des 20. Jahrestages der Ereignisse am 4. Juni auf dem „Platz des himmlischen Friedens", wegen der Probleme in Tibet und Xinjiang, wegen des 60. Jahrestages der Gründung der PRC, der Charta 08 sowie wegen der Verleihung des Friedensnobelpreises an Liu Xiaobo und des Lausanner Kongresses weiterhin, die neu entstehenden städtischen Hauskirchen einzuschränken und zu unterdrücken.[31] Mit anderen Worten: Die Regierung hat nicht die Absicht, die neu entstehenden städtischen Kirchen als eine neue Art von Kirche neben der Hauskirche zu behandeln. Das Thema

31 *Charta 08* ist ein Manifest, das im Dezember 2008 von chinesischen Dissidenten und Menschenrechtsaktivisten zu Ehren des 60. Jahrestages der Allgemeinen Erklärung der Menschenrechte veröffentlicht wurde und 19 Änderungen des chinesischen politischen Systems fordert. Es wurde schließlich von 10 000 Menschen innerhalb und außerhalb des chinesischen Festlandes unterzeichnet.

Liu Xiaobo (刘晓波, 1955–2017) war Wissenschaftler, Aktivist und Dissident. In den späten 1980er-Jahren war Liu einer der bekanntesten chinesischen Intellektuellen, der die Studentenproteste auf dem Platz des Himmlischen Friedens unterstützte und maßgeblich an den Verhandlungen über deren Abzug vom Platz beteiligt war. Im Jahr 2010 wurde er als erster Chinese mit dem Friedensnobelpreis ausgezeichnet. Er starb im Juli 2017 im Gefängnis.

der Beziehungen zwischen Kirche und Staat ist im Laufe der Zeit nicht weniger wichtig geworden, sondern hat im Gegenteil an Bedeutung gewonnen. Daher haben sich diejenigen städtischen Kirchen, die in den letzten Jahren in gewissem Ausmaß mit Verfolgung konfrontiert wurden, mehr und mehr mit der Position der Hauskirche identifiziert. Was ist die Hauskirche tatsächlich, und was ist ihre geistliche Tradition? Diese Fragen sind für die neu entstehenden städtischen Kirchen zu wichtigen Themen geworden, die sie prüfen, klären und anerkennen müssen.

Was die Hauskirche heute ist, ist zu einem großen Teil genau das, was die Kirche in China morgen sein wird. Das Verständnis des Konzepts, der Tradition und der geistlichen Bedeutung der Hauskirche wirkt sich unmittelbar aus: auf unser Selbstverständnis, unser Verständnis der Beziehungen zwischen Kirche und Staat, unser Verständnis von Kirche und Gesellschaft, unser Verständnis des Reiches Christi und unser Verständnis der Beziehung zwischen der Mission des Evangeliums und den irdischen Reichen.

Hier möchte ich kurz vier Aspekte der Hauskirchentradition in China während der letzten 60 Jahre zusammenfassen:

1) Der Aspekt des Glaubens.
   i. Das Festhalten daran, dass Christus auch im Totalitarismus das einzige Haupt der Kirche ist.
   ii. Das Festhalten an der Irrtumslosigkeit und Allgenugsamkeit der Bibel, auch in der heutigen Kultur.

2) Der Aspekt der Beziehungen zwischen Kirche und Staat.
   i. Das Festhalten an der Trennung von Kirche und Staat, auch unter einem cäsaropapistischen[32] System.

32 A. d. V.: *Cäsaropapismus* bezeichnet eine Gesellschaftsform, in welcher der weltliche Herrscher zugleich Oberhaupt der Kirche ist.

   ii. Das Bejahen der Unterordnung unter die Herrschenden, auch in Zeiten der Verfolgung.

3) Der Aspekt der Spiritualität.
   i. Das Festhalten an dem Weg des Kreuzes und der Selbstaufopferung.
   ii. Das Festhalten an der Tradition des inständigen Gebets.
   iii. Das Festhalten an dem Vertrauen auf die Kraft des Heiligen Geistes.
   iv. Die Betonung der aktiven Mission in diesen letzten Tagen.

4) Der Aspekt des öffentlichen Raums.
   i. Das Festhalten an Nationalstaaten und deren nationaler Identität als Teil von Gottes universeller Schöpfung.
   ii. Das Festhalten an dem privatesten Bereich des Lebens (der Familie) als Raum für das öffentliche Ausleben des Glaubens.

Gemäß den vier oben genannten Aspekten besteht das Wesen der „Hauskirche" darin, den Glauben am öffentlichsten in der privatesten Umgebung zu leben, um es mit den Worten von Pastor Liu Tongsu auszudrücken.[33] Auch wenn die Kirche heute begonnen hat, sich vom Hausgottesdienst weg und hin zu öffentlichen Gottesdiensten in Nicht-Wohnräumen zu bewegen, stellt der Begriff „Hauskirche" immer noch anschaulich dar, dass der Glaube sowohl universal als auch privat ist, dass er sowohl Teil der Gesellschaft als auch der eigenen vier Wände ist. Selbst wenn die Kirche an die Wand gedrängt wird, und selbst wenn sie in ein verstecktes, privates Haus zurückgedrängt wird, ist die

33 Liu Tongsu (刘同苏, geb. 1955) ist ein chinesischer Rechtswissenschaftler und Pfarrer in den Vereinigten Staaten.

Kirche immer noch die Kirche Christi. Heute gleichen sich die städtischen Kirchen in China und die ländlichen Kirchen. Sie haben denselben Ursprung und haben dieselbe Gnade erhalten. Dieser Übergang von den eigenen vier Wände zur Gesellschaft, vom privatesten zum öffentlichsten Rahmen, ist ein Zeichen des wahren Glaubens und eine Prämisse, von der aus wir den Schritt der Hauskirche in die Öffentlichkeit verstehen.

4

ENTSTEHUNG VON HAUSKIRCHEN UND STÄDTISCHEN KIRCHEN

JIN MINGRI

Jin Mingris Aufsatz ist bemerkenswert angesichts seiner Geschichte mit der Patriotischen Drei-Selbst-Bewegung und seiner Fähigkeit, als ehemaliges Mitglied Kritik zu üben. Er gibt einen Überblick darüber, was seiner Meinung nach die Hauptstärken sowohl der ländlichen als auch der städtischen Hauskirchenbewegung sind sowie einen grundlegenden historischen Überblick über deren Wachstum. Er betont, dass die Hauskirche die Frage „Was ist die Kirche?" beantworten muss. Das Wichtigste ist nicht, für die Legalität der Hauskirche zu kämpfen und ihre Anerkennung durchzusetzen, denn die Kirche sollte nicht mehr Rechte genießen als normale Bürger. Das Wichtigste ist, dass die Hauskirche „sich selbst kennt".

Dieser Aufsatz ist ein Auszug aus einem längeren Artikel mit dem Titel „The Rise and Future of China's Urban Churches". Er wurde erstmals in dem von Yu Jie und Wang Yi herausgegebenen Buch „The Hope for a Whole Life" veröffentlicht.[34]

---

34 Jin Mingri, „The Rise and Future of China's Urban Churches" (Aufstieg und Zukunft der städtischen Kirchen in China), in: *The Hope for a Whole Life,*

Ich kam nach den Ereignissen des 4. Juni zum Glauben an Christus.[35] Nachdem ich 1990 mein Studium an der Universität Peking abgeschlossen hatte, fühlte ich Gottes Ruf und trat in das Theologische Seminar Yan Jing ein.[36] Ich war der erste Absolvent einer Eliteuniversität, der seit der Kulturrevolution an einem Drei-Selbst-Seminar studierte. Deshalb begann ich zwei Jahre später, am Seminar zu unterrichten, und war dann zehn Jahre lang Pastor in Gemeinden der DSB. Im Jahr 2002 ging ich zum Theologiestudium in die Vereinigten Staaten und kehrte 2007 nach China zurück. Am 3. Juni verließ ich die DSB und gründete die chinesischsprachige Gemeinde der Zionskirche. Ich begann mit sieben Personen. Am 5. Juni gründete ich die koreanischsprachige Gemeinde mit einer Gruppe von etwa 20 Personen. Am Ende des Jahres hatte die Gemeinde mehr als 300 Mitglieder. Im folgenden Jahr wuchs sie auf 500 oder 600. Als wir unsere Gemeinde gründeten, schickten wir eine Mitteilung an die zuständige Regierungsbehörde im Bezirk Chaoyang. Dabei handelte es sich weder um eine Registrierung noch um einen Antrag, sondern „nur" um eine „Selbstvorstellung". In diesem Schreiben wurden mein persönlicher Hintergrund, mein Studienort und die besonderen Umstände unserer Kirche beschrieben. Es war ein klarer und selbst initiierter Bericht, aber ich frage mich, ob sie die Unterlagen ernsthaft gelesen oder einfach nur weggeworfen haben.

Vor 1949 waren die meisten Kirchen in China städtische Kirchen, insbesondere in den Küstenstädten. Nach 1949 wurden fast alle städtischen Kirchen, die ihre Gottesdienste öffentlich abhielten,

---

(Hoffnung für ein ganzes Leben), Hg. Yu Jie und Wang Yi (Taipei: The Christian Arts Press, 2010), S. 49–77.

35 Siehe Glossar: „Proteste auf dem Platz des Himmlischen Friedens 1989".

36 Auch bekannt als Yanjing-Seminar der DSB.

in das System der DSB integriert; Gegner wurden angegriffen, verhaftet und verfolgt. Während der Kulturrevolution wurden sogar die DSB-Kirchen geschlossen, sodass die städtischen Kirchen fast vollständig ausgelöscht wurden, mit Ausnahme einiger weniger, die in Shandong und Wenzhou fortbestanden, wo die geistigen Grundlagen stärker verankert waren. Nach 1979 begann die Wiederbelebung der Hauskirchen in ländlichen Gebieten wie in den Provinzen Henan und Anhui. Seit den 1990er-Jahren wuchs die Zahl der Hauskirchen in den Städten, und im Jahr 2000 kam es dort zu einer ausgesprochenen Erweckung.

Die ländliche Hauskirche hat sicherlich viele Probleme, aber wir müssen dennoch eine umfassende Bewertung ihrer Leistungen vornehmen.

Erstens hat das Evangelium aus kirchengeschichtlicher Sicht noch nie so breit und tief die niedrigsten, am meisten ausgebeuteten und am meisten misshandelten Menschen in China erreicht, also die „Geringsten der Brüder".

Zweitens haben die ländlichen Kirchen eine kirchliche Tradition mit chinesischen Eigenheiten entwickelt, z. B. eine schlichte, aber aufrichtige und reine Spiritualität, Geduld und eine starke Betonung des Gebets. Dies ähnelt ein wenig den Erfahrungen der russischen Bauern der orthodoxen Ostkirche. Diese Traditionen sollten bewahrt werden.

Drittens ist China derzeit immer noch eine weitgehend landwirtschaftlich geprägte Nation, in der fast 60 % der Bevölkerung in ländlichen Gebieten leben; daher dürfen wir die fortgesetzte Evangelisierung der ländlichen Gebiete nicht vernachlässigen.[37]

Viertens: Die Hauptantriebskraft für die Evangelisierung auf dem Land sind nach wie vor die Kirchen auf dem Land selbst,

37 Dem weltweiten Trend folgend, ist die Landbevölkerung Chinas rapide zurückgegangen. Nach Angaben der Weltbank machte die Landbevölkerung Chinas im Jahr 2018 nur noch 41 % der Bevölkerung aus.

hauptsächlich durch Teams aus diesen Kirchen (einschließlich Wanderarbeitern, die aus den Städten in die Dörfer zurückkehren). Ihre Stärke ist die landesweite missionarische Arbeit.

Fünftens: Nach den 1990er-Jahren entwickelte sich die Evangeliumsbewegung der städtischen Hauskirchen mithilfe der ländlichen Kirchen. Die städtischen Kirchen wären allein nicht in der Lage gewesen, das zu erreichen, was sie erreicht haben.

Der jüngste Aufstieg der städtischen Hauskirche in China hat eine wichtige historische und aktuelle Bedeutung, der wir besondere Aufmerksamkeit schenken sollten. Der Aufstieg der städtischen Hauskirche ist auf die folgenden Faktoren zurückzuführen:

Erstens schuf die Urbanisierungswelle eine wichtige Voraussetzung für die Entwicklung der städtischen Kirchen. Eine Statistik zeigt, dass etwa 43,9 % der Bevölkerung Chinas in städtischen Gebieten lebt.[38] Es ist bemerkenswert, dass die staatliche Überwachung der Städte abnimmt. Warum ist die Kirche nach 1949 in den Städten gescheitert, sodass die Städte keinen Platz mehr für sie hatten? Während der Kuomintang-Ära herrschte in den Städten reger Betrieb.[39] Die Bevölkerung war sehr mobil, und es gab viel öffentliches Leben. Daher entwickelten sich die städtischen Kirchen schnell. Nach 1949 hatten viele Stadtbewohner aufgrund der strengen und allgegenwärtigen Kontrolle der kommunistischen Regierung und des strengen Haushaltsregistrierungssystems Angst, ihren Status als Stadtbewohner zu

38 Nach Angaben der Weltbank und der Vereinten Nationen liegt diese Zahl eher bei 60 %.

39 Die Kuomintang (KMT), die Nationalistische Partei Chinas, wurde von Sun Yat-sen und Song Jiaoren gegründet und war von 1912 bis 1949 die regierende politische Partei der Republik China. Am Ende des chinesischen Bürgerkriegs (1945-1949) kapitulierte die KMT vor der Kommunistischen Partei Chinas und zog sich auf die Insel Taiwan zurück, wo sie bis 1986 eine strikte Einparteienherrschaft ausübte.

verlieren.[40] Die Angst, ihre Registrierung zu verlieren, ließ den Kirchen wenig Raum zum Wachsen. Das Tempo der Urbanisierung hat jedoch alle Erwartungen übertroffen. Es gab einen enormen Zustrom von Wanderarbeitern, die sich ihre Berufe selbst aussuchen konnten; dadurch wurde der soziale Raum größer.

Zweitens verloren die Intellektuellen nach 1989 ihre Hoffnung auf institutionelle Reformen. Einige Intellektuelle wandten sich der Religion zu, und sehr viele von ihnen wurden Christen.

Drittens ist das Scheitern der DSB zu nennen. Die DSB hat ihr Geburtsrecht für eine Schüssel roter Linsen verkauft.[41] Sie blieb rückgratlos, leblos und unkreativ. Mit meiner zehnjährigen Erfahrung in der DSB kenne ich die DSB besser als die meisten Hauskirchenpastoren. Die DSB ist ein staatliches Monopolunternehmen wie viele andere staatliche Unternehmen auch. Mit anderen Worten: Sie ist ein staatliches Unternehmen im Bereich der Religion. Wie viele staatliche Unternehmen, die den Herausforderungen eines offenen Marktes nicht gewachsen sind, ist auch die DSB nicht in der Lage, angesichts der geistlichen Bedürfnisse dieses neuen Zeitalters eine zeitnahe und angemessene Antwort auf die geistlichen Nöte unserer Zeit zu geben; daher ist ihr Untergang gewiss.

Außerdem sind mittlerweile einige Jahrzehnte vergangen. Dennoch ist der religiöse Bereich der einzige Bereich, in dem die Auswirkungen der Kulturrevolution noch nicht beseitigt wurden. In anderen Bereichen wurden die Folgen der Kulturrevolution

---

40 Innerhalb Chinas wird der Wohnsitz rechtlich durch ein Haushaltsregistrierungssystem namens *hukou* (户口) bestimmt. Wer außerhalb seines erlaubten Wohnsitzes lebt, hat keinen Zugang zu den örtlichen Sozialleistungen wie Renten und Gesundheitsversorgung sowie zur Bildung für Minderjährige.

41 1Mo 25,29-34.

nach der Machtübernahme durch Deng Xiaoping bereinigt. Nur im religiösen Bereich sind die ursprünglich führenden Köpfe die gleichen geblieben. Daher bilden sie die extremste linksgerichtete Gruppe. Seit 1998 hat die DSB ihre Agenda der sogenannten Theologischen Rekonstruktion vorangetrieben, bei der es sich in Wirklichkeit um eine hyperpolitische liberale Theologie handelt, die versucht, ihre eigene Autorität zu sichern.[42] Damals erregten der Austritt von Professor Ji Tai vom Theologischen Seminar Jinling aus der DSB und die Entlassung von Sun Jiaji und zwei anderen Studenten große Aufmerksamkeit, weil sie sich gegen das von Ding Guangxun geförderte Singen revolutionärer Lieder im Seminar ausgesprochen hatten.[43] Danach verließen viele (wie auch ich), die für Toleranz, Einheit und Kompromisse eintraten, aus Verzweiflung die DSB.

Viertens machte der Trend der Globalisierung (einschließlich des Internets) es internationalen Missionsteams möglich, das chinesische Festland zu erreichen. Sie konzentrierten sich hauptsächlich auf die Städte.

Ich denke, das erste Problem, das die Hauskirche lösen muss, ist nicht die Frage ihrer „Legalität" oder Registrierung, sondern die Feststellung und Bestätigung ihrer Identität und ihrer Selbstwahrnehmung, d. h. sie muss wissen, wer sie ist. Gleichzeitig

---

42 Siehe Glossar: „Sinisierung des Christentums".

43 Jinling Theological Seminary ist ein anderer Name für das DSB Nanjing Union Theological Seminary. 1997 veröffentlichte Ji Tai (季泰), ein Lehrer am Nanjing Union Theological Seminary, einen Artikel mit dem Titel „Discerning the Miracles of This Time" (Die Wunder dieser Zeit erkennen) im *Jinling Journal of Theology*. Darin hob er die eschatologische Bedeutung von Mt 16,1-4 hervor und wies auf die Verdorbenheit des menschlichen Herzens hin, was der offiziellen theologischen Position der Drei-Selbst-Kirche widersprach. Ji wurde öffentlich kritisiert und schließlich im Jahr 2000 aus dem Seminar entlassen. Aus Protest verließen drei Studenten der Nanjing Union und ein Lehrer, Sun Jiaji (孙家骥), das Seminar.

sollten sich die städtischen Hauskirchen auch der Gesellschaft stellen und ihren kulturellen Auftrag erfüllen.

Ich habe nicht viel Hoffnung, dass die Hauskirche in nächster Zeit legal und unabhängig registriert werden kann. Gegenwärtig stützt sich die Politik des Amtes für religiöse Angelegenheiten nicht auf den in der Verfassung verankerten Artikel über die Religionsfreiheit, sondern auf das Dokument Nr. 19, das 1982 in der Ära Deng Xiaoping veröffentlicht wurde.[44]

In diesem Parteidokument heißt es: „Unter der Leitung des Amtes für religiöse Angelegenheiten sollten alle Veranstaltungsorte von religiösen Aktivitäten durch [staatliche] religiöse Organisationen und das professionelle Personal der religiösen Organisation verwaltet werden." Die Vollmacht eines Parteidokuments hat die Verfassung abgelöst; das ist absurd! In der Tat gibt es auch in der DSB nicht viel Religionsfreiheit. Die Gangwashi-Kirche, in der ich früher diente, hatte keinen Rechtsstatus; den hatten nur die *liang hui* („zwei Organisationen") in Peking.[45] Aus rechtlicher Sicht befinden sich die Kirchen, die von der DSB kontrolliert werden, und unsere Hauskirchen in einer ähnlichen Situation. Sie sind nur als „Veranstaltungsort" anerkannt, aber niemals als „Kirche".

---

44 1982 veröffentlichte das Zentralkomitee der KPC das „Dokument Nr. 19" mit dem Titel „Der grundlegende Standpunkt zur religiösen Frage in der sozialistischen Periode unseres Landes". Es erklärte, aus den seit 1949 gemachten Fehlern gelernt zu haben, man erkannte die Komplexität religiöser Fragen im In- und Ausland an und kam zu dem Schluss, dass die KPC die grundlegende Religionsfreiheit der chinesischen Bürger bei der Ausübung traditioneller Religionen, einschließlich Buddhismus, Daoismus, Christentum und Islam, schützen sollte.

45 Viele Jahre lang diente die Gangwashi-Kirche der Öffentlichkeit als DSB-Modellkirche. Präsident George W. Bush feierte bei seinem Besuch in Peking im Jahr 2005 in Gangwashi einen Gottesdienst. Im Jahr 1994 wurde der leitende Pastor von Gangwashi, Yang Yudong, gewaltsam von seiner Kanzel entfernt und aus seinem Amt entlassen. Siehe Glossar: „Patriotische Drei-Selbst-Bewegung".

Unabhängig davon, wie die Regierung uns definiert, müssen wir also selbst wissen, was „die Kirche“ ist. Wichtiger als die administrative Registrierung ist die religiöse Gesetzgebung. Kann die Gesetzgebung im Geiste der Religionsfreiheit erfolgen? Solange die Regierung nicht bereit ist, die Absicht aufzugeben, sich in die Religion einzumischen, gibt es keine Möglichkeit, ein solches Gesetzgebungsverfahren einzuleiten. Ich erinnere mich an die Worte des Schauspielers Zhao Dan, bevor er verstarb: „Die Partei und die Regierung mischen sich in die Kunst ein.“ Das Gleiche kann ich über die Religion sagen.

Schließlich bin ich der Meinung, dass die Hauskirche nicht mehr Rechte genießen kann und sollte als der normale Bürger. In einem Umfeld, in dem die Bürger keine Versammlungsfreiheit haben, sollte die Hauskirche nicht erwarten, wie ein VIP behandelt zu werden, und dabei ihr Zeugnis als Salz und Licht aufgeben. Da Gott es zulässt, dass wir in diesem Zeitalter ohne Freiheit leben, zeigt er uns, dass die Hauskirche weiterhin leiden wird, zusammen mit anderen verfolgten Bürgern. Heute werden die Bürgerrechte allmählich ausgeweitet, und es sind Eigentumsrechte entstanden. Als Teil der Zivilgesellschaft ist auch der Raum für die Hauskirche gewachsen. Dies ist die Frucht unseres harten Kampfes und der souveränen Führung Gottes. Wir müssen für die Religionsfreiheit kämpfen, aber wir müssen uns auch mit dem Mangel an Religionsfreiheit abfinden. Wenn die Kirche wie Song Jiang befriedet werden könnte, wäre sie nicht die Kirche des Herrn.[46]

Die Hauskirche braucht letztlich eine Bestätigung ihrer rechtlichen Identität, aber das Entscheidende ist, dass wir dies nur

46 Song Jiang (宋江, 12. Jahrhundert n. Chr.) war eine legendäre Figur im alten China, der Anführer einer Räuberbande. Er wurde gefangen genommen, erhielt aber vom Kaiser Amnestie und wurde zum Gouverneur von Chuzhou ernannt, bevor er bei einer Expedition zur Bekämpfung anderer Rebellengruppen ums Leben kam.

auf dem Weg des Kreuzes erreichen können. Zurzeit ist es nicht möglich, sich registrieren zu lassen. Und ohne Rechtsstatus gibt es natürlich eine Menge Probleme, z. B. können wir keine Kirche bauen, die Mitglieder werden an ihren Arbeitsplätzen schikaniert, und die Geistlichen haben keine rechtliche Identität.

Die wahre Kirche hat jedoch keine Angst davor, obdachlos zu sein; die wahre Kirche hat Angst davor, rückgratlos zu sein. Christus wurde am Kreuz „in der Luft" aufgehängt. Das zeigt, dass die Welt keinen Ort für Christus hat. Doch Jesus hat die Welt besiegt und die Welt zu Gott gezogen.

5

WARUM HABEN WIR UNS NICHT DER NATIONALEN DSB ANGESCHLOSSEN?

SUN YI

Es wird argumentiert, dass die Entstehungsgeschichte der Drei-Selbst-Bewegung heute keine Rolle mehr spiele für Kirchen, die jetzt darüber nachdenken, ob sie sich der Drei-Selbst-Bewegung anschließen wollen. Doch Sun Yi antwortet darauf mit der grundlegenden Frage: Bestimmt die Geschichte einer Kirche ihre Identität? Er argumentiert, dass jede Institution, die nationale Loyalität über die Loyalität gegenüber der universalen Gemeinde und dem Missionsbefehl Jesu stellt, im Grunde keine Kirche ist. Sun Yis Argumente betreffen alle christlichen Kirchen weltweit und fordern uns auf, darüber nachzudenken, wie viel wir innerhalb unseres eigenen kulturellen und nationalen Kontextes zugunsten von Komfort und Legitimität opfern.

Sun Yi war Ältester der Shouwang-Kirche und außerordentlicher Professor an der Hochschule für Philosophie und am Institut für das Studium des Buddhismus und der Religionstheorie an der Renmin-Universität in China. Heute ist er Direktor des Instituts für Christentum und chinesische Kultur am GETS Theological Seminary in Covina, Kalifornien. Dieser Aufsatz wurde ursprünglich im September 2010 in

Xinghua, einer von Shouwang herausgegebenen Zeitschrift, veröffentlicht.

1. DAS THEMA

Während der beiden Verhandlungen im März 2010 reichte die Shouwang-Kirche in Peking einen Antrag auf Registrierung als religiöser Veranstaltungsort oder auf Zertifizierung durch die Abteilung für religiöse Angelegenheiten der Stadt Peking ein. Die Kirche erhielt jedoch dieselbe Antwort wie zuvor: Gemäß der Verordnung des Staatsrats über religiöse Angelegenheiten muss der Antrag auf Registrierung als religiöser Veranstaltungsort von einer bestehenden religiösen Organisation gestellt werden (in diesem Fall vom Komitee der protestantischen Drei-Selbst-Patriotischen Bewegung der Stadt Peking, im Folgenden als Drei-Selbst-Kirche bezeichnet).[47]Mit anderen Worten: Die Abteilung für religiöse Angelegenheiten verlangt immer noch, dass Shouwang zunächst der Drei-Selbst-Kirche beitritt oder sich der Drei-Selbst-Kirche anschließt, um dann einen Antrag auf Eintragung als religiöser Veranstaltungsort stellen zu können.

Shouwang und anderen Kirchen wird häufig gesagt, dass die Angliederung an die Drei-Selbst-Kirche gegenwärtig nur noch eine Formalität sei und dass die angeschlossenen Hauskirchen Vorteile erhalten, wie die Möglichkeit, offene Versammlungen abzuhalten und Aktivitäten zu organisieren. Die Drei-Selbst-Kirche sei auch eine Kirche; es sei nicht mehr nötig, dass sich die Hauskirchen von der Drei-Selbst-Kirche abgrenzen und so eine Spaltung verursachen. Die Geschichte sei in eine neue Phase eingetreten. Unsere junge Generation brauche nicht weiter die Lasten der Vergangenheit zu tragen.

---

47 Siehe Glossar: „Vorschriften für religiöse Angelegenheiten".

Für einige, z. B. Christen, die aus dem Ausland nach China zurückkehren, besteht der Hauptgrund, der Drei-Selbst-Kirche beizutreten, darin, dass sie dann einen legalen Status haben und religiöse Aktivitäten ausüben können, wie sie es im Ausland getan haben. Wenn sie nicht der Drei-Selbst-Kirche beitreten, ist es Christen unter Umständen nicht gestattet, religiöse Fachkräfte nach China zu bringen, und ihre Versammlungen könnten gestört werden. Daher scheint der Beitritt zur Drei-Selbst-Kirche eine gute Option zu sein.

Wenn chinesische Christen ins Ausland reisen und gefragt werden, warum sie sich nicht der Drei-Selbst-Kirche anschließen, um das Problem der Legitimität zu lösen, sollten sie sich folgende Frage stellen: Wären Sie bereit, der Drei-Selbst-Kirche beizutreten, wenn Sie dadurch mit folgenden Einschränkungen konfrontiert würden? Wenn ein Pastor nicht in der Lage ist, seine Aufgaben zu erfüllen, kann die DSB der Kirche einen anderen Pastor zuweisen, auch wenn dessen theologische Vorstellungen von denen der Kirche oder anderer Pastoren abweichen. Die Anzahl der Täuflinge pro Jahr wird von einer höheren Regierungsstelle festgelegt. Außerdem müssen Christen eine Genehmigung von einer höheren Regierungsstelle einholen, wenn sie das Christentum außerhalb ihrer Kirchengebäude bezeugen wollen. Viele Menschen können diese Frage nicht beantworten, weil sie nicht wissen, wie stark die Kirchen tatsächlich eingeschränkt sind.

Wenn sich das Problem auf diese praktischen Fragen beschränken würde, würden einige immer noch behaupten, sie hätten noch nie von diesen Einschränkungen gehört. Daher sollten wir uns mit dem grundlegenden Problem befassen. Wir müssen das Wesen der Drei-Selbst-Kirche verstehen, indem wir uns ihre Geschichte ansehen. Ein kranker Baum kann keine guten Früchte tragen.

2. DER UNTERSCHIED ZWISCHEN DER HAUSKIRCHE UND DER DREI-SELBST-KIRCHE

Tatsächlich unterscheidet sich unsere heutige Situation nicht so sehr von der in den 1950er-Jahren. Im historischen Kontext der 1950er-Jahre schlossen sich viele protestantische Kirchen der Drei-Selbst-Kirche an, weil sie glaubten, dass sie davon profitieren und unter den neuen historischen Bedingungen weiter wachsen würden. Nur Wang Mingdao weigerte sich offen wegen „abweichender Überzeugungen", der Drei-Selbst-Kirche beizutreten. Er dachte über den Gedanken hinaus, dass die Kirchen von einem Beitritt zum Drei-Selbst-System nur profitieren würden, weil sie so ihre Dienste weiterführen könnten.

Im Juni 1955 veröffentlichte Wang Mingdao in der Zeitschrift *Spiritual Food Quarterly* einen Artikel mit dem Titel „Wir – um des Glaubens willen"[48]. Er bezeichnete den Konflikt zwischen denen, die die Drei-Selbst-Kirche ablehnten, und denen, die sich der Drei-Selbst-Kirche anschlossen, als einen Konflikt zwischen „Fundamentalisten" und „Modernisten". Er betrachtete die Modernisten im Wesentlichen als Ungläubige und diejenigen, die der modernistischen Linie folgten, als falsche Christen. Er äußerte sich wie folgt:

> *„Wir werden nicht mit diesen Ungläubigen zusammenarbeiten oder uns an einer ihrer Organisationen beteiligen. Darüber hinaus können wir selbst mit denjenigen [unter ihnen], die einen reinen Glauben haben und sich verpflichten, Gott zu dienen, nur eine geistige Einheit haben, aber keine organisatorische Einheit bilden, weil wir solche Lehren in der Bibel nicht finden können. Unsere Einstellung zum*

48 Siehe Glossar: „Wir – um des Glaubens willen".

Glauben ist folgende: Wir werden alle Wahrheiten der Bibel akzeptieren und uns an sie halten, und wir lehnen alles ab, was nicht in der Bibel steht. Um unserem Gott treu zu sein, sind wir bereit, jeden Preis zu zahlen und jedes Opfer zu bringen. Wir haben keine Angst davor, dass man uns falsch darstellt oder gegen uns intrigiert."

Wang Mingdao konzentrierte sich auf das Wesentliche und nicht auf die oberflächlichen Vorteile. Die Geschichte hat gezeigt, dass diese Sichtweise eher mit Gottes Willen übereinstimmt, denn jene sogenannten Vorteile waren nur von kurzer Dauer. Als Folge der patriotischen Drei-Selbst-Bewegung erlitten die chinesischen Kirchen nie gekannte Verluste. In den späten 1950er-Jahren wurden beispielsweise in Shanghai über 140 Kirchen zu acht Kirchen zusammengelegt, und nur vier von den 66 Kirchen Pekings überlebten.[49] Dutzende von theologischen Seminaren in China wurden zu vier Schulen zusammengefasst. Die Zahl der Christen und Theologiestudenten ging drastisch zurück. Viele gläubige Christen wurden inhaftiert, weil sie sich der Drei-Selbst-Kirche nicht anschließen wollten.

Sechs Jahrzehnte sind vergangen. In der Tat leben wir heute in einer neuen Zeit, und auch die Drei-Selbst-Kirche hat sich verändert. In den 1980er-Jahren, im Zuge der Reform- und Öffnungspolitik, nahmen die Kirchen des Drei-Selbst-Systems ihre Tätigkeit wieder auf und erlebten einen gewissen Aufschwung. Im Jahr 1998 versuchte die Drei-Selbst-Kirche, die Verbreitung von theologischem Denken zu fördern. Einige Ortskirchen lehnten die von der Bewegung verbreitete liberale Theologie ab. Es zeigte sich, dass sogar einige Kirchen, die unter der Kontrolle

49 Die Namen der Kirchen in Shanghai und Peking können von den Herausgebern nicht ermittelt werden. Zu den theologischen Seminaren gehörten das Nanjing Union Theological Seminary und das Yanjing Theological Seminary.

des Drei-Selbst-Systems stehen, versuchten, an der Position des historischen Christentums festzuhalten. Obwohl diese Kirchen unter der Kontrolle des Drei-Selbst-Systems stehen, sollten wir sie dennoch als Kirchen Gottes betrachten, weil sie den Wunsch haben, zur allgemeinen Kirche zurückzukehren, und die Gläubigen in diesen Kirchen als auserwählte Menschen betrachten, die entführt wurden. Wir sollten diese einzelnen Kirchen und solche Gläubige von dem Drei-Selbst-System unterscheiden.

Heute sehen wir deutlich, dass die Forderung gegenüber den Hauskirchen, sich bestimmten Unterorganisationen anzugliedern, im Wesentlichen bedeutet, sich dem Drei-Selbst-System zu unterwerfen. Ähnlich wie frühere Generationen sollten wir heute eine klare Meinung dazu haben, warum wir den Beitritt ablehnen, wenn wir aufgefordert werden, der Drei-Selbst-Kirche beizutreten. Wir sollten uns dabei auf das grundlegende Problem konzentrieren, anstatt nur die oberflächlichen Vorteile zu sehen. Shouwang hat der Staatlichen Verwaltung für religiöse Angelegenheiten ein Dokument übergeben, in dem es seinen Standpunkt darlegt. In dem Dokument wird die Angelegenheit sehr klar erläutert. Wenn wir diese Erklärung überprüfen, können wir die Position [unserer Kirche] in den folgenden Punkten zusammenfassen.

Erstens ist das Drei-Selbst-System das Produkt einer besonderen historischen Periode. Es wurde als Teil einer politischen Bewegung der damaligen Zeit geschaffen. Seine Gründung verstieß gegen den Grundsatz der Trennung zwischen Kirche und Staat. Daher hat das Drei-Selbst-System weder das Recht, die Mehrheit der Kirchen zu vertreten, noch, als ein führendes Netzwerk zu dienen, das die Position der Mehrheit der Kirchen vertritt. Natürlich hat es auch nicht das Recht, die Qualifikationen von Hauskirchenpastoren zu überprüfen.

Zweitens stellen wir, wenn wir die Geschichte der Drei-Selbst-Bewegung untersuchen, fest, dass diese Bewegung das Wachstum der Kirche nicht gefördert hat. Stattdessen wurden viele Kirchen geschlossen und einige Pastoren und Gläubige inhaftiert, weil sie sich weigerten, der Drei-Selbst-Kirche beizutreten. Dieses Ergebnis hing sicherlich mit dem historischen Kontext der damaligen Zeit zusammen. Dennoch hat die Drei-Selbst-Kirche keine Reue über diese schmerzliche Geschichte gezeigt.

Drittens hat die Drei-Selbst-Kirche von Anfang an Überzeugungen und theologische Positionen vertreten, die sich von denen der Hauskirchen unterscheiden. Die Position der Drei-Selbst-Kirche ist in der Kirchengeschichte allgemein als liberale Theologie bekannt, während die Position der Hauskirchen als evangelikale Theologie bezeichnet wird. Dieser Unterschied ist ein Grund dafür, warum sich einige Kirchenführer in der Anfangsphase der Drei-Selbst-Bewegung weigerten, sich der Drei-Selbst-Kirche anzuschließen. Heute finden wir in der theologischen Konstruktion der Drei-Selbst-Kirche weiterhin Methoden, die die Irrtumslosigkeit der Bibel infrage stellen und die grundlegenden christlichen Lehren wie die Rechtfertigung allein durch den Glauben schwächen. Ihre Lehren haben sich von der christlichen Grundüberzeugung entfernt und können von den Hauskirchen, die an der evangelikalen Position festhalten, nicht akzeptiert werden.

Viertens bedeutet das Beibehalten des Drei-Selbst-Prinzips nicht, dass die Kirchen sich nun dem Drei-Selbst-System anschließen müssen. Das Drei-Selbst-System hat diese beiden Punkte jedoch vertauscht. Denn bei der Gründung der Drei-Selbst-Bewegung hat das Drei-Selbst-System das spätere Festhalten am Drei-Selbst-Prinzip fälschlicherweise mit dem Beitritt zur Drei-Selbst-Organisation gleichgesetzt. Das Zur-Kenntnis-Nehmen des Drei-Selbst-Prinzips bedeutet nicht, dass die Kirchen verpflichtet werden sollten, dem Drei-Selbst-System beizutreten. Außerdem wurde die Drei-Selbst-Kirche selbst nicht nach Drei-Selbst-Prinzipien gegründet. Sie wurde gegründet, indem sie das Vakuum ausnutzte, das entstand, als politische Bewegungen Missionen und Missionare aus China vertrieben, indem sie Kircheneigentum beschlagnahmte (in den meisten Fällen ohne ordnungsgemäße und formelle Übernahme) und indem sie von der Regierung bei diesen Aktionen unterstützt wurde. Die Drei-Selbst-Kirche profitierte von beiden Seiten und verkündete dennoch, dass sie den Drei-Selbst-Prinzipien der „Selbstverwaltung, Selbstversorgung und Selbstverbreitung" folge. Dies ist für Kirchen, die sich tatsächlich an das Drei-Selbst-Prinzip halten, inakzeptabel.

Fünftens: Die Bereitschaft, sich dem Drei-Selbst-System anzuschließen, sollte kein Maßstab für Patriotismus sein. 1954 wurde der Name der Drei-Selbst-Reformbewegung in „Patriotische Drei-Selbst-Bewegung" geändert. In der Folgezeit nutzte die Drei-Selbst-Kirche den Patriotismus als politisches Instrument, um andere Gruppen auszuschließen. Folglich entstand im gesellschaftlichen Umfeld jener Zeit die Logik, ein Nichtbeitritt zum Drei-Selbst-System bedeute, sich dem Drei-Selbst-System zu widersetzen, und Widerstand gegen das Drei-Selbst-System sei unpatriotisch und damit konterrevolutionär. Heute versuchen wir eine „Sozialistische harmonische Gesellschaft" aufzubauen, aber diese Denkweise muss als Produkt der extremen Linken betrachtet werden.[50] Wenn Regierungsstellen diese Logik weiterhin als implizite Regel für den Umgang mit der Verwaltung religiöser Angelegenheiten verwenden, werden viele Christen, die sich dem Drei-Selbst-System verweigern, aber ihr Land lieben, ausgeschlossen

50 „Sozialistische harmonische Gesellschaft" (和谐社会, *hexie shehui*) war ein gesellschaftspolitisches Konzept, das unter Hu Jintao entwickelt wurde, um Reformen als Reaktion auf wahrgenommene wirtschaftliche Ungleichheiten und soziale Ungerechtigkeiten im heutigen China anzuregen.

werden. Diese Vorgehensweise wird patriotischen Bürgern großen Schaden zufügen, es wird die soziale Harmonie und Stabilität stören und die nationale Entwicklung behindern.

Abschließend sollten wir heute den Streit aus zwei wichtigen Perspektiven betrachten. Wir sollten an dem Grundsatz der Trennung von Kirche und Staat festhalten. Und der beste Weg, dies zu tun, ist, sich an den von Wang Mingdao formulierten Grundsatz zu halten: Um unserer Überzeugungen willen sollten wir uns nicht mit einer offiziellen Organisation zusammenschließen, die von ihrem Wesen her keine Kirche ist.

3. DIE DREI-SELBST-KIRCHE IST IHREM WESEN NACH KEINE KIRCHE

Die Drei-Selbst-Kirche ist ihrem Wesen nach keine Kirche. Sie kann keine Kirchen vertreten, und sie hat kein Recht, Kirchen zu verwalten oder Hauskirchen zu verpflichten, sich dem Drei-Selbst-System anzuschließen. Die Drei-Selbst-Kirche ist ihrem Wesen nach keine Kirche. Wir können diese Tatsache anhand der folgenden drei Aspekte erklären. Erstens wurde die Drei-Selbst-Kirche während des Kalten Krieges geschaffen, um dem Staat zu helfen, bestimmte politische Ziele durch verschiedene politische Bewegungen zu erreichen. Zweitens ist die Drei-Selbst-Kirche immer noch ein Arm der Kommunistischen Partei Chinas, was ihre Ziele und Aufgaben angeht, und sie hält am Patriotismus als dem höchsten Gut fest. Drittens ist die Kirche ein quasi-staatliches Organ, was ihre Struktur und Arbeitsweise betrifft. Sie ist weder selbstverwaltend noch selbsttragend. Sie widerspricht dem Drei-Selbst-Prinzip. Wir werden diese Aspekte nun im Einzelnen erläutern.

Wenn wir zunächst den historischen Hintergrund der Entstehung der Drei-Selbst-Kirche betrachten, können wir feststellen, dass die Drei-Selbst-Kirche offensichtlich das Produkt einer politischen Bewegung während des Kalten Krieges war. Darüber hinaus hat sich diese Kirche von Anfang an den „Abbruch der Beziehungen zum Imperialismus" als grundlegendes Ziel gesetzt. Aus der „Direction of endeavor for Chinese Christianity in the construction of New China"[51], der Gründungserklärung der Drei-Selbst-Bewegung, können wir klar ersehen, dass die Drei-Selbst-Bewegung zwei grundlegende Ziele oder Leitlinien verfolgt.[52]

In der Erklärung wird das erste grundlegende Ziel der Drei-Selbst-Bewegung wie folgt formuliert:

> *„Die chinesische protestantische Kirche und ihre Organisationen müssen maximale Anstrengungen unternehmen und wirksame Methoden anwenden, um den Anhängern der Kirche das Übel klarzumachen, das der Imperialismus mithilfe des Christentums nach China gebracht hat. Sie müssen den imperialistischen Einfluss innerhalb des Christentums ausrotten und sich vor dem Imperialismus hüten, insbesondere vor dem amerikanischen imperialistischen Plan, konterrevolutionäre Kräfte durch die Religion zu fördern. Gleichzeitig werden sie die religiösen Massen dazu aufrufen, sich an der Kampagne gegen den Krieg und für den Frieden zu beteiligen, und sie werden die religiösen Massen dazu erziehen, die Landreformpolitik der Regierung vollständig zu verstehen und zu unterstützen."*

In der Erklärung wird das zweite grundlegende Ziel der Drei-Selbst-Bewegung wie folgt formuliert:

---

51 A. d. V.: Dt. etwa: Ausrichtung des Einsatzes des chinesischen Christentums beim Aufbau des neuen China.

52 Siehe Glossar: „Das christliche Manifest".

„Die chinesische protestantische Kirche und ihre Organisationen sollen wirksame Methoden anwenden, um einen patriotischen und demokratischen Geist und eine würdige und selbstbewusste Mentalität unter den religiösen Anhängern zu fördern. Die Drei-Selbst-Bewegung („Selbstverwaltung, Selbstversorgung, Selbstverbreitung"), für die das chinesische Christentum eingetreten ist, hat große Fortschritte gemacht. Ihre Aufgabe sollte so schnell wie möglich abgeschlossen sein. Gleichzeitig sollten wir Selbstkritik üben, in verschiedenen Bereichen über Fehler nachdenken, Fragen klären und an der Sparpolitik festhalten, um das Ziel der Protestantischen Reformation zu erreichen."

Abschließend kann man sagen, dass die Abschaffung aller Verbindungen zum Imperialismus und die Förderung des patriotischen Geistes unter den religiösen Gläubigen die wichtigsten Grundsätze und Ziele der Bewegung waren.

Am 23. September 1950 veröffentlichte *People's Daily* auf der Titelseite den vollständigen Text der Erklärung und eine Liste der Unterschriften. Gleichzeitig erschien in *People's Daily* ein Leitartikel mit dem Titel „Patriotische Bewegung der protestantischen Christen". Am nächsten Tag veröffentlichten die großen nationalen Zeitungen die Erklärung. So führte die Erklärung mit ihren Unterschriften zu einer patriotischen Bewegung, die von der Regierung unterstützt wurde. Meinungsverschiedenheiten über unterschiedliche Positionen innerhalb der Kirche wurden zur politischen Grundsatzentscheidung darüber, ob Gläubige patriotisch sind oder nicht.

Nach dem Ausbruch des Koreakrieges war das Verhältnis zwischen China und den westlichen Ländern angespannt. China wurde direkt in den Krieg gegen die Vereinigten Staaten von Amerika verwickelt. Zu dieser Zeit wurden das Komitee zur Zurüstung der chinesischen Protestanten gegen die amerikanische Aggression sowie das Hilfskomitee der koreanischen Drei-Selbst-Reformationsbewegung gegründet, und Wu Yaozong wurde zum Vorsitzenden dieser Komitees gewählt. Danach ersetzte diese neue nationale Organisation das Komitee zur Förderung der chinesischen Protestanten und wurde selbst die Organisation, die die Aufgabe übernahm, die chinesische protestantische Drei-Selbst-Reformation in der neuen Ära zu vollenden. Gemäß der Zusammenfassung des Ausschussvorsitzenden Wu Yaozong hatte der Ausschuss folgende Aufgaben. Erstens: Förderung patriotischer Aktivitäten und patriotischer Erziehung in christlichen Organisationen und unter der breiten Masse der Christen. Zweitens sollte der Einfluss des Imperialismus auf das Christentum vollständig beseitigt werden. Drittens sollte die Aufgabe der chinesischen protestantischen Drei-Selbst-Reformation planmäßig durchgeführt werden. Die ersten beiden Aufgaben hatten zu dieser Zeit offensichtlich oberste Priorität. Um diese beiden Aufgaben zu erfüllen, war eine wichtige Maßnahme die Durchführung einer Kampagne, um die breite Masse der Christen zu zwingen, abweichendes Verhalten anzuprangern.

Mithilfe der Analogie vom „Ausreißen der Wurzel“ beschrieb Wu Yaozong die Anklage gegen den Imperialismus wie folgt:

> *„In den letzten acht Monaten hat die Reformationsbewegung wie ein Messer und eine Säge einen harten Schlag gegen den Stamm des alten Baumes geführt. Diese Konferenz ist wie eine riesige Axt, die direkt auf den Baumstamm zielt. Der Baumstamm zittert. Obwohl der Baum noch nicht umgefallen ist, wird er fallen. Doch selbst wenn der alte Baum fällt, haben wir das Problem nicht vollständig beseitigt, denn der Baum hat viele Wurzeln. Zu einem bestimmten Zeitpunkt*

in der Zukunft werden wir uns an die harte Arbeit machen, alle Wurzeln, die noch unter der Erde verborgen sind, auszugraben."[a]

Auf einer Tagung, die vom 2. Juli bis zum 6. August 1954 in Peking stattfand, wurde das Komitee der Protestantischen Patriotischen Drei-Selbst-Bewegung formell gegründet. Auf der Versammlung lieferte Wu Yaozong den „Arbeitsbericht der Chinesischen Protestantischen Drei-Selbst-Reformationsbewegung in den letzten vier Jahren". Er fasste die Errungenschaften der letzten Jahre zusammen und schlug folgende Aufgaben für die Patriotische Drei-Selbst-Bewegung in der Zukunft vor: Erstens: Aufruf an die christlichen Gläubigen in ganz China, die chinesische Verfassung zu unterstützen und sich am Aufbau einer sozialistischen Gesellschaft zu beteiligen. Zweitens: Aufruf an die christlichen Gläubigen in ganz China, sich der imperialistischen Aggression zu widersetzen und für einen dauerhaften Weltfrieden zu kämpfen. Drittens: Gläubige und Pastoren in ganz China sollen dazu gebracht werden, eine patriotische Ausbildung zu absolvieren, um imperialistische Einflüsse vollständig zu beseitigen. Viertens: Umsetzung des Prinzips der Selbstständigkeit und Förderung der Einheit innerhalb der Kirche. Fünftens: Erforschung des Status quo der kirchlichen Selbstversorgung und Unterstützung der Kirchen auf dem Weg zur Selbstversorgung. Sechstens: Erforschung des Status quo der Selbstverbreitung und Verbreitung des Christentums nach dem Prinzip des gegenseitigen Respekts.[53] Und schließlich: Festhalten am Geist des Patriotismus und der Hingabe an das Christentum, Förderung des Patriotismus und des Gehorsams

53 Wu Yaozong schlug vor, den Aufruf zur persönlichen Buße als Bestandteil der Evangelisierung und Bekehrung aufzugeben.

gegenüber dem Gesetz sowie Reinigung der Kirche. Die meisten dieser Aufgaben widmeten sich dem Antiimperialismus und der patriotischen Erziehung.

Daraus lassen sich die wichtigsten Ziele und Aufgaben der Drei-Selbst-Kirche ableiten. Zusammenfassend lässt sich sagen, dass diese religiöse Organisation nicht nur der Führung der Partei und des Staates unterworfen ist, sondern auch die Partei und den Staat bei der Umsetzung der Politik der Partei unterstützt. Dies sind die grundlegenden Aufgaben der patriotischen religiösen Organisation. Sie sind im Dokument Nr. 19 („The Basic Viewpoint and Policy on the Religious Question During Our Country's Socialist Period"[54]) des Zentralkomitees der Kommunistischen Partei Chinas, das 1982 verkündet wurde, klar festgelegt, wo es heißt:

> *„Die Hauptaufgabe dieser patriotischen religiösen Organisationen besteht darin, die Partei und die Regierung bei der Umsetzung der Politik der Glaubensfreiheit zu unterstützen und der Gesamtheit der Gläubigen und des religiösen Führungspersonals zu helfen, ihr patriotisches und sozialistisches Bewusstsein zu schärfen."*[b]

Diese patriotische religiöse Organisation fungiert faktisch als Assistent der Partei und des Staates. Tatsächlich haben die nationalen patriotischen religiösen Organisationen der verschiedenen Religionen unter dem gegenwärtigen politischen System und dessen rechtlichem Rahmen die administrative Aufgabe der Verwaltung und Kontrolle der Religionen übernommen. Sie sind zu monopolistischen Interessengruppen geworden,[c] sodass eine

54 A. d. V.: Dt. etwa: Der grundsätzliche Standpunkt und die Politik hinsichtlich der religiösen Frage während der sozialistischen Periode in unserem Land.

kleine Gruppe über die Kontrolle über die chinesischen Religionsgemeinschaften verfügt.

Was die administrativen Mechanismen und die Personalverwaltung anbelangt, so wird die Führung der patriotischen religiösen Organisationen einerseits scheinbar von den verschiedenen religiösen Organisationen gewählt. Andererseits müssen ihre Kandidaten von den Führungsabteilungen (Abteilung für die Arbeit der Vereinigten Front und Abteilung für religiöse Angelegenheiten) bestätigt oder zugelassen werden. Im Falle des Christentums sehen die Satzungen aller Drei-Selbst-Kirchen in China vor, dass der Vorsitzende, der stellvertretende Vorsitzende, der Generalsekretär und die Mitglieder des Ständigen Ausschusses von der Konferenz der christlichen Repräsentanten gewählt werden, die das oberste Machtorgan der Kirche ist. Das tatsächliche Verfahren ist jedoch ganz anders. Zunächst schlägt die Abteilung für religiöse Angelegenheiten den Kandidaten vor. Im zweiten Schritt organisieren die Mitarbeiter der Abteilung für religiöse Angelegenheiten die Wahl. Drittens hält die Patriotische Drei-Selbst-Kirche eine nominelle Wahl ab. Viertens legt die Patriotische Drei-Selbst-Kirche das Wahlergebnis der Abteilung für religiöse Angelegenheiten zur Bestätigung vor. Diese Verfahren zeigen, dass die Wahlen lediglich dazu dienen, die Personalentscheidungen der Abteilung für religiöse Angelegenheiten umzusetzen. Die Qualifikationen und die Entwicklung des religiösen Führungspersonals sollten auf der Treue und dem Engagement einer Person für ihre Religion sowie auf ihrem Glauben und ihrer Beherrschung der religiösen Lehren beruhen. Wenn jedoch Religion und Staat nicht getrennt sind, wird dieser Grundsatz geschwächt oder sogar zerstört. Folglich wird über die Zulassung und Ernennung von religiösem Personal weitgehend von der Abteilung für religiöse Angelegenheiten entschieden.[d]

Die Abteilung für religiöse Angelegenheiten kontrolliert die Personalentscheidungen religiöser Organisationen durch ein nicht offengelegtes Personalsystem. Folglich sind die religiösen Organisationen Teil der Regierungsstruktur geworden. Die nationalen und lokalen Zweige dieser religiösen Organisationen und die nationalen religiösen Schulen sind alle in der Regierungsstruktur eingebettet, und der Verwaltungshaushalt und das Personal sind im Plan der Partei und des Staates aufgeführt. Die Gehälter des religiösen Führungspersonals und die Verwaltungsbudgets werden von der Regierung bereitgestellt.[e] In diesem Sinne sind die religiösen Organisationen Erweiterungen des Staates und können als Quasi-Regierungsorganisationen betrachtet werden.

Was den historischen Hintergrund ihrer Gründung sowie Zielsetzung, Funktion, Struktur und Arbeitsweise betrifft, ist es daher klar, dass patriotische religiöse Organisationen von Natur aus keine Kirchen sind. Pastor Wang Aiming, der stellvertretende Direktor des Nanjing Union Theological Seminary, hat direkt darauf hingewiesen:

> *„Die Existenz und die Entwicklung des Komitees der protestantischen Drei-Selbst-Bewegung Chinas bestehen darin, die Aufgaben der Regierungspartei zu fördern sowie die Autorität und die Unternehmungen der Regierungspartei zu schützen. Die Drei-Selbst-Bewegung und der Chinesische Christenrat, die als „die zwei Organisationen" bezeichnet werden, sind im Grunde die zivile Organisation, die in der politischen Struktur Chinas für religiöse Angelegenheiten zuständig ist. Dies sind keine Kirchen."*[f]

In der Tat kann eine Organisation nicht als Kirche bezeichnet werden, wenn sie nicht den Missionsbefehl Jesu zu ihrem

Hauptziel macht, sondern die Religionspolitik der herrschenden Partei und des Staates.

Wenn die Drei-Selbst-Kirche von Natur aus keine Kirche ist, aber dennoch die Kirchen im Drei-Selbst-System beaufsichtigt, ist dies dann nicht eine Beziehung, die einer gewissen Prüfung bedarf? Bischof Ding Guangxun hat aus historischer Perspektive über die Gründe und den Ursprung dieser Beziehung nachgedacht:

> *„Nach dem Ausbruch des Koreakrieges wurden die ausländischen Gelder in China eingefroren, und die finanzielle Unterstützung für verschiedene Missionswerke wurde plötzlich eingestellt. Ihre Führungs- und Managementstrukturen kamen ins Wanken oder brachen sogar zusammen. Die Drei-Selbst-Organisation musste auf verschiedenen Ebenen einige Funktionen der Führungs- und Managementstrukturen der verschiedenen Organisationen übernehmen. Im Zuge der aufeinanderfolgenden Wellen politischer Bewegungen legte die Regierung zunehmend Wert auf eine stark zentralistische Führung. Diese Betonung wirkte sich auch auf die Kirchen aus. Vielerorts ging die tatsächliche Führungsmacht über die Kirchen unvermeidlich auf die Drei-Selbst-Organisation über, auch wenn diese gar nicht die Absicht hatte, die Leitung zu übernehmen. Auf diese Weise wandelte sich die Drei-Selbst-Organisation an vielen Orten von einer Massenbewegung, die für Patriotismus und das Drei-Selbst-Prinzip eintritt, zu einer Organisation, die die Kirchen überwacht. Sie ist wie eine Kirche, aber sie ist keine Kirche. Sie ist wie eine Regierungsbehörde, aber sie ist keine Regierungsbehörde.“*[8]

Das alles wurde aufgrund des politischen Umfelds während des Kalten Krieges notwendig. Hat das Drei-Selbst-System also heute noch eine Daseinsberechtigung? Sollten wir diese seltsame Beziehung heute beibehalten?

4. FUNDAMENTALE GRÜNDE FÜR EINEN NICHTBEITRITT ZUR DREI-SELBST-KIRCHE

Wenn wir verstehen, dass die Drei-Selbst-Kirche von Natur aus keine Kirche, sondern eine Regierungsorganisation ist, können wir Wang Mingdaos Position aus einer neuen Perspektive verstehen. Wang Mingdao sagte, dass Gläubige und Ungläubige nicht unter dasselbe Joch gespannt werden dürften. Heute können wir diese Position als grundlegende Erklärung dafür verwenden, warum Hauskirchen nicht der Drei-Selbst-Kirche beitreten können. Hauskirchen und die Drei-Selbst-Kirche (die im Grunde genommen keine Kirche ist) sollten nicht unter dasselbe Joch gespannt werden. Die Drei-Selbst-Kirche wird vom Staat finanziert, und ihre Hauptaufgabe besteht darin, die von der Partei und dem Staat übertragenen Aufgaben zu erfüllen. Was haben die chinesischen Hauskirchen mit der Drei-Selbst-Kirche zu tun?

Die Aufgabe des Drei-Selbst-Systems besteht darin, die von der herrschenden Partei oder der weltlichen Regierung festgelegten Aufgaben zu erfüllen. Der Beitritt zum Drei-Selbst-System würde die Kirche grundlegend verändern. Das System könnte dazu führen, dass die Kirche nicht mehr Teil der weltweiten Gemeinde ist, sondern einfach eine nationalistische Kirche. Als die Hauptaufgabe der Drei-Selbst-Bewegung beispielsweise darin bestand, die Verbindungen zwischen dem chinesischen Protestantismus und dem Imperialismus zu lösen, war es Ziel der Bewegung, den Nationalismus zu stärken und nicht die Zugehörigkeit zur universalen Gemeinde Jesu. Aus der Sicht der universalen Kirche müssen sich die Kirchen in China tatsächlich zu unabhängigen chinesischen Kirchen entwickeln. Das bedeutet jedoch nicht unbedingt, dass die chinesischen Kirchen von den Kirchen in anderen Ländern isoliert werden sollten. Die chinesischen Kirchen sind Geschwister der Kirchen in anderen Ländern (ob es sich nun um sogenannte imperialistische oder um sozialistische Länder handelt). Der christliche Glaube steht über dem Staat, und die Universalität der Kirche steht über dem Nationalismus. Aus diesem Grund waren selbst in den 1950er-Jahren viele chinesische Christen nicht mit der Schlussfolgerung einverstanden, dass das Christentum ein Werkzeug der imperialistischen kulturellen Invasion sei und dass die Pastoren an der Spitze dieser Invasion stünden, weil diese Schlussfolgerung aus einer nationalistischen Perspektive und nicht aus Sicht der universalen Gemeinde gezogen wurde.

Der Unterschied in der Grundhaltung erweist, ob sich die Kirche wirklich an das erste der Zehn Gebote gehalten hat: „Du sollst keine anderen Götter neben mir haben“ (2Mo 20,3). Wenn sich die Gemeinden dem offiziellen Drei-Selbst-System anschließen, das von Natur aus keine Kirche ist, und sich dessen Führung unterwerfen, müssen sie zweifellos eine große Frage beantworten: Soll die Kirche von ganzem Herzen dem einen wahren Gott dienen? Oder soll sie dem Gott des Drei-Selbst-Systems dienen, das über der Kirche steht und die Kirche beaufsichtigt, damit sie den Patriotismus als oberstes Ziel betrachtet? Wenn sie den Forderungen des Drei-Selbst-Systems folgt und die „Ausrottung des imperialistischen Einflusses“ als Hauptaufgabe ansieht, verliert die Kirche mit Sicherheit die Grundlage der weltweiten Gemeinde Jesu und nimmt eine nationalistische Position ein.

In der Tat kann eine nichtkirchliche offizielle Organisation von der Kirche nicht verlangen, dass sie den Patriotismus über die Religion stellt. Denn für eine Kirche hat die Liebe zu Gott immer die erste Priorität. Patriotismus ist nicht die Aufgabe der

Kirche in dieser Welt und nicht Grundlage für ihre Existenz. Es ist grundlegend falsch, Patriotismus zur Existenzbedingung der Kirche in der Welt oder in einem Land zu machen.

Eine Kirche muss nicht die Position des Staates einnehmen und Patriotismus demonstrieren, indem sie für die regierende Partei oder den Staat spricht. Wenn eine Kirche ihre Wurzeln opfert, um ihre Liebe zum Vaterland auszudrücken, ist diese Liebe im Grunde wertlos, weil die Existenz der Kirche dann wertlos ist, wie Salz, das seinen Geschmack verloren hat. „Wenn aber das Salz fade geworden ist, womit soll es gesalzen werden? Es taugt zu nichts mehr, als hinausgeworfen und von den Menschen zertreten zu werden“ (Mt 5,13). Nur wenn die Kirchen durch die Abhängigkeit von Christus fest auf dem Fundament der universalen Gemeinde stehen, werden sie in der Lage sein, ihren Respekt vor der weltlichen Macht und ihre Liebe zu ihren Nächsten zum Ausdruck zu bringen. Dies ist der richtige Ausgangspunkt für den Patriotismus.

Damit das Drei-Selbst-Prinzip auch heute noch für die chinesischen Kirchen von Bedeutung ist, sollte es auf folgende Weise umgesetzt werden: Erstens sollten die Gemeinden gegenüber der Regierung autonom sein, d. h., die Regierung hat zwar eine gewisse Befugnis, soziale Organisationen zu verwalten, aber die christlichen Gemeinden sollten Autonomie in Bezug auf ihre Lehrmeinungen haben. Zweitens sollten die Gemeinden selbsttragend sein und nicht von der Regierung mit Steuergeldern unterstützt werden. Drittens sollten die Gemeinden das Recht auf Selbstverbreitung haben. Mit anderen Worten: Auf der Grundlage ihres Erbes und ihrer Akzeptanz des christlichen Glaubens sollten die Gemeinden in der Lage sein, das Evangelium frei zu verbreiten, und sie sollten dabei keinerlei Beschränkungen unterworfen werden. Diese Maßnahmen würden das Grundprinzip der Trennung von Kirche und Staat veranschaulichen. In der

Realität sehen wir jedoch, dass die Nicht-Trennung zwischen Kirche und Staat ein absurdes Phänomen verursacht hat. Das sogenannte Drei-Selbst-System, das vorgeblich „Selbstverwaltung, Selbstversorgung und Selbstverbreitung" fördert, kann selbst gar keine „Selbstverwaltung, Selbstversorgung und Selbstverbreitung" aufweisen. Das Phänomen offenbart den Konflikt zwischen dem nicht kirchlichen Charakter der Drei-Selbst-Kirche und ihren Prinzipien des „Drei-Selbst". Dieser Konflikt verdient es, dass wir ihn ernst nehmen.

ANMERKUNGEN ZUM ORIGINALARTIKEL

[a] Wu Yaozong, „*Rebirth of Chinese Protestantism*", S. 4.[55]

[b] „The Basic Viewpoint and Policy on the Religious Question During Our Country's Socialist Period", in *Selections of the Documents on Religious Work in the New Era*, ed. Comprehensive Research Group of the Document Research Office of the Chinese Communist Party Central Committee and Bureau of Policy and Regulation of the State Administration of Religious Affairs (Beijing: Religious Culture Press, 1995), S. 65.

[c] Xie Yue, „*Political Communication in Contemporary China*" (Shanghai: Shanghai People's Press, 2006), S. 32–38.

[d] Cao Zhi, „Analysis of the Archival System of the Chinese Religious Personnel", Paper at the Seventh Annual Conference of Religious Social Sciences.

[e] Xing Fuzeng, „State-Religion Relations in Contemporary China", 72. Liu Peng, „Characteristics and Development of Chinese State-Religion Relations", *Journal Ding* 88 (August 1995): S. 4.

---

55 Wu Yaozong, „Rebirth of Chinese Protestantism", in: *The Collected Works of Y. T. Wu*, vol. 4, book 2, *From the Founding of the PRC to Wu's Late Years (1950–1979)*, ed. Ying Fuk-tsang (Hong Kong: The Chinese University of Hong Kong Press, 2020).

[f] Wang Aiming, „On Church Belief: Thoughts on the Basic Issues of the Church Theology of Chinese Protestantism“, *Nanjing Theological Journal* 4 (2008).

[g] Ding Guangxun, „Sorting Out the Relations Between the Three-Self Organization and the Churches“, *Nanjing Theological Journal* 6 (1989): S. 2.

6

DIE CHRISTLICHEN RECHTSABWEICHLER VON 1957

WANG YI

1957 startete die Kommunistische Partei Chinas (KPC) die Anti-Rechts-Kampagne (反右运动, *fanyou yundong*), um regierungskritische Intellektuelle auszumerzen. Die KPC ermutigte zunächst zu offener Kritik an der Partei unter dem Vorwand, ihr damit zu helfen, sich zu verbessern. Dann denunzierte, attackierte und bestrafte die KPC diejenigen, die sich zu Wort gemeldet hatten. Wissenschaftler schätzen, dass 550 000 chinesische Intellektuelle, von denen viele zu den besten ihres Fachs gehörten, durch diese Bewegung politisch verfolgt wurden. Auch wenn dies seltener diskutiert wird, so gerieten doch ebenfalls Tausende von Christen – zumeist aus den Drei-Selbst-Kirchen – in den Strudel dieser Bewegung. Die KPC benutzte den Begriff „Rechtsabweichler“ für alle, denen es an revolutionärem Engagement mangelte, die zu zaghaft waren oder Kompromisse eingingen.

In diesem ursprünglich langen Artikel, den wir in Auszügen wiedergeben, argumentiert Wang Yi, dass die Voraussetzung für den Erfolg der Anti-Rechts-Kampagne die vorangegangene Gründung der Patriotischen Drei-Selbst-Bewegung war sowie die darauffolgende Verfolgung derjenigen, die sich weigerten, ihr beizutreten. Das galt vor allem für Wang Mingdao. Die Hauptthese des folgenden Artikels lautet: „Vor 1957 nutzte die Kommunistische Partei die ‚Drei-Selbst-Bewegung' zur Unterdrückung der christlichen Fundamentalisten. Nach 1957 benutzte die Partei die ‚Anti-Rechts-Kampagne', um die Drei-Selbst-Bewegung zu zerstören. So zeigte der Fluch aufgrund der umfassenden Rebellion gegen den Herrn unmittelbare Auswirkungen."

Wang Yi benennt die liberale Theologie als Grundlage der DSB-Leitung und den Fundamentalismus als Hauptmerkmal der ersten Generation von Hauskirchenpastoren. Obwohl sich Wang Yi selbst theologisch nicht als Fundamentalist bezeichnet, nennt er mit großer Sorgfalt die zahlreichen Hauskirchenpastoren und -leiter, die wegen ihrer Weigerung, sich der Drei-Selbst-Bewegung anzuschließen, gelitten haben oder verfolgt wurden. Er argumentiert, dass das Blut, das sie aus Standhaftigkeit für ihre grundlegenden Überzeugungen vergossen haben, die Saat für die Erweckung ist, die derzeit in China stattfindet. Ein wichtiges Thema, das Wang Yi anspricht, ist die Rolle des Nationalismus bei der Entstehung der Staatskirche.

Er weist die Kritik an der westlichen Missionstätigkeit in China entschieden zurück und plädiert für die Einheit der weltweiten christlichen Kirche.

Wang Yi veröffentlichte diesen Artikel erstmals am 5. August 2007 auf dem Blog *Democracy in China* (民主中国, *minzhu zhongguo*) anlässlich des 50. Jahrestages der Anti-Rechts-Kampagne und des 200. Jahrestages der Ankunft von Robert Morrison, dem ersten protestantischen Missionar in China. Später, im Jahr 2017, überarbeitete er ihn anlässlich des 500. Jahrestages der Reformation und veröffentlichte ihn in seinem persönlichen Blog. Der Originalartikel ist recht lang und wird hier in Auszügen wiedergegeben. Die Stellen, an denen Inhalte gekürzt wurden, wurden mit dem Sonderzeichen ~ gekennzeichnet.

Da ist kein Gerechter, auch nicht einer.

RÖMER 3,10

Es ist für immer unantastbar, dass ich als Mensch für mein eigenes uneingeschränktes, legitimes und reines Recht auf Leben kämpfe. Als Christ gehört mein Leben Gott und meinem Glauben. Meinen Weg fortsetzen, meinen Weg, den Weg des Dieners Gottes! Das ist ein politischer Weg für Christus! Zunächst einmal hat diese junge Frau einen hohen Preis bezahlt, geistig und körperlich. Sie hat das für dich verdient, und sie hat für dich bezahlt.

LIN ZHAOS BRIEF AUS DEM GEFÄNGNIS, GESCHRIEBEN MIT BLUT

CHRISTLICHE RECHTSABWEICHLER

Der christliche Rechtsabweichler Li Jinghang ist ein Überlebender des Arbeitslagers Jiabiangou.[56] Er ist Mathematiklehrer in Tianshui. Ich kenne ihn, weil der Autor Xing Tongyi ihn im

56 Das Arbeitslager Jiabiangou war ein Zwangsarbeitslager, das während der Anti-Rechts-Kampagne von 1957 bis 1961 genutzt wurde. Die Gefangenen litten unter Überbelegung und schwerem Hunger, was zu zahlreichen Todesfällen führte.

Frühjahr 2002 auf zwölf Tonbändern interviewte und „Das Leben eines christlichen Rechtsabweichlers“[57] schrieb.

Die christliche Rechtsabweichlerin Yu Yile kenne ich, weil sie mit Lin Zhao inhaftiert war,[58] die als Studentin der Peking-Universität 1961 zusammen mit Yu Yile inhaftiert wurde. Sie wurden nicht nur zu Mitgefangenen, sondern auch zu Schwestern in Christus. Von einer Anhängerin des Vorsitzenden Mao zu einer kompromisslosen Kritikerin des Totalitarismus wandelte Lin Zhao sich weiter zu einer Christin und schließlich zu einer Märtyrerin, die Mitleid mit ihrem Henker hatte. In den letzten Jahren wurde sie von liberalen Intellektuellen als die Jeanne d'Arc Chinas bezeichnet.

Der christliche Rechtsabweichler Yang Yudong wurde am 26. Dezember 1957 während des „Sozialistischen Symposiums der Pekinger Christen“ als einer von 45 christlichen Rechtsabweichlern bezeichnet.[59] Im folgenden Jahr wurde er in ein Arbeitslager geschickt. 1986 erklärte sich Yang Yudong bereit, leitender Pastor der der DSB angeschlossenen Pekinger Gangwashi-Kirche zu werden, und zwar unter drei Bedingungen: (1) die Kirche wird sich nicht mit Politik befassen; (2) die Predigten werden

57 Xing Tongyi, *Like a World: Looking Back at Jiabiangou* (Lanzhou: Lanzhou University Press, 2004).

58 Lin Zhao (林昭; 1932–1968) war eine Dissidentin, die während der Kulturrevolution von der KPC inhaftiert und hingerichtet wurde. Während sie eine 20-jährige Haftstrafe verbüßte, schrieb Lin 1962 mit Haarnadeln, Bambusresten und ihrem eigenen Blut Kommentare und Gedichte, in denen sie Mao und die KPC scharf kritisierte. Es gibt eine wissenschaftliche Debatte darüber, inwieweit Lins christlicher Glaube ihren politischen Aktivismus beeinflusst hat.

59 In den Jahren 1957 und 1958 versammelten die Behörden mehr als 200 christliche Führer im Fuxue Hutong Seminar in Peking zum „Sozialistischen Symposium der Pekinger Christen“ zur täglichen Umerziehung in Sachen Imperialismus und Sozialismus. Die Treffen führten dazu, dass 45 Teilnehmer als „Rechtsextremisten“ bezeichnet wurden.

sich ausschließlich auf die Bibel stützen; (3) das Büro für religiöse Angelegenheiten wird seinen Fehler, ihn als Rechten zu bezeichnen, öffentlich einräumen. Während der Bewegung des Vierten Juni war die von Pastor Yang geleitete Gemeinschaft junger Erwachsener das einzige Rettungsteam, das das Kreuz trug.[60] 1994 brach Pastor Yang mit der DSB und dient seitdem in der Hauskirche.

Der christliche Rechtsabweichler Wu Weizun schrieb in seinen persönlichen Reflexionen: „Durch das Studium der Sozialgeschichte habe ich erkannt, dass die große Geschichte der Entwicklung vom Affen zum Menschen bis hin zur kommunistischen Gesellschaft eine einzige große Lüge ist."[61] 1957 wurde er zur Umerziehung in ein Arbeitslager geschickt und dann zu Beginn der Kulturrevolution verhaftet und zu lebenslanger Haft verurteilt. Bevor er ins Gefängnis kam, legte er seine Grundsätze fest: „Nicht antworten, nicht erklären, nicht gestehen, nicht bereuen." Von da an bis zu seinem Tod im Dezember 2002 hielt er sich während des größten Teils seines Lebens an diese Grundsätze. Obwohl Wu Weizun allen Arten körperlicher Folter ausgesetzt war, gilt er in China als „der Einzige, der sich offen weigerte, Zitate des Vorsitzenden Mao zu lesen". Bis in die 70er-Jahre hinein stellten ihm die überlasteten Gefängnisbehörden immer wieder zwei einfache Forderungen: Er solle aufhören, vor den Mahlzeiten zu beten, und er solle die Zitate des Vorsitzenden Mao lesen.

60 Während der Studentenproteste auf dem Platz des Himmlischen Friedens 1989 wurde ein Hungerstreik organisiert. Er begann am 13. Mai und dauerte sechs Tage, wodurch die Studentenproteste weltweit Aufmerksamkeit erregten. Verschiedene Gruppen von Bürgern bildeten freiwillig Teams, um den streikenden Studenten Lebensmittel, Wasser, medizinische Hilfe usw. zukommen zu lassen. Wang Yi bezieht sich hier auf ein solches Team, das von Yang Yudong organisiert und geleitet wurde.

61 Für alle Zitate in diesem Kapitel siehe die Bibliografie von Wang Yi am Ende des Kapitels.

Wenn er dies befolgte, würde er als reformiert gelten und aus dem Gefängnis entlassen werden. Wu Weizun leistete jedoch bis zu seinem Tod Widerstand. In seinem ausgemergelten Körper steckte die unvorstellbare Kraft des chinesischen Intellektuellen.

Am 1. Juni 1972 verstarb der wegen seiner antirevolutionären Haltung inhaftierte Kirchenführer Watchman Nee. Zwei Wochen nach seinem Tod druckte die *Hong Kong Times* einen Artikel, in dem sie Daten aus 156 Zeitungen und 57 Zeitschriften vom Festland verwendete, um eine genaue, aber unvollständige Schätzung vorzunehmen:

Während der Drei-Selbst-Erneuerungsbewegung zwischen 1950 und 1953 wurden etwa 60 000 evangelische Christen inhaftiert. Von ihnen wurden 10 690 hingerichtet. Während der von der DSB geführten Anti-Rechts-Kampagne von 1957 bis 1958 wurden unzählige protestantische Christen als Rechtsextremisten eingestuft und etwa 2230 von ihnen hingerichtet.

DIE DREI-SELBST-BEWEGUNG: DER ZUSAMMENBRUCH DES GLAUBENS

Lange vor der Anti-Rechts-Kampagne versuchte die Kommunistische Partei, die zersplitterte christliche Kirche zu vereinen – mithilfe des Drei-Selbst-Vorbereitungskomitees, Wu Yaozong, Ding Guangxun usw., die alle die politischen Positionen des Antiimperialismus, des Patriotismus und der Bejahung der Kommunistischen Partei vertraten. Im September 1949 ernannte die kommunistische Führung fünf Personen, darunter Wu Yaozong und Liu Liangmo, als Vertreter des Christentums (obwohl sie keine bedeutende kirchliche Stellung hatten) zur Teilnahme an der Politischen Konsultativkonferenz des chinesischen Volkes, aus der die neue Regierung hervorging. Die Regierung wertete darauf den Status der Teilnehmer stark auf. Wu

Yaozong führte eine Delegation religiöser Vertreter an, die das Land bereiste und überall von den lokalen Regierungschefs und Parteiführern begrüßt wurde. Danach traf Zhou Enlai im Mai 1950 dreimal mit 19 christlichen Führern unter der Leitung von Wu Yaozong zusammen und begann, der Kirche seine Hand zu reichen.[62]

Während des ersten Treffens gab Zhou Enlai den Ton für das Christentum in China vor, indem er Evangelisation mit imperialistischer Invasion gleichsetzte. Dazu gab er drei Empfehlungen: Erstens sollte die Kirche eine „antiimperialistisch-patriotische" Kampagne starten, um ihre Beziehungen zum Imperialismus zu klären und imperialistische Verräter unter den Gläubigen auszusortieren. Zweitens sollte das Christentum im neuen China eingeschränkt werden, und Straßenevangelisation sollte verboten sein. Drittens sollte die Kirche unabhängig sein und ihre Beziehungen zum Imperialismus abbrechen, um eine „sich selbst verwaltende, sich selbst versorgende und sich selbst verbreitende" Kirche aufzubauen. Bis heute ist der Geist dieser Worte die Leitlinie der protestantischen DSB-Kirche und die maßgebliche Interpretation der jüngeren Kirchengeschichte durch die offizielle Religionswissenschaft.

Während des zweiten Treffens begann Zhou Enlai zu drohen und forderte, dass die Kirche ihre eigene „historische Mission" erfüllen und das „gemeinsame Programm" bekräftigen solle, sodass „religiöse Aktivitäten der neuen demokratischen Gesellschaft zugutekämen". Dabei schlug er eine konkrete Einschränkung vor: Die Kirche solle weder ausländische Missionare einladen, in China zu arbeiten, noch solle sie im Ausland Spenden sammeln.

62 Zhou Enlai (1898–1976) diente von 1949–1976 als erster Premierminister der Volksrepublik China direkt unter dem Vorsitzenden Mao.

Bei dem dritten Treffen standen die Beziehungen zwischen Kirche und Staat im Mittelpunkt. Zhou Enlai zeigte sich der Kirche gegenüber wohlwollend und sagte, dass die Einheitsfront der Regierung erweitert werden müsse. Er fragte, ob die Kirche der Einheitsfront beitreten würde.[63] Das Hauptaugenmerk lag nicht auf Idealismus oder Materialismus, sondern darauf, ob sie „alle Verbindungen zum Imperialismus, Feudalismus und bürokratischen Kapitalismus abgebrochen hatte". Aber er äußerte zwei schwere Drohungen. Erstens unterstrich er die Notwendigkeit, „die schwarzen Schafe und die wenigen schlechten Äpfel aus der Religionsgemeinschaft zu entfernen", damit die größere christliche Gemeinschaft nicht wegen dieser wenigen Schurken Nachteile in Kauf nehmen müsse. Zweitens forderte er die Kirche auf, sich einer internen Selbstkritik zu unterziehen und eine „Überprüfung und Umstrukturierung" vorzunehmen.[64]

Diese drei Reden von Zhou Enlai sind, eine nach der anderen, für die chinesische Kirche wie die drei Versuchungen durch Satan in der Wüste (Mt 4,1-11; Lk 4,1-13; Mk 1,12-13). Sie trieben die Kirchenführer des ganzen Landes schnell in die Enge. Kurz darauf erklärte Mao Zedong am 6. Juni auf der Plenartagung des Zentralkomitees der Kommunistischen Partei Chinas: „Der Imperialismus, der in diesem Land kirchliche Schulen und religiöse reaktionäre Kräfte etabliert hat, ist unser Feind, und wir müssen gegen diese Feinde kämpfen."

Was unter dem „neuen demokratischen Regime" als Religionsfreiheit bezeichnet wurde, war nun völlig zunichte gemacht. Die Christen und Kirchenführer in China trafen daraufhin ihre

63 Siehe Glossar: „Abteilung für Einheitsfrontarbeit".

64 Diese „Selbstkritik" wurde ursprünglich im Marxismus-Leninismus entwickelt und diente in kommunistischen Gesellschaften als Methode für öffentliche Verhöre und Beschämung. Der Nationalkongress nahm sie 1945 in die Verfassung der KPC auf, und die Partei hat ihre Anwendung nie aufgegeben.

Wahl. Die meisten gingen Kompromisse ein und verrieten ihren Herrn und ihre Freunde. Nur wenige waren wie Jesus, der Satan in der Wüste zurückwies, und lehnten die Entscheidung der Kommunistischen Partei ab und schlugen stattdessen den Weg des Martyriums und der Verteidigung des Glaubens ein. Die Unterscheidung zwischen diesen beiden Wegen hat die heutige Drei-Selbst-Kirche und die Hauskirche hervorgebracht.

Damals war der Glaube von Wu Yaozong und anderen vom Liberalismus (Modernismus) beeinflusst. Mehrere Schlüsselfiguren der DSB, darunter auch er, hatten in der Hochburg des Liberalismus, dem Union Theological Seminary in New York, USA, studiert. Sie vertraten durchaus einen aufrichtigen Patriotismus und eine antiimperialistische Mentalität, genau wie alle anderen liberalen Intellektuellen jener Zeit, die voller Hoffnung auf das neue Regime und die sozialistische Revolution waren. So schrieb der liberale Theologe Zhao Zichen, der tief vom sozialen Evangelium beeinflusst war, 1948 mit Bedauern: „Eine große Anzahl junger Menschen, die keine Rücksicht auf ihre persönliche Sicherheit nehmen, steht auf der Seite der Kommunisten; sie werden ihre Hoffnung auf die Rettung der Nation niemals auf die Kirche setzen."[65]

Diese protestantischen Liberalen, die sich politisch immer mehr nach links orientierten, begannen, Wu Yaozong zu umringen. Im Jahr 1948 schrieb Wu Yaozong den Artikel „Tragische Zeiten des Christentums", in dem er erklärte, dass das Wesen des Christentums in China in „Kapitalismus und Imperialismus" bestände. Er sagte: „Wenn unser Denken mit dem des westlichen

65 Zhao Zichen (赵紫宸, Tzu-chen Chao oder T. C. Chao, 1888–1979) war ein führender protestantischer chinesischer Theologe im frühen 20. Jahrhundert. Zhao riet den chinesischen Christen, alle westlichen Einflüsse aus dem Glauben zu entfernen und das Christentum mit dem Konfuzianismus und Humanismus zu verbinden.

Christentums identisch ist, sind wir unbewusst zum Werkzeug der westlichen, imperialistischen Aggression geworden. In den Augen der Menschen, die sich nach Befreiung sehnen, sind wir nichts als Opium."

Diese protestantischen „Christen" erkannten die Bedeutung sozialer Dienste, waren jedoch aufgrund ihrer Bindung an die liberale Theologie nicht in der Lage, sich der historisch-biblischen Soteriologie anzunähern, um die Beziehung zwischen persönlicher Erlösung und sozialem Wandel richtig und umfassend zu verstehen. Daher sind für sie „die Erlösung durch Christus und der soziale Wandel ein und dasselbe". Ihr sogenannter christlicher Glaube unterschied sich nicht so sehr vom säkularen Sozialismus. Bei einer Zeremonie im November 2006 zur Überführung des Leichnams seines Vaters Wu Yaozong auf einen anderen Friedhof verteidigte Wu Zongsu seinen Vater vor Beamten des Amtes für religiöse Angelegenheiten und betonte weiterhin, dass dieser geglaubt habe, „dass es keinen Widerspruch zwischen Christentum und Kommunismus gibt".[66] Der französische Experte für chinesische Kirchengeschichte P. Charbonnier hat in seinen Studien festgestellt, dass sich die DSB genau deshalb aus dem liberalen Protestantismus entwickelt hat. Die Kommunistische Partei hat die Gedanken von Wu Yaozong und anderen offensichtlich zur Kenntnis genommen, denn „sie hat ihnen große Bedeutung beigemessen und sich diese ganz zu Nutze gemacht".

Vor allem nach dem Ausbruch des Koreakrieges wurden westliche Missionare schnell aus China vertrieben. Einige wenige wurden von der Regierung verhaftet. Im Land war die

66 Als Wu Yaozong 1979 starb, wurde er zusammen mit seiner Frau auf einem christlichen Friedhof in Peking beigesetzt. Sein Sohn kämpfte dafür, dass die sterblichen Überreste seiner Eltern von Peking auf einen prestigeträchtigeren Friedhof in Shanghai überführt und ihr Status als patriotische Bürger wiederhergestellt wurde.

nationale Stimmung aufgeheizt, und dies beeinflusste die liberalen Kirchenführer. Wu Yaozong schrieb den Aufsatz „Die Kommunistische Partei hat mich geprägt", und der Präsident des Theologischen Seminars von Chongqing schrieb „Vom Veränderungsprozess in meinem politischen Denken". In der Folgezeit, während der DSB-Erneuerungsbewegung, wurden diese Aufsätze repräsentativ für die erzwungene Indoktrination vieler Christen. Die Schlussbemerkungen am Ende der Aufsätze bekräftigen, dass nur die kommunistische Theorie richtig sei: „Nur der Kommunismus kann China und die Welt retten!" Sie bestätigen so, dass sie sich von Reformisten zu Revolutionären gewandelt hatten.

Nachdem die Regierung drei Drohungen ausgesprochen hatte, spürten andere Kirchenführer, dass ein Sturm aufziehen würde. Sie verloren ihr Vertrauen auf das Wort, an das sie glaubten, und auch ihre Hoffnung auf Gottes Souveränität in der Geschichte. Sie kamen zu der Überzeugung, dass die Kirche völlig zerstört werden würde, wenn sie keine Kompromisse eingingen. Aufgrund ihres Kleinglaubens und in der Annahme, dass sie für Christus litten, akzeptierten sie die Abhängigkeit von der Politik. Der Präsident des Shanghai Devotional Seminary, der reformierte Theologe Jia Yuming, erklärte zwar öffentlich: „Der Beitritt zur DSB ist gegen den Willen Gottes." Nachdem jedoch mehrere Beamte des Büros für religiöse Angelegenheiten einige Stunden lang mit ihm in seinem Büro gesprochen hatten, trat er im Frühjahr 1954 öffentlich der DSB bei und wurde zu deren Vizepräsidenten gewählt. Der Gemeindeleiter Watchman Nee war in den ersten Jahren gegen die DSB, änderte aber sehr bald seine Position und verteidigte die DSB sogar mit den Worten: „Die Kirche ist der Becher, und die Regierung ist der Unterteller." Es ist sicherlich vernünftig, einen Becher auf einen Teller zu stellen. Aber weil Watchman Nees Einfluss zu groß war, beschloss die Regierung, ein Exempel an ihm zu statuieren. Im Jahr 1952 wurde er wegen „konterrevolutionärer Verbrechen" in Shenyang verhaftet.

Viele andere folgten dem Trend nur aus Angst. Es gab auch andere geheime Mitglieder, die von der Kommunistischen Partei schon lange vorher ausgesandt worden waren, um als verdeckte Agenten in die Kirche einzudringen. Sie organisierten und agitierten heimlich mit denselben Strategien, die auch in der Antichristlichen Bewegung der 1920er-Jahre angewandt worden waren. Die Schlüsselperson und der Spion, der die DSB in Shanghai organisierte, war z. B. „Reverend" Li Chuwen. Im Jahr 1961 wurde er zum nationalen Generalsekretär der DSB befördert. Als er während der Kulturrevolution die Schläge der Rotgardisten nicht mehr aushielt, legte er seinen Mitgliedsausweis der Kommunistischen Partei vor, um damit um Gnade zu bitten. Er bat die Rotgardisten, Premier Zhou anzurufen, um sich zu vergewissern, dass er tatsächlich Parteimitglied war. Nachdem seine Identität aufgedeckt worden war, verließ er die christliche Gemeinde und wurde zum Direktor des Büros für auswärtige Angelegenheiten in Shanghai ernannt. Nach der Wirtschaftsreform wurde er zum stellvertretenden Direktor der Xinhua News Agency nach Hongkong versetzt.

Danach befolgte Wu Yaozong „die Anweisungen von Premier Zhou" und verfasste rasch eine Erklärung der politischen Position der Christen mit dem Titel „Der Weg des chinesischen Christentums beim Aufbau des neuen China", um die Christen im Land mit dem Ziel zu vereinen, das Land zu lieben, die Partei zu lieben, sich dem Imperialismus und den Vereinigten Staaten zu widersetzen.[67] Gemäß den Anweisungen der Regierung wurden 40 Kirchenführer eingeladen, sich als Gründungsmitglieder anzuschließen. Der letzte Entwurf der Erklärung wurde von

67 Siehe Glossar: „Das christliche Manifest".

Premier Zhou persönlich fertiggestellt und vom Staatsrat genehmigt, bevor er am 23. September zusammen mit der ersten Gruppe von 1500 Unterzeichnern in *The People's Daily* veröffentlicht wurde. Am 26. September veröffentlichte das Zentralkomitee der Kommunistischen Partei Chinas „Anweisungen für die protestantische und katholische Reaktion auf die Bewegung ‚Christliche Erklärung'". Daraufhin startete die DSB mit Unterstützung der Regierung eine mehrjährige Unterschriftenaktion, um den Herrn zu verraten.

In China sahen sich damals etwa 10 000 Kirchen, 8000 Geistliche und 840 000 Gläubige demselben Lackmustest ausgesetzt. Sie mussten unterschreiben, um sich zu schützen. Wer unterschrieb, war patriotisch, wer nicht unterschrieb, war konterrevolutionär. Bis April 1951 hatten 180 000 Menschen unterschrieben, bis Ende des Jahres waren es 360 000. Als die DSB 1954 gegründet wurde, hatten 416 000 mit ihren Namen unterschrieben. Das war etwa die Hälfte der Gläubigen im Land.

Warum wandte die Kommunistische Partei nach 1949 die Zuckerbrot-und-Peitsche-Methode an, um die Kirche zu kontrollieren, aber keine Gewalt, um sie auszurotten? Eine ideologisch wohlklingende Erklärung ist das, was der Vorsitzende Mao „die inneren Widersprüche des Volkes" nannte. Man kann jedoch Folgendes in der Rede des ersten Direktors des Amtes für religiöse Angelegenheiten, He Chengxiang, nachlesen, die er hielt, als er im November 1956 mit der Delegation der australischen anglikanischen Kirche zusammentraf.[68] Er sagte ganz klar, dass es drei Gründe gab: Erstens seien Christen in der Regel

68 Obwohl ausländische Missionare und christliche Mitarbeiter nach der Revolution von 1949 aus China vertrieben wurden, lud die DSB gelegentlich Delegationen zu Besuchen ein, um die Religionsfreiheit in China zu demonstrieren. Im Jahr 1956 empfing das Nanjing Union Theological Seminary eine Delegation der australischen anglikanischen Kirche.

intelligent und könnten reformiert werden, um dem Aufbau des Sozialismus zu dienen. Zweitens könnten die guten Beziehungen zwischen Christen und den westlichen Ländern genutzt werden. Drittens wolle die Regierung keine Märtyrer produzieren, was zu größerem Widerstand führen würde.

Darüber hinaus erklärte der von der Zentralregierung für religiöse Angelegenheiten eingesetzte Li Weihan dem linken Parteiflügel dies 1961 auf einer internen Sitzung direkt. Warum sind Imperialismus, Großgrundbesitzer und Kapitalisten unter uns verschwunden, die Religion jedoch bleibt? Li Weihan sagte, dass das Weiterbestehen der Religion „eher dazu beiträgt, den religiösen Glauben zu behindern, als ihn zu fördern". Er wandte sich gegen radikale Methoden wie die Einführung von atheistischer Bildung und Debatten unter Gläubigen. Er erklärte, dass die Aufrechterhaltung eines gewissen Maßes an Religionsfreiheit „die Einheitsfront im In- und Ausland berücksichtigt, und ich hoffe, dass alle dafür Verständnis haben werden". Diese gemäßigte Haltung verschwand jedoch ein Jahr später, und Li Weihan musste Kritik einstecken und wurde als Revisionist betrachtet. Er galt als Musterbeispiel für Kapitulation. Bald darauf begann die Regierung mit einer Periode von Zwangsvertreibung von allem Religiösen. Auch Li Weihan wurde gezwungen, an einem Experiment der „religionsfreien Zone" teilzunehmen. Er wurde zur Arbeit nach Wenzhou gesandt, um die christliche Kirche vollständig „auszuradieren".[69] Aber die Untergrundkirche von Wenzhou wuchs weiter. Nach der Kulturrevolution erlebte die Gegend die größte Erweckung und wurde sogar zum sogenannten Jerusalem Chinas. Nach der Reform und Öffnung Chinas gab Li Weihan zu, dass „diese Politik, die Religion abzuschaffen, ein völliger Fehlschlag war".

---

69 Siehe Glossar: „Wenzhou".

Da die intellektuelle Elite Chinas zu dieser Zeit jedoch noch in den romantischen Idealen der Neuen Demokratie und den Vorurteilen der Antichristlichen Bewegung der 1920er-Jahre verhaftet war, befasste sich kein einziger Intellektueller mit dem Thema der Beziehung zwischen Kommunismus und Religionsfreiheit. Fast niemand nahm das politische Schicksal einer marginalisierten Gruppe wie der Protestanten zur Kenntnis. Was die Protestanten zwischen 1950 und 1956 erlebten, waren Gesinnungsüberprüfungen, erzwungene Indoktrination und Anklagesitzungen. All dies wiederholte sich 1957 und wurde zum Albtraum der Intellektuellen. Wenn eine Gesellschaft ihre Religionsfreiheit verloren hat, verliert sie unweigerlich auch die allgemeinen Freiheiten des Denkens und der Rede. Von Premier Zhous Einschränkung des Glaubens und der Verfolgung von Christen bis hin zur allumfassenden Einschränkung des Denkens und der Verfolgung, die vom Vorsitzenden Mao persönlich durchgeführt wurde, um „die Schlange aus ihrem Loch zu locken", erinnert all dies an das eindrückliche Bekenntnis von Pfarrer Niemöller während der Nazizeit:

> *Zuerst kamen sie wegen der Kommunisten; ich habe mich nicht zu Wort gemeldet, weil ich kein Gewerkschafter war. Dann kamen sie wegen der Juden; ich habe mich nicht gewehrt, weil ich Arier war. Dann kamen sie wegen der Katholiken; ich habe mich nicht gewehrt, weil ich Protestant war. Schließlich holten sie mich, aber es war niemand mehr da, der für mich sprechen konnte.*[70]

---

70 Dies ist eine poetische Version des Nachkriegsbekenntnisses, das Martin Niemöller (1892–1984) 1946 vor der Bekennenden Kirche Deutschlands ablegte.

MARTYRIUM UND APOLOGETIK: EIN KAPITEL AUS DER GESCHICHTE DER FREIHEIT IN CHINA

Darin liegt eine große Ironie: Eine sogenannte selbstverwaltete, sich selbst versorgende und sich selbst verbreitende Drei-Selbst-Bewegung hat eine religiöse Organisation gegründet, die vollständig vom herrschenden Regime abhängig ist, während sie die biblische Wahrheit aufgibt und die Realität der politischen Kontrolle akzeptiert. Dies ist ein Phänomen, das in den zwei Jahrtausenden der Kirchengeschichte selten zu beobachten war. Um es mit den Worten von Wu Weizun zu sagen: „Dieses ‚Selbst' repräsentiert in Wirklichkeit die absolute Souveränität der Partei und der Regierung Chinas über die chinesische Kirche Gottes." Für Christen ist dies nicht mehr die Gemeinde Christi und auch nicht mehr der christliche Glaube. Diejenigen, die die DSB offen ablehnten, um den christlichen Glauben und die Gewissensfreiheit zu verteidigen, waren in Wirklichkeit die wirklich unabhängigen und einheimischen Kirchen in China. Das Hauptziel der DSB besteht jedoch darin, sie im Auftrag des Regimes auszulöschen.

Wie können die Würde des Menschen und die Freiheit seines Gewissens vor der Bestie des Totalitarismus bestehen? Wenn wir China nach 1949 beobachten und sehen, wie 410 000 Christen kollektiv ihre Unterschrift leisten, um Teil der „Drei-Selbst-Bewegung" zu werden, erschüttert dies die Seele. Es tobt ein beispielloser geistlicher Kampf im Land China. Als die gottlosen Totalitaristen kamen, wurden die christlichen Missionsbemühungen, die in China über einen Zeitraum von 150 Jahren Wurzeln geschlagen hatten, wie Getreidehalme auf dem Feld, die nach einem kurzen Augenblick verdorren und abfallen.

Der Beitrag der Kommunistischen Partei besteht darin, alle Intellektuellen darüber zu informieren, dass ihr Wissen und ihre

Überzeugungen nicht ausreichen, um sie vor dem Diktator bestehen zu lassen. Ihr Rückgrat kann leicht gebrochen werden. Selbst den Christen in China hat ihr Gott erlaubt, schwach zu sein, sodass sie leicht von den Überzeugungen abfallen können, die sie selbst verkündigen. Es ist wie beim alttestamentlichen Israel, das als Nation wiederholt den Herrn und Gott, der es gerettet hatte, verriet und sich von ihm entfernte. Wie die Bibel sagt, behielt Gott selbst bei dieser Art von nationalem Verrat noch 7000 für sich (1Kö 19,18). In jeder Generation hat der Heilige Geist seine Zeugen vorbereitet. Die Verheißungen Gottes an Abraham werden nie versagen. Es wird 7000 geben, die sich nicht vor einem Götzen beugen werden, sei es eine Statue aus Holz und Lehm, sei es die Politik oder eine Nation.

In der Geschichte der chinesischen Kirche und im bedeutendsten Kapitel in der Geschichte der Freiheit in China hat der Herr in der DSB „7000 übrig gelassen“ unter dem chinesischen Volk. Von Beginn der DSB an näherten sich etwa 100 000 Protestanten aus der DSB der Hauskirche an, weil sie unkooperativ und ungehorsam waren und die erzwungene Indoktrination durch die Regierung ablehnten. Damit begründeten sie die Tradition der Hauskirchen nach 1949. Es ist auch das erste Mal in der Geschichte Chinas, dass eine lebendige Tradition geboren wurde, um der Tyrannei um des Glaubens und des Gewissens willen gewaltfrei zu widerstehen. Das ist nichts, was Menschen durch ihre Ethik und aus eigener Kraft aufrechterhalten können, denn viele, die stärker sind, sind zugrunde gegangen. Dies ist ein Wunder, das nur durch die Gnade des Herrn und durch die übernatürliche Bewahrung seiner Gemeinde durch Christus geschehen konnte.

Die meisten von ihnen verhielten sich passiv unkooperativ und hielten weiterhin im Untergrund Gottesdienste. Es gab aber auch andere Kirchenführer, die selbst unter starkem politischem

Druck öffentliche Gottesdienste abhielten, ihre Ansichten öffentlich vertraten und ihren Glauben öffentlich verteidigten. In der frühen Kirchengeschichte wurden diejenigen, die das Evangelium inmitten aktiver Verfolgung verteidigten, „Apologeten" genannt. In den 1950er-Jahren brachten die Protestanten in China diese Art von Apologeten hervor.

Einer, den man als Apologet des Protestantismus in China bezeichnen kann, war Wang Mingdao, der Leiter einer unabhängigen Kirche in Peking. Er war von Anfang an gegen die DSB und wurde so zu ihrem Ärgernis. Im Jahr 1954 hielt die Kirche in Peking eine Anklageversammlung gegen Wang Mingdao ab. Ende des Jahres veröffentlichte er den Artikel „Wahrheit und Gift" gegen die Position von Wu Yaozong und erklärte: „In der Bibel gibt es kein Gift des Imperialismus, sondern nur die reine Wahrheit des Herrn."[71]

Er warnte Wu Yaozong:

> *Sie wären wahrhaftiger, wenn Sie direkt sagen würden, dass diese Lehren das Gift sind, das von Jesus und den Aposteln kommt. Ich frage Sie nur, ob die Schriftstellen, die ich oben zitiert habe, das Gift des Imperialismus sind.*[72] *Wenn Sie nicht bereit sind, dies zu bejahen, dann nehmen Sie bitte alle Masken ab, mit denen Sie andere einschüchtern. Wenn Sie ja sagen, dann ziehen Sie bitte Ihren Schafspelz aus, beenden Sie Ihre Beziehungen zur Kirche und erklären Sie, dass Sie nicht länger Christ oder Kirchenführer sind. Dann sollten Sie vielleicht schnell eine antichristliche Allianz organisieren und eine weitere antichristliche Kampagne*

71 Veröffentlicht in der Zeitschrift *Spiritual Food Quarterly* im Jahr 1954.

72 Die zitierten Schriftstellen sind Ps 10,4; 14,1-3; 36,2; Spr 9,10; 13,20; 2Kor 6,14-18; Röm 12,1-2; Eph 2,1-3; 5,6-10; Phil 2,14-16; 1Jo 5,19; Mt 7,15-20; Röm 16,17-18; 2Kor 11,12-15; Gal 1,6-9; 2 Tim 2,15-18; 2Petr 2,1-3; und 2Jo 7-11.

durchführen. Dann wären Sie wenigstens ehrlicher in Ihrer Arbeit als jetzt.

1955 veröffentlichte Wang Mingdao einen weiteren langen Artikel mit dem Titel „Wir – um des Glaubens willen", in dem er Wu Yaozong und andere DSB-Führer öffentlich als „Ungläubige" kritisierte.[73] Er lehnte es ab, sich mit Ungläubigen zusammenzuschließen oder mit ihnen zusammenzuarbeiten. Er verweigerte die Zusammenarbeit, weil sie unterschiedliche Wege eingeschlagen hatten. „Geht nicht unter fremdartigem Joch mit Ungläubigen!" (2Kor 6,14). Wang Mingdao vertrat zwei Schwerpunkte. Der erste betrifft die Beziehung zwischen Kirche und Staat. Die Kirche sollte sich nicht auf die Regierung stützen, und die Regierung sollte auch keine politische Kontrolle über die Kirche ausüben. Zum anderen wendet er sich gegen den theologischen Liberalismus der Führer der DSB. Er bekräftigt die Autorität der Heiligen Schrift und die grundlegenden Glaubenslehren. Sein zweiter Schwerpunkt basiert auf dem ersten.

Diese beiden Artikel sind zu den klassischen Dokumenten zur Wahrung der Religionsfreiheit für die chinesische Hauskirche im 20. Jahrhundert geworden. Vor allem „Wir – um des Glaubens willen" hatte eine große Wirkung in der Kirche. Einige, die der DSB beigetreten waren, wurden durch den Artikel innerlich bewegt und traten wieder aus. Während der politischen Verfolgungen nach 1949 waren diejenigen, die die Religionsfreiheit hochhielten und in Hauskirchen gingen, vor allem Christen, die als „Fundamentalisten" bezeichnet wurden. Christen, die nicht an der Autorität der Heiligen Schrift festhielten, waren vielleicht unter normalen Umständen gläubig, aber als die politischen Behörden plötzlich hart und brutal durchgriffen, waren

73 Veröffentlicht in der Zeitschrift *Spiritual Food Quarterly* im Jahr 1955.

sie nicht mehr in der Lage, an einer Autorität und einem Glauben festzuhalten, welche höher sind als die Nation. Diejenigen, die aufgrund der Heiligen Schrift an Christus glauben, glauben trotz allem an ihn. Diejenigen, die an sich selbst glauben, glauben vielleicht nicht einmal an sich selbst, wenn sie dem Kommunisten begegnen.

Der christliche Glaube wurde für diese Christen zur Quelle des Mutes im Angesicht des Totalitarismus. Wenn sie hinfielen, war das Evangelium ihre Motivation, zu bereuen und wieder aufzustehen. Nachdem Wang Mingdao sein „Wir – um des Glaubens willen" veröffentlicht hatte, beschlossen die Behörden, ihn zu verhaften. Am 7. August 1955 hielt er seine letzte Predigt mit dem Titel „Der Menschensohn wurde in die Hände von Sündern verkauft". In dieser Nacht wurde er zusammen mit seiner Frau und 18 Gläubigen verhaftet. Am 29. Oktober erklärten die Behörden, dass alle christlichen Aktivitäten außerhalb der DSB illegal seien. Seitdem ist die Weigerung, der DSB beizutreten, ein Grund für eine Verhaftung.

Danach berief die DSB in verschiedenen Regionen Versammlungen ein, um Wang Mingdao anzuprangern. Gläubige, die ihn unterstützten und mit ihm sympathisierten, wurden als „Wang-Mingdao-Sympathisanten" verhaftet, darunter auch der berühmte Pastor Lin Xiangao[74] von der Da Ma Zhan Kirche in Guangzhou. Sogar eine Schwester in Shanghai wurde als Konterrevolutionärin zu mehr als 20 Jahren Hausarrest verurteilt, weil sie „für Wang Mingdao gebetet" hatte. Eine andere Gläubige kaufte ein Buch von Wang Mingdao für eine Schwester in Xiamen und wurde als Teil der „Konterrevolutionären Gruppe Wang Mingdao" eingestuft und zu 18 Jahren Zwangsarbeit verurteilt. Wang Mingdao selbst hielt es nach 14-monatiger Haft

74 A. d. V.: auch bekannt als Samuel Lamb.

nicht mehr aus. Im September 1956 unterzeichnete er ein von der Polizei vorbereitetes Geständnis und wurde aus dem Gefängnis entlassen.

Nachdem Wang Mingdao entlassen worden war, fühlte er, dass er wie Petrus den Herrn verraten und Christus vor anderen verleugnet hatte. Nach einem Jahr der Ruhe und Genesung nahm er eines Morgens seine Frau bei der Hand und betrat eine Polizeistation in Peking. Er sagte zu den erstaunten Polizisten: „Dieses Geständnis entspricht nicht meinem Glauben. Ich bin hier, um mein unterschriebenes Geständnis zu widerrufen." Wang Mingdao wurde erneut inhaftiert und zu lebenslanger Haft verurteilt, während seine Frau zu einer 18-jährigen Haftstrafe verurteilt wurde.

An diesem Morgen war dieses alte Ehepaar, das sich an den Händen hielt, ein Beispiel für die Haltung wahrer Gläubiger, die auf den Herrn vertrauen. Wenn ich über die Leiden dieses Landes nach 1949 nachdenke, hat der Herr mir durch sie kleine, aber eindeutige Lichtblicke geschenkt. Es waren nicht nur ein oder zwei Menschen wie diese. Von 1950 bis 1958, dann bis 1979, von Pastoren bis zu Laien, von Städten bis zu Dörfern leuchteten sie wie Sterne am Nachthimmel. Die Stimmen dieser Apologeten und das Blut der Märtyrer sind vom Kreuz zu Millionen von Hauskirchengläubigen in China geflossen.

Der politische Wirbelsturm der DSB blies auch in der katholischen Kirche.[75] Allerdings waren nur wenige Priester vom Liberalismus betroffen. Ihre Apologetik und ihr Martyrium waren entschiedener als bei den Protestanten. Sie zeigten sich unbeeindruckt und wurden vom Vatikan nachdrücklich unterstützt. In einem Brief, den der Apostolische Nuntius Antonio Riberi aus dem Vatikan an die Bischöfe in China schrieb, prangerte er

75 Siehe Glossar: „Katholische Patriotische Gesellschaft Chinas".

die DSB öffentlich an. Am 5. September 1951 wurde er von der Kommunistischen Partei Chinas deportiert. In den Jahren 1952 und 1954 veröffentlichte der Papst zwei Enzykliken, *Cupimus Imprimis* und *Ad Sinarum gentem*.[76] Er kritisierte die DSB dafür, dass sie danach trachtete, „letztendlich eine ‚nationale' Kirche zu errichten, die nicht mehr eine katholische sein konnte". Dies ist eine biblisch korrekte und aufschlussreiche Kritik. Der Papst ermutigte die Katholiken in China, dem Glauben treu zu bleiben.

Wie Wang Mingdao sind zahllose Priester, z. B. Beda Chang, Joseph Chow, Ignatius Kung Pin-Mei und Dominic Tang, zu bewundernswerten Dienern der Wahrheit und Verteidigern des Glaubens geworden.[77] Unter starkem Druck erklärte Beda Chang öffentlich: „Es gibt keine Sache, die die Kirche in China getan hat, die nicht zum Nutzen des chinesischen Volkes war. Deshalb werde ich diese Erklärung bis zu meinem Tod nicht unterschreiben."[78] Daraufhin wurde er verhaftet und starb nach drei Monaten in einer Haftanstalt an den Folgen der Folter. In Chongqing hielt ein junger Priester namens Dong Shizhi eine bewegende Rede vor einer Gruppe von Katholiken, die patriotische Slogans

76 Papst Pius XII. (1876–1958).

77 Dies waren Führer der katholischen Untergrundkirche in China. Zhang Boda (张伯达, Beda Chang, ca. 1905–1951) war ein Jesuitenpater, der wegen seiner Weigerung, sich den kommunistischen Behörden zu unterwerfen, in Shanghai inhaftiert und gefoltert wurde. Er starb 1951 im Gefängnis und wird von den Katholiken in Shanghai als Märtyrer verehrt. Erzbischof Zhou Jishi (周济世, Joseph, 1892–1972) war der ranghöchste römisch-katholische Priester in China, als die Kommunisten 1949 an die Macht kamen. Er wurde verhaftet und inhaftiert, weil er sich weigerte, die Führung der von der Regierung sanktionierten KPGC zu übernehmen. Erzbischof Deng Yiming (邓以明, *Tang Yee-ming*, Dominikaner, 1908–1995) war ein Jesuitenbischof, der 1951 vom Vatikan ernannt wurde; später wurde er 1981 Erzbischof von Kanton. Wegen seiner Loyalität gegenüber dem Vatikan verbrachte er 22 Jahre ohne Gerichtsverfahren im Gefängnis und starb im Exil in den Vereinigten Staaten.

78 Diese Bemerkung machte Zhang im März 1951, als ein Führer auf einer Bildungskonferenz für die DSB zu werben begann.

skandierten.[79] Obwohl sie nicht weit verbreitet wurde, ist sie mit der von Pfarrer Niemöller vergleichbar:

> *Heute wollen sie, dass wir den Vertreter des Papstes in China, Nuntius Antonio Riberi, angreifen. Morgen werden sie wollen, dass wir den Papst angreifen – den Vertreter Christi auf Erden. Werden sie nicht am Tag danach wollen, dass wir unseren Herrn, den höchsten Gott – Jesus Christus selbst – angreifen?*

Vielen Intellektuellen fällt es schwer, zu verstehen, wie weit das Christentum heute in China verbreitet ist. Oder sie haben immer noch Zweifel; sie befürchten, das Christentum und der Kommunismus hätten eine ähnliche Art von Exklusivität. Doch seit 1949 leben Christen und alle anderen Menschen in China im Elend des Totalitarismus. Aber die Kirche, obwohl sie eine ähnliche Art von Leiden und allgemeiner Gefallenheit erlebt, lebt eine ganz andere Tradition der Apologetik und des Martyriums. Auch wenn sie schwach ist, bleibt sie doch einer festen Tradition der Gewissensfreiheit treu. 1979 wurden viele Intellektuelle rehabilitiert.[80] Und dann entdeckte man, dass man in dieser gesellschaftlichen Elite nicht einen einzigen unbescholtenen Menschen finden konnte. Man konnte weder unter den Lebenden noch unter den Toten ein Vorbild finden, kein bewundernswertes Vorbild mit einem starken Rückgrat, das öffentlich eine lebendige Tradition verteidigte. Doch die

79 Dong Shizhi (董世祉, Geburt und Tod unbekannt) war ein Benediktinerpater, der 1951 verhaftet wurde. Dong weigerte sich, seinen Bischof zu denunzieren und kritisierte die Forderung der KPC nach Gefolgschaft. Nach seiner Verhaftung verschwand Dong, sein Aufenthaltsort blieb unbekannt.

80 Mao Zedong starb 1976. 1979 besuchte Deng Xiaoping die Vereinigten Staaten und beschloss, viele „Rechte" zu entlasten.

Christen in China wurden zu dieser Zeit in ihren Hoffnungen bestärkt. Sie konnten unter sich Heilige erkennen – Heilige wie Wang Mingdao, Yuan Xiangchen, Lin Xiangao, Xie Moshan und den sogenannten chinesischen Epaphroditus, Wu Weizun. Sie konnten eine große Gruppe von einheimischen Evangelisten sehen, die um der Gerechtigkeit willen litten. Diese waren eine Wolke von Zeugen unter den chinesischen Christen, die ihren Glauben und ihre Gewissensfreiheit verteidigten. Sie bezeugten, dass auch chinesische Christen gemeinsam mit dem chinesischen Volk unter der Fünf-Sterne-Flagge litten.

1979 wurde den Intellektuellen Recht gegeben, und sie wurden entschädigt. Einige alte Rechtsabweichler lobten Hu Yaobang und Deng Xiaoping für die Wiederherstellung der Ordnung mit der gleichen Leidenschaft, mit der sie den Vorsitzenden Mao gepriesen hatten. Doch Pastoren wie Wang Mingdao und Wu Weizun überraschten die Menschen erneut, indem sie sich weigerten, aus dem Gefängnis entlassen zu werden. Die Regierung bediente sich aller Arten von Tricks, um sie zu zwingen, dass Gefängnis zu verlassen, so wie sie ursprünglich ins Gefängnis geworfen worden waren. Im Jahr 1979 besuchte Deng Xiaoping die Vereinigten Staaten. US-Präsident Carter forderte von der Kommunistischen Partei die Freilassung von Wang Mingdao. Deng Xiaoping versprach, dies bis zum Ende des Jahres zu tun. Die Gefängnisbehörden teilten Wang Mingdao mit, dass er nur seine Bereitschaft zu Reformen bekunden müsse, dann könne er freigelassen werden. Wang Mingdao sagte jedoch: „Da ich zu einer lebenslangen Haftstrafe verurteilt wurde, sollte ich das Urteil der Regierung befolgen. Wenn die Regierung nicht zugibt, dass sie sich geirrt hat, kann ich erst nach meinem Tod freigelassen werden." Daraufhin ordnete Deng Xiaoping an, dass er bis zum Ende des Jahres freigelassen werden sollte, unabhängig davon, ob er sein Verbrechen zugegeben hatte oder nicht. Deshalb konnte das

Gefängnis kurz vor dem chinesischen Neujahrsfest 1980 nichts anderes tun, als Wang Mingdao aus dem Gefängnis zu tragen und die Tür hinter ihm zu schließen.

Seit den 1950er-Jahren schrieb Wu Weizun einen „Brief aus dem Gefängnis" nach dem anderen, um diese in den Hauskirchen zu verbreiten. Am 28. Mai 1987 wurde er überredet, das Gefängnis zu verlassen, und schrieb einen „Aufsatz, der am Tag der Entlassung eingereicht wurde" an das Gericht, in dem er erklärte, die 1981 umgewandelte Strafe sei eine Lüge. Sie hatten seinen Status von „nicht bereuend" in „hat bereut" geändert. Der Aufsatz kann als der bewegendste Artikel angesehen werden, der nach 1949 in chinesischer Sprache geschrieben wurde. Er übertrifft alles, was von Millionen von Intellektuellen zusammen geschrieben wurde:

> *Auf die Gefahr hin, dass der Verdacht aufkommt, ich würde gegen die Regierung und das proletarische Regime protestieren (ich denke, das Gericht wird das verstehen), möchte ich hier kurz und konkret mein reueloses Verhalten beschreiben, das ich in den 20 Jahren seit meiner Inhaftierung im Juli 1964 gezeigt habe: Am 30. Juli 1964 wurde ich von der städtischen Polizeibehörde von Tianjin vorgeladen. Von der ersten Voruntersuchung an beantwortete ich die Fragen der Ermittlungsbeamten nicht mehr, abgesehen von Namen und anderen unbedeutenden Details, auch nicht solche, die nichts mit dem Thema zu tun hatten. Ich habe mich sogar geweigert, zu irgendeinem der angeblichen Verbrechen Rechenschaft abzulegen … In diesen rund 20 Jahren der Haft habe ich mich bis heute geweigert zu sprechen, zu schreiben und mich an irgendetwas zu beteiligen, das mit „Geständnis" oder der „Reformierung der kriminellen Natur" zu tun hat oder haben könnte.*

Während dieser 20-jährigen Haft habe ich nach unzähligen großen und kleinen Versammlungen, Lektionen, Diskussionen und Podiumsdiskussionen, sofern sie mit Reformen zu tun hatten, weder gesprochen noch meine Haltung gezeigt oder mein Verständnis bekundet oder auf Anfragen der Beamten oder anderer Gefangener geantwortet. Ich war so vorsichtig, dass ich keine Dokumente, Zeitungen oder Zitate rezitierte; ich habe auch keine revolutionären Lieder usw. gesungen, damit ich nicht in die „Reformierung der kriminellen Natur" verwickelt wurde. Obwohl jeder Gefangene Eide, Reformpläne, Gedankenberichte, Reformreflexionen oder Zusammenfassungen, manchmal sogar obligatorische „Reformtagebücher" schreiben musste, habe ich kein einziges Wort geschrieben. Bei Prüfungen in politischer Geschichte, Nachrichten, Ethik, Recht usw. reichte ich ein leeres Blatt Papier ein, auf dem nur mein Name stand. Aus diesen zahllosen Tatsachen und Handlungen (wenn das Gericht nur ein wenig nachforscht, wird es diese konsequente und unwiderlegbare Wahrheit erkennen) ergibt sich, dass ich keine „erzwungene Indoktrination und Reform von Kriminellen" akzeptiert habe. Ich habe sie alle abgelehnt.

Ab heute, wenn ich die Gefängnismauern verlasse, kann ich in zweierlei Hinsicht weitere Maßnahmen ergreifen. Erstens werde ich die Entlassungsbescheinigung nicht zur Ausstellung von irgendwelchen Papieren verwenden. Ich werde nicht nach Tianjin oder in den Süden zurückkehren, um mich mit meinen Freunden und Verwandten zu treffen. Ich werde nicht in den Genuss der Freiheit oder des Rechts kommen, die mit dieser fehlerhaften Entscheidung einhergehen. Ich werde das Gefängnis nicht verlassen, um irgendwo in ein Unternehmen einzutreten oder ein Beschäftigungsangebot anzunehmen (einschließlich das eines Fabrikarbeiters). Auch wenn ich die Gefängnismauern verlassen musste (um die Arbeit der Gefängniswärter nicht zu behindern), betrachte ich mich immer noch als Verbrecher, der zu lebenslanger Haft verurteilt wurde (obwohl ich das Urteil ablehnte und keine Reue zeigte, habe ich mich dem Urteil unterworfen und werde es auch weiterhin mit einer bereitwilligen Haltung tun). Andererseits werde ich von dem Tag an, an dem ich aus dem Gefängnis entlassen werde, in begrenztem Umfang fasten (solange ich keiner äußeren Einmischung oder Nötigung ausgesetzt bin, wird sich das Fasten in Grenzen halten, um das Leben zu erhalten; wenn es jedoch Einmischung und Druck gibt, ist das eine andere Sache). Mit diesem Fasten möchte ich zwei Dinge mitteilen: (1) Ich bereue keines meiner „Verbrechen" auch nur im Geringsten. (2) Dementsprechend war das Urteil von 1981 falsch und erfunden, und ich weise dieses Fehlurteil zurück.

Danach mietete Wu Weizun ein Haus außerhalb des Gefängnisses. Er schränkte seine Bewegungsfreiheit und sein Essen ein. Er war bereit, ein Häftling außerhalb des Gefängnisses zu sein. Er verknüpfte auf drastische und dennoch gewaltfreie Weise seinen festen Glauben und seine Gewissensfreiheit mit seiner Version der absoluten Unterordnung unter den Staat, bis er die Welt verließ. Zumindest konnte ihm gegenüber kein nicht christlicher Rechtsabweichler sagen: „Ihr habt nur deshalb nicht nachgegeben, weil ihr nicht genug gelitten habt." Auch kein Demokrat oder Liberaler konnte sagen: „Was der christliche Rechtsabweichler Wu Weizun hinterlassen hat, hat nichts mit dem kostbaren Wert der Freiheit zu tun."

DIE ANKLAGEN ÄNDERN SICH: ERZIEHUNGSWEISEN WÄHREND DER ANTI-RECHTS-KAMPAGNE UND DER KULTURREVOLUTION

In den frühen 1950er-Jahren initiierte die DSB Versammlungen zur Anklage kontrarevolutionärer Aktivitäten und zur Verurteilung in der Kirche. In der darauffolgenden Anti-Rechts-Kampagne und der Kulturrevolution entwickelten sich diese zu Übungen der Zwangsindoktrination von Intellektuellen durch den Staat.

Obwohl Zhou Enlai die Protestanten aufforderte, Selbstkritik zu üben und „imperialistische Günstlinge" aus der Kirche zu entfernen, reichten der Einfluss und das Ansehen von Wu Yaozong und anderen in der Kirche nicht aus, um eine große Verurteilungskampagne zu starten. Dazu brauchte die DSB definitiv einen direkten Anstoß vom Staat. Diesmal präsentierte Guo Moruo, der damals Vizepremier war, in der Sitzung des Staatsrats am 29. Dezember 1950 den *Bericht über die Politik im Umgang mit kulturellen und erzieherischen Wohltätigkeitsorganisationen und religiösen Gruppen, die von den USA Subventionen erhalten (Der Bericht).*[81] Der Staatsrat erließ daraufhin entsprechende Vorschriften. In dem *Bericht* erklärte Guo Moruo: „Religiöse Gruppen, die Subventionen aus den USA erhalten, sollten in Gruppen umgewandelt werden, die vollständig von chinesischen Gläubigen selbst verwaltet werden." Außerdem kündigte er irreführend an, dass „die Regierung die Selbstverwaltung, die Selbstversorgung und die Selbstverbreitungsbewegung der Gläubigen fördern sollte". Einige Tage später verkündeten 26 christliche Führer unter der Leitung von Wu Yaozong, dass sie diese neue Politik akzeptierten und Regierungsmitarbeiter in ihren Kirchen willkommen hießen. Die Regierung

81 *Der Bericht* ist öffentlich zugänglich unter www.laoziliao.net/rmrb/1950-12-30-1.

begann, sich direkt in die Kirchen einzumischen. In nur zwei Monaten wurden landesweit 19 christliche Hochschulen, über 200 christliche Mittelschulen, mehr als 1700 christliche Grundschulen, Krankenhäuser und Waisenhäuser unter die Kontrolle der Regierung gestellt. Seitdem wurde die christliche Kirche, die auf eine 150-jährige Geschichte zurückblicken kann, aus der Mehrheitsgesellschaft verdrängt. Die Tageszeitung *Jiefang Daily* kommentierte, dass der Begriff „christliche Schulen" ins Geschichtsmuseum verbannt worden sei.

~

Wu Yaozong legte dem Staatsrat einen Bericht über die DSB in den vorangegangenen acht Monaten vor, aus dem hervorging, dass landesweit 80 % der Christen die Drei-Selbst-Erklärung unterzeichnet hätten. Nun würden patriotische und religiöse Lehren von den Kanzeln der Kirchen erklingen. In den Kirchen von Großstädten wie Shanghai, Nanjing und Tianjing würden chinesische Nationalflaggen und Porträts von Staatsführern aufgehängt. Gläubige organisierten und leiteten antiimperialistische, patriotische Paraden. Und dann fügte er noch hinzu, dass die Bewegung häufig nicht tiefgreifend genug umgesetzt worden sei; viele Unterzeichner hätten dies nur oberflächlich getan.

Als Vertreter des Staatsrats hielt Lu Dingyi die Hauptrede, in der er sich für eine noch rigorosere Politik gegenüber der Religion aussprach. Er kündigte an, das Ziel der Konferenz sei es, „den seit über 100 Jahren währenden Einfluss der kulturellen Invasion des amerikanischen Imperialismus vollständig zu beseitigen". Er schlug drei harte Vorgaben vor: Erstens sollten die Christen gegen die amerikanischen Imperialisten unter ihnen vorgehen, die sich durch religiöse Kleidung tarnten. Zweitens sollten sich die Christen aktiv am Koreakrieg, an der Landreformbewegung und an der Niederschlagung der Konterrevolutionäre beteiligen. Drittens sollten weiterhin Unterschriften für die Drei-Selbst-Verlautbarung gesammelt werden.

Traurigerweise akzeptierten alle 154 Kirchenführer die „Gemeinsame Erklärung der chinesischen christlichen Kirchen und Gruppen" der Konferenz, in der behauptet wurde, endlich alle Beziehungen zu den amerikanischen und anderen Missionsgesellschaften radikal, für immer und vollständig abzubrechen, um das Ziel eines chinesischen Drei-Selbst-Christentums zu erreichen. Jean Charbonnier kritisierte dies einmal als völlige Leugnung der Universalität und Transzendenz des Christentums. Von da an begannen die chinesischen Kirchen, sich „auf das Ideal des Nationalismus zu konzentrieren", anstatt sich auf die „All-Genugsamkeit der grundlegenden Lehren des Christentums" zu stützen. Darüber hinaus schlug die Erklärung vor, dass die Kirche „die Regierung bei der Meldung von Konterrevolutionären und ihren Anhängern unterstützen, die sich in der christlichen Religion verbergen", und dass in den christlichen Kirchen und Gruppen im ganzen Land „aktiv Anklagen gegen Imperialisten und Antirevolutionäre gefördert werden" sollten.

Von da an begann im chinesischen Christentum eine groß angelegte Bewegung von Verrat und Anschuldigungen unter den Christen – ein seltenes Ereignis in der 2000-jährigen Kirchengeschichte.

Um die Christen zu lehren, ihre Brüder anzuklagen, veranstaltete der Rat eine zweitägige „Denunzierungskonferenz". 18 Vertreter der Konferenz nahmen ihren Platz ein und begannen mit der Denunziation, angefangen bei Morrison – dem ersten protestantischen Missionar in China – über andere westliche Missionare bis hin zu ihren eigenen Brüdern.

Darüber hinaus veröffentlichte Chen Chonggui eine Erklärung mit dem Titel „Anklage gegen die amerikanischen Imperialisten wegen ihrer Invasion in China durch die Religion", die mit der Anprangerung des englischen Missionars Robert Morrison begann. Die Erklärung war in trügerischer Absicht zusammengestellt, und die angebliche Wissenschaftlichkeit war voller Unstimmigkeiten. So hieß es z. B., Robert Morrison habe den Vertrag von Nanjing verfasst, doch war er bereits acht Jahre zuvor gestorben. In Wirklichkeit war es sein Sohn, John Morrison, der bei den Verhandlungen zwischen China und England als Übersetzer fungierte.

Der schockierendste Ankläger war ein Mann namens Wang, der Sekretär der Christlichen Vereinigung von Qingdao. Er denunzierte Gu Renen, einen Pastor, der schon damals als Konterrevolutionär galt, und brüllte den 153 christlichen Führern die Frage zu: „Soll dieser Mann hingerichtet werden?" Worauf einige antworteten: „Ja, er sollte hingerichtet werden." *People's Daily* berichtete am nächsten Tag: „Die Konferenz wurde von den wütenden Rufen ‚Tötet, tötet, tötet!' regelrecht überschwemmt." So begann eine nationale Denunziationsbewegung. Nach der Denunziationskonferenz wurde eine illegale kirchliche Führungsstruktur unter dem Titel „Komitee der revolutionären Drei-Selbst-Bewegung" eingerichtet, deren Vorsitzender Wu Yaozong war. Später äußerte er in der Drei-Selbst-Publikation *Tian Feng*, dass „die Einheit des Christentums keine einfache Angelegenheit ist. Aber jetzt sind unter der Führung der Regierung verschiedene Konfessionen und Gruppen innerhalb des Christentums unter dem Banner des Patriotismus vereint."[82] Die Vertreter kehrten an ihre jeweiligen Herkunftsorte zurück und verbreiteten den Geist der Konferenz. Das Drei-Selbst-Komitee

82 Siehe Glossar: „*Tian Feng*".

eröffnete seine erste Sitzung und fasste den Beschluss, „die Denunziationsbewegung gegen die Imperialisten und ihre Anhänger, die sich in der Kirche verstecken, überall einzuführen". U. a. wurden Christen ermuntert, „mit Denunziationsgottesdiensten in den Kirchen zu beginnen, um sie dann zu stadtweiten kirchlichen Denunziationskonferenzen auszuweiten". Wenn eine Kirche einen solchen Denunziationsgottesdienst abhalte, werde sie „die Förderung und Hilfe der örtlichen Regierung erhalten". Der Ausschuss empfahl, die Denunziationsgottesdienste „im Wechsel von Anheizen und Beruhigen" abzuhalten, um den Erfolg zu maximieren. Die Anschuldigungen sollten dann aufgezeichnet und „der lokalen Zeitung zur Berichterstattung vorgelegt" werden. Wang Mingdao verteidigte einmal mehr den Glauben und die Gewissensfreiheit und sprach sich entschieden gegen diese Denunziationskonferenzen aus. Er war der Meinung, dass sie gegen die biblische Lehre „Richtet nicht" (Mt 7,1-6) verstießen. Er sagte den Brüdern, die gesündigt hatten, dass man nur nach den Grundsätzen von Matthäus 18 disziplinieren dürfe, nicht aber durch Anschuldigungen, um bestimmte politische Ziele zu erreichen. Daraufhin entgegnete Wu Yaozong, dass „diese Anklagen perfekt zur Lehre Jesu passen". Er führte Matthäus 23 als Beispiel an, wo „Jesus die Schriftgelehrten und Pharisäer vehement anklagte". In nur zwei kurzen Monaten nach der Gründung des Ausschusses fanden landesweit 63 Denunziationsgottesdienste statt. Bis zum Ende des Jahres hatten 123 Kirchen insgesamt 228-mal große Denunzierungen durchgeführt. Aufgrund des Einflusses von Wang Mingdao waren die Auswirkungen solcher Gottesdienste in Peking weniger hart. So führte die Drei-Selbst-Bewegung an ihrem Ursprungsort Shanghai einen beispiellosen Denunziationsgottesdienst durch, an dem rund 10 000 Christen teilnahmen. Wu Yaozong leitete die Anklage mit den Worten:

Die amerikanischen Imperialisten schickten Missionare nach China mit dem Ziel, das Christentum als Instrument der Invasion in die chinesische Politik zu nutzen, damit Amerika China kolonisieren kann. Sie schickten Missionare nach China, die durch das ganze Land reisten und vorgaben, das Evangelium zu predigen, um ihre Spionagetätigkeit zu verschleiern.

Wu Yaozong fuhr fort: „Die amerikanischen Imperialisten beschäftigen eine Reihe von sogenannten ‚Kirchenführern' in christlichen Kirchen und Gruppen." Dann nannte er die Namen einiger Pastoren aus der Region. Der Gottesdienst endete, und die Menge skandierte: „Lang lebe die Kommunistische Partei Chinas! Lang lebe der Vorsitzende Mao!"

Um psychologische Hemmnisse bei den Christen zu beseitigen, berichteten einige Pastoren sogar von ihrer „geistige Freude", während sie andere anprangerten. Ein Beispiel dafür ist Cui Xianxiang, der beschrieb, dass er in der Nacht vor der Denunziationskonferenz mit Schlaflosigkeit zu kämpfen hatte, aber nach einer Zeit „schmerzhafter emotionaler Konflikte" schließlich „tiefe Freude" empfand. Cui Xianxiang merkte an, er sei entschlossen, an die christlichen Führer in 2000 anderen Kirchen zu appellieren, solche nationalen Denunziationskonferenzen abzuhalten. Liu Liangmo, der zum Sekretär des Drei-Selbst-Ausschusses gewählt wurde, erklärte sogar unverfroren, dass „die Freude im Herzen nach den Denunziationen unbeschreiblich ist. Das ist es, was wir Christen mit ‚Wiedergeburt' meinen."

Der Ausschuss verwendete die Ergebnisse solcher Denunziationskonferenzen sogar als Kriterium für die Gründung einer Drei-Selbst-Kirche. Die Voraussetzung war, dass eine Kirche mindestens vier Mitglieder denunzieren musste, bevor sie eine Grundsteuerbefreiung beantragen konnte. Als jedoch Satan in den Herzen der Menschen entfesselt wurde, konnte nicht einmal der Drei-Selbst-Ausschuss – der Repräsentant des Teufels – die Wut solcher Denunziationskonferenzen unter Kontrolle halten. Wenn sie ihren Herrn und Erlöser verraten konnten, was sollte sie daran hindern, ihre Brüder zu verraten? Unter solch hoffnungslosen, furchtbaren und trostlosen Umständen begannen einige Christen, diese satanischen Methoden gegen Satan selbst einzusetzen, und diese Denunziationskonferenzen richteten sich bald gegen Kirchenführer, die die Drei-Selbst-Bewegung unterstützten.

Im September 1951 veröffentlichte ein Gläubiger namens Cui Meide in der Zeitschrift *Tian Feng* einen Artikel mit dem Titel „Anklagen gegen den imperialistischen Hund Yang Shaotang". Yang Shaotang war Mitglied des Ständigen Ausschusses und wurde später stellvertretender Sekretär des Drei-Selbst-Ausschusses. Im selben Monat fand in Nanjing eine Denunziationskonferenz statt, auf der Watchman Nees angebliche imperialistische Spionagetätigkeit angeprangert wurde. Bald darauf wurde der Theologe Zhao Zichen beschuldigt, pro-amerikanische Gedanken zu hegen, und er wurde seines Amtes enthoben. Da sich diese Persönlichkeiten nur passiv an die Drei-Selbst-Bewegung hielten, war das Komitee noch bereit, diese Denunziationen zuzulassen. Doch im Juli desselben Jahres wurde der stellvertretende Vorsitzende der nationalen Patriotischen Drei-Selbst-Bewegung, Chen Chonggui, auf einer Denunziationskonferenz in Chongqing überraschend angeklagt, und seine Ankläger waren fast alle seine Schüler. Diese unerwartete Wendung der Ereignisse verunsicherte alle Drei-Selbst-Führer extrem. Einige übten öffentliche Selbstkritik aus Angst, denunziert zu werden, wie z. B. Jia Yuming, der einige ungewollte Verbindungen zu amerikanischen imperialistischen Ideen eingestand. Selbst Wei Yisa, der Leiter der Wahren Jesus-Kirche, der keinerlei Verbindung zu den amerikanischen Missionen hatte, veröffentlichte in *Tian Feng* einen selbstkritischen Artikel mit dem Titel „Meine Überlegungen".

In der Zwischenzeit wurde das Drei-Selbst-Komitee zum Testfeld für kulturelle Gehirnwäsche. Ab November 1951 begann man, politische Schulungen zur Gedankenreform innerhalb der Kirche abzuhalten, beginnend mit der Reihe politischer Schulungen für Christen. Dieses Experiment wurde vom politischen Komitee landesweit übernommen, und so wurde Anfang 1952 der „Beschluss zur Durchführung von Lernübungen zur Gedankenreform in allen Berufen" gefasst, die jedem Beruf im Land drohte. Doch die Anfänge dieser Drei-Selbst-Reformbewegung wurden nicht gut aufgenommen. Allein in Peking gab es elf unabhängige Vertreter, die sich öffentlich weigerten, an diesen Reformkursen teilzunehmen. Möge der Herr ihrer Namen gedenken.

Ein Jahr später kritisierte der Direktor der Religionsbehörde Ostchinas auf einer nationalen christlichen Konferenz, dass „viele nicht ernsthaft lernen und dass die Zahl der Teilnehmer an geheimen Treffen zunimmt". Im Mai 1953 verlangte der Ausschuss, dass keine Kirche Wang Mingdao, Wang Zhen, Yuan Xiangchen und andere zum Predigen einladen dürfe, um die elf Kirchenführer, die sich geweigert hatten, an den Reformkursen teilzunehmen, zur Unterwerfung zu zwingen. Ab August 1953 nahmen außer diesen elf fundamentalistischen Gruppen alle Pastoren und Prediger in Pekinger Kirchen an diesen politischen Reformationskursen teil.

Die Denunziationsbewegung erlahmte Ende 1952. Zu diesem Zeitpunkt hatten fast alle chinesischen Kirchen vor der

Drei-Selbst kapituliert. Nur eine kleine Minderheit von Gläubigen hielt weiterhin am wahren Wort Gottes fest und zog sich zu geheimen Versammlungen in den Untergrund zurück. Diese Drei-Selbst-Bewegung betraf alle, von liberalen Christen über römisch-katholische Christen und Muslime bis hin zu Buddhisten und Taoisten. Die Kommunistische Partei nutzte das protestantische Christentum erfolgreich als Startrampe, um in der kurzen Zeitspanne von drei bis fünf Jahren ein Imperium von Marionettenorganisationen aufzubauen.

Als Christ kann ich nicht leugnen, dass die chinesische Kirche nach 1949 viele Gräueltaten begangen hat. Der Herr dieser chinesischen Christen schüttete fortan seinen Fluch und Zorn über diesem Volk aus: Große Gebäude stürzten ein, der Himmel verdunkelte sich, zehn Plagen, die Tötung von Erstgeborenen. Ich gebe zu, dass die politischen Unruhen in China in den letzten 50 Jahren nicht nur durch den beispiellosen Totalitarismus der Kommunistischen Partei verursacht wurden, sondern auch durch den groß angelegten Verrat der chinesischen Christen am Herrn, der Fluch über ihre Brüder gebracht hat.

Auf der einen Seite bin ich dankbar für die Traditionen der Hauskirche. Ich respektiere die Fundamentalisten, die am wahren Wort festhielten, weil sie sich entschieden hatten, bis zum Ende treu zu sein und mit dem Land zu leiden. Sie brachten mit ihrem Glauben und ihrer Gewissensfreiheit Segen in eine Zeit der Grausamkeit und veränderten damit das Schicksal Chinas. Auf der anderen Seite wurden die meisten Christen entweder von einer neuen Welle an Ideen überrollt oder gaben ihren Glauben auf, um der Verfolgung zu entgehen. Auch ihre Entscheidungen brachten das Land in größere Not. Sie kreuzigten nicht nur Jesus Christus erneut, sondern verkauften ihre christlichen Brüder, ihre römisch-katholischen Brüder und sogar ihre ganze Nation an Satan.

Rückblickend betrachtet waren Gläubige wie Wang Mingdao und Wu Weizun die Einzigen, die ihr Land wahrhaftig liebten, weil sie auch ihren Herrn wahrhaftig liebten. Sie opferten sich für ihre Brüder und für die Generation, in die der Herr sie gestellt hatte. Sie wussten, dass es nur einen Weg gibt, um in einer dunklen Generation „den Nächsten zu lieben" und ein wunderbares Zeugnis für das Evangelium abzulegen: Standhaftigkeit, unbeugsamer Gehorsam und Stille angesichts der Verfolgung, so wie Christus am Kreuz. Heute kämpfen die Hauskirchen für ihre Freiheit. Auch wenn sie von der Mehrheitsgesellschaft Sympathie und Unterstützung erhalten, muss ihre oberste Priorität immer noch Buße sein. Wenn wir die wahre Kirche sind, dann liegt es an uns, die Sünden unseres Unglaubens vor Gott und den Menschen zu bekennen, die zum Abfall der Kirche als Ganzes und ihrer Kapitulation vor dem Totalitarismus der Kommunistischen Partei nach 1950 geführt haben.

~

Wir halten an der Position der Hauskirchen fest, denn unsere Vorgänger lebten eine Tradition des Martyriums und der Apologetik. Dennoch bleibt die Tatsache bestehen, dass die Patriotische Drei-Selbst-Bewegung ihren Ursprung im Protestantismus hat. Das ist die Schande eines jeden Christen vor dem Herrn und der Nation. Wenn man die Beziehung zwischen den Hauskirchen und der Drei-Selbst-Bewegung aus dieser Perspektive betrachtet, sollten die Hauskirchen ihre Position aufrechterhalten und dabei Selbstgerechtigkeit vermeiden. Sie sollten vor den Herrn treten und im Namen der chinesischen Kirchen ihre Sünden bekennen und für die unwissenden Brüder und Schwestern beten, die immer noch unter der Unterdrückung durch die Drei-Selbst-Kirchen stehen. Möge der Herr seine Kinder in Übereinstimmung mit seinem Willen schnell aus dem babylonischen Exil herausrufen.

DIE ANTI-RECHTS-KIRCHE: KEINER IST GERECHT

In Wirklichkeit handelt es sich bei der Drei-Selbst-Bewegung um eine politische Bewegung, die das Christentum und die Religionsfreiheit unterdrückt. Manche haben sie die „erste Kulturrevolution" nach 1949 genannt. Die Kommunistische Partei verstand eines besser als die Intellektuellen von 1957: Um die Redefreiheit zu zerstören, musste sie zuerst die Religionsfreiheit zerstören. So folgte die Verstaatlichung durch die Kommunistische Partei nach 1950 dieser Reihenfolge: Zuerst „konfiszierten" sie die Religion der Kirche; dann „konfiszierten" sie das Vermögen der Kapitalisten; schließlich „konfiszierten" sie die Rede der Intellektuellen.

Die Intellektuellen waren die Letzten, die ausgeplündert wurden, da man während der ersten beiden Beschlagnahmungsrunden auf deren Beifall und Unterstützung angewiesen gewesen war. Jahrzehnte später wurden die letzten beiden Beschlagnahmungsrunden zumindest auf dem Papier widerrufen, doch leider sind die Ergebnisse der Ersten Kulturrevolution noch immer fester Bestandteil der heutigen chinesischen Gesellschaft und Politik. Das geht so weit, dass die Mehrheit der Intellektuellen und der Öffentlichkeit noch heute in einer religionsspezifischen „Kulturrevolution" lebt.

1954 wussten die Intellektuellen noch nichts von dem Sturm, der nur noch wenige Jahre entfernt war; sie waren noch voller Leidenschaft für die Anfänge einer utopischen Nation; sie waren noch gleichgültig gegenüber den religiösen Gruppen, die so töricht zu sein schienen. In jenem Jahr verhaftete die Partei fast alle römisch-katholischen Priester, die gegen das Drei-Selbst-Regime waren, wegen angeblicher Spionage. Gong Pinmei, ein römisch-katholischer Priester in Shanghai, protestierte unter diesen Umständen nicht nur öffentlich gegen die Drei-Selbst-Bewegung, sondern bekräftigte nachdrücklich seine Ablehnung des gesamten „Neuen China". In seinem Buch *Opposing the Grand Strategy*[83] erklärte er: „Die Regierung hat sich auf eine große Strategie berufen, um ein sozialistisches neues China zu errichten, d. h. einen Himmel auf Erden zu schaffen. Das ist unmöglich und vergänglich; der Sozialismus kann nicht verwirklicht werden, und wir können diese große Strategie nicht vertreten." In Wahrheit war 1954 keiner der Intellektuellen in seinen Gedanken klarer als er. Gong Pinmei war im römisch-katholischen Lager eine Parallele zu Wang Mingdao. Innerhalb weniger Monate wurde er als Konterrevolutionär verhaftet, und in der römisch-katholischen Kirche entstand eine landesweite Bewegung zur Entlarvung und Diffamierung von Gong Pinmei.

Vor dem Sturm durch die Anti-Rechts-Kampagne im Jahr 1957 war die politische Verfolgung zur Eliminierung von Außenseitern innerhalb des Christentums also fast restlos vollendet. Große Teile der fundamentalistischen Christen, die an der Wahrheit festhielten und sich der Drei-Selbst-Bewegung widersetzten, wurden verhaftet, verurteilt, verbannt oder als Konterrevolutionäre, Spione oder Verbrecher hingerichtet. Watchman Nee, der bereits seit vier Jahren inhaftiert war, wurde vor der Anti-Rechts-Kampagne zu 15 Jahren Haft verurteilt. Zusammen mit Wang Mingdao markierte ihre Verhaftung das Ende

83 A. d. V.: Dt.: *Gegen die große Strategie.*

der Ersten Kulturrevolution. Die Anti-Rechts-Kampagne im Christentum richtete sich also nicht gegen Christen außerhalb der Drei-Selbst-Bewegung, sondern gegen die neu gegründete Patriotische Drei-Selbst-Bewegung. Die Verhaftung von Watchman Nee veranlasste viele Gemeinden, die Drei-Selbst-Bewegung zu verlassen; die Verhaftung von Wang Mingdao ermutigte viele Gläubige, diesen Weg des Kreuzes weiterzugehen. So wurden viele Christen, die sich dem Drei-Selbst widersetzten, während der Anti-Rechts-Kampagne verhaftet oder ins Gefängnis gesteckt. Z. B. wurde Lin Xiangao aus Guangzhou am 24. November 1958 zu 20 Jahren Haft verurteilt. Song Tianying, die Tochter des Evangelisten John Sung, wurde ebenfalls 1958 verhaftet und als Konterrevolutionärin zu 18 Jahren Haft verurteilt. Dies ist jedoch lediglich eine Fortsetzung der Ersten Kulturrevolution und hat im Grunde nichts mit der Kampagne gegen die Rechten zu tun.

Natürlich gab es noch einige unabhängige Gemeindeleiter, die nicht als „Konterrevolutionäre“ bezeichnet wurden. Diese wurden während der Anti-Rechts-Kampagne als „Rechtsabweichler“ abgestempelt. Eine der berühmtesten Personen war Yuan Xiangchen. Kurz nach Weihnachten 1957 organisierte die Religionsbehörde von Peking einen Kurs zur Reformierung der Kirchenführung, und Yuan Xiangchen nahm mehrere Tage lang wortlos an diesem Kurs teil. Schließlich forderte der Direktor mit dem Nachnamen Li ihn auf, das Wort zu ergreifen. Nach einer Zeit des Schweigens merkte Yuan Xiangchen zwei Punkte an. Zum ersten Punkt:

> *Die derzeitige Religionspolitik ist nicht vernünftig, sondern im Gegenteil ungerecht gegenüber den verschiedenen religiösen Gruppen. Z. B. ist sie gegenüber dem Islam sehr entspannt, aber gegenüber dem Christentum so streng, dass es für das Christentum keine Freiheit gibt.*

Zum zweiten Punkt:

> *Es gibt einige in der Drei-Selbst-Bewegung, die drei Herrschaftssysteme durchlebt haben – als die Japaner kamen, verließen sie sich auf die Japaner; als die Amerikaner kamen, erhielten sie ihren Lohn von ihnen; und jetzt, da die Kommunistische Partei das Sagen hat, haben sie sich auf die Seite der Drei-Selbst gestellt. In Wirklichkeit sind sie am weitesten vom „Drei-Selbst" entfernt. Sie verdienen lediglich ihren Lebensunterhalt mit dem Christentum, und sie zerstören die Religion.*

Reportern zufolge schwieg die Menge nach seiner Rede, und der Direktor der Religionsbehörde wagte es nicht, vorschnell zu sprechen. Er kehrte nach Hause zu seiner Frau Liang Huizhen zurück und sagte ihr: „Von heute an bin ich ein Rechtsabweichler."

Nachdem er etwa ein halbes Jahr lang als Rechtsabweichler gegolten hatte, wurde Yuan Xiangchen am 20. April 1958 unter dem Vorwurf der Konterrevolution verhaftet und nach einem halben Jahr zu lebenslanger Haft verurteilt. Vor der Anti-Rechts-Kampagne hatte sich niemand in der Drei-Selbst-Gemeinschaft vorstellen können, dass, nachdem die Partei die letzten Fundamentalisten hinter Gitter gebracht hatte, die Drei-Selbst-Gemeinschaft selbst ihr Ziel werden würde. Vor 1957 benutzte die Kommunistische Partei die Drei-Selbst-Bewegung, um die christlichen Fundamentalisten zu unterdrücken. Nach 1957 benutzte die Partei die Anti-Rechts-Kampagne, um die Drei-Selbst-Bewegung zu zerstören. Der Fluch der allgemeinen Rebellion gegen den Herrn hatte so unmittelbare Auswirkungen. Die Christen, die 1952 den Herrn verließen und ihre Brüder verkauften, wurden 1957 alle als Rechtsabweichler abgestempelt. Die Führer der Drei-Selbst-Bewegung, die sich 1957 auf die Seite des Bösen stellten, um der

Verfolgung zu entgehen, wurden dann selbst in der Kulturrevolution verurteilt. Ganz egal, wie die Drei-Selbst-Bewegung dem allgemeinen Trend folgte, sie konnte ihrem Schicksal nicht entgehen, entsorgt zu werden, nachdem sie ihren Zweck erfüllt hatte.

Im Jahr 1961 wurden die Sonntagsschule und Jugendgruppen verboten. Die Drei-Selbst-Bewegung bezeichnete die Sonntagsschule für Kinder als ein Instrument der imperialistischen Einmischung.

1964 fanden landesweit die Sozialistische Erziehungsbewegung und die Vier-Säuberungsbewegung statt.[84] Einer ihrer Hauptpunkte war die atheistische Erziehung im Kampf gegen die Religion. *Tian Feng*, die Zeitschrift der DSB, geriet in die Kritik, und an verschiedenen Orten begann eine „Kirchenaustrittsbewegung". Eine Gruppe von Pastoren erklärte, dass sie ihren Glauben aufgegeben und sich vom Christentum losgesagt hätten.

1966 wurde Wu Yaozong, der Begründer der Drei-Selbst-Bewegung, verhaftet und zu Zwangsarbeit verurteilt. Die Drei-Selbst-Bewegung wurde aufgelöst. Danach begann der dunkelste Abschnitt der chinesischen Kirchengeschichte. In den anschließenden Verfolgungen waren die Erfahrungen der wahren christlichen Märtyrer und derjenigen, die ihre Brüder verrieten, gleichermaßen schockierend und grausam. Es dauerte nicht lange, bis es in China keine Kirchen mehr gab, abgesehen von den Hauskirchen im Untergrund.

Das Ironische daran ist, dass die Drei-Selbst-Bewegung als „die List von Liu Shaoqi und Wu Yaozong" kritisiert wurde. Ein

84 Die sozialistische Erziehungsbewegung, auch bekannt als die Kampagne der vier Säuberungen, wurde 1963 von Mao Zedong ins Leben gerufen, um Studenten und Intellektuelle innerhalb der KPC umzuerziehen und reaktionäres Gedankengut aus Politik, Wirtschaft, Management und Ideologie zu entfernen (das sind die „vier Säuberungen").

langes Dokument kritisierte später Wu Yaozong, den Vorsitzenden der sogenannten Patriotischen Drei-Selbst-Bewegung, der die Gottheit Christi und die Autorität der Bibel geleugnet hatte. Es wurde gesagt, dass er ein Konservativer sei, der stets das verlorene Terrain der Religion zurückgewinnen wollte, indem er überall dazwischenfunkte und jenes Gift versprühte, dass es in der Religion immer noch eine Wahrheit gebe und dass Gott nicht im Widerspruch zum Marxismus stehe.

Wie bereits erwähnt, gab es innerhalb der Drei-Selbst-Bewegung eine Gruppe von Führern, die in dieser Zeit eine klare Soteriologie verloren hatten, weil sie theologisch von der Wahrheit abgewichen waren. Zu ihren Schwächen gehörten auch eine „aufrichtige Sorge" um die Religion und eine romantische Sehnsucht nach den Revolutionen der Kommunistischen Partei und ihren sozialistischen Ideen. Es gab auch eine andere Gruppe, die selbstgerecht die Demütigung als Teil einer wichtigen Mission der Kirche ertrug. Sie dachten, dass die Partei nach einem so erbarmenswerten Opfer den Drei-Selbst-Leuten zumindest eine Form der Religionsfreiheit gewähren würde. Nach 1954 waren diese beiden Personengruppen tief enttäuscht von den zunehmenden Verfolgungen durch die Religionspolitik und die staatlichen Stellen. Vielleicht brachte diese Enttäuschung auch ihre Schuldgefühle gegenüber der Kirche zum Vorschein. So begannen in der offenen Periode des Jahres 1957 verschiedene Führer der Drei-Selbst (die gleichzeitig Abgeordnete oder Mitglieder des Ständigen Ausschusses ihrer jeweiligen Volkskongresse waren), die Religionspolitik der Partei heftig zu kritisieren.

Gleichzeitig folgten die Drei-Selbst-Leute erneut dem Aufruf des Vorsitzenden Mao in ihrem Kampf gegen die Rechtsabweichler und schlugen vor, dass die Kirche eine „sozialistische Erziehungsbewegung" durchführen sollte. Sie betonten auch, dass dies „unter direkter Leitung der Regierung" geschehen müsse. Ende Oktober 1957 beschloss die Große Drei-Selbst-Konferenz, eine „sozialistische Erziehung unter allen christlichen Arbeitern im ganzen Land" durchzuführen. Ab Januar 1958 wurden in verschiedenen Provinzen politische Kurse abgehalten. Neben dem „Bekenntnis zur Partei" und anderen Selbstprüfungen wurde auch die Aufdeckung „antisozialistischer" Ideen gefördert.

Ein weiteres Ziel dieser politischen Klassen war es, die Lehre zu reformieren, um sie „auf den Sozialismus auszurichten". Die allgemeinen Änderungen sind im Folgenden aufgeführt:

- Abberufung der Ältestenräte, des Diakonats und anderer Leitungsgremien der einzelnen Kirchen,
- Zentralisierung der Führung unter die Drei-Selbst-Bewegung,
- Prüfung aller Bibelkommentare und Beseitigung aller „giftigen" Kommentare,
- Vereinheitlichung der Kirchenlieder auf nationaler Ebene und Beseitigung aller Werke von antirevolutionären Predigern (wie Watchman Nee),
- Verbot der Lehre über Eschatologie (die „letzten Dinge") und anderer „pessimistischer" Lehren,
- Verbot jeglicher Betonung des Unterschieds zwischen Gläubigen und Ungläubigen (z. B. in Bezug auf die Ehe),
- Verbot der Praktiken des Exorzismus, der Heilung und des Gebets für Kranke,
- Alle Abgaben sollten im Rahmen eines einheitlichen Finanzplans an die Drei-Selbst gehen,

- Verbot jeglicher religiöser Aktivitäten außerhalb von Kirchengebäuden,
- Unterstützung des „sozialistischen Fortschritts", indem man an Erntetagen oder zu anderen arbeitsreichen Zeiten die Sonntagsgottesdienste ausfallen lässt.

Nach dem politischen Unterricht sollte ein gewisser Teil der Teilnehmer als Rechtsabweichler abgestempelt und in Gefangenenlager geschickt werden. Am Ende des Jahres berichtete Wu Yaozong der Shanghaier CNPC von seinen Bemühungen, „die patriotische Arbeit des Antiimperialismus zu betonen und die Überreste der Antirevolutionäre auszurotten" Er merkte an, dass die Christen nach der sozialistischen Erziehung nun verstanden hätten, dass das pastorale Personal zur „Ausbeuterklasse" gehöre und daher zur Reformierung in Gefangenenlager geschickt werden müsse. In der Folge verlor die Kirche viele Prediger, weil diese in Gefangenenlager kamen.

Angesichts des Pastorenmangels in der Kirche half die Drei-Selbst dem Satan erneut, eine radikale Bewegung der Fusionen und der gemeinsamen Gottesdienste in Gang zu setzen, die die Zahl der Kirchen in der Nation von zwei Millionen auf weniger als 100 reduzierte.

EINE ZEIT ZUM ABREISSEN, EINE ZEIT ZUM BAUEN

Die christlichen Rechtsabweichler von 1957 – ob sie nun wichtige Persönlichkeiten innerhalb der Drei-Selbst-Bewegung oder unabhängige Märtyrer waren – waren alle Teil einer großen Tragödie, die weitaus schlimmer war als jede andere ihrer individuellen Erfahrungen. Die große Tragödie bestand darin, dass die christliche Kirche in China im Stich gelassen und vernichtet wurde. Dennoch legten die Fundamentalisten mit ihrem Blut ein großes Zeugnis für ihren Glauben ab und verwandelten Gottes Fluch über diese Zivilisation in einen Segen. Die wahre Tragödie der Kirche unter der Kommunistischen Partei hingegen war ein generationsübergreifendes, ethnisches und nationales Konzept, das die Sünder über den Turm zu Babel erhob. Dieses kontrollierte faktisch auf unterschiedliche Weise sowohl die Liberalen als auch die Fundamentalisten. Für die Liberalen bedeutete es die völlige Abkehr vom Glauben und die Verehrung der Nation und der chinesischen Zivilisation. 1984 erklärte Ding Guangxun, der Nachfolger von Wu Yaozong, den Glauben der Drei-Selbst-Gemeinschaft mit folgenden Worten: „Meine Religion ist kein Kreis mit nur einem Zentrum. Meine Religion ist eine Ellipse mit zwei Brennpunkten: Christus und die Nation." Dieser Ausspruch könnte als das wahre „Glaubensbekenntnis" von Wu Yaozong und vielen anderen Drei-Selbst-Führern angesehen werden.

Wang Mingdao hatte nicht unrecht, wenn er sie als „ungläubige Partei" bezeichnete. Echte Gläubige werden sich diesem doppelzüngigen „Ellipsenismus" widersetzen, der sowohl das Evangelium als auch die Welt kompromittiert. Aber für Wu Yaozong und seine Anhänger waren auch Wang Mingdaos Pietismus und Watchman Nees Spiritualismus nicht überzeugend. Das lag daran, dass die Situation der Nation in dieser Generation auch die Fundamentalisten in negativer Weise beeinflusste und sie in einen Dualismus zwang, der das Heilige vom Weltlichen trennte. Sie versuchten, die Welt Satans vollständig zu verlassen, und zogen eine klare und deutliche Grenze zwischen ihrem Glauben und der Welt. Sie wollten nur noch das Evangelium verkünden und auf die Wiederkunft Christi warten. So war die Kirche von Wang Mingdao im Jahr 1950 tatsächlich so kontextuell und „drei-selbstisch" wie keine andere. Es spielt keine Rolle, ob die westliche Kirche „imperialistisch" war, denn die Grenze zu ihr war bereits klar gezogen worden. Unter dem Druck des Nationalismus hatten die chinesischen

Kirchen bereits vor 1949 eine Bewegung der Kontextualisierung und des Separatismus begonnen, die sich von den Traditionen der weltweiten Gemeinde in ihrer 2000-jährigen Geschichte abspaltete. Fast alle Konfessionen sind dieser Tendenz in unterschiedlichem Maße unterworfen.

Der heldenhafteste Teil des Glaubens der Fundamentalisten ist, dass sie, je dunkler die Dinge wurden, umso fester standen. Aber ihre Schwäche war, dass sie, als die Dunkelheit zu schwinden begann, nicht in der Lage waren, wirksam auf ihre Zeit zu reagieren. Sie konnten nicht das gesamte Evangelium der Bibel in Gebrauch nehmen, um die Beziehungen zwischen Kirche und Gesellschaft, Evangelium und Kultur, Glaube und Politik anzusprechen. Als die Kommunistische Partei in die Städte und Dörfer einzog, wie sollte da ein Christ die Welt, die sich vor ihm gerade veränderte, verstehen? Die ungläubige Seite würde natürlich ihren Glauben aufgeben, aber die Fundamentalisten waren bei der Beantwortung dieser Fragen ebenso hilflos. Aufgrund dieser Unzulänglichkeit im Lager der Fundamentalisten begannen viele Christen in der Drei-Selbst-Bewegung, an ihrem Glauben zu zweifeln, als sie von neuen Erkenntnissen und glorreichen Revolutionen verführt wurden. Das ging so weit, dass auch der Sohn von Wang Mingdao an seinem Glauben zweifelte und die Kirche verließ, was für Vater Wang in späteren Jahren zum heftigsten Kummer wurde.

Das innere Wesen der Drei-Selbst war die Götzenanbetung. Für Außenstehende waren sie verschlossen. Die Fundamentalisten bewahrten den Glauben intern, aber auch sie waren nach außen in unterschiedlichem Maße von der universalen Kirche getrennt und setzten sich so von der universalen Kirche und den kirchlichen Traditionen ab. Auf kultureller Ebene wurden „Imperialismus“ und „Sozialismus“ zu den bekanntesten Weltanschauungen der damaligen Zeit. Der Glaube der Kirche hat auf diese Weltanschauungen nie eine umfassende Antwort gegeben, sei es durch Ablehnung oder Kompromisse.

Im heutigen Westen lösten sich die „Evangelikalen" ebenfalls von den traditionellen Fundamentalisten. Die Evangelikalen lehnten den Liberalismus ab und hielten an den Grundlagen des Glaubens fest, aber sie gaben sich nicht mit dem Eskapismus der Fundamentalisten zufrieden, der die Welt einfach aufgab. Dies galt insbesondere für konservative Evangelikale wie die Presbyterianer – sie hielten am traditionellen reformierten Glauben fest; sie betonten die christliche Haltung des „in der Welt, doch nicht von der Welt" im Hinblick auf soziales Engagement; sie bewahrten einen umfassenderen Glauben an die Beziehung zwischen Evangelium und Kultur. Der Glaube der Evangelikalen war keine doppelt zentrierte Ellipse, sondern eine Reihe von konzentrischen Kreisen um ein gemeinsames Zentrum. Die Evangelikalen reagierten auf ihre Zeit mit einer durch und durch christlichen Weltanschauung, die es der Kirche ermöglichte, ein heilsames Zeugnis abzulegen. Dies galt insbesondere nach der moralischen Krise und dem Pluralismus der 1960er-Jahre. Ihr Zeugnis wurde allmählich zu einer starken konservativen Kraft in der moralischen, kulturellen und politischen Sphäre Nordamerikas.

Doch in den 1950er-Jahren gab es in den chinesischen Kirchen keine solche dauerhafte Tradition. Sowohl die Liberalen als auch die Fundamentalisten waren von ihrer Zeit beeinflusst, sodass sie den Glauben auf eine individualistische Weise angingen und einer Privatisierung der Religion huldigten, die vom Reich Gottes getrennt ist. Als sie mit der Grausamkeit der Kommunistischen Partei konfrontiert wurden, hielten die Fundamentalisten in den Hauskirchen an ihrem heroischen christlichen Glauben von damals fest. Die Drei-Selbst gab den Weg der Nachfolge auf und verkaufte den Herrn. Die Fundamentalisten zogen sich in den Untergrund zurück. Das Leiden verwandelte China in ein riesiges Kloster, und das Blut der Märtyrer wurde so zum Samen der Erweckung in den Hauskirchen.

Ende 1958 ging die Gesamtzahl der Christen in China rapide zurück. Die meisten Christen gingen nicht in die Kirche, und die, die es taten, gehörten der älteren Generation an. Der chinesische Kirchenhistoriker Jonathan Chao kommentierte: „1954 kontrollierte die Kommunistische Partei die meisten Kirchen durch die Drei-Selbst-Bewegung." 1958 jedoch „zerstörte die Kommunistische Partei durch das Drei-Selbst-Regime alle organisierten Kirchen in China". Viele westliche Kirchenhistoriker hielten an diesem Punkt inne und schrieben ähnliche Worte: „Von da an verlor die Welt jede Verbindung zu den chinesischen Christen, und diese warten in Schmerz und Qual auf eine Erweckung."

Für den Christen besteht das Wesen des Totalitarismus in der götzenhaften Anbetung einer politischen Nation. Von 1950 bis 1958 widerstanden die chinesischen Christen unter der Herrschaft der Kommunistischen Partei mit einem friedlichen Glauben der Gewalt des Cäsar. Unter ihnen gab es beschämende Misserfolge, aber auch geistliche Siege. Die Heiligen und Märtyrer unter ihnen waren wie die Eliten der Gesellschaft und trugen als Teil des Kampfes für die Freiheit in China das Etikett „konterrevolutionär" oder „rechts". Ihr Leiden war auch Teil des Leidens des chinesischen Volkes, und zwar so sehr, dass ihr Glaube an Christus Teil des zeitgenössischen Geistes in China geworden ist.

Als Christ stelle ich zwei Dinge fest, wenn ich die Geschichte des Christentums im Totalitarismus betrachte. Das erste ist die totale Verderbtheit der Menschheit. „Wie geschrieben steht: ‚Da ist kein Gerechter, auch nicht einer'" (Röm 3,10). Das zweite ist das Ausharren der wahren Heiligen. In diesem Ausharren sehen wir nicht einige herausragende heilige Männer, sondern die Gnade und Vorsehung Gottes. Ganz gleich, wie viele gefallen sind, es gab immer einige, die aus Gnade im Sieg Christi über die Welt verharrten. Mit anderen Worten: Ich sehe in dieser Episode von 1957 zwei Unendlichkeiten der Menschheit. Die erste ist die Unendlichkeit des menschlichen Sündenfalls. Zwar kann ein Hund niemals so tief fallen, dass er die Natur eines Schweins annimmt, aber Menschen können und werden unendlich tief unter ihre eigene Natur fallen. Der zweite Punkt ist die Unendlichkeit der Erlösung der Menschen. Selbst wenn die Menschen so tief gefallen sind, gelten die Worte des Paulus: „Wo aber die Sünde zugenommen hat, ist die Gnade überreich geworden" (Röm 5,20).

Damit die Gemeinde Buße tut und das Evangelium vorankommt, gedenke ich mit diesem Artikel des 50. Jahrestages der Anti-Rechts-Kampagne und des 200. Jahrestages von Morrisons Ankunft in China.

Geschrieben am 5. August 2007, um Gott für die Märtyrer zu danken, die Sünden der Kirche zu beklagen und Gott für sein Niederreißen und Aufbauen zu loben.

BIBLIOGRAFIE

Charbonnier, Jean. *Histoire des Chrétiens de Chine.* Übersetzt von Geng Sheng and Zheng Dedi. Taipei: Taiwan: Kuangchi Cultural Group, 2005.

Li Diya. *Living Sacrifice: A Biography of „Allen" Xiangcheng Yuan.* China Soul for Christ Foundation. chinasoul.org/-/living-sacrifice.

Lueng Ka-lun. *Blessing upon China – Ten Talks on the Contemporary Church History of China.* Hong Kong: Tien Dao, 1999.

Su, Edwin. „History of the Church in China." ocochome.info/主日课堂/中国教会史1/.

Wang Mingdao. *Another 40 Years.* Scarborough, Ontario: Canada Gospel, 2010.

Jonathan Chao and Zhuang Wanfang. *The History of Development of Christianity in Modern China: 1949–1997*. Taiwan: China Ministries International, 1997.

7

WIR ERHEBEN UNSERE STIMME, UM 60 JAHRE RELIGIÖSER VERFOLGUNG ZU BEENDEN

WANG YI

Wang Yi argumentiert, dass die Hauskirchen trotz ihrer „gewaltlosen Verweigerung der Zusammenarbeit“ mit der Regierung doch diejenigen sind, die der Verfassung der Volksrepublik China wirklich gehorchen, was sie zu gehorsameren Bürgern macht als die Kommunistische Partei Chinas selbst. Die Kirchen praktizieren und fördern die wahre verfassungsmäßige Freiheit, während die Regierung selbst gegen das Gesetz verstößt, indem sie die verfassungsmäßigen Freiheiten einschränkt; daher ist sie letztlich illegal. In diesen Argumenten wird der juristische Hintergrund von Wang Yi vielleicht am deutlichsten sichtbar; seine Gedanken sind eindeutig von Samuel Rutherfords und John Lockes politischer Theorie aus dem 17. Jahrhundert beeinflusst und darin verwurzelt, dass das Gesetz über dem König steht.

Obwohl sich Wang Yi auf die westliche politische Philosophie des 17. Jahrhunderts beruft, weist seine Argumentation viele Unterschiede zu Rutherford und Locke auf, vor allem in seinem Engagement für Gewaltlosigkeit. Wang Yi geht sogar so weit zu behaupten, dass das Leiden der Hauskirche ein

Zeichen für den Segen Gottes über sein Volk sei. Er nennt drei Gründe für die Forderung nach einem Ende der Verfolgung, von denen sich keiner auf die Rechte des Einzelnen bezieht. Sie lauten: (1) um Barmherzigkeit für diejenigen zu erbitten, die die Kirche verfolgen; (2) aus Mitleid mit denjenigen, die aufgrund von Einschränkungen des Christentums und der Evangelisation nicht in der Lage sind, das Evangelium zu hören; und (3) um die Christen vor den Versuchungen zu schützen, denen sie in Zeiten des Drucks ausgesetzt sind.

Wang Yis Argumente sind komplex und schwer zu entschlüsseln, insbesondere für diejenigen, die aus theologischen Traditionen kommen, die von einer auf Rechten basierenden politischen Theorie beeinflusst wurden. Einerseits wünscht sich Wang Yi, dass die heutigen Evangelikalen in China aktiver in der Öffentlichkeit und bei der gesellschaftlichen Transformation mitwirken. Er ist der Ansicht, dass die Kirche Salz für eine verfallende Gesellschaft ist, und tadelt den kulturellen Rückzug der Fundamentalisten.

Auf der anderen Seite ist Wang Yis Vision für die Kirche messerscharf: Der Auftrag der Kirche sind die gemeinsame Anbetung Gottes und der Missionsbefehl. Die Kirche ist dazu berufen, sich den von Gott eingesetzten Autoritäten auf der Erde unterzuordnen. Solange sie in ihrer Anbetung nicht behindert wird, hat sie kein Recht, für ihr eigenes Wohl und ihre Sicherheit zu agitieren, selbst wenn dies bedeutet, dass sie Verfolgung, Gefangenschaft oder Tod erleidet.

Dieser Aufsatz wurde erstmals am 29. April 2011 als Hirtenbrief an die Early Rain Covenant Church geschrieben. Die Hirtenbriefe von Wang Yi wurden zunächst per E-Mail an seine Gemeinde versandt und dann öffentlich online gestellt. Dieser Aufsatz wurde 2017 auch auf dem Blog *Human Rights* in China veröffentlicht.

1. HAUSKIRCHEN SIND GESETZTESTREUE VORBILDER

1955 schrieb Wang Mingdao den Artikel „Wir – um des Glaubens willen", der zur Verteidigungsrede der chinesischen Kirche vor Königen und vor der Gesellschaft wurde.[85] Seit Jahrzehnten haben die Hauskirchen in China um des Evangeliums willen die Religions- und Gewissensfreiheit verteidigt und eingefordert. Obwohl die Kirche weiterhin unter staatlicher Verfolgung leidet, versucht sie, das Evangelium von Christus zu verkünden, und hört nicht auf, Gottesdienste zu halten und sich zu versammeln. Obwohl sie keinen gesetzlichen Rechtsstatus hat, prägt die Kirche nach wie vor das Gemeinschaftsleben für Dutzende Millionen von Bürgern im heutigen China.

Die Leute fragen: „Sind Hauskirchen illegal?" Ich möchte ehrlich antworten: Ja. 60 Jahre lang waren Hauskirchen in Bezug auf Gottesdienst, Versammlungen, Lehre, religiöses Eigentum, Sakramente, Evangelisation, Mission, theologische Ausbildung, Ordination von Pastoren, Veröffentlichungen, Sonntagsschularbeit für Kinder und karitative Arbeit illegal. 60 Jahre lang haben die Hauskirchen eine Haltung der „gewaltlosen Nicht-Kooperation" eingenommen und so alle Vorschriften der Religionsbehörde Chinas und der damit verbundenen rechtlichen Durchsetzung verletzt. Dies zu leugnen hieße, den Weg zu leugnen, auf dem sich die Hauskirchen bewegt haben, und die Realität des Konflikts zwischen Kirche und Staat in China während des letzten halben Jahrhunderts zu leugnen.

Aber hier ist die wichtigere Frage: Ist die chinesische Regierung illegal? Wir sollten ehrlich und mutig antworten: Ja. 60 Jahre lang hat dieses Land seine eigene Verfassung und die Gesetze

85 Siehe Glossar: „Wir – um des Glaubens willen".

zur Religionsfreiheit mit Füßen getreten.[86] Egal, ob es um Gottesdienst, Versammlungsfreiheit, Lehre, religiöses Eigentum, Sakramente, Missionen, Seminarausbildung, Pastorenordination, Verlagswesen, Kindersonntagsschule, Wohltätigkeitsarbeit usw. geht, die Regierung bedient sich illegaler, autokratischer und barbarischer Methoden, um die Gemeinde und die Nachfolger Christi in China zu unterdrücken.

Also fragen wir erneut: „Sind Hauskirchen illegal?" Wenn die Bibel die „Verfassung" für Christen und die Gemeinde ist, dann waren die Hauskirchen in den vergangenen 60 Jahren in den Bereichen Gottesdienst und Predigt das Vorbild für die Einhaltung von Gottes Gesetz und der Gewissensfreiheit in der chinesischen Gesellschaft. Ich kann nur sagen, dass wir nicht gegen das höhere, oberste Gesetz (Jak 2,8) verstoßen haben. Und gerade, weil wir dieses Gesetz in unserem Herzen befolgen müssen, haben wir es in den letzten 50 Jahren nicht gewagt, das System der religiösen Vorschriften nicht zu verletzen, weil das kommunistische System den Auftrag der Christen, Gott anzubeten und das Evangelium zu verkünden, unterdrückt und kontrolliert.

Wir fragen also erneut: „Sind Hauskirchen illegal?" Wenn die Verfassung „der König" des modernen Staates ist, wenn die chinesische Regierung behauptet, dass ihre Macht von der

86 Artikel 36 der Verfassung der Volksrepublik China besagt: „(1) Die Bürger der Volksrepublik China genießen Glaubensfreiheit. (2) Kein staatliches Organ, keine öffentliche Organisation und keine Einzelperson darf die Bürger zwingen, an eine Religion zu glauben oder nicht zu glauben, auch dürfen sie Bürger, die an eine Religion glauben oder nicht glauben, nicht diskriminieren. (3) Der Staat schützt die normalen religiösen Aktivitäten. Niemand darf sich unter Berufung auf die Religion an Aktivitäten beteiligen, die die öffentliche Ordnung stören, die Gesundheit der Bürger beeinträchtigen oder das Bildungssystem des Staates stören. (4) Religiöse Einrichtungen und religiöse Angelegenheiten sind keiner Fremdbestimmung unterworfen."

chinesischen Verfassung ausgeht und dass sie sich an die Verfassung halten muss, dann muss ich ehrlich antworten, dass die Hauskirchen seit 60 Jahren das perfekte Modell für die Unterordnung unter den König und die Einhaltung der Verfassung sind. Die Kirche hält sich bis zu einem gewissen Punkt an die Verfassung, auch wenn alle Regierungsbeamten beschlossen haben, sich über die Verfassung hinwegzusetzen und die, die nicht wie sie gegen die Verfassung verstoßen, zu inhaftieren. Trotzdem handelt die Kirche weiterhin „nach dem Gesetz", indem sie ihr verfassungsmäßiges Recht aufrechterhält, Gott anzubeten und das Evangelium zu verkünden, so wie es früher der Fall war. Und weil wir uns an eine höhere „verfassungsmäßige Macht" halten müssen, wagen wir es nicht, uns den verfassungswidrigen Handlungen des religiösen Verwaltungssystems und ihren Strafverfolgungsmaßnahmen zu fügen.

Die Forderungen der Hauskirchen sind im Grunde genommen die Forderungen des Evangeliums. Diese Forderung steht in direktem Konflikt mit dem Staat. Im Mittelpunkt steht der Artikel 35 der Verfassung, der die „Freiheit des religiösen Bekenntnisses" garantiert. Mit anderen Worten: Gesellschaftlicher Wandel, politischer Fortschritt, Freiheit, Demokratie, Rechtsstaatlichkeit, Menschenrechte – all das sind in den Augen der Christen gute Dinge. Aber sie sind niemals das wahre Ziel der Kirche. Ob Sklaverei oder Demokratie, Monarchie oder Rechtsstaatlichkeit, die Bibel lehrt, dass die Kirche der Autorität der Regierung gehorchen muss. Kurz gesagt, die Kirche Christi ist überhaupt nicht an irgendeinem politischen oder rechtlichen System interessiert. Woran die Kirche jedoch in jedem politischen und rechtlichen System interessiert ist, ist die Freiheit, Gott anzubeten und das Evangelium zu verkünden.

Deshalb haben die Hauskirchen in den 60 Jahren religiöser Verfolgung immer wieder friedliche und geduldige Wege beschritten, um gesetzestreue Vertreter der chinesischen Gesellschaft zu sein. Wenn der Herr es zulässt, ist die Kirche auch bereit, unter jedem System zu leiden, um auch unfaire und ungerechte Gesetze zu befolgen. In der Tat haben die Hauskirchen in den letzten 60 Jahren genau das getan. Ein Gesetz, das versucht, unsere Anbetung Gottes und die Verkündigung des Evangeliums zu unterdrücken und zu kontrollieren, ist jedoch ein Gesetz, dem die Kirche nicht gehorchen kann. Solche Gesetze im öffentlichen Bereich muss die Kirche als „verfassungswidrig" betrachten. Im Hinblick auf unseren Glauben muss die Kirche diese Gesetze auch als böse und antichristlich ansehen.

Ob man sich nun mit den römischen Kaisern oder der Kommunistischen Partei Chinas, mit der antiken oder der modernen Gesellschaft auseinandersetzt, die anstößige Tatsache ist, dass sich dieser Standpunkt nie geändert hat. Und weil die christliche Kirche fast 2000 Jahre lang auf dieser Position beharrt und sich dafür eingesetzt hat, hat das Konzept der Religionsfreiheit in den modernen Staaten und Verfassungssystemen praktisch Gestalt angenommen.

Die Forderungen der Hauskirchen sind seit jeher schwarz auf weiß in der Verfassung der Volksrepublik China verankert. Abgesehen von der Beendigung der Religionsverfolgung und der Gewährleistung der Religionsfreiheit haben der evangelistische Auftrag der Kirche und die Autorität des Staates nichts miteinander zu tun; die Kirche will nichts anderes vom Staat.

2. DIES IST KEINE „POLITISIERUNG", SONDERN POLITISCHE VERFOLGUNG

Die Zeitung *Global Times,* die von *People's Daily* herausgegeben wird, veröffentlichte am 25. April einen Artikel, in dem der Autor die Gottesdienste der Shouwang-Kirche in Peking im

Freien sowie die Bemühungen der Hauskirchen um öffentliche Gottesdienste, offene Evangelisation, lokale Kirchengemeinden und Legalisierung als „Politisierung" bezeichnet.[87]

Selbst unter Gläubigen hadern wir oft mit diesem Thema. Wenn wir die Geschichte und die Realität der Beziehungen zwischen Kirche und Staat nach 1950 verstehen wollen, müssen wir die folgenden Fakten klären:

Erstens ging es in den vergangenen 60 Jahren religiöser Verfolgung nie nur um juristische, sondern um politische Verfolgung. Als der Herr Jesus vor Gericht stand, war es kein Prozess im juristischen Sinne (Pilatus sagte, nach römischem Recht sei Jesus unschuldig). Vielmehr war es ein religiöser und politischer Prozess. Und Jesus sagte: „Ein Sklave ist nicht größer als sein Herr. Wenn sie mich verfolgt haben, werden sie auch euch verfolgen" (Joh 15,20). Brüder und Schwestern, ich möchte euch sagen, dass, wenn Jesus Christus, zu dem wir uns bekennen, wegen des Verbrechens der Anstiftung zum Umsturz ans Kreuz genagelt wurde, ist es dann nicht eine Ehre, selbst das Etikett „Politisierer" verpasst zu bekommen und dafür verfolgt zu werden, dass wir uns als Jünger Christi betrachten? Am Kreuz trug unser Herr das Zeichen „König der Juden", weil er in Wirklichkeit der König der Herrlichkeit ist. In ähnlicher Weise tragen die chinesischen Hauskirchen das Zeichen „Politisierer", weil wir selbst eine königliche Priesterschaft sind.

Zweitens war der Konflikt zwischen Kirche und Staat nie ein juristisches Problem, sondern stets ein politisches. Sowohl die Regierung als auch die Kirche müssen sich dieser Tatsache stellen. Das Hauskirchenproblem war nie ein formaljuristisches oder administratives Problem der Strafverfolgung oder der

87 „Individual Churches Should Avoid Politicizing Themselves", *Global Times*, 26. April 2011, news.sina.com.cn/pl/2011-04-26/082922358619.shtml.

Legalität. Das „Hauskirchenproblem" besteht darin, dass Millionen von christlichen Bürgern seit 60 Jahren für Religions- und Gewissensfreiheit eintreten und damit eines der ernstesten öffentlichen und politischen Probleme im heutigen China darstellen.

Drittens war es die 60-jährige Verfolgung der Kirche durch die Regierung und nicht die 60-jährige Nichteinhaltung der Vorschriften auf Verwaltungsebene durch die Kirche, die dazu geführt hat, dass die Hauskirchenfrage zu einem politischen Problem geworden ist.

Viertens ist es der Glaube der Kirche, der Teil der Politik geworden ist, nicht die Politik, die Teil des Glaubens der Kirche geworden ist. Für die Kirche ist alles eine Frage des Glaubens, unabhängig davon, ob es sich um Gottesdienst, Versammlung, Lehre, Kircheneigentum, Sakramente, Evangelisation, Mission, theologische Ausbildung, Ordination von Pastoren, Verlagswesen, Sonntagsschule für Kinder oder karitative Arbeit handelt. Dies sind niemals politische Probleme. Solange der Staat jedoch bei seiner Entscheidung bleibt, das souveräne Recht der Kirche, Gott anzubeten und das Evangelium zu verkünden, nicht anzuerkennen, werden diese Fragen weiterhin politisch und nicht religiös bleiben.

Fünftens: Die Position und die Forderung der Hauskirchen bestehen einfach darin, die Machthaber zu bitten, uns nicht mehr zu einem politischen Problem zu machen. Das ist genau der Grund, warum die Hauskirchen darauf bestehen, sich nicht der Patriotischen Drei-Selbst-Bewegung anzuschließen. Infolgedessen haben die Hauskirchen bereits 60 Jahre lang die Last der politischen Verfolgung, der Isolation und der Diskriminierung getragen. Wir haben es satt, uns heimlich zum Gottesdienst zu versammeln, wir haben es satt, uns mit der Geheimpolizei herumzuschlagen, und wir haben genug von der Angst dieses

Landes vor dem Evangelium. Wer Angst im Herzen hat, wird auch weiterhin Glaubensfragen „politisieren".

Sechstens: Die Politisierung des „Hauskirchenproblems" und die „Politisierung der Kirche" sind zwei völlig verschiedene Dinge. Wenn die Kirche Gewaltlosigkeit und zivilen Ungehorsam als Methoden einsetzt, um Religionsfreiheit voranzubringen, führt dann nicht auch die Idee der Einmischung und Unterstützung durch besondere „politische" Macht und Methoden dazu, dass sich die Kirche „politisiert"? Nach meinem Verständnis der heutigen Hauskirche muss ich entschieden antworten: Ich glaube nicht, dass die Hauskirchen oder ihre Prediger die Gefahr einer „Politisierung" in sich bergen, so wie ich auch nicht glaube, dass die Drei-Selbst-Kirchen und ihre Prediger *keine* Gefahr einer „Politisierung" in sich bergen. Diejenigen, die die Kirche politisieren, sind diejenigen, die einfach der offiziellen Lehre der Drei-Selbst-Bewegung folgen, nicht die Hauskirchen, die der Drei-Selbst-Bewegung widerstehen.

Siebtens: Die einzige Möglichkeit, die Hauskirchenfrage zu „entpolitisieren", besteht darin, die religiöse Verfolgung zu beenden und die Religionsfreiheit zu garantieren. Die Hauskirchen von heute, insbesondere die Pastoren und Prediger in den städtischen Kirchen, haben die Verantwortung, in dieser Frage ihre Stimme zu erheben. Die frühere Generation von Predigern hat unter religiöser Verfolgung sehr für den Herrn gelitten. Unsere Generation von Predigern bereitet sich darauf vor, viel für den Herrn zu leiden, um die religiöse Verfolgung zu beenden.

3. ERHEBT EURE STIMME, UM DIE RELIGIÖSE VERFOLGUNG ZU BEENDEN

In der Geschichte des „Politisierens" – von der *Apologie* des Kirchenvaters Justin und den apologetischen Schriften der frühen

Kirchenväter über Martin Luther, Johannes Calvin und andere Reformatoren, die Aufsätze und Bücher an Könige und Feudalherren schrieben, um ihren Glauben zu verteidigen, bis hin zu Wang Mingdaos „Wir – um des Glaubens willen" in der vorigen Generation der chinesischen Hauskirche – hat Christus der Herr seiner Kirche einen Weg der öffentlichen Apologetik und Verkündigung des Evangeliums gewiesen und eröffnet.

Heute hat Gott den Leitern der Hauskirchen und den Gläubigen einen viel umfassenderen Schutz gegeben: durch die Erlaubnis und die technischen Voraussetzungen für die Verbreitung von Informationen, durch öffentliche Diskussionen, Internetforen, die Zivilgesellschaft und den Zugang zu modernem Rechtsschutz. Wenn wir den christlichen Glauben nicht offener und unbefangener gegenüber Chinas Machthabern und dem chinesischen Volk verteidigen und unsere Stimme gegen 60 Jahre politischer Verfolgung erheben können, wenn wir nicht für unsere Freiheit, das Evangelium zu verkünden, und das Recht der Kirche auf Lehre, Kircheneigentum und Ordination eintreten, dann wehe uns Pastoren!

Ich fordere die Pastoren auf, gemeinsam ihre Stimme zu erheben und alle Mitglieder der Kirche in China sowie Regierungsbeamte und weitere Bürger aufzufordern, sich ehrlich mit den folgenden Fakten auseinanderzusetzen:

- Erstens begann 1950 die religiöse Verfolgung der christlichen Kirche durch die Volksrepublik China, die bis heute nicht aufgehört hat.
- Zweitens erkennt die chinesische Regierung die Freiheit, Gottesdienste zu feiern, sich zu versammeln, zu evangelisieren und zu missionieren, immer noch nicht an.
- Drittens existiert die Religionsfreiheitsklausel in der chinesischen Verfassung bis heute nur dem Namen nach.

- Viertens werden Christen, die öffentliche Ämter bekleiden, Schulen oder Universitäten besuchen, in der Wissenschaft tätig sind und im Verlagswesen arbeiten, öffentlich stark diskriminiert.

Ich bitte auch Chinas Machthaber und jeden Regierungsbeamten, der sich an religiöser Verfolgung beteiligt oder auch nicht beteiligt hat, die folgenden Tatsachen anzuerkennen und sich ihnen zu stellen, basierend auf dem Gewissen, das in eure Seele eingeschrieben ist (Röm 2,15):

- Erstens veröffentlichte das Zentralkomitee der KPC am 26. September 1950 Richtlinien zur Ausweitung der Reaktion auf die Bewegung des „Christlichen Manifests" im Christentum und im Katholizismus, in denen die Kirche als „Werkzeug des Imperialismus" betrachtet wird.[88] Bald darauf wurden durch aufeinanderfolgende politische Kampagnen und Verfolgungen zahllose Pastoren und Prediger inhaftiert und als „Konterrevolutionäre" hingerichtet. Sie verfolgten diejenigen, die sich nicht der offiziellen „Patriotischen Drei-Selbst-Kirche" anschlossen, darunter unsere angesehensten Prediger Wang Mingdao, Watchman Nee und Allen Yuan. Bis heute ist dieser politische Schaden nicht wiedergutgemachten oder neu untersucht und behoben worden.
- Zweitens veröffentlichte der Verwaltungsrat am 29. Dezember 1950 den Bericht über die Richtlinien für die Verwaltung von Kultur-, Bildungs- und Hilfsorganisationen und religiösen Gruppen, die Gelder aus den Vereinigten Staaten erhalten. Bald darauf wurden 19 christliche

88 Siehe Glossar: „Patriotische Drei-Selbst-Bewegung".

Gymnasien, über 200 christliche Mittelschulen, über 1700 christliche Grundschulen sowie christliche Organisationen wie Krankenhäuser und Waisenhäuser im ganzen Land von der Regierung beschlagnahmt. Dieser Tatbestand des Entzugs und der Verletzung der Religionsfreiheit und des kirchlichen Eigentums wurde in den letzten 60 Jahren nie vollständig und eindeutig korrigiert.

- Drittens wurde am 31. März 1982 mit dem Dokument 19 des Zentralkomitees der KPC die damalige linksextreme Religionspolitik in gewissem Maße korrigiert. Aber es beschränkte und unterdrückte immer noch christliche Gottesdienste, Versammlungen und Mission. Seitdem hat die KPC in den letzten 30 Jahren alle Regierungsebenen angewiesen, Christen und die Kirche mit unrechtmäßigen rechtlichen Maßnahmen zu überziehen, einschließlich Geldstrafen, Verhaftungen, Umerziehung durch harte Arbeit, Inhaftierung, Verboten, Folter und anderen illegalen Maßnahmen. Die Auswirkungen dieser ungesetzlichen Politik sind immer noch nicht beseitigt worden.
- Viertens verstieß der Staatsrat gegen das chinesische Gesetz über die Klausel, „jegliche Kontrolle über die politischen Rechte eines Bürgers gesetzlich einzuschränken", indem er im Jahr 2004 rechtswidrig die Verordnungen über religiöse Angelegenheiten formulierte. Diese Vorschriften führten zu zahlreichen Einschränkungen und Verstößen gegen die verfassungsmäßigen Rechte der Christen auf Gottesdienste, Versammlungen und Missionsarbeit. Und die Verordnungen betrachteten weiterhin große christliche Gottesdienste, Versammlungen und Mission außerhalb der kommunistisch kontrollierten Drei-Selbst-Kirche als illegal.

Als Pastor einer Hauskirche danke und preise ich Gott, den Allmächtigen, für alle Verfolgungen und Einschränkungen, denen die Kirche ausgesetzt ist. Gott sieht alles nach seinem guten und untadeligen Willen voraus. Er erzieht und läutert seine Kirche und seine Kinder in China. Außerdem schenkt er uns den unverdienten Segen, um der Gerechtigkeit willen zu leiden (1Petr 3,14). In einem umfassenderen Sinn und sogar auf persönlicher Ebene ist es mir sogar lieber, wenn die Verfolgung weitergeht. Ich bin auch bereit, mich dem Willen Gottes zu unterwerfen und einen länger andauernden Konflikt zwischen Kirche und Staat zu ertragen, weil dies für unser geistliches Leben und unsere letzte Hoffnung unvergleichlich besser wäre.

Aber der Grund, warum wir unsere Stimme erheben, ist, um Barmherzigkeit für alle unsere Verfolger zu erbitten. Sie glauben nicht an das Evangelium von Christus und an Gottes gerechten Zorn und Fluch – wir aber, wir glauben doch an das Evangelium!

Wir erheben unsere Stimme, weil wir Mitleid mit unseren Landsleuten haben, die nicht mehr Freiheit und mehr Möglichkeiten haben, das Evangelium zu hören. Sie können wegen religiöser Verfolgung keine Kirchen besuchen. Sie glauben nicht an das Evangelium Christi, und es ist ihnen egal, dass sie verloren gehen – aber ist es uns auch egal?

Der Grund, warum wir unsere Stimme erheben, liegt auch in unserer häufigen Schwäche unter Verfolgung. „Wenn es möglich ist, so gehe dieser Kelch an mir vorüber; doch nicht wie ich will, sondern wie du [willst]“ (Mt 26,39). In jahrelanger Verfolgung und unter all den Einschränkungen erkennen wir, dass Christen oft feige und voller Angst sind. Sie tragen Zorn und Bitterkeit mit sich herum, und selbst inmitten des Leidens ist es schwer zu vermeiden, dass sie selbstgerecht und hochmütig sind. Deshalb jagen wir nicht dem Helden der Religionsfreiheit hinterher. Wir bitten den Herrn Jesus Christus, unsere Generation vor Versuchungen zu bewahren und uns vom Bösen zu befreien, damit wir nicht „übermäßig beschwert [werden], über Vermögen“ (2Kor 1,8) und den Namen des Herrn entehren.

Vor 60 Jahren terrorisierte die chinesische Regierung die Christen, damit sie ihre Namen und Identitäten dem „Kaiser“ aushändigten. Von 1950 bis 1954 unterzeichneten etwa 410 000 Christen (etwa 50 % der damaligen Christen) freiwillig oder unter Zwang das patriotische Drei-Selbst-Manifest. Sie verrieten offen den Herrn Jesus Christus und seine Kirche und waren gezwungen, sich aus der Öffentlichkeit zurückzuziehen.

60 Jahre später muss die Gemeinde des Herrn alle Christen erneut dazu aufrufen, um des Evangeliums willens ihre Namen und Identitäten zu nennen. Wir haben nun die Verantwortung, ähnliche Methoden anzuwenden (eine andere Art von Aufruf, Ansprache, Petition, Apologetik und Unterschriftenkampagne), um unser eigenes öffentliches Bekenntnis abzulegen und das Evangelium und die Gemeinde gegenüber den Machthabern zu verteidigen. Durch das Blut Christi werden wir die chinesische Kirche davon befreien, dem Herrn Schande gemacht zu haben.

Was wir brauchen, ist keine religiöse „Bürgerrechtsbewegung“. Was wir brauchen, ist eine echte Evangeliumsbewegung. Unsere Beiträge, Eingaben und Stellungnahmen stehen in engem Zusammenhang mit der gegenwärtig beispiellosen Periode der Urbanisierung und des gesellschaftlichen Wandels, in dem Hauskirchen Evangelisationstraining, Gemeindegründungen, Gemeindeerneuerungen und Missionsarbeit durchführen und den kulturellen Auftrag des Evangeliums befolgen können. In diesem Prozess können die Hauskirchen Gemeindemitgliedschaft tiefer verankern, Ortsgemeinden aufbauen und eine sichtbare christliche Gemeinschaft für die Welt bilden. Und durch diesen Prozess können die Hauskirchen die Frage der Religionsfreiheit nutzen, um das Gewissen anderer Bürger herauszufordern, den Mut der Kirchenmitglieder zu stärken und diejenigen, die sich vom Glauben entfernt haben, zur Erneuerung ihres Bekenntnisses aufzurufen.

Die Kirche sollte für unsere nicht existierenden Rechte nicht hochmütig den Staat bekämpfen. Die Kirche muss demütig sein, damit dieses Land durch die Wohltaten des Evangeliums gesegnet werden kann. Wir müssen den Staat auffordern, die Freiheit, die wir bereits haben, anzuerkennen und zu respektieren.

Die Kirche ist auch keineswegs auf eine äußere „Religionsfreiheit" angewiesen, um den christlichen Glauben zu bewahren und zu leben. Im Gegenteil: In den letzten 60 Jahren hat die Kirche aufgrund des christlichen Glaubens eine wahre „Freiheit" gelebt. Deshalb dienen die Petitionen, Appelle, die Apologetik, die Unterschriftenkampagnen und Aufrufe der Kirche zur Beendigung der religiösen Verfolgung nicht dem äußeren Nutzen für die sichtbare Kirche, sondern der Ausbreitung des Reiches Christi und dem Segen für andere Gemeinschaften. „Nicht allein der Strafe wegen, sondern auch des Gewissens wegen" (Röm 13,5).

Gnade und Friede von Gott, unserem Vater, und dem Herrn Jesus Christus für alle, die in Christus Jesus geheiligt und als Heilige berufen sind, und für alle, die an jedem Ort in China den Namen unseres Herrn Jesus Christus anrufen. Denn Jesus ist sowohl ihr als auch unser Herr (1Kor 1,2-3).

8

95 THESEN

DIE ERNEUTE BEKRÄFTIGUNG UNSERER HALTUNG ZUR HAUSKIRCHE

WANG YI UND DIE EARLY RAIN COVENANT CHURCH

Am 8. August 1955 wurde Wang Mingdao, einer der einflussreichsten Hauskirchenleiter Chinas, verhaftet, nachdem er einen Artikel mit dem Titel „Wir – um des Glaubens willen" veröffentlicht hatte, in dem er öffentlich erklärte, warum sich seine Kirche weigerte, der Patriotischen Drei-Selbst-Bewegung beizutreten. Am 30. August 2015 veröffentlichte die Early Rain Covenant Church 95 Thesen, um an den 60. Jahrestag der Verhaftung von Wang Mingdao zu erinnern und die Position der Hauskirche gegenüber der Gesellschaft zu bekräftigen. Wang Yi verfasste die Thesen während eines dreimonatigen Sabbaticals am Center on Religion and the Global East der Purdue University. Sie wurden erstmals öffentlich auf *Weibo*, einer der größten chinesischen Social-Media-Plattformen, veröffentlicht.

Dieses Dokument zeigt das zunehmende theologische Engagement der Hauskirche in China sowie ihren Wunsch, sich in der weltweiten Kirchengeschichte zu verorten. Die Thesen von Early Rain beginnen mit der Schöpfungslehre und stellen Gottes eschatologischen Heilsplan in den Mittelpunkt der Berufung der Gemeinde. Sie gehen dann zu einer grundlegenden Lehre vom Reich Gottes über, die das Verständnis der Gemeinde von ihrem Engagement in der Welt insgesamt prägt. Early Rains Sprache ist zuweilen stark und abgrenzend; in einigen theologischen Traditionen wird der Begriff des „Antichristen" kaum noch verwendet. Hier ist es wichtig, die spirituelle Realität zu verstehen, an die Wang Yi und die Führer von Early Rain glauben. Die 95 Thesen von Early Rain spiegeln Luthers Werk in mehr als nur numerischer Hinsicht wider. Wang Yi und Early Rains zahlreiche Ausführungen über den Kampf der Kirche mit den geistlichen Mächten der Welt erinnern stark an die Schriften des Reformators.

Aus Gehorsam gegenüber Christus, in der Hoffnung, der ganzen Familie Gottes gegenüber loyal zu sein, und in fester Bindung an seine Führung haben die Pastoren und Ältesten unserer Gemeinde beschlossen, „Die erneute Bekräftigung unserer Haltung zur Hauskirche" und die folgenden 95 Thesen zu veröffentlichen, die auf unserem offen bekannten Glauben an die Wahrheiten der Bibel und auf unserem unaufhörlichen Bemühen, die Führung des Heiligen Geistes zu suchen, basieren. Wir laden alle Gläubigen, die sich offen zu Jesus Christus als ihrem persönlichen Erlöser und als Erlöser der Menschheit bekennen, ein, uns ihre Beurteilung darüber schriftlich mitzuteilen. Auf der Grundlage dieser offiziellen Veröffentlichung ist unsere Kirche auch bereit, unabhängig oder gemeinsam mit anderen Kirchen unseres Herrn Jesus Christus, die unsere öffentlichen Thesen akzeptieren, einen offenen und friedlichen Dialog mit jeder Ebene der chinesischen Regierung und ihren Behörden zu führen, zu der Zeit, an dem Ort und mit der Methode, die sie für angemessen halten.

ÜBERSICHT

Thesen 1–17: Gottes Souveränität und die Autorität der Bibel
Thesen 18–31: Gottes Gesetz und die Erlösung durch Christus
Thesen 32–39: Gegen eine „Sinisierung des Christentums“
Thesen 40–44: Die Kirche als Leib Christi und sein Reich
Thesen 45–72: Das Verhältnis zwischen den beiden Herrschaftsbereichen und die Trennung von Kirche und Staat
Thesen 73–95: Gegen die „Drei-Selbst-Bewegung“ und Bestägung des Missionsbefehls

GOTTES SOUVERÄNITÄT UND DIE AUTORITÄT DER BIBEL

1. In der Bibel heißt es: „So ist doch für uns ein Gott, der Vater, von dem alle Dinge sind und wir auf ihn hin“ (1Kor 6,6) Das bedeutet, dass auch für die Chinesen dieser Gott der einzige Gott ist. Das Reich der Mitte, die Geschichte, die Kultur und alles in China wurden von diesem einen wahren Gott des Universums geschaffen, geschenkt, geleitet und regiert.
2. In der Bibel heißt es weiter: „Denn einer ist Gott, und einer ist Mittler zwischen Gott und Menschen, der Mensch Christus Jesus“ (1Tim 2,5). Mit anderen Worten: Der einzige Sohn Gottes, der, von Ewigkeit her gezeugt, in diese Welt geboren wurde und in Gestalt von Jesus Christus den Leib eines gefallenen Menschen annahm, ist der einzige Retter und Herr aller Chinesen.
3. Wenn es in der Bibel heißt: „Und Gott schuf den Menschen als sein Bild, als Bild Gottes schuf er ihn; als Mann und Frau schuf er sie“ (1Mo 1,27), so bedeutet dies, dass jeder Chinese nach dem Bild Gottes geschaffen ist. Alle Volksgruppen Chinas sind Nachkommen Adams, der

unser erster Vorfahre ist, und das gilt für alle Volksgruppen der Welt.

4. Tief in unserer Seele gibt es das Bild Gottes. So sind alle Chinesen, wie alle Völker der Welt, gleich in dem göttlichen Wert der Persönlichkeit, der Würde, der Gerechtigkeit und der Liebe.
5. Daher werden letztlich alle Menschen von Gott selbst regiert. Die Menschen dürfen sich nicht gegenseitig versklaven und demütigen. Ohne Gottes Erlaubnis und Zustimmung darf ein Mensch auch nicht von einem anderen Menschen beherrscht werden.
6. Wenn es in der Bibel heißt: „Jede Seele unterwerfe sich den übergeordneten staatlichen Mächten! Denn es ist keine staatliche Macht außer von Gott, und die bestehenden sind von Gott verordnet" (Röm 13,1), so bedeutet dies, dass alle Autorität in der chinesischen Gesellschaft letztlich von Gott ausgeht, unabhängig davon, ob sie in der Familie, in einer sozialen Einrichtung oder im Staat liegt. Alle Regierungsbeamten, auch die auf den untersten Ebenen, sind im Grunde „Beauftragte" Gottes.
7. Dass Gott Institutionen nach seiner Ordnung und nach seinem Wohlgefallen eingerichtet hat, ist der einzige legitime Grund, warum ein Mensch das Gesetz respektieren und ihm gehorchen soll, oder warum ein niederer Beamter, ein Mitglied einer Institution oder eine Familie eine höhere Autorität respektieren und ihr gehorchen soll.
8. In letzter Konsequenz und nach dem persönlichen Gewissen ist daher jeder Einzelne, besonders wenn er oder sie irgendeine Art von Autorität innehat, für sein oder ihr Handeln gegenüber dem „lebendigen Gott" (Hebr 10,31) verantwortlich und muss sich letztlich seinem gerechten Urteil unterwerfen.

9. Nur Gott (und sein Wort) ist Herr über das Gewissen des Menschen. Kein von Menschen gemachtes und weltliches Gesetz, kein Auftrag und keine Meinung kann die moralische Verantwortung des Gewissens eines Menschen vor „Gott, dem Höchsten" (1Mo 14,19) aufheben.
10. Aus diesem Grund besitzt jeder Einzelne die Freiheiten und die Verantwortung seines Gewissens. Auf der Grundlage von Gott und seinem Wort soll jeder Mensch sein Gewissen nutzen, um alle Autoritäten, Ideen und Anordnungen des Staates, der gesellschaftlichen Institutionen oder der Familien zu prüfen und zu beurteilen.
11. Wenn das Gewissen eines Menschen mit Gott und seinen Worten übereinstimmt und er „den Willen Gottes von Herzen tut" (Eph 6,6), erst dann kann der Gehorsam dieses Menschen gegenüber anderen und die Achtung vor ihrem Gesetz als gleichwertig mit dem Gehorsam gegenüber Gott und der Achtung vor ihm angesehen werden – und nicht als Kapitulation vor menschlichen Autoritäten – weil er erst dann „mit Gutwilligkeit als dem Herrn und nicht den Menschen" dient (Eph 6,7).
12. Wenn es in der Bibel heißt: „Alle Schrift ist von Gott eingegeben und nützlich zur Lehre, zur Überführung, zur Zurechtweisung, zur Unterweisung in der Gerechtigkeit" (2Tim 3,16), bedeutet dies, dass nur die Bibel Gottes irrtumsloses Wort ist. Sie ist der einzige Maßstab für die Lehre, durch den das chinesische Volk Gottes Willen und Auftrag kennenlernen kann.
13. Das bedeutet, dass wir, sobald wir uns von der Bibel entfernen, letztlich nicht mehr beurteilen können, ob etwas richtig oder falsch, gut oder böse ist. Ohne die Bibel können wir kein rechtmäßiges, klares Urteil über irgendwelche weltlichen Autoritäten und Normen fällen. Wir

werden dann auch nicht in der Lage sein zu bestimmen, ob unser Gehorsam gegenüber den weltlichen Autoritäten im Gehorsam gegenüber Gott geschieht und somit sein Wohlgefallen findet, oder ob wir unsere Persönlichkeit und Würde aufgegeben haben, indem wir uns von Menschen versklaven ließen.

14. Wenn wir einmal von der Bibel abweichen und nach außerbiblischen Maßstäben und Autoritäten handeln, dann ist es so, wie der Diener Gottes Martin Luther einmal sagte: Unser Gewissen wird weder moralisch noch gewiss sein.[89]
15. Alle Chinesen, unabhängig davon, ob sie an Gott glauben, haben in ihrem Herzen einen hohen Maßstab für Moral und Werte, auch wenn diese Werte verschwommen, fehlerhaft und schwankend sein mögen. Wir verwenden diese hohen Maßstäbe immer dann, wenn wir beurteilen, ob Dinge richtig oder falsch, gut oder böse sind, und um die Handlungen von uns selbst und anderen zu beurteilen und zu bewerten.
16. Wenn einzelne Chinesen oder weltliche chinesische Autoritäten und Mächte anderen Menschen außerbiblische Normen, Ideale oder Vorschriften aufzwingen oder dem Gewissen verbieten, die Bibel als höchsten Maßstab zur Beurteilung anderer weltlicher Normen, Ideale und Vorschriften heranzuziehen, oder Menschen zwingen, ihnen vorbehaltlos und blind zu glauben und zu gehorchen, dann führt dies zur Zerstörung der Vernunft und des Gewissens eines Menschen und stellt einen Angriff auf Gottes Souveränität über das Gewissen eines Menschen dar.

---

89 Es handelt sich hier wahrscheinlich um eine freie Paraphrase der berühmten Aussage „Hier stehe ich …", die Luther auf dem Reichstag zu Worms gesagt haben soll.

17. Jeder, der bereitwillig antibiblische Normen, Ideale oder Gebote glaubt und sich ihnen unterwirft, hat in Wirklichkeit die wahre Freiheit seines Gewissens verraten und führt ein Leben in Sklaverei und Feindschaft gegenüber Gott. Er mag dies nicht erkennen, oder er hat sich – selbst wenn er eine Ahnung von dieser Realität hat – bereits daran gewöhnt, alle möglichen Methoden anzuwenden, um die Not seiner eigenen Seele zu unterdrücken.

GOTTES GESETZ UND DIE ERLÖSUNG DURCH CHRISTUS

18. Um uns vor diesen Nöten zu bewahren, griff Gott persönlich in die Geschichte des alten Israels ein und rettete die Israeliten aus der Sklaverei unter den Ägyptern. Durch seinen auserwählten Anführer Mose schloss er einen Bund mit seinem Volk und gab ihm sein Gesetz, das heute als die Zehn Gebote bekannt ist, damit die Israeliten Gottes Gerechtigkeit, seinen heiligen Willen und die Sünden erkannten, die ihr Gewissen quälten.
19. Das erste Gebot lautet: „Du sollst keine anderen Götter neben mir haben“ (2Mo 20,3). So wie eine Braut nur einen Ehemann haben kann, kann die Seele nur einen König haben, und die Kirche nur ein Haupt.
20. Wer immer also der König unseres Lebens sein will, ersetzt Gottes Willen durch seinen eigenen Willen oder verlangt bedingungslosen Gehorsam, Anbetung und Lobpreis – ganz gleich, ob es sich dabei um unseren Ehepartner, unsere Eltern, unsere Kinder oder die Regierung eines Volkes oder eine politische Partei handelt, ganz gleich, ob dies durch Tränen oder durchs Schwert geschieht. Solche Auferlegungen und Forderungen sind im Grunde genommen alle religiös. Sie wollen in Wirklichkeit der

„Gott“ einer Familie, einer Institution oder eines Volkes sein. Sie wollen die höchste Treue und den Gehorsam des Gewissens eines Volkes.

21. Solche Zwänge und Forderungen sind moralisch böse. Sie stehen im Widerspruch zu Gott und zur Menschheit. Diejenigen, die sich ihnen unterwerfen, begehen ebenfalls Böses und handeln götzendienerisch.
22. Die übrigen der Zehn Gebote beruhen alle auf dem Prinzip des ersten Gebots. So wie Jesus einmal sagte: „‚Du sollst den Herrn, deinen Gott, lieben mit deinem ganzen Herzen und mit deiner ganzen Seele und mit deinem ganzen Verstand.‘ Dies ist das große und erste Gebot. Das zweite aber ist ihm gleich: ‚Du sollst deinen Nächsten lieben wie dich selbst.‘ An diesen zwei Geboten hängt das ganze Gesetz und die Propheten“ (Mt 22,37-40).
23. An einer anderen Stelle der Bibel heißt es: „Das Ziel der Weisung aber ist Liebe aus reinem Herzen und gutem Gewissen und ungeheucheltem Glauben“ (1Tim 1,5). Niemand, auch kein Chinese, kann sich jedoch darauf verlassen, dass er „ein reines Herz und ein gutes Gewissen“ hat, er kann auch keinen „ungeheuchelten Glauben“ aus sich selbst erzeugen. Niemand kann sich darauf verlassen, dass er Gottes Gebot der Liebe in vollem Umfang erfüllt, einerlei, wie sorgfältig und gottesfürchtig er sein religiöses Leben führt. Es ist nicht möglich.
24. Seit der erste Vorfahre der Menschheit, Adam (und Eva), dem Bund nicht gehorchte (Hos 6,7), „haben alle gesündigt und ermangeln der Herrlichkeit Gottes“ (Röm 3,23). Das bedeutet, dass es vom alten bis zum heutigen China nicht einen einzigen gerechten Menschen gibt, denn es gibt niemanden, der nicht von seiner Natur her völlig verdorben ist; daher kann sich niemand selbst retten.

25. Die Hoffnung für die Chinesen ist dieselbe wie für die Menschen aller Nationen – sie liegt in Gott allein. Nicht nur wegen des Gesetzesbundes, „denn durchs Gesetz kommt Erkenntnis der Sünde“ (Röm 3,20), sondern Gott hat persönlich durch das Leiden des Messias (Jes 53) den Bund der Erlösung für sein auserwähltes Volk vorbereitet. Dadurch vergibt er die Sünden aller Menschen, die an ihn glauben (Joh 3,15). Außerdem wird Gott uns seine Gnade schenken, damit diejenigen, die auserwählt sind, im Geist wiedergeboren zu werden (Joh 3,3), an den Messias und sein Erlösungswerk glauben können.
26. Vor etwa 2000 Jahren wurde Jesus im Land Juda, in der Stadt Bethlehem, von der Jungfrau Maria geboren. Er ist der Christus (Messias). Die Bibel erklärt, dass dieser Jesus „und der Vater eins sind“ (Joh 10,30), dass er bei Gott ist und dass er Gott ist (Joh 1,1).
27. Die Bibel hat vorausgesagt, dass alle Völker auf das Kommen dieses Retters gewartet haben, „dass man auf der Erde erkenne deinen Weg, unter allen Nationen deine Hilfe“ (Ps 67,3). Es wird auch prophezeit, dass Christus der König sein wird, der über die Völker herrscht (Ps 47,9), „denn dem HERRN gehört das Königtum“ (Ps 22,29). Da hier von „den Nationen“ die Rede ist, schließt dies eindeutig sowohl das alte als auch das moderne China ein.
28. Die Propheten des Alten Testaments haben geweissagt, dass dieser Christus einen erschütternden Weg gehen wird, d. h. einen Weg, der den Wegen der Mächte dieser Welt völlig zuwiderläuft, um die Sünder vor den Mächten der Welt, des Fleisches und des Todes zu retten. „Doch er war durchbohrt um unserer Vergehen willen, zerschlagen um unserer Sünden willen“ (Jes 53,5).

29. Die vielen Prophezeiungen über den Messias haben sich alle in Jesus Christus erfüllt. Er ist der heilige und sündlose Gott, aber auch der Mittler des auserwählten Volkes Gottes und ein Stellvertreter für Sünder. Er wurde von der weltlichen Obrigkeit verurteilt; er litt, wurde von den Römern an ein Kreuz genagelt und begraben und stieg in die Tiefe hinab. Am dritten Tag ist er durch die Macht Gottes von den Toten auferstanden.
30. Diese Kernbotschaft des christlichen Glaubens wird als Evangelium bezeichnet. Im Evangelium geht es nicht nur darum, die Beziehung des Einzelnen zu Gott durch das Opfer Christi wiederherzustellen. Es geht auch um das Kommen des Reiches Gottes, sodass alle Könige der Welt, alle Nationen und ihre Völker aufgefordert werden, sich diesem Evangelium zu unterwerfen, und dazu gehört auch China.
31. So sagte der Apostel Paulus: „Er ließ in den vergangenen Geschlechtern alle Nationen ihre eigenen Wege gehen" (Apg 14,16), und weiter: „Nachdem nun Gott die Zeiten der Unwissenheit übersehen hat, gebietet er jetzt den Menschen, dass sie alle überall Buße tun sollen, weil er einen Tag festgesetzt hat, an dem er den Erdkreis richten wird in Gerechtigkeit durch einen Mann, den er dazu bestimmt hat, und er hat allen dadurch den Beweis gegeben, dass er ihn auferweckt hat aus den Toten" (Apg 17,30-31). Die Begriffe „Nationen" und „Erdkreis" schließen China und die Chinesen ein.

GEGEN EINE „SINISIERUNG[90] DES CHRISTENTUMS"

32. Gott hat sich in der Vergangenheit der chinesischen Kultur und der Weisheit der alten Chinesen bedient, um uns seine Existenz zu offenbaren, denn durch die Schöpfung können wir seine ewige Macht und sein göttliches Wesen erkennen (Röm 1,20). In der Bibel heißt es, dass Gott aufgrund seiner barmherzigen Liebe und zu unserem Nutzen „sich doch nicht unbezeugt gelassen hat, indem er Gutes tat und euch vom Himmel Regen und fruchtbare Zeiten gab und eure Herzen mit Speise und Fröhlichkeit erfüllte" (Apg 14,17). Durch das Streben der chinesischen Kultur nach Nächstenliebe, Gerechtigkeit, Wahrheit und Moral hat Gott uns auch das offenbart, was in unserem Gewissen über den Gebrauch des Gesetzes geschrieben steht oder was davon übrig geblieben ist (Röm 2,15).
33. Gott macht jedoch keine Unterschiede (Röm 2,14). Er hat in der chinesischen Geschichte und Kultur keinen Heilsweg außerhalb von Christus angeboten. Denn alle Chinesen sind wie die gesetzlosen Heiden, „weil sie Gott kannten, ihn aber weder als Gott verherrlichten noch ihm Dank darbrachten, sondern in ihren Überlegungen auf Nichtiges verfielen und ihr unverständiges Herz verfinstert wurde" (Röm 1,21).
34. Nicht nur das, sondern seit langer Zeit lebt das chinesische Volk in einer verwerflichen Kultur des Götzendienstes, die die Autokratie anbetet und sich vor dem Kaiser niederwirft, anstatt ein Leben der Anbetung des einen wahren Gottes zu führen. Die philosophische Lehre, es

---

90 A. d. V.: Sinisierung bedeutet, etwas chinesisch zu machen bzw. eine chinesische Gestalt zu geben. Der Begriff wurde unter Präsident Xi zum Schlagwort der Religionspolitik und Thema vieler DSB-Dokumente.

gebe „keine letzte Wahrheit, nur Tugenden“ führte zu moralischer Selbstgerechtigkeit.[91] Diese kulturellen Normen haben die Herzen des chinesischen Volkes und unsere Institutionen bis heute gefesselt.

35. Deshalb werden wir, wie alle Völker der Welt, von der Bibel schonungslos angeklagt: „Und wie sie es nicht für gut fanden, Gott anzuerkennen, hat Gott sie dahingegeben in einen verworfenen Sinn, zu tun, was sich nicht gebührt: erfüllt mit aller Ungerechtigkeit, Bosheit, Habsucht, Schlechtigkeit, voll von Neid, Mord, Streit, List, Tücke; Verbreiter übler Nachrede, Verleumder, Gotteshasser, Gewalttäter, Hochmütige, Prahler, Erfinder böser Dinge, den Eltern Ungehorsame, Unverständige, Treulose, ohne natürliche Liebe, Unbarmherzige. Obwohl sie Gottes Rechtsforderung erkennen, dass die, die so etwas tun, des Todes würdig sind, üben sie es nicht allein aus, sondern haben auch Wohlgefallen an denen, die es tun“ (Röm 1,28-32).
36. Wer also irgendeine Art von „Sinisierung des Christentums“ in Bezug auf die Grundlagen unseres Glaubens, die biblische Theologie und die Lehren der Kirche befürwortet oder fordert, der lehnt Jesus Christus ab und steht dem Christentum feindlich gegenüber. Dies ist ein antichristlicher Akt und wird unter den gerechten Zorn und das Gericht Gottes fallen.
37. Zu diesen Kampagnen oder Bedingungen für die „Sinisierung des Christentums“ gehören: zu glauben, dass die traditionelle chinesische Kultur oder Religion Wege zur Verehrung des einzigen, wahren, in der Bibel offenbarten

91 Dies ist eine interpretierende Paraphrase des 38. Kapitels des *Tao Te Ching* von Lao Tzu (老子).

Gottes oder Wege zur Erlösung bietet, die der Erlösung durch Jesus Christus ähnlich oder sogar gleichwertig sind; zu behaupten, dass die traditionelle chinesische Kultur und Religion eine einzigartige Offenbarung über die Erlösung außerhalb Gottes und der Bibel enthält; zu behaupten, dass die grundlegenden Lehren der weltweiten Gemeinde Jesu von der traditionellen chinesischen Kultur oder der modernen chinesischen Gesellschaft und den politischen Strukturen assimiliert werden müssen; eine Art „universelle Lehre von Christus“ zu vertreten, die den historischen Jesus leugnet und bekräftigt, dass die chinesischen Traditionen implizite Lehren über die Erlösungswege Christi enthalten; und eine „Rechtfertigung durch Liebe“ oder irgendeine andere Lehre zu vertreten, die eine Angleichung an traditionelle chinesische moralistische Lehren anstrebt und dadurch die Notwendigkeit des Sühneopfers Christi am Kreuz schwächt oder sogar leugnet.[92]

38. Die Kirche muss sich der „Sinisierung des Christentums“ widersetzen. Das bedeutet, sie muss sich dagegen wehren, dass die Kultur benutzt wird, um das Evangelium zu verändern, dass die Politik benutzt wird, um den Glauben in die Pflicht zu nehmen und dass solche chinesischen Traditionen, die widergöttlich sind, benutzt werden, um die treuen Traditionen von Gottes universaler Gemeinde zu zerstören.
39. Dies schließt nicht die Maßnahmen ein, die die Kirche ergreift, um die chinesische Kultur und Traditionen zu respektieren oder die Einschränkungen der bestehenden Kultur bereitwillig zu akzeptieren, um das Evangelium

92 Siehe Glossar: „Wu Yaozong“.

in Übereinstimmung mit den Wahrheiten Gottes zu verkünden. Wie der Apostel Paulus sagt, ist all dies um des Evangeliums willen geschehen: „Ich bin allen alles geworden, damit ich auf alle Weise einige rette" (1Kor 9,22).

DIE KIRCHE ALS LEIB CHRISTI UND SEIN REICH

40. Der vom Kreuz auferstandene Christus wählte persönlich die Apostel aus, goss zusammen mit Gott, dem Vater, den Heiligen Geist aus (Joh 14,26) und gründete die Gemeinde (Mt 16,18). Christus hat mit seinem eigenen kostbaren Blut einen neuen Bund mit der Gemeinde geschlossen. Diese Gemeinde ist nicht auf die natürliche Abstammung der Israeliten beschränkt, sondern besteht aus allen Völkern, aus jedem, der sich öffentlich zu seinem Glauben bekannt hat und getauft wurde, einschließlich der chinesischen Gläubigen. In der Bibel heißt es: „Du bist würdig, das Buch zu nehmen und seine Siegel zu öffnen; denn du bist geschlachtet worden und hast durch dein Blut Menschen für Gott erkauft aus jedem Stamm und jeder Sprache und jedem Volk und jeder Nation" (Offb 5,9).
41. Die Bibel verkündet, dass dem auferstandenen Christus alle Autorität in der von Gott geschaffenen Welt und im gesamten Universum verliehen wurde, „hoch über jede Gewalt und Macht und Kraft und Herrschaft und jeden Namen, der nicht nur in diesem Zeitalter, sondern auch in dem zukünftigen genannt werden wird. Und alles hat er seinen Füßen unterworfen und ihn als Haupt über alles der Gemeinde gegeben" (Eph 1,21-22). Der Herr sagt: „Mir ist alle Macht gegeben im Himmel und auf Erden" (Mt 28,18).

42. Weil es heißt: „Alles ist seinen Füßen unterworfen", befindet sich auch China unter den Füßen Christi. Da es heißt: „jede Gewalt und Macht und Kraft und Herrschaft", schließt die dem Herrn Jesus gegebene Autorität auch die Autoritäten der chinesischen Regierung und ihrer Gesellschaft ein.
43. Das bedeutet, dass die chinesische Gesellschaft unter der Souveränität Christi steht, unabhängig davon, wie viele Christen es in China gibt, unabhängig davon, welche Art von politischer Agenda China wählt, unabhängig davon, wie die chinesische Regierung (oder irgendeine andere Regierung) gegenüber dem Evangelium eingestellt ist. Die geistliche Realität ist, dass der auferstandene Christus die Geschichte dieser Nation und die Herzen ihrer Bürger regiert und leitet – und nicht irgendwelche Herrscher, politischen Parteien, Kulturen oder Finanzmächte.
44. Außerdem nennt die Bibel die Kirche seinen Leib, „die Fülle dessen, der alles in allen erfüllt" (Eph 1,23). Obwohl die Kirche Christi unter den Völkern verbreitet ist, gehört sie also keiner Nation an. Die Gemeinde ist ein Reich, das die Augen nicht sehen können, dessen Bürger aber der Souveränität Christi treu sind. Auch wenn die Nationen die Kirche als eine religiöse Institution betrachten, ist die Beziehung zwischen Kirche und Staat im Wesentlichen eine Beziehung zwischen zwei Reichen.

DAS VERHÄLTNIS ZWISCHEN DEN BEIDEN HERRSCHAFTSBEREICHEN UND DIE TRENNUNG VON KIRCHE UND STAAT

45. In der Kirchengeschichte wird die Beziehung zwischen diesen beiden Reichen die Beziehung zwischen der „Stadt Gottes" und der „Stadt des Menschen" genannt oder

manchmal auch die Beziehung zwischen dem geistlichen und dem irdischen Reich oder die Beziehung zwischen einem eschatologischen Reich des „Schon-jetzt-aber-noch-nicht“ des kommenden Zeitalters und dem Reich dieses Zeitalters, das bekannt ist als „diese Welt, die vergeht“.

46. Bevor unser Herr Jesus ans Kreuz geschlagen wurde, verkündete er dem römischen Statthalter, der über ihn richtete: „Mein Reich ist nicht von dieser Welt; wenn mein Reich von dieser Welt wäre, so hätten meine Diener gekämpft, damit ich den Juden nicht überliefert würde, jetzt aber ist mein Reich nicht von hier“ (Joh 18,36). Das zeigt, dass das Reich Christi höher ist als alle Nationen der Erde. Es zeigt auch, dass das Reich Christi, bevor der Tag des Gerichts kommt, davon absehen wird, Zwang oder Gewalt anzuwenden, um seine Herrschaft in dieser Welt durchzusetzen. Vielmehr lässt es durch große Liebe und Barmherzigkeit zu, dass die politischen Mächte dieser Welt die Macht des Schwertes ausüben.

47. Christus, als der souveräne König der ganzen Erde, demonstriert die Realität und die Macht seiner Herrschaft durch die Verbreitung des Evangeliums durch die Gemeinde und die Taten der Gläubigen gemäß ihrem erneuerten Glauben und Gewissen. Als der römische Statthalter Jesus fragte: „Also bist du doch ein König?“, sprach unser Herr Jesus in seiner Antwort erneut über die Autorität seines geistlichen Reiches: „Du sagst es, dass ich ein König bin. Ich bin dazu geboren und dazu in die Welt gekommen, dass ich für die Wahrheit Zeugnis gebe. Jeder, der aus der Wahrheit ist, hört meine Stimme“ (Joh 18,37).

48. Wenn also die chinesischen politischen Behörden die Kirche fragen: Ist Christus euer König? Steht euer Glaube

im Gegensatz zur Regierung? Versucht ihr, die politische Landschaft zu beeinflussen?, so geben wir drei Antworten.

49. Erstens antworten wir: Gottes Reich ist bereits hier in China, es kann nicht durch die Macht des Schwertes verleugnet werden, weil sein Reich durch den eingeborenen Sohn Gottes, unseren Erlöser, den Herrn Jesus Christus, hervorgebracht wurde. Er hat dieses Reich durch seinen eigenen Tod am Kreuz unter der Macht des Schwertes hervorgebracht. Völkermord und Verfolgungen können nur dazu führen, dass dieses Reich in China immer mehr an Boden gewinnt, denn das Kreuz ist das Geheimnis der Kirche und des Evangeliums. Da die Gemeinde der Leib Christi ist, wird sie jedes Mal, wenn die wahre Kirche verfolgt wird, die Kraft der Auferstehung zum Vorschein bringen.
50. Zweitens werden wir antworten: Die Kirche in China gehört weder zur Republik China der Vergangenheit, noch gehört sie zur Volksrepublik China der Gegenwart, und sie wird auch in Zukunft keiner anderen politischen Macht gehören. Die Kirche wird ihrem Wesen gemäß jeder dem Staat verliehenen Autorität des Schwertes gehorsam sein. Wir versuchen nicht, gegen eine bestehende Regierung zu rebellieren, und wir erstreben auch keine besonderen staatlichen Privilegien oder andere staatliche Einflussnahme, die uns helfen, die Gesellschaft zu beeinflussen. Denn Gott hat diese Autorität, „das Schwert zu tragen“ dem Staat gegeben (Röm 13,4) und nicht der Kirche. „Wer sich daher der staatlichen Macht widersetzt, widersteht der Anordnung Gottes“ (Röm 13,2).
51. Dies bedeutet jedoch nicht, dass einzelne Gläubige nicht alle legalen Mittel nutzen, um ihren Protest und Widerstand zu äußern, und sich angemessen verteidigen

werden, wenn sie mit Gewalt oder rechtswidrigen Übergriffen seitens der Regierung oder anderer Personen konfrontiert oder dessen beraubt werden, was Gott und die Gesetze ihnen zugestanden haben. Die Kirche verlangt von ihren Mitgliedern keinesfalls, dass sie ihr Recht auf Protest oder Selbstverteidigung gegen illegale Übergriffe aufgeben.

52. Obwohl man durch den Glauben auf physischen Widerstand und Protest verzichten mag – was Gott erfreut und mit dem übereinstimmt, was der Herr getan hat –, kann diese Art von Entscheidung nur dann als gottesfürchtig bezeichnet werden, wenn sie aus dem persönlichen Glauben und Gewissen des Einzelnen erwächst.

53. Drittens werden wir antworten: So wie der Regierung „die Autorität des Schwertes" verliehen wurde, um der Menschheit zu helfen, die Ordnung in der Gesellschaft aufrechtzuerhalten, so wurde auch der Kirche der Missionsbefehl erteilt, insbesondere um ein Zeuge für die Wahrheit zu sein und diejenigen, die zur Wahrheit gehören, aufzurufen, ihre Götzen loszulassen, auf die Lehre des Herrn Jesus zu hören und nur den einen wahren Gott anzubeten.

54. Wie wir bereits gesagt haben, ist die Kirche ungehorsam gegenüber Gott, wenn sie sich der Autorität des „Schwertes" der Regierung widersetzt und die Autorität und Macht der Durchsetzung an sich reißt. Ebenso ist es Ungehorsam gegen Gott, wenn die Regierung oder irgendeine gesellschaftliche Institution oder Einzelperson ihre politische Macht dazu nutzt, der Kirche die geistliche Autorität zur Verbreitung des Evangeliums gemäß dem Missionsbefehl und zur Anbetung Gottes zu verweigern. Die Kirche hat die Pflicht, entweder privat oder öffentlich

die schrecklichen Folgen dieser Sünden zu tadeln, zu kritisieren und sich dagegen auszusprechen und mit der leidenschaftlichen Liebe Christi zur Umkehr zu rufen.

55. Die Bibel lehrt, dass Christus der Kirche diese geistliche Vollmacht gegeben hat, die „Schlüssel des Himmelreichs" genannt wird. Christus sagte zu seiner Gemeinde: „Ich werde dir die Schlüssel des Reiches der Himmel geben; und was immer du auf der Erde binden wirst, wird in den Himmeln gebunden sein, und was immer du auf der Erde lösen wirst, wird in den Himmeln gelöst sein" (Mt 16,19).
56. Nicht nur das, sondern Christus befiehlt seiner Kirche auch, hinzugehen und sein Evangelium zu verkünden, indem er sagt: „Ihr werdet meine Zeugen sein ... bis an das Ende der Erde" (Apg 1,8). Nachdem Jesus von den Toten auferstanden war, aber noch vor seiner Himmelfahrt, kam er zu den Aposteln und sagte: „Mir ist alle Macht gegeben im Himmel und auf Erden. Geht nun hin und macht alle Nationen zu Jüngern, und tauft sie auf den Namen des Vaters und des Sohnes und des Heiligen Geistes, und lehrt sie alles zu bewahren, was ich euch geboten habe! Und siehe, ich bin bei euch alle Tage bis zur Vollendung des Zeitalters" (Mt 28,18-20).
57. Das bedeutet, dass es auf dieser Erde keine Nation gibt, die die Befugnis hat, die Kirche daran zu hindern, rechtmäßig biblische Methoden zur Verbreitung des Evangeliums anzuwenden oder Evangelisten in verschiedene Regionen zu senden, um Gottesdienste oder missionarische Versammlungen durchzuführen. Außer um der sozialen Ordnung oder der Verwaltung des öffentlichen Wohls oder der Gleichbehandlung aller Bürger willen sollte die Kirche nicht einzig aus religiösen Gründen diskriminiert,

überwacht oder eingeschränkt werden. Denn die Religionsfreiheit der Kirche, das Evangelium zu verkünden und unseren Gott anzubeten, ist uns von Christus selbst gegeben. Jede Verletzung oder Beschneidung dieser Freiheit ist eine böse Tat des Antichristen und wird von der Glut des Höllenfeuers und Gottes gerechtem Zorn nicht verschont bleiben.

58. Dies zeigt, dass die Kirche auch keinerlei Macht hat, ebenso wenig kann sie die Unterwerfung unter außerbiblische und weltliche Gesetze, Ideen oder Anordnungen als Entschuldigung dafür benutzen, den Missionsbefehl aufzugeben oder aufzuweichen, oder diesen Dienst, der die Seelen der Menschheit und die Herrlichkeit der ewigen Vollendung betrifft, der Kontrolle oder Verwaltung der Regierung, Institutionen oder Einzelpersonen überlassen.
59. Die Aussage, dass der Missionsbefehl nicht abgeschwächt werden darf, bedeutet, dass allen Völkern, Orten, sozialen Gruppen, Geschlechtern, Klassen und Kulturen das Evangelium Christi verkündet werden soll, um die Gemeinde Jesu zu gründen und den einzig wahren Gott anzubeten. Die Kirche kann keine individuellen oder institutionellen Behinderungen oder Verbote gegen den Missionsbefehl akzeptieren, alle Menschen, Altersgruppen und politischen Bereiche zu evangelisieren.
60. Damit wird nicht geleugnet, dass die Kirche in bestimmten Gesellschaften oder Kulturen die Realität von umweltbedingten Einschränkungen wie Transport und Sicherheit oder andere strukturelle oder technologische Grenzen für den Missionsdienst akzeptieren muss. Wenn solche historischen Bedingungen die Ausdehnung der Kirche auf ein größeres Gebiet nicht unterstützen oder

keine Möglichkeiten bieten, bessere Ergebnisse für den Missionsauftrag zu erzielen, sollte die Kirche große Zurückhaltung üben, aber gleichzeitig ernsthaft beten, abwarten und auf eine Verbesserung dieser umweltbedingten Einschränkungen hinarbeiten.

61. Wenn die Kirche jedoch aktiv und öffentlich den Missionsbefehl schwächt, indem sie mit der örtlichen Regierung oder der Gesellschaft zusammenarbeitet, sich selbst der göttlichen Dienste der Evangelisation und des öffentlichen Gottesdienstes beraubt oder aufgrund des Drucks weltlicher Autoritäten die Aufgaben des Missionsbefehls einschränkt oder behindert oder sich selbst zensiert, dann verrät die Kirche offen unseren Herrn, verrät, was Christus der Kirche aufgetragen hat, und lästert ihre herrliche Rolle als „Verwalter der Geheimnisse Gottes" (1Kor 4,1).

62. In der rund 2000-jährigen Kirchen- und Weltgeschichte wird die Beziehung zwischen den beiden Reichen, in der die Kirche die Macht der „Schlüssel des Himmelreichs" und die Regierung das „Schwert" innehat, gemeinhin als Prinzip der „Trennung von Kirche und Staat" oder als Gegensätzlichkeit (Dichotomie) von Kirche und Staat bezeichnet.

63. Die Bibel berichtet, dass unser Herr Jesus auf die Frage eines Juden, ob er Steuern an die römische Regierung zahlen solle oder nicht, sagte: „Gebt denn dem Kaiser, was des Kaisers ist, und Gott, was Gottes ist" (Mt 22,21). Das bedeutet, dass es selbst in dieser gefallenen Welt noch bestimmte Dinge gibt, von denen Christus behauptet, dass sie „Gottes Dinge" sind. Im heutigen China gibt es also „Dinge, die Gott gehören". Das ist die Hoffnung der Menschheit, und das ist die Hoffnung Chinas.

64. Zweitens hat Christus verkündet, dass „Dinge, die Gott gehören", nicht dieselben sind wie „die Dinge des Kaisers". Auch stehen die Dinge Gottes über den Dingen des Kaisers. Denn Gottes Dinge gehören nicht in die Sphäre der Herrschaft und der Macht des Kaisers. Dieses Frage-Antwort-Gespräch fand statt, bevor Christus ans Kreuz geschlagen wurde. Christus war noch nicht von den Toten auferstanden, hatte noch nicht die Herrlichkeit und die Macht erhalten, aber er befahl dennoch, die „Dinge Gottes" direkt und nur Gott zu geben und nicht dem Kaiser.
65. Drittens: Als Christus auf eine Silbermünze zeigte und diese Aussage machte, verkündete er auch, dass sich „Gottes Dinge" und „die Dinge des Kaisers" überschneiden oder nebeneinander bestehen. So kann auch eine Silbermünze gleichzeitig Gott und dem Kaiser gehören. Die Dinge des Kaisers sind äußerlich, die Dinge Gottes aber sind innerlich. Bei den Dingen des Kaisers geht es um Geld und persönliche Interessen, bei Gottes Dingen um Seelen und Anbetung.
66. An dieser Stelle hat Christus zwei Mächte getrennt – obwohl beide Mächte letztlich von seiner Autorität abgeleitet sind. Die eine ist „die Macht des Schwertes". Sie ist das, was Gott den Staaten verliehen hat. Ihr Zweck ist es, alles, was mit Geld und persönlichen Interessen zu tun hat, zu regeln, gutes Verhalten zu schützen und zu fördern und Fehlverhalten zu bestrafen – zu Gottes Ehre und zum Wohl der Allgemeinheit. Wenn der Staat diese Macht missbraucht und dadurch der Kirche und den Gläubigen viele äußere Verluste in ihren Rechten zufügt, kann die Kirche für ihre eigenen Interessen kämpfen und Rechtsmittel einlegen, wenn es dabei nur um körperlichen oder persönlichen Schaden geht. Aber dies entbindet die

Kirche und ihre Mitglieder nicht von der Pflicht zum Gehorsam der Regierung gegenüber, weil diese Angelegenheiten keine „Dinge Gottes" sind.

67. Aber es gibt noch eine andere Macht, die der „Schlüssel zum Himmelreich", die Gott nur der Kirche gewährt. Alles, was den Gottesdienst, den Glauben und die Dinge des Gewissens eines Menschen betrifft, sind also die „Dinge Gottes" oder das, „was Gottes ist", wie Christus es genannt hat. Die Kirche ist die Gemeinschaft, die die Güter Gottes bewahrt, und wir werden „Diener Christi" genannt (1Kor 4,1). Diese Dinge Gottes sind die Hoffnung aller Gesellschaften und Völker, einschließlich der chinesischen Gesellschaft und aller ihrer Menschen.
68. Keine Regierung oder gesellschaftliche Institution hat die Macht, das Gewissen, den Glauben und die Religion eines Menschen zu steuern oder zu beurteilen. Die weltliche Macht beschränkt sich auf die Verwaltung und den Schutz des körperlichen Wohls und des Eigentums einer Person sowie des öffentlichen Wohls und der öffentlichen Ordnung. Wie man es auch wenden mag, der christliche Glaube ist keine Angelegenheit einer nationalen Regierung. Keine staatliche Behörde oder ihre Mitarbeiter haben das Recht, sich in die Lehren, die Amtsträger oder irgendeinen mit dem Evangelium verbundenen Dienst der Kirche einzumischen, sie zu überwachen oder zu lenken. Auch kann die Regierung der Kirche nicht das Recht nehmen oder einschränken, zu predigen und die Sakramente zu spenden.
69. Obwohl die Dinge der Welt und die Dinge Gottes schwer zu unterscheiden sind, weil sie sich manchmal überschneiden, kann die Kirche auf der Grundlage der Freiheit des Gewissens in Christus äußere Verluste ihrer Interessen akzeptieren. Wenn es notwendig ist und um des

Evangeliums willen geschieht, ermutigen wir die Gläubigen, Glauben und Mut zu haben, sogar den Verlust des Lebens in Kauf zu nehmen, denn äußerer Verlust und Erniedrigung sind der wahre Sinn des Kreuzes. Wie Christus einmal sagte: „Wer sein Leben findet, wird es verlieren, und wer sein Leben verliert um meinetwillen, wird es finden“ (Mt 10,39).

70. Das Geheimnis des Evangeliums gründet sich auf den Tod und die Auferstehung Christi. Es stellt die Prinzipien dieser gefallenen Welt auf den Kopf, die die äußere, materielle und militärische Macht zur höchsten Macht machen. Der gefallene und sündige Zustand des Menschen bringt sie dazu, sich diesen leiblichen Mächten und Lüsten hinzugeben; wir können nicht anders. Nur das Sühnopfer Christi kann die Macht des Todes zerstören und denjenigen, die an ihn glauben, die Sünden vergeben und ihnen Freiheit und Leben schenken.
71. Daher ist die Theologie des Evangeliums die Theologie des Kreuzes. Das Reich des Evangeliums ist das Reich des Kreuzes. In jedem Zeitalter, in jedem politischen Bereich ist das Kreuz immer die Botschaft der Kirche gewesen, und das Kreuz muss das Mittel sein, mit dem die Kirche diese Botschaft verkündet.
72. Unabhängig von ihrer Situation wird die Kirche immer auf die Gnade unseres Herrn vertrauen, um bis zum Ende treu zu bleiben. Wir werden die Macht der „Schlüssel zum Himmelreich“ nicht aufgeben oder sie irgendeiner vorübergehenden politischen oder wirtschaftlichen Macht anbieten oder in Komplizenschaft mit irgendeiner politischen Macht die Dinge Gottes mit den Dingen des Kaisers vermischen. Andernfalls beleidigt und verrät die Kirche nicht nur unseren Herrn, sondern sie hat dann

auch die Seelen der Menschen und jede Hoffnung, die der chinesischen Gesellschaft noch geblieben ist, verraten.

GEGEN DIE „DREI-SELBST-BEWEGUNG" UND BESTÄTIGUNG DES MISSIONSBEFEHLS

73. Was die Vollmacht der „Schlüssel zum Himmelreich" betrifft, so haben uns alle Apostel gelehrt: „Man muss Gott mehr gehorchen als Menschen" (Apg 5,29). Aus diesem Grund sind wir gegen die DSB-Kirchen und ihre Amtsträger und ihr Verhalten in China, das wir nachfolgend aufführen und als schändlichen Abfall vom Glauben betrachten müssen.
74. Zu diesen Verhaltensweisen gehören: – das Akzeptieren der politischen Zensur des Staates und der atheistischen politischen Partei; – die Überprüfung der Zulassungsvoraussetzung und die Überwachung, Prüfung, Ausbildung, Registrierung und finanzielle Unterstützung von kirchlichen Amtsträgern; – kirchliche Amtsträger, die gleichzeitig für die Kirche und den Staat oder eine politische Partei oder für politische Agenturen arbeiten; – Kirchen, die diejenigen, die in der Regierung, in einer politischen Partei oder in politischen Agenturen arbeiten, als Amtsträger ordinieren; – das Organisieren, Mitwirken und Predigen für den Staat, die Partei oder politische Organisationen gemäß deren politischer Propaganda und Agenden, selbst wenn dies in der Kirche geschieht und politische Aktionen innerhalb der Kirche durchgeführt werden; – das Akzeptieren der Beschränkungen des Staates, der Partei oder politischer Organisationen in Bezug auf das Alter der Zuhörer, auf Ort, Methoden, Anzahl und Inhalt der Dienste des Evangeliums, des öffentlichen Gottesdienstes

und der Verwaltung der Sakramente; – das Akzeptieren der Anforderungen oder des Drucks des Staates, der Partei oder der politischen Stellen in Bezug auf den primären Dienst der Verkündigung des Wortes, was zu einer Veränderung, Abschwächung oder Selbstzensur der Botschaft des Evangeliums führt; – das Leugnen der Autorität der Bibel oder das öffentliche Akzeptieren häretischer Verhaltensweisen; – die Zusammenarbeit mit oder sogar die Beteiligung an der Verfolgung von Mitgliedern der wahren Kirche, die den Glauben des Evangeliums aufrechterhält; – Zusammenarbeit mit oder Beteiligung an der Verleumdung, Beschuldigung und Verfolgung von Missionaren in China und der Weltmission; – offenes Abhalten von götzendienerischen Anbetungsversammlungen oder kirchlichen Zeremonien wie Hissen der Nationalflagge, Singen von kommunistischen Revolutionsliedern oder weltlicher Musik; – öffentliche Verlesung von Erklärungen politischer Führer usw.

75. Diejenigen Kirchen und Amtsträger, die die Vollmacht der Kirche über die Schlüssel des Himmelreichs verraten haben oder weiterhin verraten, die die Dinge des Kaisers mit den Dingen Gottes vermischen, die sich an der Verfolgung der wahren Kirche beteiligen und das Evangelium und ihren Glauben kompromittieren, sollten Gottes Gnade suchen, damit er ihnen ein treues Herz schenkt, damit sie diese Welt überwinden, Buße tun und zu unserem Herrn zurückkehren. Vielleicht wird der Herr unergründliche Gnade walten lassen, seinen Zorn zurückziehen und seinem Volk trotz allem Gnade schenken. Er kann es ihnen noch ermöglichen, sich mit dem kostbaren Blut Christi zu bedecken, bis zum Ende treu zu bleiben und die Krone des Lebens zu empfangen (Offb 2,10).

76. Wir glauben, dass die Patriotische Drei-Selbst-Bewegung, die seit mehr als einem halben Jahrhundert in China besteht, ein Ergebnis der aktiven oder passiven Zusammenarbeit einiger Kirchen mit der atheistischen Regierung ist. Sie ist eine Bewegung des Antichristen, weil sie versucht, den historischen Glauben und die universale Gemeinde zu spalten. Sie leugnet, dass es ein Reich Christi gibt, das höher ist als die Nationen der Erde, und versucht, eine „nationalistische Kirche" zu schaffen, die von politischer Macht abhängig ist. Dies ist ein Plan Satans zur Zerstörung der Gemeinde Christi in China und verwandelt den wahren Glauben in eine falsche Religion.
77. Aber die Absichten des Herrn sind gut (1Mo 50,20), und trotz mehr als einem halben Jahrhundert politischer Verfolgung und Spaltung in der Kirche Chinas hat dies zur Erweckung, Entfaltung und zum Schutz der chinesischen Hauskirche geführt, und in den drei folgenden Aspekten bleibt sie dem Evangelium und dem Weg des Kreuzes treu.
78. Erstens halten wir die biblische Irrtumslosigkeit als höchsten Maßstab für das gesamte Leben der Kirche und der Gläubigen und für die Beurteilung aller Dinge aufrecht. Zweitens halten wir fest an „Christus als dem einzigen Herrn der Kirche". Wir lehnen jegliche Führung oder Einmischung einer atheistischen Regierung in unsere Dienste für das Evangelium und die Wahrheit ab. Drittens halten wir auf der Grundlage des Prinzips der „Trennung von Kirche und Staat" die Gegensätzlichkeit zwischen der Vollmacht der Kirche mit den himmlischen Schlüsseln und der Macht der Regierung mit dem Schwert als koexistent aufrecht. Im Bereich der Regierung unterwerfen wir uns den Machthabern, aber

im Bereich des Geistes halten wir die Gewissensfreiheit aufrecht.

79. Wir glauben, dass solche religiösen Organisationen wie die Patriotische Drei-Selbst-Bewegung und die Abteilung für protestantische Angelegenheiten vom Staat kontrolliert und vereinnahmt werden. Sie sind politische Organisationen, die sich der politischen Macht verschrieben haben, und sie sind Handlanger des Antichristen. Dies ist eine „falsche Kirche"; sie gehören zu einer Gruppe von weltlichen nationalen Organisationen und sind nicht Teil der Kirche Christi, unseres Herrn. Das Wesen einer „Kirche" kann nicht von irgendwelchen Herrschern oder politisch-religiösen Organisationen kontrolliert werden, sondern sie ist eine Gemeinschaft von Menschen, die von Gott aus den Nationen, Völkern und Generationen auserwählt wurden, die ein geistliches und bundestreues Reich Christi verkünden und an das glauben, was man nicht sehen kann (Joh 18,36).
80. Zugleich gibt es auch innerhalb des Drei-Selbst-Systems einzelne Kirchengebäude (für den Gottesdienst zugelassene Räume), aber keine „Ortsgemeinden", die als unabhängige, juristische Personen eingetragen sind. Alle Gemeinden werden von einer bösartigen Gewerkschaft kontrolliert, die dem Kaiser gegenüber loyal ist. Nur wenn sie Teil einer solchen Organisation sind, können sie legale staatliche Hilfen erhalten. Der Plan Satans besteht genau darin, die „Ortsgemeinden" zu zerstören. Nur wenn er den Ortsgemeinden ihre Autonomie und Unabhängigkeit nimmt, kann er eine nationale „falsche Kirche" errichten und der Kirche die Schlüssel zum Himmelreich wegnehmen.
81. Wir glauben, dass wir im heutigen China nur dann wieder mit dem Aufbau wahrer und unabhängiger

„Ortsgemeinden" beginnen können, wenn wir uns vollständig vom Drei-Selbst-System verabschieden, die Zusammenarbeit mit der Verschwörung des Kaisers vollständig beenden, uns ausschließlich auf die Bibel und den Missionsbefehl des Herrn Jesus verlassen, unseren Glauben verkünden, Amtsträger einsetzen, kirchlichen Grundbesitz wiedererlangen und unabhängige örtliche Kirchen wiederaufbauen, eine nach der anderen.

82. Die Kirche muss bereit sein, bis zum Tod zu kämpfen, nicht für sichtbare Bürgerrechte und rechtliche Stellung, sondern für die unsichtbaren Schlüssel zum Himmelreich und die Kraft des Evangeliums. Die Kirche sollte niemals ihr wichtigstes Gut aufgeben. Dabei handelt es sich nicht um kirchliches Eigentum oder finanzielle Einlagen, sondern um das, was Gott uns gegeben hat – die „Geheimnisse", d. h. die heiligen Lehren, die uns von unserem Herrn gegeben wurden, die heiligen Ämter und Sakramente.
83. Sobald die Kirche in den heiligen Lehren, Ämtern und Sakramenten vor dem Fleisch kapitulierte, sobald sie sich von irdischen Mächten abhängig machte und sich der Politik unterwarf, galt ihre Anbetung einem Götzen. Die Kirche hat ihre schöne und herrliche Natur als Braut Christi und ihre Heiligkeit verloren. Sie wird zur Hure und ist nicht länger eine Kirche unseres Herrn.
84. Zusammenfassend lässt sich sagen, dass Gott einerseits der Regierung die Macht des Schwertes gegeben hat (Röm 13,1-13), um die weltlichen Angelegenheiten zu regeln und die materielle Ordnung und den Frieden zu sichern. Andererseits hat Gott der Kirche die Vollmacht der Schlüssel des Himmelreichs gegeben (Mt 16,19): das Evangelium zu verkünden, die Sakramente zu verwalten,

geistliche Angelegenheiten zu beurteilen und „Verwalter der Geheimnisse Gottes“ (1Kor 4,1) zu sein.

85. Das bedeutet einerseits, dass der Staat sich nicht in den Glauben und das Gewissen eines Bürgers einmischen oder darüber urteilen darf und dass er nicht befugt ist, in die Lehren, Ämter, Gottesdienste und die Verkündigung des Evangeliums einer Kirche einzugreifen. Auf der anderen Seite haben die Kirche und ihre Amtsträger kein Recht, sich in staatliche Vorgänge einzumischen, oder einen Anspruch, sich daran zu beteiligen; sie haben keine Rechte, Exekutivbefugnisse auszuüben.

86. Dies bedeutet nicht, dass christliche Bürger nicht wie andere Bürger sein sollten, die an keine oder eine andere Religion glauben. Sie können ihr gesetzliches Wahl- und Stimmrecht sowie andere politische Privilegien ausüben. Christen sollten bei Schulprüfungen, Schulbewerbungen, Beschäftigung, Beförderungen, Auszeichnungen, Ausbildung, Forschung, öffentlichen Reden, im Beamtendienst oder in Führungspositionen in keiner Weise diskriminiert oder eingeschränkt werden. Wenn jedoch ein Amtsträger der Kirche beginnt, in der Regierung zu dienen oder ein Regierungsamt zu übernehmen, hat die Kirche das Recht, ihn zu bitten, seine Ämter in der Kirche aufzugeben oder zurückzutreten. Die Kirche hat auch das Recht, Christen, die in der Regierung arbeiten oder ein politisches Amt bekleiden, aufzufordern, von ihren Ämtern zurückzutreten und diese aufzugeben, wenn sie in ein kirchliches Amt gewählt werden.

87. Deshalb kann die Kirche weder die Propaganda einer atheistischen Partei noch die Einmischung der staatlichen Religionsbehörde in unsere Religionsfreiheit akzeptieren. Wir können nicht akzeptieren, dass es staatliche

„Verwaltungsabteilungen“ über der Kirche unseres Herrn Jesus Christus geben könnte. Wir können nicht akzeptieren, dass „religiöse Angelegenheiten“ zu den Aufgaben des Staates gehören. Wir können nicht akzeptieren, dass die „Selbstverbreitung“ auf nationaler Ebene eingeschränkt wird und dass es auf lokaler Ebene „begrenzte Gebiete, begrenzte Standorte und begrenzte Personen“ gibt.[93] Das ist nichts anderes als Täuschung. Wir können die sogenannte politische Agenda der „religiösen Autonomie“ nicht akzeptieren.

88. Wahre „religiöse Autonomie“ gibt es nur mit Christus als unserem Herrn und der Bibel als unserem Fundament. Jede „Autonomie“ außerhalb von Christus ist ein Verrat am Herrn und kommt vom Bösen. Die wirkliche „sich selbst verbreitende, sich selbst versorgende“ Wahrheit ist, dass die Gläubigen und die Ungläubigen nicht vereint werden können. „Geht nicht unter fremdartigem Joch mit Ungläubigen! Denn welche Verbindung haben Gerechtigkeit und Gesetzlosigkeit? Oder welche Gemeinschaft Licht mit Finsternis? Und welche Übereinstimmung Christus mit Belial? Oder welches Teil ein Gläubiger mit einem Ungläubigen?“ (2Kor 6,14-15)
89. Mit anderen Worten: Religiöse Angelegenheiten werden niemals China gehören, und sie gehören auch keiner vorübergehenden irdischen politischen Macht. Die wahre Religion (Frömmigkeit) gehört Christus, dem Herrn, gehört der ganzen Welt und gehört dem Gewissen aller Gläubigen.
90. Was die Herrscher und den Gehorsam gegenüber der Obrigkeit anbelangt, so ist die Kirche bereit und hofft, dass

93 Siehe Glossar: die „Politik der dreifachen Festlegung“.

China seine religiösen Vorschriften ändern wird. Wir beten aufrichtig für die Herrscher und Führer dieser Nation und alle ihre Beamten, dass sie die Gnade und Vergebung Christi empfangen.

91. Sobald die chinesische Regierung bereit ist, die Einmischung und Kontrolle über die Lehre, die Ämter und die Verkündigung des Evangeliums der Kirche aufzugeben, ist die Kirche ihrerseits gern bereit, die Vorschriften und administrativen Beschränkungen der Regierung im Interesse der öffentlichen Ordnung und des öffentlichen Wohls zu akzeptieren, wozu dann auch gehören kann, dass die Kirche eine unabhängige religiöse Organisation ist, die bei einer Abteilung für zivile Angelegenheiten registriert ist.
92. Wenn der Staat die Ordnung und die Angelegenheiten außerhalb der Kirche regelt, hat die Kirche die Verantwortung, dies zu respektieren und zu befolgen, solange es das Wesen unseres Glaubens nicht beeinträchtigt. Als Teil der Gesellschaft ist die Kirche auch bereit, staatliche Beschränkungen in Bezug auf Technik und Material zu akzeptieren, solange diese Beschränkungen nicht im Widerspruch zur Bibel stehen und auch auf andere gesellschaftliche Institutionen angewandt werden. Dann liegt es in der Verantwortung der Kirche, dies zu respektieren und zu gehorchen.
93. Solange die Regierung auf der „Einheit von Kirche und Staat" beharrt, religiöse Angelegenheiten weiterhin als interne Regierungsangelegenheiten betrachtet, sich gewaltsam in die Schlüsselgewalt der Kirche über das Himmelreich einmischt und sich weigert, einer Ortskirche zu gestatten, sich unabhängig bei einer Behörde für zivile Angelegenheiten zu registrieren, muss die Kirche an den oben genannten Erklärungen der Hauskirche festhalten.

Wir werden die gesetzlichen Verwaltungsvorschriften befolgen und die staatliche Macht des Schwertes respektieren, aber auf der anderen Seite werden wir durch Gewaltlosigkeit unseren vom Gewissen bestimmten Widerstand aufrechterhalten, den Weg des Kreuzes gehen, an der Souveränität der Kirche und der Glaubensfreiheit festhalten und die Gewissensfreiheit der Gläubigen schützen.

94. Auch wird die Kirche ihr Bestes tun, um das Evangelium zu verkünden, zur rechten Zeit oder zur Unzeit (2Tim 4,2). Denn Menschen mögen gebunden sein, aber Gottes Wort wird nicht gebunden sein (2Tim 2,9); Diener mögen getötet werden, aber unser barmherziger Herr ist wieder auferstanden.

95. Im Juni 1955 veröffentlichte ein Anführer der chinesischen Hauskirche, der Diener Gottes Wang Mingdao, eine Schrift mit dem Titel „Wir – um des Glaubens willen". Es war seine öffentliche Erklärung, gemeinsam mit anderen chinesischen Kirchen, warum er sich weigerte, der Drei-Selbst-Bewegung beizutreten. Am 8. August desselben Jahres wurden Wang Mingdao, seine Frau Liu Jinwen und andere Mitarbeiter in den frühen Morgenstunden verhaftet. Später wurden Gläubige und Evangelisten, die dem Beispiel von Wang Mingdao folgten und am alten Evangelium festhielten und sich weigerten, der Drei-Selbst-Bewegung beizutreten, verhaftet, und die Regierung nannte sie die „Antirevolutionäre Wang-Mingdao-Organisation". Dieses Jahr ist der 60. Jahrestag der Verhaftung von Wang Mingdao und der Einführung der „Antirevolutionären Wang-Mingdao-Organisation". Bis zum heutigen Tag ist die Kirche unseres Herrn Jesus Christus in China 60. Jahre lang ständiger politischer Verfolgung ausgesetzt gewesen. Aus diesem Grund hat

unsere Kirche beschlossen, diese 95 Thesen zu veröffentlichen, um die Positionen der chinesischen Hauskirche zu unserem Glauben zu bekräftigen und um die Kirche vor der Regierung und der Gesellschaft im Allgemeinen mit bangem, aber demütigem Herzen zu verteidigen.

Im Namen unseres Herrn Jesus Christus, Amen.

Chengdu Early Rain Reformed Church

Pastoren: Wang Yi, Wang Huasheng
Älteste: Liu Huisheng, Su Bingsen, Xue Jiafu, Yan Xixia, Yu Tao

18. August 2015

TEIL II

DIE ESCHATOLOGISCHE KIRCHE UND DIE STADT

Am 1. Februar 2018 traten die neuen Vorschriften für religiöse Angelegenheiten in Kraft. Sie wurden von der Staatlichen Administration für religiöse Angelegenheiten (SARA) ein Jahr zuvor angekündigt und begründeten die Zuständigkeit der SARA für die Überwachung aller religiösen Einrichtungen und Organisationen in China, obwohl allgemein unklar war, wie streng die Vorschriften durchgesetzt werden würden. Mit ihrem Inkrafttreten intensivierte sich die Debatte innerhalb der Hauskirchen darüber, ob die Gemeinden darauf reagieren sollten, indem sie sich vorsorglich in kleine, private Versammlungen auflösten, wie sie es in den vorangegangenen Jahrzehnten getan hatten, oder ob sie sich jeglichen Änderungen widersetzen und weiterhin sichtbare, öffentliche Gottesdienste abhalten sollten.

Während sich Wang Yi in seinem Manifest (Teil 1) mit der theologischen Bedeutung der Geschichte der chinesischen Hauskirche auseinandersetzte, wendet sich Teil 2 der Entwicklung seiner Ekklesiologie im Schatten der neuen Verordnungen zu. In diesen Kapiteln, die von den Herausgebern zusammengestellt wurden, versucht Wang Yi, die grundlegendste Frage zu beantworten: „Was ist die Kirche?“ Teil 2 liest sich anders als der vorherige Abschnitt. Während die Artikel des Manifests in schriftlicher Form verfasst wurden, oft für verschiedene Menschenrechts- und Demokratie-Blogs oder als Kapitel für Bücher, ist der Inhalt dieses Abschnitts größtenteils aus gesprochenen Kontexten – Predigten, Konferenzgesprächen, Interviews usw. – übernommen worden. Der Leser wird einen deutlichen Unterschied im Tonfall zwischen den beiden Abschnitten feststellen.

In dieser Zeit nahm Wang Yi an mehreren großen Konferenzen teil, was seine Bekanntheit nicht nur in der chinesischen Hauskirche, sondern auch in der weltweiten Christenheit erhöhte. Im Jahr 2013 predigte Wang Yi auf seiner ersten internationalen Bühne bei der Chinese Mission Convention (CMC) der Ambassadors for Christ (AFC) in Baltimore. Im Jahr 2014 sprach Wang Yi auf einer landesweiten Konferenz vor 1200 Pastoren und Leitern von Hauskirchen in Hongkong.

Die Grace-to-City-Konferenz war die erste ihrer Art und wurde von chinesischen Hauskirchen geplant und organisiert. Neben Timothy Keller von der Redeemer Presbyterian Church in Manhattan traten mehrere prominente Hauskirchenpastoren als Plenarredner auf. Drei Jahre später, im Jahr 2017, sprach Wang Yi auf der Hongkong 500, einer landesweiten Versammlung von Hauskirchenpastoren anlässlich des 500. Jahrestages der protestantischen Reformation. Drei prominente amerikanische Pastoren – John Piper, Richard Pratt und Paul Tripp – teilten sich die Bühne mit fünf bedeutenden Hauskirchenpastoren, die jeweils über eine der fünf Sola-Aussagen des historischen Protestantismus predigten. Später im Jahr 2017 sollte Wang Yi in Djakarta, Indonesien, auf einer weiteren Konferenz zum Reformationsjubiläum sprechen, die von Stephen Tong veranstaltet wurde, einem reformierten chinesischen Pastor aus Indonesien, der bei der Verbreitung der reformierten Theologie in der chinesischen Diaspora eine wichtige Rolle gespielt hat. Für ihn als einzigen Hauskirchenpastor unter den Plenarrednern wäre Djakarta sein sichtbarstes Engagement für die weltweite Christenheit gewesen; doch wie schon beim Lausanner Kongress durfte Wang Yi China nicht verlassen, um teilzunehmen. Stattdessen wurde seine Predigt in Abwesenheit von einem Freund verlesen.

In vielen dieser Kapitel erörtert Wang Yi seine persönliche Wiedergeburt und denkt über seine Rolle als Seelsorger nach. Wang Yi zeigt auch eine stärker werdende Erwartung seiner bevorstehenden Verfolgung und seines Eindrucks, dazu berufen zu sein, öffentlich für Christus zu leiden. In jedem dieser Kapitel bringt Wang Yi seine Überzeugung zum Ausdruck, dass die Gemeinde ein Geschenk Gottes an die Stadt ist. Daher spricht er weder über die Verfolgung seiner Person noch über die der Gemeinde als Ganzes als etwas, das es zu vermeiden gilt. Verfolgung ist letztlich nicht wegen des Schadens, den sie dem Christen zufügt, problematisch, sondern wegen des Schadens, den sie der Fähigkeit der Kirche zufügt, der Stadt zum Segen zu sein. Die Kirche ist der Wächter der Stadt; ohne sie ist die Stadt unbewacht.

Seit Mitte 2018 haben die Eingriffe der Regierung in große, öffentliche Hauskirchen deutlich zugenommen. Die Early Rain Covenant Church (ERCC) gedenkt jedes Jahr am 12. Mai des Szechuan-Erdbebens von 2008. Am Freitag, dem 11. Mai 2018, wurden Wang Yi und der Älteste von Early Rain, Li Yingqiang (李英强), vor dem Gedenkgottesdienst der ERCC zum zehnten Jahrestag verhaftet. Am darauffolgenden Tag wurden etwa 200 Mitglieder von Early Rain ebenfalls festgenommen, und Regierungsbeamte durchsuchten das Kirchengebäude und beschlagnahmten fast 10 000 Bücher aus der Kirchenbibliothek. Wang Yis Frau

Jiang Rong und Kirchenmitglieder suchten in den örtlichen Haftanstalten nach den Pastoren, konnten sie aber nicht finden. Am Samstag, dem 12. Mai, rief ERCC ab 22 Uhr Pekinger Zeit zum weltweiten Gebet für die Situation auf und berichtete, dass sich Kirchen in ganz China, Asien und Nordamerika zum Gebet versammelten. Um 22:20 Uhr Pekinger Zeit wurde Li Yingqiang freigelassen, und Wang Yi rief Jiang Rong an, um ihr mitzuteilen, dass auch er bald nach Hause kommen würde.

2018 war auch das Jahr der Schließung der Zionskirche in Peking. Im Laufe des Jahres begannen Regierungsbeamte, die zahlreichen Versammlungsorte der Zionskirche zu verbieten und zu schließen. Am 9. September 2018 stürmten etwa 70 Polizeibeamte den letzten Standort, zerstörten die Immobilie, beschlagnahmten die Materialien der Kirche und blockierten den Eingang. Einige Kirchenmitglieder wurden festgenommen und in Polizeifahrzeugen, Feuerwehrwagen und Bussen abtransportiert. Die Kirche wurde angewiesen, sich aufzulösen und nie wieder persönlich zusammenzukommen. Derzeit finden die Gottesdienste online statt.

Diese Ereignisse bestärkten Wang Yi in seinem Glauben an eine Eskalation der Verfolgung. Als Reaktion darauf begannen er und die Leitung von Early Rain, sich auf weitere Einmischungen und Schikanen vorzubereiten. Sie beschlossen, öffentliche Gottesdienste und Straßenevangelisationen nicht aufzugeben und ihre offensiven Gemeindegründungsstrategien fortzusetzen.

9

DAS MISSIONS- UND ARBEITSLAGER DES EVANGELIUMS

WANG YI

Diese Predigt wurde 2013 auf der Chinesischen Missionskonferenz (CMC) in Baltimore gehalten. Sie richtete sich an die Konferenzteilnehmer, von denen die meisten Übersee-Chinesen waren, die eine Berufung in den Dienst in Erwägung zogen. Die Predigt zeigt deutlich Wang Yis sich entwickelnde Reich-Gottes-Eschatologie und ihre Anwendung auf die pastorale Berufung. Nach der Konferenz wurde die Predigt von Wang Yi in *Church China*, der größten christlichen Zeitschrift auf dem chinesischen Festland, veröffentlicht.

In der Ehe-Vorbereitungsberatung bitte ich jedes junge Paar, ein Buch aus der Bibel auszuwählen, das wir gemeinsam lesen und durchbeten. Wir tun dies, um Gottes Berufung für sie zu suchen, wenn sie den Bund der Ehe eingehen. Ich habe mir immer gewünscht, dass jemand das Buch Hiob auswählt, und tatsächlich tat ein Paar nach einiger Zeit genau das!

Normalerweise bitte ich beide dann, nach Lektüre des Buches ihre Gedanken und Eindrücke dazu mitzuteilen. Ich möchte ihnen so helfen, konkrete Beispiele der Gnade und Barmherzigkeit zu erkennen, die Jesus ihnen in ihrer Lebensgeschichte geschenkt hat. Schließlich suche ich gemeinsam mit dem Paar einen Schlüsselvers heraus, der als Thema für die Hochzeitszeremonie und die Predigt dient, die ich bei der Hochzeit halte.

Vor einem halben Jahr gab es ein verlobtes Paar, das die Josefsgeschichte aus dem 1. Buch Mose als Thema für ihre Hochzeit wählte. Der Herr benutzte diese Geschichte voller Bitterkeit und Hoffnung als seine Zusage und seinen Segen für ihre Ehe. Dieses Paar fand einen besonderen Trost in 1. Mose 41,51-52, als Josef seinen ältesten Sohn Manasse nennt und sagt: „Denn Gott hat mich vergessen lassen all meine Mühe und das ganze Haus meines Vaters." Und seinen zweiten Sohn nennt er Ephraim und sagt: „Denn Gott hat mich fruchtbar gemacht im Land meines Elends."

Der verlobte Bruder, den ich begleitete, sagte zu mir: „Wenn wir über diese Verse nachdenken, hören wir Gottes Verheißung für unsere Ehe."

Danach wurden ihre Hochzeitseinladungen mit dem Titel meiner Predigt gedruckt: „Gott lässt mich am Ort meines Leidens aufblühen."

Wahrscheinlich werdet ihr diese Verse nie als Predigttext auf einer Hochzeit hören. Aber ist das nicht gerade das Wesen der Ehe? Gott lässt uns am Ort des Leidens aufblühen. Und ist das nicht das Evangelium? Gott lässt seine Auserwählten an dem Ort aufblühen, an dem sein Sohn gelitten hat.

Wir schätzen 24-karätiges Gold wegen seiner überragenden Qualität. Ein 18-karätiger Christ kann eigentlich kaum als Christ angesehen werden. Was unterscheidet 24-karätiges Gold von 18-karätigem Gold? Es ist Gold, das durch Leiden und große Hitze gegangen ist. In Sprüche 17,3 heißt es: „Der Schmelztiegel für das Silber und der Ofen für das Gold; aber ein Prüfer der Herzen ist der HERR." Gott sagt auch durch seinen Propheten Jesaja zu seinem gefangenen Volk: „Siehe, ich habe dich geläutert, doch nicht im Silberschmelzofen; ich habe dich geprüft im Schmelzofen des Elends“ (Jes 48,10).

Die Bibel sagt uns, dass nur Männer, die gelitten haben, attraktive Männer sind; nur Frauen, die gelitten haben, sind tugendhafte Frauen. Irgendwie ist jedoch unser Maßstab für einen attraktiven Mann sein Reichtum und sein gutes Aussehen geworden. Als wir Kinder waren, wurde uns beigebracht, dass der ideale Mann der Schaupieler Ken Takakura sei. Sein Gesicht sieht aus, als sei es vom Jangtse, dem Gelben Fluss, und dem Qinghai-Tibet-Plateau geformt worden. Wir würden nicht unbedingt sagen, dass er ein sehr gut aussehender Mann war, aber die Leute fühlten sich von seiner rauen Persönlichkeit angezogen.

Beschreibt uns das Evangelium nicht diesen Typus von Mann und Frau? An welcher Stelle ermutigt oder verspricht uns das Evangelium, dass wir schöne und erfolgreiche Männer oder Frauen werden?

1. Paulus war kein attraktiver Mann, und auch das Evangelium, das er predigte, war für die Menschen nicht attraktiv. Heute Abend möchte ich ganz besonders zu einer Gruppe von Menschen in unserer Mitte sprechen. Diese Botschaft richtet sich an diejenigen unter euch, die bereits von Gott berufen wurden oder noch dazu berufen werden, seinem Volk zu dienen, indem sie hauptamtlich predigen.

Ich möchte das predigen, was Paulus gemäß den letzten beiden Versen der Apostelgeschichte gepredigt hat: Paulus „aber blieb zwei ganze Jahre in seiner eigenen Mietwohnung und nahm alle auf, die zu ihm kamen; er predigte das Reich Gottes und lehrte die Dinge, die den Herrn Jesus Christus betreffen, mit aller Freimütigkeit ungehindert“ (Apg 28,30-31).

Die Apostelgeschichte schließt mit diesem Text, also mit einem bedeutungsvollen, offenen Ende. Diese letzten beiden Verse sind voller dramatischer Spannungen. Es ist das Geheimnis des Evangeliums, das diese Spannungen sowohl erzeugt als auch auflöst.

Paulus war ein Gefangener, genauer gesagt, ein Gefangener, der sich mit seinem Anliegen an Cäsar gewandt hat. Allerdings ist Paulus seit zwei Jahren inhaftiert, und diese Zeitspanne zeigt, wie sehr sich sein Fall verzögert hat. Darüber hinaus zeigt sie auch, wie sehr ihm die Identität als Gefangener immer mehr anhaftet. Er mietet auch das Haus, in dem er inhaftiert ist. Das ist ähnlich wie zur Zeit der Kulturrevolution, als man, wenn man durch Erschießen hingerichtet wurde, auch noch für die Kugel bezahlen musste. Das Gefängnis war kein Ort, an dem man umsonst essen und schlafen konnte. Die Gefangenen mussten selbst für die Kosten ihrer Inhaftierung aufkommen. Das war wirklich ungerecht. Obwohl das römische Recht zivilisierter war als das alte chinesische Recht, gilt es im Vergleich zu unseren modernen Gesetzen immer noch als roh. Paulus hatte zu dieser Zeit weder religiöse noch andere grundlegende Menschenrechte. Wenn Paulus jedoch die gesamten zwei Jahre seiner Gefangenschaft die Kühnheit, mit der er predigte, und die Fruchtbarkeit seines ungehinderten Dienstes hervorhebt, klingt seine Situation nicht so sehr nach Leiden. Vielmehr wird sie eher als Chance beschrieben. Was Paulus und seinen Berichterstatter Lukas interessiert, ist nicht die Art und Weise, wie sie nach Rom gekommen sind, sondern der Grund, warum sie dort sind.

Daher schafft das Evangelium in dieser Situation ein Paradoxon. Mit jedem Tag, der vergeht und an dem das Gefangenendasein für Paulus immer mehr zu einem Dauerzustand wird, wird er in Wirklichkeit immer mehr zu einem Apostel. Sein Körper ist gefangen, aber das Evangelium ist frei und ungehindert. Genau das meint Paulus, wenn er schreibt: „Denn mir scheint, dass Gott uns, die Apostel, als die Letzten hingestellt hat.“ Die Apostel werden mit den Kriegsgefangenen verglichen, die am Ende des Siegeszuges eines römischen Heeres vorgeführt werden. Diese Gefangenen unterstreichen die Herrlichkeit des siegreichen Landes. In diesem Sinne sind die Apostel Gefangene, die die Herrlichkeit des Reiches Christi offenbaren. Wenn das Evangelium impliziert, dass diese Welt ein vom Feind besetztes Gebiet ist, dann ist das Amt des Apostels untrennbar mit dem Status eines Gefangenen verbunden.

Die Art und Weise, wie Paulus in Rom eintraf, ähnelt der Art und Weise, wie unser Herr Jesus in Jerusalem eintraf. Beide betraten diese Städte inmitten von Leiden. Wenn man das hört, klingt das nicht nach Mission, sondern eher nach einem Arbeitslager. Wenn ihr Sohn oder ihre Tochter vom Herrn zu einer Missionsreise berufen wird, werden viele Eltern ähnliche Empfindungen und Gefühle erleben, als würde ihr Kind in ein Arbeitslager gehen.

Vor Kurzem habe ich gehört, dass China die Umerziehungslager abgeschafft hat. Umerziehung durch Arbeit (Reeducation through labor / RTL) ist eine Inhaftierung ohne Gerichtsverfahren und beraubt die Bürger ihrer persönlichen Freiheiten. RTL ist ein System, in dessen Mittelpunkt der Einsatz von Zwangsarbeit zur Umerziehung von Menschen im Sinne der chinesischen kommunistischen Ideologie steht.

Von der Vorbereitungsphase im Jahr 1955 über die Durchführungsphase im Jahr 1957 bis zur Abschaffung im Jahr 2014 überdauerte RTL knapp 60 Jahre. Ähnlich wie die 70 Jahre, als die Juden ins babylonische Exil geführt wurden, überdauerte RTL mehr als ein halbes Jahrhundert.

Ursprünglich waren Daniel und seine adeligen Freunde aus dem Königshaus von Juda die ersten Juden, die in die

Gefangenschaft verschleppt wurden. Mit der zweiten Welle der Weggeführten wurden weitere Mitglieder der gesellschaftlichen Oberschicht gefangen genommen. Nebukadnezar steckte diese Exilanten in eine Art Umerziehungslager, in dem sie das gesamte Wissen der Chaldäer erlernten. Die Bemühungen der Babylonier, das Verständnis der Exilanten für Kultur und Religion umzugestalten, waren ein Versuch, das Volk des Herrn vollständig Babylon zu unterwerfen und es zu lehren, treue Kinder jenes Reiches zu sein.

Doch selbst nach mehr als einem halben Jahrhundert hatten die Juden nicht nur dieses Umerziehungslager überlebt, sondern auch bemerkenswerte Nachkommen herangezogen. Hinter Nebukadnezars Bemühungen, Gottes Bundesvolk umzuerziehen, stand eigentlich das Umerziehungsarbeitslager des Herrn für sein rebellisches Volk. Als Adam und Eva aus dem Garten Eden vertrieben wurden, begann gewissermaßen das langwierige Umerziehungsarbeitslager für die gesamte Menschheit.

Das Wesen des Evangeliums besteht darin, dass dieses unvollendete Arbeitslager des Alten Testaments im Neuen Testament vollendet wurde.

Die Gefangenschaft Jesu im Neuen Testament steht für die Hoffnung der gefangenen Juden im Alten Testament. Im Alten Testament ist Israel der sündige und rebellische Sohn Gottes, der in die babylonische Gefangenschaft geführt wird. Im Neuen Testament war es Gottes sündloser Sohn Jesus, der die Initiative ergriff und sich freiwillig in die Gefangenschaft Babylons (ein Symbol für unsere Welt) begeben hat.

Der Kern des Evangeliums besteht darin, dass wenn der Sohn Gottes nicht zum Arbeitslager verurteilt worden wäre, das Arbeitslager nicht hätte abgeschafft werden können.

Das Evangelium bedeutet, dass, weil der Sohn Gottes zum Arbeitslager verurteilt wurde und der Diener nicht größer sein kann als der Herr und der Schüler nicht größer als der Lehrer, auch wir in dieser Welt bereit sein müssen, zum Arbeitslager verurteilt zu werden. In der Tat, wir müssen in das Arbeitslager dieser Welt gezwungen werden.

Das Ende der Apostelgeschichte bedeutet, dass die Mission des Paulus Teil der noch andauernden Fortsetzung des Arbeitslagers in dieser Welt ist. Im Gegensatz zu den exilierten Juden begannen Paulus und die anderen Apostel (Gefangene) jedoch, ein Evangelium der Freiheit zu predigen, während sie physische Gefangenschaft erlebten.

Mission bedeutet, über ein Arbeitslager zu predigen, das durch die Kraft des Evangeliums unterwandert wurde. Mit anderen Worten, es geht darum, über ein Arbeitslager zu predigen, das bereits durch die Kraft des Evangeliums entmachtet wurde. Paulus predigt aus der Gefangenschaft zu denen, die frei sind, dass sie es sind, die sich in der Knechtschaft befinden.

Paulus, der im Gefängnis sitzt, verkündet den Königen, den Führern und allen weltlichen Mächten, dass das Arbeitslager dieser Welt bereits durch die Macht des Kreuzes abgeschafft wurde.

2. Unabhängig davon, was in der Zukunft geschieht und in welcher Stadt ihr der Kirche Gottes dient, seid ihr bereit, diese Stadt auf demütige Weise zu betreten? Seid ihr bereit, euch dem Leiden des Arbeitslagers dieser Welt auszusetzen, um das Evangelium zu verkünden, durch das es bereit abgeschafft ist?

Was mir jedoch Sorgen bereitet, ist die Tatsache, dass es heute viele chinesische Kirchen in Übersee gibt, die China nicht so betreten werden, wie Paulus damals Rom betreten hat, und sie werden China nicht mehr so betreten, wie Jesus Jerusalem betreten hat. Die Entscheidung zur Mitarbeit in einer Hauskirche ist dasselbe wie die Entscheidung für einen Weg, der zwar von der Regierung verboten wurde, aber nicht von Gott. Sich für die Drei-Selbst-Kirche zu entscheiden bedeutet, sich für oberflächlichen Ruhm und für einen Weg zu entscheiden, der zwar von der Regierung nicht verboten ist, aber dennoch in eine totale Sackgasse führt.

In den vergangenen zwei Tagen haben mich Mitarbeiter und Gläubige gefragt: „Ist eure Kirche so öffentlich und frei wie die Drei-Selbst-Kirche?" Ich habe ihnen gesagt: „Nein, nein. Wir sind sogar noch freier als die Drei-Selbst-Kirche." Warum habe ich das gesagt? Weil wir so sind wie Paulus – wir sind „ohne Gesetz", sodass das Evangelium, das wir predigen, von niemandem behindert oder verändert wird, egal, ob es sich um das Büro für religiöse Angelegenheiten, den Ausschuss für ethnische Religion oder die Abteilung für die Arbeit der Vereinigten Front handelt.

Letztes Jahr nahm ich in Taipeh an einem Seminar teil, und wir sprachen darüber, eine Schule für Gemeindegründung zu beginnen. Einige taiwanesische Mitarbeiter fragten erstaunt: „Wir dachten, die chinesische Kirche hat keine Religionsfreiheit? Wie kannst du trotzdem eine Gemeindegründungsschule einrichten?" Ich sagte ihnen: „Wir können das genau deshalb tun, weil unsere Hauskirchen im Untergrund arbeiten und völlig ‚illegal' sind." So preist den Herrn! Wir leben im Zentrum des Evangeliums, und wir haben tatsächlich mehr Religionsfreiheit als die chinesischen Kirchen in Taiwan, Hongkong und Nordamerika. Wir haben mehr Freiheit, so wie der Apostel Paulus, obwohl er gefesselt war, mehr religiöse Freiheit hatte als die Juden, die in den Synagogen beteten. Gerade weil wir völlig „ohne Gesetz" sind, kann Gott inmitten einer aufstrebenden Supermacht und einer Art zerfallender Gesellschaftsordnung unerreichte und unbekannte Orte für das Evangelium erschließen, damit es sich dort entfalten kann. Das ist genau das, was Gott auf dem Höhepunkt und beim Untergang des Römischen Reiches in den ersten Jahrhunderten getan hat.

Ich bin auch besorgt darüber, dass es in unseren Hauskirchen heute Menschen gibt, die in die Mainstream-Gesellschaft eintreten wollen, indem sie sich aktiv an dem beteiligen, was diese treibt. Diese Menschen versuchen nicht mehr, auf den Wegen des Paulus und Jesu nach Rom und Jerusalem zu gelangen. Um eine „öffentliche Kirche" zu werden, muss man zunächst eine öffentlich verfolgte, ausgegrenzte und offen abgelehnte Kirche sein. Paulus' Ansatz zur Evangelisation und Gemeindegründung war derselbe wie der von Jesus – beide waren öffentlich. Wenn wir die Apostelgeschichte und die Briefe lesen, sehen wir nicht, dass die Apostel schwierige Themen vorsichtig vermieden oder sich und ihren Dienst vor der Öffentlichkeit abschirmten. Vielmehr waren die Jünger stets im Dienst engagiert, insbesondere inmitten größerer und stärkerer Verfolgung. Ich will damit nicht sagen, dass es die Jünger darauf angelegt haben, öffentlich verfolgt zu werden. Aber wenn ihr einmal erkannt habt, dass Mission auch Mission in einem Arbeitslager bedeuten kann oder dass Mission auch Leiden beinhaltet, dann werdet ihr nicht mehr irritiert sein, wenn ihr im Dienst leidet. Wie Paulus und Lukas sagten: Das Evangelium hatte ein beispielloses Wachstum in der römischen Welt erfahren, eine Wirkung, die fast einer nuklearen Explosion gleichkam. Nie dagewesene Knechtschaft führte zu nie dagewesener Freude.

Das eigentliche Wesen des Evangeliums führt dazu, dass die Evangelisten eine auf den Kopf gestellte Lebensweise erleben und sich die Art und Weise, wie sie ihren eigenen Erfolg bemessen, grundlegend ändert. In den letzten beiden Versen der Apostelgeschichte können wir das Wesen dieses auf den Kopf gestellten Zeugnisses sehen.

3. In seiner *Politeia* berichtet Platon von Gesprächen des Sokrates über das Wesen der Gerechtigkeit und davon, was einen gerechten Stadtstaat ausmacht. Einer seiner Gesprächspartner sagte zu Sokrates, dass die meisten Menschen sich nur deshalb an das Gesetz halten und gerecht handeln, weil es meistens zu ihrem Vorteil ist. Sokrates entgegnete, dass die Ungerechten solange alles bekommen, was sie wollen, bis man ihnen beweisen kann, dass die Gerechtigkeit an sich erstrebenswert ist und man auf sie bauen kann. Wenn also die absolute Gerechtigkeit durch absolute Ungerechtigkeit verletzt wird, wird eine gerechte und aufrichtige Person alles verlieren. Die Menschen glauben jedoch bis heute noch an einen Sinn von Gerechtigkeit und werden sich daran halten. Daher rechtfertigt Gerechtigkeit sich selbst, nur sie kann einen gerechten Stadtstaat ermöglichen.

Doch hier stößt das Argument des Sokrates auf seine größte Herausforderung. Denn am Ende wurde Sokrates von einem ungerechten Stadtstaat zu Unrecht hingerichtet. Wir wissen jedoch, dass er hätte fliehen und in Frieden sterben können. Auf diese Weise hat Sokrates selbst die Fragen beantwortet, die er in der *Politeia* nicht vollständig beantworten konnte. Mit anderen Worten: Sokrates entschied sich dafür, mit seinem Tod ein Zeugnis für jene Gerechtigkeit des Stadtstaates abzulegen, von der er sprach. Nach Sokrates' Auffassung muss Gerechtigkeit an sich gerecht sein, selbst inmitten ungerechter Umstände.

Das ist eigentlich der Missionsauftrag Jesu. Sokrates wurde ein Missionar für seine eigenen Ideale, genau wie die Helden der chinesischen Geschichte, die ihr Leben für die Gerechtigkeit opferten. Sie alle waren Missionare, die ihre eigenen Ideale verbreiteten. Jesus hat seine Jünger auch zu Missionaren berufen, aber um des Evangeliums willen. Alle Missionare und Evangelisten, die das Heil außerhalb von Christus predigen, sind Zeugen des Todes. Das Leiden ist in diesem Leben garantiert; die Missionare in Christus hingegen sind Zeugen der Auferstehung. Das Leiden ist bei beiden Arten von Missionaren notwendig, aber für den Christen hat es nicht das letzte Wort.

In gewissem Sinne geben die Bücher Daniel und Hiob beide eine Antwort auf die drängende Frage der *Politeia:* „Hat Gerechtigkeit solch einen Wert, der das Leiden übersteigt? Ist Gerechtigkeit es wert, unser Leben dafür zu lassen?"

Letztlich beantworten jedoch nur die Evangelien diese Frage eindeutig. Pastor Timothy Keller weist auf den Unterschied zwischen der Passion Christi und der Passion der Heiligen hin. Oberflächlich betrachtet ist die Passion Christi nicht so aufwühlend und heftig wie die Passion, die manche Christen erleben. Sogar die Helden des Liang-Schan-Moores und der kommunistischen Revolution in China hatten eindrucksvolle letzte Worte, als sie ihrem Tod entgegensahen.[94] Jesus am Kreuz ist jedoch ein Held, der alles Heldentum auf den Kopf stellt. Er ist stumm, manchmal klagt er. Er trauert, da ist kein triumphierender Jubel. Er leidet ohne tiefen inneren Frieden.

Durch Jesu Leiden können seine Jünger die höchste Glückseligkeit erfahren. In der Geschichte der Menschheit verursachen und ertragen wir unser eigenes Leid. Es gibt keine erlösende Bedeutung in diesem Leiden, die andere retten könnte. Wir geben auf, die Kosten für die Erlösung anderer wären viel zu hoch. Doch das Leiden Christi ist erlösendes Leiden, das einzige, das retten kann. Deshalb nahm Jesus die Ursache, den Kern allen Leidens für alle auf sich, nämlich die Trennung von Gottes Heiligkeit, Gerechtigkeit und Liebe. Und alle, die nun in Christus

94 Die Helden des Liang-Schan-Moorees sind in der *Wasserufergeschichte* (oder *Die Räuber vom Liang-Schan-Moor)* zu finden, einem der vier großen Romane Chinas. Er erzählt die Geschichte einer Bande von Geächteten, die sich gegen die Regierung auflehnen, aber im Gegenzug für ihre Hilfe im Kampf gegen andere Nomaden und Rebellen begnadigt werden.

leiden, erhalten im Gegenzug dafür eine abermalige Vereinigung mit Gottes Heiligkeit, Gerechtigkeit und Liebe.

Mit anderen Worten: Der Grund, warum uns unser Leiden in Christus froh und glücklich macht, liegt darin, dass es uns die Einheit mit Christus erleben lässt. Und der Grund, warum das Leiden Jesu so schmerzhaft und sanftmütig zugleich ist, liegt darin, dass der heilige Sohn am Kreuz in einem bestimmten Moment und in einem bestimmten Sinn eine vollständige rechtliche und emotionale Trennung von seinem himmlischen Vater erfahren hat.

Das ist das Geheimnis des Evangeliums und das geheime Paradoxon der gleichzeitigen Freiheit und Knechtschaft des Paulus. Denn Gott sagt uns: „Wer sein Leben findet, wird es verlieren, und wer sein Leben verliert um meinetwillen, wird es finden" (Mt 10,39). Und weiter sagt er: „Wer sein Leben liebt, verliert es; und wer sein Leben in dieser Welt hasst, wird es zum ewigen Leben bewahren" (Joh 12,25). Wie D. A. Carson sagte: „Das Kreuz ist nicht nur unser Glaubensbekenntnis, es ist der Maßstab unseres Dienstes."[95]

Das ist die Berufung des evangeliumszentrierten Predigens. Obwohl jeder Christ dazu berufen ist, nach den Grundsätzen des Reiches mit den auf den Kopf gestellten Maßstäben zu leben, sind Prediger besonders dazu berufen, Vertreter dieser umgekehrten Lebensweise unter unseren Brüdern zu werden. Euer Lebensstil muss ein Ausstellungszimmer für das Himmelreich sein. Eure Familie muss wie ein Vorzeigeladen für das Evangelium sein. Wenn ihr nicht für euren Glauben sterben wollt, dann werdet ihr auch nicht dafür leben. Wenn ihr nicht bereit seid, für euren Glauben zu sterben und ganz dafür zu leben, dann

95 D. A. Carson, *The Cross and Christian Ministry: Leadership Lessons from 1 Corinthians* (Grand Rapids, MI: Baker Books, 2006), S. 40.

ist er nichts wert. In welchen Situationen können wir ein solches Evangelium bezeugen? Welche Situationen lieben wir als Prediger und sollten sie uns wünschen? Wir sehnen uns so sehr danach, „ungehindert“ zu wirken, so wie Paulus – und dabei unsere äußeren Umstände völlig zu vergessen. Jemand, der sich in Zeiten einer Hungersnot nach einer Ehe sehnt, vergisst den Hunger, und wer inmitten eines Sturms sicher nach Hause zurückkehrt, vergisst den Sturm draußen. Es ist wie mit den Worten von Su Dongpo: „Es ist weder stürmisch noch klar.“[96] Für ihn war es das Ideal eines einfachen Lebens, das schließlich jede Möglichkeit zur Verfolgung höhergesteckter Ziele ausschloss. Paulus war leidenschaftlich für Gott engagiert, auch wenn es für viele verrückt aussah.

In 1. Mose 41,14 heißt es: „Da sandte der Pharao hin und ließ Josef rufen; da ließen sie ihn schnell aus dem Kerker holen. Und er schor sich, wechselte seine Kleider und kam zum Pharao.“ Chrysostomus, einer der frühen Kirchenväter, sagte, dass Josef sein Leiden ertrug und durch und durch geläutert wurde, wie ein Stück Gold.[97] Als er aus dem Gefängnis heraus und vor den Pharao gebracht wurde, glänzte er hell.

Was ist unsere Berufung angesichts des Evangeliums und des Dienstes der Verkündigung? Wenn mein Kind hohes Fieber hat, möchte ich mit ihm hohes Fieber haben. Als ich anfing, mich um meine Frau zu bemühen, wollte ich die gleiche Krankheit haben wie sie, um ihr näher zu sein und um sie besser kennenzulernen. Ich hoffte sogar, einmal vor ihren Augen in Ohnmacht zu fallen,

---

96 Su Shi (oder Su Dongpo, 1037–1101) war ein Beamter, Dichter und Künstler der Song-Dynastie. Er ist der Autor vieler berühmter klassischer literarischer Werke, die Wang Yi hier paraphrasiert.

97 Dies bezieht sich wahrscheinlich auf Johannes Chrysostomus’ *Abhandlung zum Beweis, dass niemand dem Menschen schaden kann, der sich selbst kein Leid antut* (Briefe an Olympias, 16. Brief, S. 4).

damit sie Mitleid mit mir hätte. Ich steigerte mich so sehr in diese hypothetische Situation hinein, dass es für mich okay gewesen wäre, in diesem Moment zu sterben.

Im Evangelium wird Gottes einziger Sohn für uns „ohnmächtig". Er bettelt nicht um unsere Liebe, stattdessen zeigt er uns eine unvorstellbare Liebe, uns, die wir unser ganzes Leben lang um Liebe gebettelt haben. Der Ruf zum vollzeitlichen Dienst gilt denjenigen, die von dieser Liebe besiegt worden sind. Seid ihr bereit, die gleiche Krankheit zu durchleben wie derjenige, der euch liebt? Seid ihr bereit, einen Bruchteil der Verachtung zu ertragen, die der Herr erduldet hat, und einen kleinen Abschnitt des harten Weges zu gehen, den unser Herr gegangen ist?

Das Evangelium beseitigt nicht das Leid und den Verlust in dieser Welt, aber es hüllt all euer Leid und euren Verlust in seine Barmherzigkeit und Güte ein. Es ist so, wie es die Worte in einem Lied sagen: „Ich bin bereit, ein kleines Lamm zu sein und mich an sie zu schmiegen. Ich bin bereit, jeden Tag von ihr sanft geschlagen zu werden."[98] Wenn ihr diesen Ruf Gottes hört, seid ihr dann bereit, euch täglich von seiner Rute und seinem Stab schlagen zu lassen? Seid ihr sogar bereit, dem Herrn zu erlauben, seine Kirche zu benutzen, um euch jeden Tag sanft zu schlagen – ob durch eine Gruppe von Christen, die ihr kennt oder auch nicht?

4. In diesen letzten beiden Versen der Apostelgeschichte gibt Lukas zwei klare Definitionen des Evangeliums.

Erstens war der Kern des Evangeliums, das Paulus predigte, das Reich Gottes. In einer chinesischen Übersetzung von Vers 31

98 „*Zai Na Yaoyuan De Difang*" (在那遥远的地方, „An jenem fernen Ort") ist eines der bekanntesten chinesischen Lieder, das sehr häufig aufgenommenen wurde. Es wurde 1939 von Wang Luobin geschrieben.

heißt es, dass Paulus „den Weg“ des Reiches Gottes predigte. Dies war eine zusätzliche Interpretation der Übersetzung. In Apostelgeschichte 1 versuchte der auferstandene Jesus, auf mehrere Wegen seinen Jüngern zu beweisen, dass er am Leben war, und sprach mit ihnen über „die Dinge“ (des Reiches Gottes). Die chinesische Übersetzung fügt „die Angelegenheiten“ in den Text ein. Lukas, der Verfasser der Apostelgeschichte, konzentriert die Botschaft des Evangeliums im gesamten Buch sorgfältig auf das Reich Gottes. Dieses Reich Gottes ist die neue Welt, durch die die Herrschaft Gottes in die alte Welt kommt, und die Bildung einer neuen Gesellschaft, in der die Herrschaft Gottes die alte Gesellschaft ablöst. Mit anderen Worten: Der Zweck des Evangeliums besteht nicht darin, den Einzelnen in eine neue Position innerhalb seiner alten Gesellschaft zu bringen, sondern Gottes Gemeinschaft des neuen Bundes in die Welt zu stellen, als Kontrast zur alten Lebensweise, um diese zu untergraben. Der Unterschied sollte so deutlich sein wie der zwischen einem dicken und einem dünnen Menschen oder zwischen einem großen und einem kleinen Menschen. Und wenn diese alte Welt arm wäre, dann würde das Evangelium Reichtum und Wohlstand in diesem Leben bedeuten. Aber wenn diese alte Welt voller Reichtum und Wohlstand ist, dann bedeutet das Evangelium in diesem Leben Armut. Und weil Rom mächtig ist, ist das Evangelium machtlos. Weil Rom frei war, waren die Apostel in Knechtschaft.

Das Evangelium besagt also, dass der Zweck unseres Lebens darin besteht, die Grenzen zwischen zwei sich überschneidenden, aber völlig unterschiedlichen Reichen deutlich zu machen. Der von Gott berufene Prediger ist dazu berufen, sein ganzes Leben zu einer Grenzmarkierung unter den Menschen zu machen und zu einem Wahrzeichen des Reiches Gottes zu werden. Wenn die Menschen auf sein Leben schauen, können sie erkennen, dass es zwei Reiche gibt, und sie können Schande und Herrlichkeit,

Knechtschaft und Freiheit neu definieren; alle ihre Umstände und ihre Werte können neu definiert werden.

Zweitens war der Kern von Paulus' Evangeliumsbotschaft die Lehre über „die Dinge, die den Herrn Jesus Christus betreffen". Das bedeutet, dass alles, was er predigte, mit Christus zu tun hatte. Genauer gesagt, er predigte über die Person Christi und über seine Werke.

Chinesen sind sehr fleißig – wir lesen viel und betreiben Geschäfte, und genauso sieht fast die ganze Welt die Chinesen rund um den Globus. Es scheint: Je härter wir arbeiten, desto eher sind wir in der Lage, Segen vom Himmel zu erhalten. Daher scheinen wir als Volk, das von Gottes Gunst gesegnet ist, direkt an zweiter Stelle hinter den Juden zu stehen. Wenn dieser moralische Anspruch wahr wäre, dann bräuchte China das Kreuz Christi wirklich nicht. Wenn dieser moralische Anspruch wahr wäre, dann bräuchten die Chinesen nur etwas mehr über sich selbst zu wissen, und wir hätten nicht nötig, etwas über Christus zu erfahren.

Wenn ihr sowohl einen Master-Abschluss als auch einen Doktortitel habt, dürft ihr einen entsprechenden Titel tragen. Wenn ihr eine Hochschule besucht habt, dann wart ihr vorher auch im Kindergarten. Aber auf eure Visitenkarte würdet ihr nicht schreiben, dass ihr im Kindergarten wart. Doch als der Sohn Gottes in diese Welt kam, stand auf seiner Visitenkarte: „Baby in der Krippe", und sein Lieblingstitel war „Menschensohn".

Das bedeutet für diejenigen von euch, die zu diesem „subversiven", auf das Evangelium ausgerichteten Vollzeitdienst berufen wurden, Folgendes: Wenn ihr einen Doktortitel habt oder Geschäftsführer seid, wäret ihr dann bereit, den Titel auf eurer Visitenkarte heute Abend in „Evangelist" zu ändern?

Wenn wir Fußball gucken, sehen wir manchmal, wie ein sehr entmutigter Spieler einer Mannschaft mit Wut im Bauch noch wenige Minuten vor Spielende eine rote Karte kassiert. Wenn die Mannschaft dieses Spielers jedoch am Ende gewinnt, ist er genauso begeistert wie seine Mannschaftskameraden und darf aufs Spielfeld zurückzukehren, um gemeinsam mit seiner Mannschaft zu feiern und den Jubel des Publikums genießen, denn der Sieg der Mannschaft gehört allen Spielern.

Dies wäre eine vom Evangelium inspirierte Alternative zur weltlichen Arbeitswelt. Wenn du denkst, dass du wirklich geeignet bist, Pastor zu sein, und du meinst, dass du besser bist als viele Prediger heute, wenn du dich dem Dienst widmen willst, weil du die Predigten deines Pastors nicht mehr hören kannst, und du Gemeinden gründen willst, weil du es in einer bestimmten Gemeinde nicht mehr aushältst, dann bete ich, dass der Herr dich von diesem Plan abhält. Es wäre besser, wenn du vor der Hoffnung deines Herzens zu predigen, fliehst, so wie du vor den Feuern der Hölle fliehen würdest. Es sei denn, du verstehst, dass der Herr keine Glaubenshelden ruft, sondern Heilige; keine Sieger, sondern Versager; nicht die Mächtigen, sondern die Unfähigen. Es sei denn, du wächst in der Erkenntnis, dass der entscheidende Moment unseres Lebens die Kreuzigung Jesu war und dass du damals nicht dabei warst.

5. Die größte Tragödie in unserem Leben ist, dass wir uns alle selbst lieben.

In vielen Werken der Literatur durchleben Menschen oft eine Art Tragödie, d. h., jemand erkennt und bemerkt erst am Ende seines Lebens, dass er all die Menschen, die sich um ihn sorgten, nicht gewürdigt hat. Es stellt sich heraus, dass die einzige Person, die ihn wirklich geliebt hat, diejenige war, die er entweder ignoriert hat, die ihm einerlei war oder an die er nicht geglaubt hat. Solche traurigen Geschichten können uns auf die eigentliche und größte Tragödie in unserem Leben hinweisen – dass nämlich oft

Gottes Liebe zu uns oder die Person des Herrn Jesus Christus das Letzte ist, was wir wahrnehmen und dem wir uns voll und ganz verschreiben.

Selbst nachdem wir Gott viele Jahre lang nachgefolgt sind, sagen wir immer wieder: „Oh Herr, ich weiß, dass du mich liebst, aber Bruder Zhang liebt mich nicht, Schwester Li liebt mich nicht oder mein Pastor liebt mich nicht."

Ich kenne eine Frau in unserer Gemeinde, die ihren Freund heiraten will, der nicht gläubig ist. Sie kamen zu mir, und der junge Mann sagte mir sehr wütend: „Warum können Christen und Nichtchristen nicht heiraten? Sie sind nicht ihr Vater. Was hat das überhaupt mit Ihnen zu tun?" Darauf habe ich geantwortet: „Die Wahrheit ist: Wenn Sie beide heiraten, haben Sie dann schon entschieden, wer von Ihnen gekreuzigt werden soll? Da Ehen Bündnisse sind, muss Blut vergossen werden, damit Ehen geschlossen werden können. Wenn das Evangelium nicht die Quelle eurer Identität, eurer Sicherheit und all eurer Befriedigung ist, dann werdet ihr euch gewiss gegenseitig kreuzigen."

Das Herzstück des Evangeliums ist das Reich Gottes und sein Kommen, und die Grundlage des Reiches Gottes ist die Person und das Werk Jesu Christi selbst. Das Evangelium muss für euer gegenwärtiges Leben relevant sein, es muss in jeden Winkel eures Lebens gelangen und Mittelpunkt eurer innersten Gedanken sein. Das Evangelium bedeutet, dass Christus in jeder Situation und unter allen Umständen eures Lebens euer Messias ist.

Das Evangelium ist kein Verhaltensprotokoll, das wir dem Herrn vorlegen. Vielmehr bedeutet Evangelium, dass der Sohn Gottes uns einen perfekten und sündlosen Leistungsnachweis liefert. Christ zu sein bedeutet, sich zu weigern, in irgendeiner Weise auf die eigenen Werke oder die eigene Person zu vertrauen, sondern in allem auf diesen perfekten und sündlosen Nachweis.

Das Evangelium ermöglicht es, die Geschichte eines jeden von uns neu zu erzählen, und es beantwortet alle Fragen, die in der Geschichte selbst bisher nicht beantwortet werden konnten. Das Evangelium bedeutet, dass die Geschichten über unser Leben ohne die Geschichte von Christus keine wirkliche Substanz haben. Das Evangelium bedeutet, dass alle unsere Geschichten zu einer einzigen werden, sobald wir die Geschichte Christi kennen. Als Prediger berufen zu sein bedeutet, in die Geschichte des Evangeliums hineingezogen zu werden und diese Geschichte in das Leben anderer zu tragen. Es geht darum, denen, die überzeugt davon sind, dass sie eine bedeutende Geschichte haben, zu sagen, dass das, was sie haben, im Vergleich zum Evangelium in Wirklichkeit nichts ist. Es geht darum, ihnen zu sagen, dass alles in ihrem Leben von der „Person und den Werken Christi" abhängt.

In der Apostelgeschichte wird Paulus als Unruhestifter bezeichnet. Wenn wir eine chinesische Redewendung verwenden, könnten wir sogar sagen, dass er die ganze Welt auf den Kopf gestellt hat. Das Evangelium ist eine Geschichte, die die Welt völlig auf den Kopf stellt. Sie ist deshalb auf den Kopf gestellt, weil Christus Fleisch geworden ist. Die Bedeutung von „reich" und „arm" steht auf dem Kopf, weil der König des Universums arm geworden ist. Leben und Tod sind auf den Kopf gestellt, weil der Herr des Lebens am Kreuz gestorben ist. Das Innen und Außen ist auf den Kopf gestellt, weil der Heilige Geist gekommen ist. In Christus sind alle Schulden bezahlt; außerhalb von Christus ist aller Reichtum nichts wert. In Christus werden alle Versager erfolgreich; außerhalb von Christus werden alle, die Erfolg haben, zu Versagern.

Das Evangelium ist nicht nur das, was Christus für uns getan hat – das Evangelium ist Christus selbst. Das Evangelium ist nicht nur das Geschenk der Erlösung, das Gott gibt – das Evangelium ist Gott selbst. Um den berühmten Satz des

Kommunikationstheoretikers McLuhan zu gebrauchen: „Das Medium ist die Botschaft.“[99] In Bezug auf das Evangelium ist Christus das einzige Medium, und er selbst ist die einzige Botschaft.

Das Evangelium zerbricht unseren Stolz, weil der Sohn Gottes für uns sterben musste. Es gibt keinen anderen Weg zur Erlösung in dieser Welt als durch das Blut, das der Sohnes Gottes vergossen hat. Das Evangelium nimmt uns auch unsere Angst, die wir haben, wenn wir noch Feinde Gottes sind. Er ist für uns gestorben. Deshalb kann uns kein Feind jemals besiegen.

Heute Abend will Gott diejenigen, deren Stolz in ihrem Leben völlig gebrochen ist, dazu berufen, vollzeitliche Diener seines Evangeliums zu sein. Heute Abend wird Gott auch denen die Ängste nehmen, die seinen Ruf hören. Er wird ihnen die Angst vor der Zukunft nehmen, die Angst vor einem niedrigeren Lebensstandard, die Angst vor der Zukunft ihrer Kinder, die Angst vor den Schwächen der Kirche und der Brüder und Schwestern, die Angst vor fremden Völkern und Kulturen.

6. Wie Paulus müsst ihr Gefangene sein, die aus freien Stücken eine geknechtete Stadt betreten. Auf der einen Seite müsst ihr die Stadt Gottes bereits betreten oder gesehen haben. Auf der anderen Seite müsst ihr an der Stadt, in die ihr eintretet, verzweifeln.

Einmal haben wir in den Nachrichten gehört, dass ein neuer Botschafter in China die chinesische Kultur sehr mochte. Wenn diese Nachricht richtig war, dann war das eine sehr dumme Sache für die andere Regierung. Fragt euch einmal: Würde Gott einen Menschen, der die römische Kultur liebt, als Botschafter nach Rom schicken?

---

99 Marshall McLuhan, *Die magischen Kanäle – Understanding Media* (Düsseldorf: Econ, 1992).

Der christliche Glaube ist die Hinwendung zu Gott in der Verzweiflung über diese Welt. Diejenigen, die in den vollzeitlichen Dienst berufen werden, müssen Menschen sein, die an sich selbst und an den Menschen dieser Welt verzweifeln. Sie müssen wie der Prophet Daniel sein, der verzweifelt war, als er die Vision sah und wie ein Toter zu Boden sank und sehr krank wurde. Sie müssen auch wie Johannes sein, der auf Patmos die Vision des kommenden Christus sah und vor Schreck auf sein Angesicht fiel und wie ein Toter regungslos liegenblieb.

Ich hatte ein Gespräch mit einem Bruder, der sich scheiden lassen wollte. Ich fragte ihn, ob er wieder heiraten wolle, wenn er sich scheiden ließe. Er sagte: „Wenn der Herr es zulässt, dann bin ich bereit." Ich sagte ihm: „Menschen, die sich scheiden lassen wollen, suchen immer noch nach ihrer Hoffnung in diesem Leben. Sie sind immer noch besessen von sich selbst, von der Welt und von Wunschvorstellungen außerhalb der von Gott eingesetzten Ehe." Menschen, die an dieser Welt verzweifeln, werden sich nicht scheiden lassen. Menschen, die an dieser Welt verzweifeln, sind vom Evangelium abhängig und dienen dem Evangelium.

Mit anderen Worten: Wenn ihr noch nicht von dieser Welt geschieden seid, dann werdet ihr unweigerlich selbst geschieden werden. Der Diener, der von Gott berufen ist, ist die Braut, die bereit ist, ihm zu dienen. Deshalb müsst ihr vorsichtig sein. Es gibt niemanden auf der Welt, der bösartiger und ehebrecherischer ist als ein Prediger, der sich nicht von dieser Welt geschieden hat. Diese Art von Mensch ist manchmal bereit, der Kirche zu dienen, wenn auch aus unterschiedlichen Motiven. Aber diese Art von Menschen wird niemals das ihnen zugewiesene Missionsfeld betreten, so wie Paulus Rom betreten hat.

7. Jeder möchte einen anderen Menschen in seiner besten Lebensphase und Verfassung treffen.

Wir wollen im Krankenhaus nicht von einem Arzt behandelt werden, der noch in der Ausbildung ist, uns von einem gerade eingestellten Lehrling im Friseursalon die Haare schneiden lassen oder in der Kirche die Predigt des neuen Predigerpraktikanten hören. Wir wollen nicht von jemandem bedient werden, der mitten in seinem Lernprozess steckt, uns einer unreifen Kirche anschließen oder in einer korrupten und unfreien Gesellschaft leben.

Wenn die meisten von euch nach Amerika gehen, um diesen Dingen zu entfliehen, wie kann ich euch dann auffordern, euer bequemes Zuhause zu verlassen und in ein Haus voller Mäuse zurückzukehren, um Gott zu dienen?

In einer Beziehung hoffen wir, dass die andere Person dazu bereit ist. Wir glauben, dass es am romantischsten sei, jemanden zu treffen, der so lebt, wie er oder sie es sich wünscht. So definieren die meisten Menschen Glück und Romantik. Dies ist jedoch keine Liebe. Das ist die Vorstellung eines Konsumenten von Liebe. Die Vorstellung eines Konsumenten von Liebe beinhaltet nicht den Wunsch, erwachsen zu werden und mit der anderen Person zu leiden. Solche Leute wollen direkt in die Mündigkeit springen. Wir haben diese konsumorientierte Vorstellung von Liebe, weil wir das Evangelium, das Reich Gottes und die Werke Jesu Christi nicht kennen. Deshalb haben wir auch keine Hoffnung für die Zukunft.

Ein Pastor sagte einmal, dass der natürliche Impuls des Menschen darin besteht, nur die zu lieben, die wir unserer Liebe für würdig halten. Aber nur Gott hat das Recht, diejenigen zu lieben, die er seiner Liebe für würdig hält, und er hat dieses Recht aufgegeben. Das ist das Geheimnis des Evangeliums. Es ist das Geheimnis, das diese Spannung am Ende der Apostelgeschichte zugleich erzeugt und erklärt. Derjenige, der alle Rechte hat, legt seine Rechte nieder. Derjenige, der keine Rechte hat, fordert diese Rechte ein. Wir leiden, weil wir weiterhin nach Rechten streben, die uns gar nicht zustehen.

Dieses Ende der Apostelgeschichte scheint keine beeindruckende Wendung einzuleiten. Es zeigt lediglich den Übergang von einem Leben ohne Rechte, aber mit der Forderung nach Rechten, zu einem Leben mit Rechten, aber mit der Bereitschaft sie niederzulegen.

Es bedeutet jedoch, dass wir bereit sein müssen, Menschen zu begegnen, die gerade erst anfangen, sich in der Kirche zu engagieren, die noch unreif sind. Es bedeutet, in einem Land zu bleiben, auch wenn die Regierung korrupt ist; der Welt zu dienen, bevor sie zusammenbricht, weil die Gemeinde die Mutter der Gläubigen ist, Ausdruck des Reiches Gottes und die Wiege, die uns nährt und schützt. Unsere Mütter sind nicht vollkommen, und perfekte Menschen brauchen keine Gnade. Die Kirche ist nicht perfekt, also ist sie überreich an Gnade. Man kann die Fülle der Gnade in Christus nicht genießen, ohne sich auf die Schwäche und Unvollkommenheit der Kirche einzulassen.

Das Evangelium ist Gnade für die Schwachen und keine Belohnung für die Starken. Auch die Berufung zum vollzeitlichen Dienst ist Gottes Gnade für die Schwachen und keine Belohnung für die Starken.

Gott möchte heute Abend eine Gruppe von schwachen Menschen, die sich ihm zugewandt haben, dazu aufrufen, Vorbilder und Repräsentanten dieses auf dem Kopf gestellten Lebens einer Kirche zu sein. Seid ihr bereit, der Kirche nicht nur durch eure Stärken, sondern auch durch eure Schwächen zu dienen? Seid ihr bereit, Gottes außergewöhnliche Gnade durch eure Misserfolge zu zeigen? Seid ihr bereit, andere an eurer Unfähigkeit teilhaben zu lassen und ihnen in ihren Schwierigkeiten und Nöten nah zu sein? Seid ihr bereit, eines Tages vielleicht die Unterstützung, die ihr von der Gemeinde erhaltet, zu kürzen, um einen weiteren vollzeitlichen Mitarbeiter einzustellen, um wie Paulus zu werden, der das Recht dazu hatte, es aber nicht in vollem Umfang ausnutzte?

Wenn ihr bereit seid, dann kommt bitte nach vorne und bekennt in der Gegenwart Jesu: „Ich bin bereit."

Hinter jeder Belohnung steckt ein Opfer. Habt ihr diesen Lohn erhalten? Gott hat euch seinen eingeborenen Sohn geschenkt, und er hat euch in seinem Sohn mit einem ewigen Erbe und einer ewigen Krone belohnt. Seht ihr, dass der vollzeitliche Dienst selbst ein Teil dieser großen Belohnung ist? Glaubt ihr, dass eure göttliche Berufung seine Belohnung für euch ist? Wenn ja, dann kommt bitte nach vorn. Wenn ihr nicht mit Freude erfüllt seid, oder wenn euer Herz voller Traurigkeit ist, dann kommt bitte nicht nach vorn, denn Gott hat euch heute Abend nicht berufen. Zumindest nicht die Person, die ihr gerade jetzt seid.

Abschließend möchte ich noch diesen Abschnitt vorlesen, den einer der Ältesten meiner Kirche geschrieben hat, um einen letzten Aufruf an die Arbeiter zu richten, die Gott heute Abend berufen hat. Ich möchte diesen Abschnitt auch besonders den Vollzeitarbeitern, Missionaren und Seminarstudenten zusprechen, die bereit sind, nach China zurückzukehren, um zu dienen:

> *Das Romantischste, was ich mir vorstellen kann, ist, mit euch gemeinsam im Smog und in der Umweltverschmutzung alt zu werden und mit euch das Evangelium von Christus zu teilen. Das Romantischste, was ich mir vorstellen kann, ist, mit dir Jahre später eine Chemotherapie durchzustehen und mit dir zu Gott zu flehen. Das Romantischste, was ich mir vorstellen kann, ist – oh, mein Fleisch und Blut –, das gleiche Schicksal mit dir zu teilen und nach einem wahren Verständnis des Evangeliums zu predigen und zu leben.*

10

DIE STADT GOTTES AUF ERDEN

WANG YI

Dies ist eine transkribierte und bearbeitete Predigt von Wang Yi, die er bei Grace to City, einer landesweiten Konferenz von 1200 Hauskirchenpastoren und Gläubigen in Hongkong im Jahr 2014 gehalten hat. Zu Beginn entfaltet Wang Yi seine Ekklesiologie sowie seine Theologie der Stadt. Er argumentiert, dass die Kirche nicht einfach eine Versammlung von Christen zu ihrer individuellen, persönlichen Erbauung ist. Die Gemeinde ist die Stadt Gottes auf Erden, die Verheißung, dass Gott mit uns ist, und das Salz, das eine sterbende Welt bewahrt. Wang Yi wendet sich an die Menschen, die in die boomenden urbanen Zentren Chinas strömen, und versucht, die wahre Stadt zu verkünden, nach der sich die Menschheit sehnt – Gottes Stadt, die seine Gemeinde ist.

2 Gott ist uns Zuflucht und Stärke, als Beistand in Nöten reichlich gefunden.

3 Darum fürchten wir uns nicht, wenn auch die Erde erbebt und die Berge mitten ins Meer wanken.

4 Mögen seine Wasser tosen und schäumen, die Berge erbeben durch sein Aufbäumen! //

5 Des Stromes Läufe erfreuen die Stadt Gottes, die heiligste der Wohnungen des Höchsten.

6 Gott ist in ihrer Mitte, sie wird nicht wanken; Gott wird ihr helfen früh am Morgen.
7 Nationen tobten, Königreiche wankten. Er ließ seine Stimme erschallen: die Erde zerschmolz.
8 Der HERR der Heerscharen ist mit uns, eine Festung ist uns der Gott Jakobs. //
9 Kommt, schaut die Großtaten des HERRN, der Entsetzen verbreitet auf Erden!
10 Der Kriege beschwichtigt bis ans Ende der Erde, Bogen zerbricht und Speere zerschlägt, Wagen mit Feuer verbrennt.
11 Lasst ab und erkennt, dass ich Gott bin; ich werde erhöht sein unter den Nationen, erhöht auf der Erde.
12 Der HERR der Heerscharen ist mit uns, eine Festung ist uns der Gott Jakobs. //
(Psalm 46)

Dieser Psalm hat eine sehr einfache Struktur: „Gott ist unsere Zuflucht" wird dreimal erwähnt, in den Versen 2, 8 und 12.[100] Ihr kennt vielleicht Martin Luthers bekanntestes Kirchenlied „Ein feste Burg ist unser Gott". Es ist eine Paraphrase dieses Psalms. Unsere mächtige Festung ist der Herr, den wir immer wieder gelobt und angebetet haben, auf den wir gehofft und dem wir vertraut haben. Es ist interessant, dass der Herr hier nicht nur als Beschützer oder Zufluchtsgeber bezeichnet wird, sondern auch als Ort der Zuflucht, als Stadt oder heiliger Ort.

Seit etwa 30 Jahren beobachte ich die Unbeständigkeit der chinesischen Gesellschaft, und dabei sind mir zwei Dinge aufgefallen.

---

100 Im Mandarin wird nur ein Wort für „Zuflucht"/„Festung" verwendet, während im Hebräischen wie auch im Englischen und Deutschen sowohl „Zuflucht" als auch „Festung" gebraucht werden.

Da gibt es diesen Popsong: „Where Has All the Time Gone?" Ja, wo ist all die Zeit der letzten 30 Jahren geblieben? China ist steil aufgestiegen und reich geworden, aber wir hatten nicht viele Gelegenheiten, uns genauer umzusehen, bevor wir in den Bann der Dinge gezogen wurden. Es gibt ein chinesisches Sprichwort, 逝者如斯夫 *(shi zhe ru si fu)*, das bedeutet, dass die Zeit wie ein Fluss vergeht.[101] Die Zeit rast vorüber, und wir können kaum etwas anderes tun, als darüber zu seufzen. Wir können uns Wohlstand auf Erden schaffen, aber es gibt keine Möglichkeit, die Zeit aufzuhalten. Wenn wir in der Zeit, die wir haben, nicht zur Ruhe kommen können, werden wir uns nur im Kreis drehen.

Dann habe ich kürzlich einen Roman gelesen, den ein junger Mann geschrieben hat, der in Shanghai arbeitete. Dieser Roman hat viel Aufmerksamkeit erregt. Der Autor spricht über das Leben in den Großstädten und über die Kämpfe der jüngeren Generationen in Peking, Shanghai und Guangzhou, insbesondere im Vergleich zu den Lebensbedingungen in den kleineren Orten. Er möchte Verständnis für die Menschen in Großstädten schaffen und erzählt stolz die Geschichte eines jungen Mannes aus Shanghai, der für seine Freiheit und seine eigenen Träume kämpft.

Sein Roman zeigt uns, dass in Chinas Großstädten gerade ein neuer Lebensstil und eine neue Gesellschaft entstehen. Ein neues System und ein spannendes individualistisches Ideal tauchen am Horizont auf. Dieser junge Mann blickt verächtlich auf diejenigen herab, die im Gegensatz zu ihm in den Kleinstädten bleiben und mithilfe ihrer Eltern Jobs bei der Regierung oder in öffentlichen Einrichtungen bekommen. Diese jungen Leute werden wahrscheinlich viel eher in der Lage sein, sich eine eigene Wohnung zu kaufen als ihre idealistischen Altersgenossen, die in den

101 Wang Yi zitiert aus den Analekten (Gesprächen) des Konfuzius.

Großstädten leben, aber der Autor kommt zu dem Schluss, dass sie sich aufgegeben haben, Menschen ohne Träume sind. Im heutigen China leben junge Menschen mit Träumen in Großstädten.

Liebe Brüder und Schwestern, im Evangelium geht es nicht nur um die individuelle Erlösung, sondern vielmehr um Himmel und Erde. Im Evangelium geht es um die Erlösung in Zeit und Raum. Moderne Kulturen betonen individuelle Geschichten. Bis zu einem gewissen Grad verdient die Geschichte eines jeden Menschen, gehört zu werden. Aber warum fühlen wir uns dann, nachdem wir diese persönlichen Geschichten über innerste Herzensangelegenheiten gehört haben, immer noch leer? Weil das Evangelium eine Geschichte von Gottes Erlösung und Gnade ist, die in Zeit und Raum stattfindet.

In der chinesischen Gesellschaft gibt es viele große Erzählungen, Geschichten, die den „chinesischen Traum“ in eine noch größere Erzählung übertragen. Diese Geschichte des „chinesischen Traums“ prägt unsere Träume von Zeit und Raum, erobert sie und reißt sie mit sich fort. Das Evangelium dagegen, die einzige wirklich große Erzählung, die sich in der Menschheitsgeschichte ereignet hat, spitzt sich zu einer einzigen Geschichte des inneren Herzens zu.

Ein Schlüsselwort taucht in Psalm 46 immer wieder auf: „Erde“. In elf Versen kommt „Erde“ fünfmal vor. Der Herr will auf der Erde eine Zuflucht für sein Volk sein, er will seinem Volk auf der Erde beistehen und sein Volk auf der Erde zur Ruhe kommen lassen. Wir sehen einen Traum, dass eines Tages Gottes Wille auf Erden geschehen wird wie im Himmel.

Wenn wir glauben, dass Himmel und Erde geschaffen wurden, dann sind Himmel und Erde wie ein Gebäude oder eine Landschaft. Häuser werden von Menschen gebaut, aber die Elemente wurden von Gott geschaffen. Die ganze Welt ist wie ein Gebäude Gottes. Und der Zweck dieses Gebäudes ist – wie es in den Psalmen heißt –, dass Gott auf der Erde gemeinsam mit seinem Volk lebt und es durch seine Gnade und Gerechtigkeit regiert. Himmel und Erde, aber auch Zeit und Raum sind wie eine Stadt – die Stadt Gottes. Das erste Buch Mose zeigt uns die ersten Phasen der Schöpfung, als die Erde noch wie eine Baustelle und Adam der Vorarbeiter war. Wo finden wir nach dem Fall Adams und seiner Vertreibung die endgültige architektonische Gestaltung dieser Baustelle?

Neben dem Gebäude, in dem ich wohne, gibt es schon seit fünf Jahren eine Baustelle. Vor Kurzem haben sie endlich begonnen, ein großes Loch zu graben. Aber es gibt keine großen Baupläne oder Firmenslogans an den Außenzäunen, die zeigen, was gebaut wird. Ich bin schon mehrmals an der Baustelle vorbeigekommen. Jedes Mal frage ich die Arbeiter: „Was in aller Welt baut ihr da?" Jedes Mal antworten sie: „Wir wissen es nicht." Seht ihr, die gesamte Menschheit lebt zwischen Himmel und Erde. Sogar viele Christen – die sich wiedergeboren und errettet nennen – leben in diesem Land und kennen die endgültige Ausgestaltung von Gottes Baustelle nicht.

Diese endgültige Beschreibung ist in den Zionspsalmen und in der Offenbarung und in Hesekiel zu finden. Es ist die Stadt Gottes, die die Erde erfüllen wird. Es gibt Ausdrücke – z. B. „bis an die Enden der Erde" –, die in Psalm 46 und im Buch 1. Mose in ähnlicher Weise verwendet werden. Auch im Missionsbefehl gibt es ähnliche Begriffe: „alle Macht auf Erden", „alle Nationen" und „bis zur Vollendung des Zeitalters". Psalm 46 sagt uns, dass von der Zeit an, als Abraham von Gott berufen wurde, die Träume und Hoffnungen des israelitischen Volkes und seine Beziehung zu Gott nie nur auf der individuellen Erlösung beruhten. Sie träumten von einer Stadt Gottes. In dieser Stadt würde der Herr mit seinem Volk auf der Erde zusammenleben, bei ihnen sein und sie mit Frieden und Ruhe segnen. Der Herr sendet eine

Ankündigung an eine rastlose Welt, die ihn verraten hat: „Hört auf zu streiten und erkennt, dass ich Gott bin." Auf ähnliche Weise wies Jesus Christus die Winde und das Meer zurecht: „Seid still und erkennt, dass ich Gott bin."

In Offenbarung 11,19, als der siebte Engel die Posaune blies, wurde „der Tempel Gottes im Himmel geöffnet, und die Lade seines Bundes wurde in seinem Tempel gesehen". Das ist sehr interessant. Nach der Gefangenschaft in Babylon kehrten die Israeliten nach Jerusalem zurück. Sie bauten das zerstörte Heiligtum und die Stadtmauern wieder auf. Aber in diesem zweiten Tempel gab es keine Bundeslade, keine Urim und Tummim, kein Zelt der Begegnung wie in der Wüste. Die Herrlichkeit des Herrn, die bei der Einweihung des Tempels durch Salomo erschien, war nicht zu sehen. Dies war ein leerer Tempel, eine heilige Stadt ohne die Bundeslade. Die Herrlichkeit des Herrn zeigte sich nicht unter ihnen – zumindest nicht bis Johannes 1,14, als das „Wort Fleisch wurde und unter uns wohnte".

„Wohnen" bedeutet, die Stiftshütte und das Zelt der Begegnung unter uns aufzurichten. Wenn die Bundeslade am Ende der Geschichte im Himmel offenbart wird, wird die ganze Welt zum heiligen Tempel des Herrn, das ganze Universum wird zu einer Stadt Gottes. Die Kirche sollte diese Stadt Gottes sein.

Bei dem Terroranschlag in Kunming haben wir gesehen, wie der Konflikt und der Hass zwischen einem romähnlichen Reich und den Stämmen, die es eroberte, eine Stadt ins Wanken bringt.[102] Am 14. März 2014 um 16 Uhr kam es in der Chunxi

102 Im Jahr 2014 verübte eine Gruppe von Männern und Frauen einen Terroranschlag auf einen Bahnhof in Kunming, Provinz Yunnan, bei dem 31 Menschen getötet und mehr als 140 verletzt wurden. Berichten zufolge handelte es sich bei den Angreifern um Uiguren, eine unterdrückte muslimische Minderheitengruppe in der Provinz Xinjiang; allerdings hat sich keine Gruppe zu dem Anschlag bekannt.

Road in Chengdu zu einer Massenpanik. Hunderte von Menschen rannten wild durch die Straßen, weil sich das Gerücht verbreitet hatte, dass jemand getötet worden sei. Vielleicht hatte jemand ein paar Leute gesehen, die aussahen, als kämen sie aus Xinjiang. Diese Panik zeigte uns eine besiegte Stadt und ein gespaltenes Volk. In den letzten Jahrzehnten haben wir in China jeden Tag von besiegten Städten und geteilten Völkern gehört.

Aber jeden Tag predigen wir das Evangelium des Herrn Jesus Christus in diesen besiegten Städten. Wir hören, dass eine weitere Stadt dazugekommen ist und vom Herrn selbst in Besitz genommen wurde. Jeden Tag und in jeder Stadt Chinas fliehen Menschen und sammeln sich neu. In der Zwischenzeit zählt der Herr jeden Tag in jeder Stadt Chinas seine Türme, betrachtet seine Festungsmauern und geht durch seine Paläste: Das sind seine Kirchen in dieser Stadt.

Im Alten Testament sehen wir das in Gefangenschaft geführte Volk Israel, das ständig Gottes Gnade missachtet hatte und Jerusalem in ein Babylon, in ein Sodom und Gomorra verwandelt hatte. Aber im Neuen Testament sehen wir das wahre Israel, die wahren Söhne Abrahams, die mit Gottes Verheißungen gesegnet sind. Sie kamen nach Babylon und verwandelten Babylon in ein Jerusalem.

Wir sehen etwas Aufregendes, als der Heilige Geist an Pfingsten kam. Die gesamte Prominenz Jerusalems hatte sich in der Stadt versammelt. An diesem Tag sollte es im Tempel Opfergaben, Zeremonien und Feiern geben. Aber der Heilige Geist kam nicht in den heiligen Tempel. Er kam zu einer Gruppe von einfachen Leuten aus Galiläa. Gott hat die Prophezeiung aus Psalm 46 erfüllt. Er ist durch die Erlösung, die sein Sohn Jesus Christus gebracht hat, mit seinem Volk auf der Erde verbunden. Gott hat sein geringes Volk zu einem heiligen Ort gemacht, zur Stadt Gottes auf Erden.

Das Evangelium selbst steht für eine Stadt Gottes, die inmitten der Städte auf der Erde aufgebaut und erweitert wird. Wenn man in Apostelgeschichte 2,9-11 von Juden aus allen Völkern unter dem Himmel liest, die am Pfingsttag in Jerusalem versammelt waren, findet man etwas sehr Interessantes: Das riesige Römische Reich taucht in dieser Aufzählung ganz unauffällig auf. Ohne die Gegenwart des Herrn wurde die Stadt Rom bereits in Psalm 46 und Apostelgeschichte 2 treffend als „das Ende der Erde" oder als vergehende Erde beschrieben. Der Auftrag des Evangeliums besteht darin, die Gemeinde zu der von Gott errichteten Stadt zu machen und sie in jede Stadt zu tragen, bis an das Ende der Erde.

Manchmal finde ich Dinge in meiner Wohnung einfach nicht wieder; manchmal sind es sogar sehr wichtige Dinge. Ich suche dann überall, kann sie aber nicht finden. Später entdecke ich sie dann plötzlich in einem Stapel von Dingen wieder. Einfach beim Aufräumen – Servietten, Zeitschriften, Bücher … Auf einmal finde ich das Gesuchte. Es war ganz unten versteckt. So ist das häufig in unserem Leben und in den Gemeinden Jesu: Das Evangelium ist oft das Letzte, was wir finden. Wenn wir über unsere Beziehungen zu unseren Städten nachdenken, müssen wir vom Evangelium her erneuert werden.

Vor ein paar Wochen fuhr ich mit meinem E-Bike zur Gemeinde. Als ich an einer Bushaltestelle vorbeikam, raste ein Bus vorbei und streifte mich. Als ich stürzte, stieß ich dabei eine alte Dame um. Ich bin Pastor und habe eine alte Dame umgestoßen. Das könnte eine sehr ernste Angelegenheit werden! Damals hatte ich noch das Gefühl, dass mein Verhalten in den nächsten zehn Minuten ganz in Ordnung war. Aber als ich in der Gemeinde angekommen war, sagte ich zu meinen Kollegen, dass mir mittlerweile klar geworden war, dass ich mich wie ein Pharisäer verhalten hatte, weil ich nur meine äußere Verantwortung wahrgenommen hatte. Ich hatte der Frau freundlich wieder aufgeholfen, war bei ihr geblieben, hatte ihr gesagt, dass ich ihr jede Hilfe zukommen lassen würde, die sie brauchte, und sie gefragt, ob sie ins Krankenhaus gebracht werden müsse und wo sie wohnte.

Was bedeutet es, ein Pharisäer zu sein? Es bedeutet, dass man Verantwortung übernimmt, weil man als moralischer Mensch angesehen werden will. Aber in meinem Herzen war ich in diesen zehn Minuten nicht auf den Herrn konzentriert. Mein erster Gedanke war: „Irgendetwas ist schiefgelaufen!" Ich war mehr um mich selbst besorgt als um die Frau: *Ich* hatte Mist gebaut, *ich* steckte in Schwierigkeiten, *ich* würde das morgendliche Treffen mit meinen Kollegen verpassen. Meine Beziehung zu der Frau war nicht auf das Evangelium ausgerichtet, sondern auf die Moral. Moral kann unsere Verantwortung definieren und unsere Leistungen bewerten. Auf der Grundlage der Moral könnte ich vielleicht eine gute Bewertung als Pastor erhalten. Aber das Evangelium setzt keine Grenzen bei unseren Beziehungen zu anderen. Als ich als Pastor eine alte Dame auf der Straße umgestoßen habe, habe ich herausgefunden, dass die Angelegenheit nicht dazu gedient hatte, dass ich Stadt Gottes in Chengdu repräsentiere und so vergrößere.

Warum? Mein Herz war von Angst beherrscht, die mich um die Kraft und den Auftrag brachte, Chengdu zu meiner Gemeinde zu machen. Als ich die alte Dame umstieß, vergaß ich die Stadt Gottes, die Stadt, die in Psalm 46 angekündigt und prophezeit wird. Ich vergaß Pfingsten, als die Stadt Gottes in einer Stadt auf der Erde gegenwärtig wurde, als eine neue Gesellschaft plötzlich inmitten einer alten Gesellschaft erschien. In diesem Moment hätte ich fast nicht geglaubt, dass die Stadt Jesus Christus gehört, dem Gott der Auferstehung. In diesem Moment reagierte ich nur; „wenn die Berge sich bewegen", bewegte auch ich mich; „wenn die Meere beben", bebte auch ich.

Brüder und Schwestern, wenn ich mich selbst ernsthaft prüfe, erkenne ich, dass ich damals, als ich die alte Dame umstieß, eine Identitätskrise hatte. Ich handelte nicht als Pastor oder als Christ, sondern als sachkundiger und kultivierter Mensch, sicher als respektabler Mensch. Denn obwohl ich dick bin, bin ich immer noch ein Gentleman, ein Intellektueller mit Brille. Diese Identität stand nun vor einer Herausforderung: Ich war zum Täter geworden, ein Unruhestifter. Ich musste mich der Krise stellen. In den zehn Minuten, nachdem ich die Dame umgestoßen hatte, habe ich mich durch gute Taten aus der misslichen Situation gezogen, aber nicht durch das Evangelium. Ich habe nicht zugelassen, dass dies eine Chance war, die Stadt Gottes in meiner Stadt bekannt zu machen. Gott hatte es zugelassen, damit „denen, die Gott lieben, alle Dinge zum Guten mitwirken" (Röm 8,28), damit ich mehr an das Evangelium glaube, damit sein Evangelium tiefer in die Stadt eindringt. Er hat es nicht zugelassen, damit ich mein respektables Image aufrechterhalten kann. Leider habe ich versagt.

Dieser Psalm ist eine Antwort auf die Fragen, mit denen die chinesische Gesellschaft konfrontiert ist. Wie können wir die Fragen beantworten, die sich der chinesischen Gesellschaft in Bezug auf das Verrinnen der Zeit stellen? Das Verrinnen der Zeit ist ein Schicksal, das die Heilige Schrift so zusammenfasst: „Am Morgen blüht es und sprosst auf. Am Abend welkt es und verdorrt" (Ps 90,6). Und: „Wie eine Blume kommt er hervor und verwelkt" (Hi 14,2). Psalm 46 sagt uns, dass der Herr unsere Wohnung ist, dass unsere ganze Hoffnung und unser ganzer Glaube auf den Herrn gerichtet sind, der in einer Stadt wohnt, und dass „der HERR der Heerscharen ... mit uns" ist.

Das Verrinnen der Zeit, der Tod von Familienmitgliedern und das Ausklingen des Lebens erinnert mich an einen anderen Zionspsalm. In Psalm 48 heißt es, dass Gott in dieser Stadt für immer und ewig unser Gott sein wird. In einem anderen Psalm heißt es: „Herr, du bist unsere Wohnung gewesen von Generation zu Generation“ (Ps 90,1). Jesus hat diese Verheißung und Hoffnung erfüllt, bei uns zu wohnen. „Im Anfang war das Wort, und das Wort war bei Gott, und das Wort war Gott“ (Joh 1,1).

Jesus ist seit Anbeginn der Zeit unter uns, und alle Zeiten sind in seiner Hand. Im Römerbrief finden wir eine Antwort auf die Ängste der chinesischen Gesellschaft vor dem Verrinnen der Zeit: Die Zeit ist „aus ihm und durch ihn und zu ihm hin“ (Röm 11,36). Jesus ist Immanuel, „Gott mit uns“. Der Traum vom Zusammenleben von Gott und Menschen auf der Erde wurde in Jesus verwirklicht. Das Kommen des Heiligen Geistes goss sein Heil über eine Gruppe niedriger, aber dennoch mächtiger Menschen aus, weil sie zu ihm gehörten. In diesem Augenblick erschien das zukünftige Jerusalem in der irdischen Stadt Jerusalem. In einem geistlichen Sinn wurde die Gemeinde zur Hauptstadt einer ganz neuen Welt. Die Gemeinde wurde die Stadt Gottes. Israeliten von allen Nationen unter dem Himmel wurden Repräsentanten der ganzen Erde, Repräsentanten von Gottes Plan, „erhöht (zu) sein unter den Nationen, erhöht auf der Erde“ (Ps 46,10).

Chongqing wird als Stadt der Berge bezeichnet; die Kirche im heutigen China ist auch eine Stadt der Berge. Jinan wird als Stadt der Quellen bezeichnet, weil es unter der Stadt Frischwasserquellen gibt; so sind die Kirchen in jeder Stadt Chinas Städte Gottes, in denen unter unseren Füßen Quellen des Lebens fließen. Zigong in der Provinz Szechuan ist als Salzstadt bekannt, aber die Kirche in jeder Stadt Chinas sollte heute die wahre Stadt des Salzes sein. Wir sind das Salz der Erde und das Licht der Welt. Peking wird als Hauptstadt bezeichnet, aber die Gemeinde sollte das wahre Zentrum in jeder Stadt Chinas sein. Psalm 46 ist eine Antwort auf den Wunsch und das Streben der heutigen Chinesen nach den großen Städten.

Als Städte Gottes und Zentren der Welt ist die Gemeinde in jeder Stadt dieser Welt zu finden. Die Träume der Menschen erreichen ihren Höhepunkt in der Stadt. Ohne das Evangelium (das bereits in jede Stadt Chinas eingedrungen ist und weiter eindringen wird), d. h., ohne den Auftrag, das Evangelium zu verkünden, die Stadt Gottes zu bauen und das Reich des Herrn auszuweiten, wird unsere Gesellschaft bestrebt sein, immer mehr und größere Städte zu bauen.

Bis zu einem gewissen Grad denken die Menschen, dass nur große Städte wichtig sind oder dass es sich nur in großen Städten lohnt zu leben. Aber das Evangelium sagt uns, dass die Gemeinde die größte Stadt der Welt ist. Die Gemeinde ist das wahre „Peking, Shanghai und Guangzhou". Die Gemeinde ist das Zentrum der menschlichen Seelen. Das Evangelium machte eine kleine Schar von Aposteln aus der rückständigen Provinz Galiläa zum Zentrum der neuen Welt.

Das Evangelium stellt die Vorliebe der Christen nach Großstädten auf den Kopf, aber es motiviert auch den christlichen Auftrag gegenüber der Stadt. Wenn ihr im Evangelium lebt, ist der Ort, an dem die Kirche Christi gebaut wird, die Hauptstadt der Welt. Man kann das Evangelium in die größte Stadt bringen – eine Metropole mit zehn Millionen Einwohnern – oder in eine kleinere Stadt mit nur 50 000 Seelen, denn der Traum des Christen von einer größeren Stadt ist bereits erfüllt.

Möge Gott in dieser Generation mehr seiner Diener erwecken, die Mitarbeiter und Torwächter an den Eingängen der Stadttore sind. Diese Torwächter, diese Pastoren, öffnen unseren Städten durch das Evangelium die Türen zum Himmelreich.

Für mich selbst war der Heiligabend 2010 ein besonderer Abend, an dem ich mein Engagement für die Stadt Chengdu erneut unter Beweis stellen konnte. Um 15 Uhr an diesem Nachmittag nahm mich die Polizei vor den Augen meiner Mitarbeiter und der Mitglieder meiner Kirche fest. Es war ein geschäftiger Abend; die gesamte Polizei war auf den Straßen im Einsatz. Auf dem Polizeirevier waren nur ein Polizist und ich. Gegen 20:00 Uhr wurde eine Prostituierte ins Büro gebracht. Sie waren bei einer polizeilichen Zimmerkontrolle in einem Hotel festgenommen worden. Die Polizei ließ sie zurück und ging wieder hinaus. Um 22:30 Uhr wurde ein Dieb aus Xinjiang festgenommen und in das Zimmer gebracht. Es war eine sehr friedliche Nacht: ein Pfarrer aus Santai, Szechuan, eine Prostituierte aus Zigong und ein Dieb aus Xinjiang, alle zusammen in der Stadt. Es war Heiligabend in Chengdu. Unsere Kirchen sind überfüllt mit Berufstätigen aus der Mittelschicht. Das Evangelium muss tiefer in die Stadt vordringen. Es muss in die Abwasserkanäle, zu den Bittstellern und den Menschen am Rande der Gesellschaft vordringen.[103]

Liebe Kolleginnen und Kollegen, vielleicht seid ihr in eurer Kirche Teilzeitpastor.[104] Vielleicht seid ihr in der Vergangenheit der Berufung des Herrn zum Vollzeitdienst gefolgt. Vielleicht war es einmal die Stadt Gottes, die euer Herz bewegt hat. Wenn eure Kirche immer noch keine Pastoren hat; wenn es in eurer Stadt, eurer Gemeinde oder in eurer Straße keine Pastoren gibt; wenn eure Firma einen Geschäftsführer hat, aber keinen Pastor; wenn die Universität, an der ihr arbeitet, einen Sekretär des Parteikomitees hat, aber keinen Pastor, dann muss ich fragen: Kennt ihr das durchschnittliche Verhältnis von Prostituierten zu Pastoren in China? Kennt ihr das Verhältnis von Dieben zu Pastoren, von korrupten Beamten zu Pastoren?

Möge Gott euch zurückbringen, damit ihr seiner Berufung folgt, in seinem Haus zu dienen, wo er für immer bei seinen

103 Siehe Glossar: „Nationale Verwaltung für öffentliche Beschwerden und Vorschläge“.

104 In China ist es immer noch üblich, dass Hauskirchenpastoren der Kirche nebenberuflich dienen, ohne von ihren Kirchengemeinden ein Gehalt zu erhalten.

Kindern ist, und in den Gemeinden zu dienen, die den lebendigen und sichtbaren Leib Jesu Christi darstellen.

Er ruft euch auf, ihm zu antworten, auf die Stadt Gottes zu antworten, die Stadt Gottes in eurer eigenen Stadt zu bauen, ein Türhüter in seiner Stadt zu sein. Lasst dies den größten Traum eures Lebens werden – die Berufung, die Gott euch gegeben hat. Aber seid euch bewusst, dass dieser Weg sehr hart sein wird.

Während der Reformation sagte Martin Luther jedes Mal, wenn er deprimierende Nachrichten erhielt: „Lasst uns Psalm 46 singen." Auch ich möchte euch durch diesen Psalm aufrufen. Im Namen des Herrn möchte ich jeden unter euch bitten, der bereit ist, mit der Gnade des Evangeliums und dem Sieg des Herrn für Gott zu kämpfen, sein Evangelium zu predigen und Mitarbeiter und Mitglieder in seiner Kirche aufzubauen. Wenn ihr einmal diese Berufung erhalten oder verfolgt habt, aber Zweifel hattet und davor weggelaufen seid oder nie den ersten Schritt gewagt habt, bitte ich euch, aufzustehen und zu sagen: „Ich habe Gottes Ruf gehört, dass ich mein ganzes Leben geben soll, um in dieser Zeit vollzeitlicher Pastor zu sein, in jeder Stadt Chinas, in den großen und in den kleinen Städten, zu denen ich verpflichtet werde und zu denen der Herr mich senden wird."

Ich möchte, dass Gott selbst zu euch spricht. Behaltet die Gemeinde, der ihr dient, und die Gemeindeglieder, denen ihr dient, in euren Herzen. Denkt auch an Brüder und Schwestern, die ihr noch nicht kennt und die sich an einem Ort befinden, zu dem der Herr euch schicken wird. Wenn ihr diesen Ruf gehört habt, bitte ich euch ein weiteres Mal: Reagiert darauf!

11

DER WEG DES KREUZES, DAS LEBEN DER MÄRTYRER

WANG YI

Kurz vor der Gedenkveranstaltung von Early Rain zum Jahrestag des Erdbebens in Szechuan wurde Wang Yi festgenommen und inhaftiert. Dies ist eine bearbeitete Übersetzung von Wang Yis Predigt in Early Rain am Sonntag, dem 13. Mai, nach seiner Freilassung. Wang Yis Predigt wurde öffentlich auf die inzwischen gelöschte Website von Early Rain gestellt. Es ist eine emotionale und betende Predigt, die auf einem traditionellen koreanischen Hymnus über treues Dienen in der Nachfolge der Leiden Jesu basiert. Die Kursivsetzungen im Text weisen auf Momente hin, in denen sich Wang Yi im Gebet direkt an Gott wendet. Wang Yi bittet seine Gemeinde, sich zu verpflichten, „den Weg des Kreuzes zu gehen", um Teil der vollen Zahl der Märtyrer zu sein, damit die Gemeinde vor Gottes Gerichtsthron Fürsprache für Chengdu und China einlegen kann.

Und als es das fünfte Siegel öffnete, sah ich unter dem Altar die Seelen derer, die geschlachtet worden waren um des Wortes Gottes und um des Zeugnisses willen, das sie hatten. Und sie riefen mit lauter

Stimme und sprachen: Bis wann, heiliger und wahrhaftiger Herrscher, richtest und rächst du nicht unser Blut an denen, die auf der Erde wohnen? Und es wurde ihnen einem jeden ein weißes Gewand gegeben; und es wurde ihnen gesagt, dass sie noch eine kurze Zeit abwarten sollten, bis auch ihre Mitknechte und ihre Brüder vollendet seien, die ebenso wie sie getötet werden sollten. (Offb 6,9-11)

Friede sei mit euch, Brüder und Schwestern.

Gelobt sei der Herr. Dieser Sonntag scheint in der Gegenwart des Herrn besonders kostbar zu sein.

Vorgestern Abend wurde ich zum zentralen Ermittlungsbereich der Qing-yang-Zweigstelle des Chengduer Polizeibüros gebracht. Diesmal musste ich die formellen Verfahren durchlaufen. Ich musste alle meine Kleider ausziehen, und sie nahmen mir alles, was ich besaß, weg. Schließlich nahmen sie mir sogar meinen Ehering ab. Was habe ich in diesem Moment gedacht? Ich fühlte mich wie der Hohe Priester, der in das Allerheiligste ging – er musste all seine Habseligkeiten zurücklassen, auch seine Beziehungen, weil er allein vor den Herrn treten musste. Nach all den Erfahrungen, die ich in all den Jahren gemacht hatte, wenn ich auf die Polizeiwachen gebracht wurde, war mein Herz dieses Mal so ruhig wie nie zuvor. Bei meinen früheren Erfahrungen auf der Polizeiwache hatte ich Angst um unsere Gemeinde und meine Familie. Was würde mit ihnen geschehen? Doch als die Polizei mich aufforderte, meinen Ehering abzulegen, konnte ich plötzlich alles loslassen.

Herr, ich übergebe dir meine Familie und auch deine Familie, die Gemeinde. Du bist jetzt verantwortlich, weil ich keinen Einfluss mehr habe. Jetzt muss ich nur noch auf dich blicken; ich werde dem allmächtigen Gott allein gegenübertreten, mit meinem Gewissen. Jeder wird seinen eigenen Kampf kämpfen müssen.

Als ich aus dem Polizeirevier kam und all die persönlichen Nachrichten las, dankte ich Gott für die großen Dinge, die er unter euch getan hat. Ich danke Gott, dass er bei euch ist.

Ich habe viele Nachrichten gelesen und war besonders bewegt von den Gebeten der Kirchen in ganz China. Viele haben einen ähnlichen Gedanken geäußert, dass dies ursprünglich nur ein Gebetstreffen für eine Gemeinde von 200 bis 300 Menschen war, aber es wurde zu einem Gebetstreffen von Gläubigen im ganzen Land und dann zu einem Gebetstreffen für Gläubige in der ganzen Welt. Gelobt sei der Herr. Ich fand heraus, dass ein Social-Media-Account innerhalb von zwei Stunden 60 000 Zugriffe hatte, Menschen, die für unsere Early Rain Gemeinde beteten. Ein Pastor erzählte mir, dass sich gestern Abend über 100 Menschen in seiner Kirche versammelt hatten, um für uns zu beten. Heute Morgen sagte ein anderer Pastor, dass die Zahl der Teilnehmer an der morgendlichen Gebetsversammlung die höchste seit Jahren gewesen war. Ich danke dem Herrn, dass er nicht nur unter uns, sondern auch durch uns in allen Gemeinden in China Großes getan hat.

Wir bitten den Herrn, uns um des Evangeliums willen zu prüfen. Wir sind zwar nicht würdig, von Gott geprüft zu werden, aber was kommen wird, wird kommen. Wir können nicht einmal sagen, dass wir dies herbeisehnen; es gibt keinen Tag, an dem wir uns auf die Prüfung freuen, aber wir verstecken uns auch nicht vor ihr. Wir haben uns nicht versteckt, sondern wir haben uns vorbereitet.

Die heutige Predigt wurde vor zwei Wochen ausgewählt, als ich über das Thema „Der Weg des Kreuzes, das Leben der Märtyrer" predigen sollte. Wer hätte gedacht, dass es Gottes Plan war, dass ich diese Predigt heute bei euch halten würde? Tatsächlich hatte ich sie am Freitag noch nicht fertig geschrieben, aber ich konnte sie auf der Polizeistation fertigstellen.

Dort habe ich die Offenbarung gelesen und dann Esther, und so hat uns Gott auf diesem Weg geführt.

Wir danken Gott und loben Gott. Lasst uns gemeinsam beten:

Herr, du bist der König der Könige, du bist das Haupt der Gemeinde, du bist der Herr unseres Lebens, deine Wege sind gerecht und wahr. Oh Herr, deine Ehre und Herrlichkeit und Gnade sind groß und erstaunlich. Oh Herr, wir loben dich und danken dir! Du bist nicht nur das Haupt der Gemeinde, sondern auch der Herr über die ganze Erde. Wir beten heute, dass du nicht nur die Kraft deines Evangeliums und deiner Auferstehung über uns ausgießt, sondern auch das Feuer des Geistes und das Feuer der Erweckung über alles Fleisch in den Gemeindeversammlungen in ganz China kommen lässt. Wir legen auch die Brüder und Schwestern, die heute nicht hier sein können, in deine Hände, denn du bist bei ihnen, wie wir bei ihnen sind. Herr, möge die weltweite Gemeinde mit ihnen sein! Wir danken dir und preisen dich!

Herr, offenbare uns die letzten Szenen gemäß der Offenbarung, den geistlichen Krieg am Ende der Zeiten. Herr, wir sind nicht würdig, in diesem Krieg zu kämpfen, aber du bist unser Haupt, und du bist der Befehlshaber der göttlichen Armee. Herr, führe uns als eine geistliche Gruppe von Brüdern, führe uns als geistliche 101. Airborne Division. Herr, mache uns zu einem Pfeil in deiner Hand, der nie das Ziel verfehlt, der nirgendwo hängen bleibt, der nicht zurückweicht, der nicht nach links oder rechts abgleitet! Herr, unterwirf uns dir, wie der Pfeil sich seinem Meister unterwirft.

Wir danken dir und preisen dich, dass du unser Gebet erhört hast. Wir beten dies alles im heiligen Namen unseres Herrn Jesus Christus. Amen.

Gott hat Großes unter uns getan, wenn wir nur des Erdbebens in Szechuan im Jahr 2008 gedenken.

Das ganze Volk, insbesondere diejenigen von uns, die in Szechuan leben, nehmen Anteil am Leid, das durch dieses Erdbeben geschah. Wenn wir hier zusammenkommen, tauschen wir uns aus und beten, während das Leid weitergeht. Das Leid liegt nicht in der Vergangenheit; es ist eine andauernde Situation. Wenn wir des Leides gedenken, müssen wir die Last des Leides tragen, indem wir sie teilen, wie Gott es uns aufgetragen hat.

2009 führte unsere Kirche den 12. Mai als Tag des Gebets für die Nation ein. Gestern sah ich, wie viele Pastoren dazu aufriefen, den 12. Mai als nationalen Gebetstag für alle Kirchen in China einzuführen.

Wie kann man einen Gebetstag einer Gemeinde in einen Gebetstag für die Nation umwandeln, an dem sich viele Kirchen beteiligen werden? Es ist nichts, das automatisch geschieht, wenn ihr dazu aufruft. Es geschieht, weil ihr Jahr für Jahr dafür gebetet und den Preis dafür bezahlt habt.

Als ich gestern auf der Polizeiwache Esther las, schrieb ich dies auf: „Herr, mache den 12. Mai zum Purimfest[105] für die chinesische Kirche und lass deine Kinder in ganz China zusammenkommen. Natürlich versammeln wir uns nicht mit echten Schwertern, sondern mit der ganzen Waffenrüstung Gottes, mit dem Schwert des Heiligen Geistes, mit dem Schwert des Evangeliums. Wir versammeln uns, um den Sieg über den Feind zu proklamieren. Der Tag, an dem der Feind ein Komplott gegen deine Kirche schmiedet, wird der Tag sein, an dem deine Kirche siegt. Amen! Es wird der Tag sein, an dem der Herr Jesus Christus den Tod vernichtet. Amen! Möge der Herr uns diese Kraft geben."

---

105 Purim ist ein jüdischer Feiertag, der an die Rettung des jüdischen Volkes vor Haman erinnert, einem Beamten des persischen Reiches, der alle Juden töten wollte, wie im Buch Ester berichtet wird.

Das gesamte 6. Kapitel der Offenbarung handelt von den Katastrophen, die durch die sieben Siegel ausgelöst werden. Was wir jetzt hier sehen, ist die Öffnung des fünften Siegels. Was haben die ersten vier Siegel gebracht? Wir sehen ein weißes Pferd, ein rotes, ein schwarzes und ein fahles. Das erste Pferd steht für Kriege in der ganzen Welt. Es weist auf einen Herrscher am Ende des Zeitalters hin, einen König, der Krieg und Leid über die ganze Erde bringen wird, sowie auf den Fürsten der Macht der Luft, der hinter diesem irdischen König steht. Das zweite Pferd steht für alle Konflikte, Umstürze, Rebellionen und Revolutionen unter den Völkern der Welt. Das dritte Pferd steht für Krankheiten, Armut, wirtschaftliches Chaos, Finanzkrisen, Inflation und den Zusammenbruch der gesamten Wirtschaftsordnung. Das vierte Pferd trägt einen Reiter, dessen Name Tod ist, der in der Originalsprache auch Pest bedeuten kann, und sein Wüten kann ein Viertel der Erde töten. Die Offenbarung will uns weder sagen, wann dies geschehen wird, noch wird sie uns einen detaillierten Fahrplan der Ereignisse geben. Sie sagt uns nur eines: Bevor Jesus wiederkommt, ist diese Welt von Natur aus gegen das Evangelium. Das menschliche Böse wird sich mit der Zeit verschlimmern. Daher stehen die ersten vier Siegel für alle Arten von Leiden, die die Endzeit durchdringen – Leiden durch Politik, Kriege, Krankheiten und die Natur.

Nach dem fünften Siegel bringt das sechste Siegel ein Erdbeben, ein apokalyptisches Erdbeben, das hundert-, tausend- oder sogar zehntausendmal stärker ist als das Szechuan-Erdbeben. „Die Sonne wurde schwarz wie ein härener Sack, und der ganze Mond wurde wie Blut, und die Sterne des Himmels fielen auf die Erde, wie ein Feigenbaum, geschüttelt von einem starken Wind, seine Winterfeigen abwirft“ (Offb 6,12-13).

Gestern Abend gegen sechs Uhr, als ich gerade meine Notizen beendete, kamen zwei Beamte der Vollstreckungsabteilung des

Amtes für kulturelle Angelegenheiten zu mir. Sie erzählten mir, was sie in unserer Kirche gemacht und was sie beschlagnahmt hatten. Ich sagte zu ihnen: „Was Sie getan haben, ist illegal; ich wurde unter dem Vorwurf der ‚Störung der sozialen Ordnung' hierher gebracht, was nichts mit Ihrem Fall zu tun hat. Sie werden warten müssen und einen Termin mit mir vereinbaren, wenn ich wieder frei bin. Ich lehne Ihre Vollstreckung ab." Er sagte: „Kein Problem. Wir werden nur ein paar Fragen stellen." Ich sagte: „Sie können fragen und sich selbst antworten." Dann las ich wieder in der Bibel.

Dann begann er, mich auszufragen, und ich begann, laut aus der Offenbarung vorzulesen. Als ich bei Kapitel acht ankam, waren die beiden bereits gegangen. Bevor sie gingen, sagte er zu mir: „Du liest sehr gut; ich habe früher auch gern laut gelesen." Dann las ich ihnen vor: „Und ich sah, als es das sechste Siegel öffnete: Und es geschah ein großes Erdbeben" (Offb 6,12). Wenn Jesus im Matthäus- und im Markusevangelium von der Endzeit spricht, sieht es dann so aus? Die vier Pferde, die aus den ersten vier Siegeln kommen, stehen für die vier Ecken der Welt, die auch in Sacharja vorkommen. Wenn Jesus die Endzeit beschreibt, was erwähnt er dann noch außer der Hungersnot? Ein großes Erdbeben.

Schauen wir uns das in der Mitte an, das fünfte Siegel. „Und als es das fünfte Siegel öffnete, sah ich unter dem Altar." Ich frage euch: Wo ist der Altar? Er befindet sich im Himmel. Beachtet eines: Die ersten vier Siegel – und auch das große Erdbeben des sechsten Siegels – finden alle auf der Erde statt, aber das fünfte Siegel befindet sich im Himmel. Johannes sieht den himmlischen König der Herrlichkeit, das Lamm, das geschlachtet wurde, und den Altar im Himmel. „Die Seelen derer, die geschlachtet worden waren um des Wortes Gottes und um des Zeugnisses willen, das sie hatten", d. h. die Seelen der Heiligen, die Seelen der Märtyrer. „Sie riefen mit lauter Stimme und sprachen: Bis wann, heiliger und wahrhaftiger Herrscher, richtest und rächst du nicht unser Blut an denen, die auf der Erde wohnen?"

Wenn wir das Evangelium weitergeben, wollen wir in der Regel, dass die Menschen wissen, dass Gott Liebe ist und dass Jesus am Kreuz die Macht hat zu retten, aber wir hoffen auch, dass die Menschen wissen, dass Gottes Zorn und das Endgericht real sind. Weil das Gericht real ist, musste der Herr Jesus Christus am Kreuz das Leiden ertragen, das wir hätten tragen sollen.

Was wird die Erde beim Endgericht für all jene hergeben, die unschuldig um des Herrn willen getötet wurden? Die Erde wird die Toten hergeben, und auch das Meer wird sich auftun und die Toten hergeben. Wie lange werden diese Märtyrer noch warten müssen? Das Schwert des Herrn schwebt in der Luft, aber warum ist es nicht herabgekommen? Das Schwert des Herrn schwebt schon seit Langem über China, aber warum ist es noch nicht gefallen? Weil der Herr noch wartet, weil er seiner Gemeinde, seinem Evangelium und den offenen Türen seiner Gnade noch Zeit gibt. Bei ihm gibt es eine Zeit, die noch nicht erfüllt ist; bei ihm gibt es eine Zahl, die noch nicht erreicht ist; bei ihm gibt es einen Teil der Reise, den wir noch nicht beendet haben.

Deshalb, meine Brüder und Schwestern, sind wir auf der Erde wie Abraham, der für Sodom und Gomorra eintrat. Die Kirche ist die Wächterin für die Welt von heute. Wenn die Kirche nicht auf das Böse in der Welt hinweist, wird sie zusammen mit der Welt verurteilt werden. Die Kirche ist die Fürsprecherin für die Welt von heute. Sie betet in der Gegenwart Gottes und sagt: „Gott, zerstöre nicht diese große Stadt Chengdu, in der es 100 rechtschaffene Menschen, vielleicht nur 50 oder sogar 1000 rechtschaffene Menschen gibt. Oh Herr, zerstöre diese Stadt nicht."

Suchende Menschen wissen das nicht; sie glauben es nicht. Aber wir wollen euch sagen, liebe Brüder und Schwestern, dass

Chengdu euretwegen existiert. Chengdu ist nicht zerstört worden, weil es in dieser Stadt treue Kinder Gottes gibt. Die Menschen in China sind nicht von Gott vernichtet worden. Sie hätten schon vor langer Zeit vernichtet werden müssen; es wäre gegen Gottes Gerechtigkeit, China von der Vernichtung auszunehmen. Aber dieses zutiefst sündige Volk existiert heute noch, weil es in seiner Mitte Gottes Volk gibt, weil es in seiner Mitte treue Kinder Gottes gibt, weil es in seiner Mitte Menschen gibt, die für das Volk und für die Nation Fürsprache einlegen, Menschen, die wie Abraham bei Gott Fürsprache einlegen und mit ihm verhandeln und sagen: „Wenn die Zahl derer, die unsere Kirchen besuchen, abnimmt, wirst du die Stadt dann noch retten? Oder wirst du sie dann zerstören?"

„Was ist mit 200 Gerechten?" 200 Gerechte sind in Ordnung. Dann fragt ihr kühn: „Aber was ist mit 50?" 50 wären in Ordnung.

Selbst wenn es nur einen gibt?

Weder seid ihr es, noch bin ich es. Unser Herr Jesus Christus ist der einzige Gerechte. Ist Christus in Chengdu? Ist Christus in China? Wenn er in China ist, wenn er in Chengdu ist, ist Christus der einzige Vermittler.

Als ich gestern auf der Polizeiwache war, ließ ich alles los. Ich dachte über das nach, was vor uns liegt, und dass ich nicht wusste, ob wir uns in den letzten zwei Jahren darauf vorbereitet hatten. Ich war mir sicher: Solange diese Kirche noch das Evangelium verkündet, solange Gottes Wort noch in den Mündern und Herzen unserer Brüder und Schwestern ist, kann diese Kirche nicht zerstört werden.

Gestern Abend sprach ich mit einem Polizisten und erzählte ihm von einem Artikel, den ein ungläubiger chinesischer Religionswissenschaftler geschrieben hatte. Der Titel lautete: „Warum breitet sich das Christentum weiter aus?" Ja, warum breitet es sich immer schneller aus? Er sagte, der wichtigste Grund sei die Einschränkung des Christentums durch die Regierung in den letzten Jahrzehnten, die tatsächlich zu dem schnellen Wachstum geführt habe. Ich sagte zu ihm: „Jedes Mal, wenn man etwas unternimmt, ist das eine Dummheit, denn das führt jedes Mal zu einer Erneuerung der Kirche."

Es ist zu allen Zeiten dasselbe. So war es im letzten halben Jahrhundert, so war es im letzten Jahr, und so ist es auch heute. Amen! Wenn wir also in die Zukunft blicken, wird es auch so sein. Amen!

Sehnen wir uns nach dem zweiten Kommen des Herrn? Sehnen wir uns nach dem Ende der Geschichte? Es gibt eine Spannung in dieser Endzeit. Es gibt eine Spannung zwischen dem, was bereits gekommen ist, und dem, was noch kommen wird. Ich gehöre zum jetzigen Zeitalter und zum kommenden Zeitalter. Ich gehöre sowohl zur Erde als auch zum Himmel. Wir leben mit diesen Realitäten.

Die Märtyrer fragten: „Wie lange noch?" Gott sagte ihnen: „Ruht noch ein wenig." Bis wann? Bis die Zahl vollständig ist. Es gibt eine Spannung zwischen diesem Warten und dieser unvollständigen Zahl. Wenn wir fragen, worauf wir warten, was noch nicht vollendet ist, dann sehen wir etwas sehr Überraschendes. Es deutet darauf hin, dass es einen Grund dafür gibt, dass die Geschichte noch nicht zu Ende ist, dass Christus noch nicht gekommen ist und dass wir noch ein wenig warten und ausruhen müssen: Die Zahl der Märtyrer ist noch nicht erreicht.

Oh! Bei Gott gibt es eine Zahl für Märtyrer. Die Offenbarung hat nicht die Absicht, uns zu sagen, wie hoch diese Zahl ist. Wir wissen es nicht. Aber Gott hat eine Zahl, die durch die Geschichte vervollständigt werden muss. Kehren wir zu dem zurück, was Jesus sagt: „Wenn jemand mir nachkommen will, verleugne er sich selbst und nehme sein Kreuz auf und folge mir nach!"

(Mt 16,24).[106] Die Zahl derer, die ihr Kreuz auf sich nehmen und dem Herrn nachfolgen, derer, die ausfüllen, was vom Leiden Christi noch aussteht, derer, die von Gott das Zeichen des Kreuzes bekommen haben, ist noch nicht vollendet.

Sie werden angewiesen, noch ein wenig zu warten. Bis auch die Zahl ihrer „Mitknechte und ihrer Brüder vollendet seien, die ebenso wie sie getötet werden sollten". Brüder und Schwestern, worauf warten die Märtyrer? Sie warten auf ihre Mitknechte und Brüder, die getötet werden sollen, wie sie selbst getötet wurden. Diese Menschen wurden alle getötet. Sie sind die Heiligen, die in der Vergangenheit getötet wurden, die Märtyrer, die am Tisch auf ihre Mitknechte warten. Wir sehen eine Weitergabe des Martyriums. Wir sehen eine Geschichte des Märtyrertums. Wir sehen die Fortsetzung des Martyriums in der Kirche des Herrn bis zu dem Tag, an dem Christus wiederkommt.

Wie können wir also dieses Warten und diese unvollständige Zahl verstehen? Sie deutet auf ein paar Dinge hin:

Erstens legt sie nahe, dass das Martyrium nichts Außergewöhnliches und nichts Zufälliges ist. Das Martyrium gehört nicht zu einem bestimmten kurzen Zeitraum; es ist weitverbreitet und kontinuierlich. Für die Kirchen aller Zeitalter und auf der ganzen Erde ist das Martyrium weitverbreitet und beständig, gleich einem glorreichen Erbe. Es bildet einen Zyklus und ist weder zufällig noch außergewöhnlich oder vorübergehend. Die Kirche wird von Märtyrern und Zeugen der Märtyrer erfüllt sein, von der Himmelfahrt des Herrn Jesus Christus bis zu dem Tag, an dem er wiederkommt.

Zweitens: Ihr, eure Mitknechte und deren Brüder stehen für den Zyklus und das Vergehen von drei verschiedenen Gruppen von Menschen. Dies kann drei Generationen von Märtyrern

106 Siehe auch Mk 8,34; Lk 9,23.

bedeuten – die Heiligen der Vergangenheit, die Heiligen der Gegenwart und deren Nachkommen. Daher ist das Martyrium eine gemeinsame Erfahrung der Gemeinde aller Epochen und aller Völker, eine Lebenserfahrung, die wir alle teilen. Doch es trifft nicht alle Gemeinden in gleicher Weise. Auch wird nicht jeder Gläubige ein Märtyrer sein. Aber in den Kirchen aller Epochen ist das Leben des Martyriums ein gemeinsames Leben, wenn man der Kirche angehört.

Vor vielen Jahren traf ich einen koreanischen Missionar, und er fragte mich: „Warum gehen so viele koreanische Missionare nach China?" Korea ist kein großes Land. Wisst ihr, wie groß die Gesamtbevölkerung Koreas ist? Wisst ihr, wie Korea im Vergleich zu Szechuan geografisch dasteht? Es ist viel kleiner als Szechuan. Korea wird in der Welt nicht einmal als mittelgroßes Land angesehen. Es ist ein so kleines Land, aber seine Missionare sind in der ganzen Welt unterwegs. Selbst mit so vielen Missionaren sind sie nur wie ein kleines Streichholz – aber China ist wie ein Raum voll trockenem Brennholz. Ihr Ziel ist es, ein Feuer unter euch anzuzünden. „Wenn wir euch nicht anzünden, können wir nicht lange als Streichholz brennen, aber ihr seid wie ein riesiger Haufen Brennholz."

Liebe Brüder und Schwestern, möge der Herr das Feuer unter uns entzünden. Möge der Herr das Feuer in der chinesischen Kirche durch die Missionare aller Zeiten entzünden, auch durch die vielen koreanischen und amerikanischen Missionare, die heute noch unter uns sind. Amen!

Der koreanische Hymnus „Der Weg des Kreuzes, das Leben der Märtyrer" handelt nicht einfach von einigen Wenigen, von einer kleinen Anzahl von Märtyrern in der Kirche. Er spricht stattdessen davon, dass das Leben der Märtyrer der Schatz und die Herrlichkeit der ganzen Kirche ist. Wenn die Kirche ein Leib ist, wenn sie in Christus eins ist wie ein zusammenhängender

Leib, dann betrifft das Leben der Märtyrer das Leben aller Gläubigen. Jeder Gläubige hat nicht nur Anteil am Kreuzesleben Jesu Christi, sondern auch am Leben der Märtyrer Christi durch die Jahrhunderte hindurch. Wir hoffen, dass das Leben der Märtyrer auch in und unter uns lebendig ist. Amen!

Nachdem ich gestern Abend von der Polizeiwache zurückgekommen wa, rief mich ein ehemaliger Ältester der Shouwang-Kirche an und sagte: „Was dir heute passiert ist, war wie das, was wir am ersten Tag erlebt haben, als Hunderte von Brüdern und Schwestern in Bussen weggebracht wurden. Dann haben sie die Menschen daran gehindert, zu den Versammlungen zu kommen."

Das könnte immer wahrscheinlicher werden, und sie könnten tausend, ja, sogar mehrere tausend Beamte mobilisieren, um uns an der Versammlung zu hindern. Allmählich werdet ihr vielleicht feststellen, dass in eurer Gemeinde oder an eurem Arbeitsplatz oder bei eurer örtlichen Polizeistation drei bis fünf Beamte mobilisiert werden, um sich mit einer einzigen Person zu befassen. Letzten Montag hatte ich euch eingeladen, mit mir zu beten, dass Early Rain viele Beamte in dieser Stadt zu Gott bringt. Und Gott hat tatsächlich eine Menge Beamte hierhergebracht. Halleluja! Der Herr ist ein Gott, der unsere Gebete erhört, und er hat seine eigenen Wege. Er sagt: „Arbeitet mit dieser ersten Gruppe; arbeitet, während ihr geht. Bleibt mit ihnen in Kontakt und teilt ihnen das Evangelium mit; wenn ihr fast fertig seid, werde ich euch eine weitere Gruppe schicken. Wollt ihr nicht auch Beamte zu mir führen?"

Herr, führe uns weiter.

Als der frühere Älteste der Shouwang-Kirche mich anrief, sagte ich: „Du hast recht; Ihr habt so viele Jahre durchgehalten, und jetzt sind wir an der Reihe, den Staffelstab zu übernehmen." Er sagte: „Deshalb habe ich dich angerufen. Du übernimmst jetzt den Staffelstab." Dieser Vorfall bei Early Rain ist erst der Anfang.

Herr, führe uns weiter.

Das Martyrium ist das Vorzeichen des zweiten Kommens Christi, denn in diesem Text verbindet der Herr das Martyrium, das Leben der Märtyrer, die Zahl der zu Vollendenden und seine Ermutigung an die Heiligen, geduldig auf sein zweites Kommen zu warten, mit dem Gericht der Endzeit. So wie das große Erdbeben ein Zeichen der Endzeit ist, so sind auch das Martyrium und das Leben der Märtyrer Zeichen der Endzeit. Es gibt Grund zur Hoffnung, dass sich die Erlösungsgeschichte bald dem Ende nähert.

Ihr werdet euch vielleicht wundern und fragen: „Wie kann aus dem Martyrium Hoffnung entstehen?" Eine Hoffnung auf das Ende der Heilsgeschichte? Als Gläubige hoffen wir auf die Wiederkunft des Herrn. Amen! Deshalb hoffen wir auf das Leben der Märtyrer.

Wenn wir die Märtyrer sehen, wenn wir ihre Zeugnisse sehen, dann wissen wir, dass die Heilsgeschichte voranschreitet. Wir wissen, dass die Endzeit nahe ist, auch wenn wir nicht wissen, welcher Tag es sein wird. Dann wird unser Herz erleuchtet sein; wir werden nicht mehr so sehr an die irdischen Dinge denken, sondern mehr an die himmlischen Dinge. Wir werden nicht mehr so sehr an die Dinge des gegenwärtigen Zeitalters denken, sondern mehr an die Dinge des kommenden Zeitalters. Wir werden nicht mehr so sehr an uns selbst denken, sondern mehr an die anderen. Das ist das Leben der Märtyrer. Dies ist ein Zeichen für das zweite Kommen Christi in der Endzeit; dies ist ein Zeichen im Leben eines Pilgers.

Herr, zeige dieser Kirche und unseren Brüdern und Schwestern durch die gestrigen Ereignisse, dass wir eine Gruppe von Pilgern sind.

Wir sind mit den Polizeifahrzeugen nicht auf die Polizeistation gefahren worden, sondern wir waren auf dem Weg nach Zion. Amen!

Herr, führe uns weiter.

Deshalb bin ich zu dem Schluss gekommen, dass das Leben der Märtyrer die Herrlichkeit der Kirche ist. Wir können sogar sagen, dass das Leben der Märtyrer das ist, wonach sich jeder Gläubige sehnt, wonach sich die Kirche in jedem Zeitalter sehnt. Lasst uns dieser Welt mutig sagen, dass alles, wonach sie strebt, eitel ist; alles ist eitel. Lasst uns der Welt als Pilger auf dem Weg nach Zion verkünden, dass alle Wege dieser Welt Sackgassen und dunkel und hoffnungslos sind.

Im Epheserbrief schreibt Paulus an die Gemeinde in Ephesus: „Ich bin Paulus, der Gefangene Christi Jesu für euch" (Eph 3,1). Paulus schrieb dies, während er als Gefangener litt, und ermutigte die Gemeinde in Ephesus, angesichts dessen, was er für sie erlitt, nicht den Mut zu verlieren oder entmutigt zu sein.

Brüder und Schwestern, wenn wir eine Zunahme illegaler Aktivitäten sehen, wenn wir Verfolgungen sehen, wenn wir sehen, dass viele Brüder und Schwestern auf die Polizeiwache gebracht werden, ist es dann möglich, dass wir den Mut verlieren? Es ist möglich. Werden wir schwach sein? Das werden wir. Möge der Herr in den kommenden Tagen mit uns sein, ob wir stark oder schwach sind, lasst uns diesen Weg gemeinsam gehen. Ich weiß, dass es unserer sündigen Natur entspricht, beim Hören dieser Dinge schwach zu werden. Es entspricht der menschlichen Natur, dadurch schwach und mutlos zu werden.

Aber Paulus sagte den Brüdern und Schwestern in der Gemeinde in Ephesus: „Lasst euch nicht entmutigen oder werdet nicht schwach wegen dem, was ich als Gefangener erleiden muss. Denn das ist euer Ruhm." Paulus sagte, seine Gefangenschaft sei der Ruhm der Gemeinde in Ephesus. Er hatte diese Gemeinde aufgebaut; sein Leben war mit dieser Gemeinde verbunden. Deshalb sagte er: „Meine Gefangenschaft ist eure Ehre."

Kehren wir zu einem zentralen Punkt unserer Betrachtung zurück: Wofür sollte sich eine Gemeinde rühmen? Für wen sollte eine Kirche sich rühmen?

Wir haben viele reiche Brüder und Schwestern in unserer Gemeinde. Da gibt es eine ganze Reihe einflussreicher Geschäftsleute. Einige unserer Geschwister haben prestigeträchtige Auszeichnungen erhalten. Ein Bruder unserer Gemeinde hat ein sehr vielseitig anwendbares Werkzeug erfunden. Ein anderer Bruder unserer Gemeinde ist sehr einflussreich, und sein Unternehmen gehört zu den umsatzstärksten Unternehmen, zu den Fortune 500. Ich will damit nicht sagen, dass diese Dinge nicht gut sind, aber nichts davon soll der Ruhm einer Kirche sein.

Eine Gemeinde ist nicht deshalb gut, weil wir einige fähige Mitglieder, einige mächtige Mitglieder, einige einflussreiche Mitglieder, einige reiche Mitglieder oder einige bewährte Mitglieder haben. Nein. Wofür sollte sich eine Gemeinde dann rühmen? Sie sollte sich des Leidens Christi rühmen, des Leibes, der um Christi willen leidet, des Lebens der Märtyrer. Wofür sich eine Kirche rühmt, wen sie rühmt und welche Art von Leben sie rühmt, wird zeigen, ob sie eine treue Kirche ist, die von Sehnsucht nach der Endzeit erfüllt ist. Amen!

Lasst mich auch noch Folgendes sagen: Diejenigen von euch Brüdern und Schwestern, die gestern auf die Polizeiwache gebracht wurden, ihr seid die Herrlichkeit der Gemeinde, ihr seid meine Herrlichkeit. Wie Paulus zur Gemeinde in Ephesus sagte: Ihr seid meine Herrlichkeit. Selbst der Herr Jesus Christus hat gesagt, dass er bereit ist, euch als seine Krone der Herrlichkeit zu tragen.

Herr, lass uns nach dieser Herrlichkeit streben.

Viele unserer Bücher, darunter die Bibeln und Gesangbücher in unserem Altarraum, wurden gestern beschlagnahmt. Einschließlich der Bücher in der Seminarbibliothek haben wir etwa 15 000 Bücher verloren. Aber sollten wir deshalb nicht vor dem Angesicht des Herrn Buße tun und sagen: „Warum haben wir nicht mehr Bücher gekauft? Wir hätten mehr Bücher für sie kaufen sollen.“ Vielleicht können wir die Bücher zurückbekommen, vielleicht auch nicht. Aber diese mindestens 15 000 Bücher sind für unsere Early Rain Covenant Church zu Zeugen geworden.

Wir haben sie mit unseren eigenen Händen angefasst und mit unseren eigenen Augen gelesen, deshalb gibt es kein Bedauern. Ein Bruder fragte: „Die Polizei kam und nahm unser Geld weg. Was sollen wir jetzt tun?“ Ich sagte: „Beklagt ihr euch darüber, dass unser Geld zum Zeugen geworden ist? Das Geld gehört Gott. Unsere Zehnten gehören Gott, und was bezweckt Gott mit jedem Cent? Er will sich selbst verherrlichen. Der letzte Zweck, zu dem Gott jeden Cent einsetzt, ist die Verkündigung seines Evangeliums und das Zeugnis zu seiner Ehre. Jetzt hat das gesamte Geld der Kirche die Herrlichkeit Gottes bezeugt. Worüber macht ihr euch Sorgen?“ Deshalb kümmert es uns nicht, dass die Bücher und das Geld zum Zeugnis wurden.

Ein Mitarbeiter war besorgt darüber, dass die Brüder und Schwestern der Gemeinde so leidenschaftlich waren, dass sie Traktate auf der Straße verteilten. Gott sei gelobt, dass wir diese Prüfung mitten in einer Erweckung erleben und nicht inmitten eines Rückzugs oder einer geistlichen Depression. Dieser Mitarbeiter war besorgt, weil viele aus unserer Gemeinde und von unserer Hochschule junge Leute waren.[107] Was wäre, wenn sie in Gewahrsam genommen oder auf der Polizeiwache sogar ums Leben kommen würden?

Um so etwas bitten wir nicht, wir bitten um den Schutz des Herrn. So etwas wünschen wir uns ganz gewiss nicht, aber wenn

107 ERCC unterstützte eine christliche Hochschule für Geisteswissenschaften im Untergrund, die von einer Gruppe von Hauskirchen gegründet wurde.

solche Dinge geschehen, ist das zum Ruhm dieser Gemeinde, zum Ruhm seiner Familien, zum Ruhm seines Lebens, zum Ruhm der gesamten chinesischen Hauskirche heute. Amen! Die Gemeinde würde auch nicht versuchen diese Dinge zu vermeiden. Wir streben nicht danach, und wir werden nicht darum bitten, aber wir werden ihnen auch nicht ausweichen. Wer von uns ist würdig, ein Märtyrer zu sein? Wer von uns ist würdig, für den Namen des Herrn Schande auf sich zu nehmen? Wie viel Schande habt ihr in eurem Leben erlitten? Die meiste Schande kommt durch unsere eigenen Sünden oder durch die Sünden anderer. Wehe mir, denn ein Mann mit unreinen Lippen bin ich, und mitten in einem Volk mit unreinen Lippen wohne ich (Jes 6,5).

Möge es uns wie Paulus gehen, der jedes Mal bezeugte, dass seine Gefangenschaft, seine Verhaftung und seine Schläge einzig und allein auf seinen Glauben an den auferstandenen Christus zurückzuführen waren, der neues Leben schenkt. Wenn ihr beschämt oder misshandelt werdet und dabei eindeutig wisst, dass ihr keine Sünde begangen habt und in dieser Angelegenheit ein reines Gewissen vor Gott habt, und wenn ihr eindeutig wisst, dass der Grund, warum ihr auf Widerstand stoßt, einzig und allein euer Glaube an Jesus ist, dann möge der Herr uns Freude in unseren Herzen schenken. Amen! Mögen wir sagen: „Herr, wir sind unwürdige Knechte, und doch hast du mir solche Ehre erwiesen."

Brüder und Schwestern, gestern sagte ich auf der Polizeiwache zum Polizeichef der Qingyang-Zweigstelle: „Sie glauben nicht an den Herrn und verstehen nicht, dass es für mich eine große Ehre wäre, wenn Sie mich verhaften und ins Gefängnis stecken würden. Darauf habe ich seit Jahren gewartet." Ich sagte: „Sie werden nicht verstehen, dass Sie, wenn Sie diese Kirche verfolgen, dieser Kirche zu ungeheurem Ruhm verhelfen, Sie bereichern die Brüder und Schwestern dieser Kirche mit etwas, dessen sie nicht würdig sind. Das können Sie nicht verstehen, wenn Sie Jesus nicht kennenlernen."

Herr, führe uns weiter.

Lasst uns für den Weg beten, der vor uns liegt. Ich lade euch ein, dieses Lied mit dem Titel „Der Weg des Kreuzes, das Leben der Märtyrer" mit mir zu singen:

Füll mich mit deiner Liebe, Herr,
mit deiner Wahrheit zieh mich an.
Ich wein vor lauter Dankbarkeit,
gib, dass mein Mund dich preisen kann.

Mach meine Hände dienstbereit,
dass man dich in mir sehen kann.
In Kreuzes-. und in Leidenszeit
erleb ich deinen Frieden dann.

Herr, deinen Spuren folge ich
als deine Braut, ganz schön und rein,
und, Herr, zum Sieger mache mich.
Ich will mein ganzes Herz dir weih'n.[108]

Lasst uns zusammenkommen und im Angesicht des Herrn beten:

Möge der Weg des Kreuzes uns leiten. Möge sich das Leben der Märtyrer in unserem Leben manifestieren. Herr, führe uns auf diesen gesegneten Weg, der vor Fülle überfließt. Herr, führe uns in deine Nachfolge und lass uns sagen: „Herr, wohin du gehst, wollen wir gehen. Wo deine Apostel hingegangen sind, da wollen auch wir hingehen. Wo deine Macht die Apostel und die Märtyrer hingeführt

108 A. d. V.: Freie deutsche Übertragung durch Hermann Grabe.

hat, da wollen wir hingehen. Wohin Wang Mingdao gegangen ist, dahin wollen auch wir gehen.“

Gemeinsam bringen wir unser Leben in der Gegenwart des Herrn dar. Wir schauen auf dich für die Einheit dieser Kirche. Wir schauen auf dich für die Kraft dieser Kirche im Evangelium; wir schauen auf dich für die Liebe dieser Kirche im Herrn. Herr, reinige uns mit deinem kostbaren Blut von den Sünden, die wir nicht vor dir bekannt haben. Mache uns, die heilige Braut, würdig, den heiligen Kampf zu kämpfen. Herr, versöhne diejenigen, die sich gegenseitig verklagt haben, und lass uns einander lieben, denn nur wer sich gegenseitig liebt, kann zusammenstehen und den guten Kampf kämpfen.

Herr, lass uns den Spott, das Leid und die Versuchungen der Welt gering achten. Herr, während wir von den Menschen als Abfall betrachtet werden, zeige uns, dass du uns aus der Müllhalde herausgehoben hast. Lasst uns vor unserem Herrn geloben: „Ich bin bereit, dir mein Leben zu opfern, dir meine Familie, dir meine Söhne und Töchter zu geben. Meine ganze Familie und meine Nachkommenschaft gehören dir.“

Lasst uns gemeinsam im Angesicht des Herrn beten:

Oh Herr, wir schauen auf deine Gnade. Herr, führe uns. Herr, du hast Großes unter uns getan, du bist unter uns verherrlicht worden und wirst weiterhin unter uns verherrlicht werden. Herr, führe uns, auch wenn wir es nicht verdient haben.

Oh Herr, gebrauche uns. Oh Herr, führe uns mit deinen von Nägeln durchbohrten Händen und lass uns deine Wunden berühren. Oh Herr, lass uns die Wunden dieser Zeit und die Wunden dieser Stadt berühren. Offenbare uns alle verlorenen Seelen in dieser Stadt. Herr, belebe deine Kirche neu.

Oh Herr, das Kreuz ist für immer unsere Herrlichkeit. Oh Herr, führe uns auf den Weg dieser Herrlichkeit. Was die Welt als Schande ansieht, nehmen wir als Herrlichkeit. Oh Herr, lass uns alles andere als Unrat betrachten und das Leiden als unbedeutend.

Oh Herr, führe uns auf diesem Weg in dieser Stadt. Führe uns in eine Erweckung, wie sie diese Stadt noch nie erlebt und noch nie gesehen hat, eine Erweckung, der die Welt nicht würdig ist.

Herr, wir danken dir und preisen dich, dass du unser Gebet erhört hast.

Herr, in deiner Gegenwart beten wir um Erweckung. Herr, diese Stadt hat schon einmal die Herrlichkeit des Evangeliums wahrgenommen. Während des Zweiten Weltkriegs, als es viele christliche Schulen in Huaxiba gab, leiteten die Pastoren Ji Zhiwen und Yu Ligong eine College-Erweckung, die das geistliche Feuer der Colleges in Chengdu entfachte.[109] *Herr, das war vor über einem halben Jahrhundert.*

Oh Herr, belebe deine Gemeinden in Chengdu. Herr, zeige dieser Stadt etwas, was sie noch nie gesehen hat, zeige ihr die Gemeinden dieser Stadt. Herr, diese Welt ist deiner Kinder nicht würdig; was andere schätzen, ist für uns Abfall. Was sie fürchten, halten wir für wertvoll. Herr, lass unseren Glauben den Weg des Todes in dieser Stadt umkehren, wo das Leben durch den Reichtum gebunden, kontrolliert und versklavt ist. Oh Herr, lass uns Chengdu wachrütteln. Oh Herr, rüttle Chengdu durch deine Kirchen in dieser Stadt wach. Herr, rüttle die verlorenen Seelen wach. Herr, erwecke alle großen und kleinen Gemeinden in dieser Stadt, die Gläubigen, die sich im Namen des Herrn in Gemeinschaften und Familien versammeln.

Oh Herr, belebe uns. Oh Herr, führe uns.

---

109 Yu Ligong (于力工, Moses Yu, 1920–2010) war ein Prediger, Universitätspfarrer und Seminargründer. Während des Zweiten Weltkriegs wurden viele der führenden Universitäten Chinas nach Südwestchina verlegt. In dieser Zeit wurden viele christliche Studentengruppen gegründet, und 1945 fand der erste nationale Kongress christlicher Studenten von InterVarsity statt. Yu diente als Redner bei den Sommerfreizeiten und Erweckungstreffen von InterVarsity auf den Campi der Universitäten.

Herr, wir brauchen in unserem Leben nichts anderes zu suchen als deine Gegenwart, dein Reich und deine Gerechtigkeit, und du wirst uns alles andere hinzufügen.

Oh Herr, möge das Beispiel der Märtyrer lebendig für uns sein. Herr, wenn du dich heute über die chinesische Kirche erbarmst, dann gib der chinesischen Kirche heute diejenigen, die bereit sind zu leiden, die bereit sind, dir zu folgen und ihr Leben auf dem Altar zu opfern.

Oh Herr, wir beten für die chinesische Kirche. Wir schauen auf dich für die Kirchen in ganz China. Wir bitten dich besonders für alle Kirchenführer und alle, die du berufen hast, dein Evangelium zu verkünden. Herr, mache sie stark und mutig. Herr, erwecke unter ihnen ein großes Heer des Herrn.

Oh Herr, wir danken dir und preisen dich und bitten dich, diese Kirche wiederzubeleben. Erwecke deine Gemeinde, indem du mich erweckst.

Herr, deine Gemeinde erlebte von 1927 bis 1937 zehn Jahre lang eine große Erweckung, die noch heute, 100 Jahre später, Auswirkungen auf die Kirche hat.[110] *Herr, wir bitten um eine weitere große Erweckung. Herr, belebe die chinesische Kirche für weitere 100 Jahre und segne die chinesische Gesellschaft für weitere 100 Jahre. Wenn die Kommunistische Partei nicht mehr in diesem Land regiert, wird deine Gnade in diesem Land regieren. Wenn alle Mächte der Welt zusammenbrechen, werden deine Kirchen immer noch auf Golgatha stehen. Ich glaube an Golgatha, ich glaube, dass die Herrlichkeit des Kreuzes für immer mit deiner Kirche sein wird.*

---

110 In den 1920er und 1930er-Jahren kam es in ganz China zu Erweckungswellen. Es gab eine Reihe einflussreicher Prediger und Pastoren, darunter Wang Zai (王载, Leland Wang), Ji Zhiwen (计志文, Andrew Gih), Zhao Junying (赵君影, Calvin Chao), Song Shangjie (宋尚节, John Sung) und Ni Tuosheng (倪柝声, Watchman Nee) sowie die Gründung von Organisationen wie der Bethel Mission in Shanghai, das weltweite Bethel Evangelistic Team und die Kirche von Wang Mingdao in Peking.

Herr, wir legen das Erdbeben von Szechuan 2008 in deine Hände, die Stadt Chengdu, die Provinz Szechuan, die das Erdbeben erlebt hat, und diejenigen, die sich selbst nicht helfen können – diejenigen, die immer noch Schmerzen haben, diejenigen, die ihren Kummer und ihre Angst nicht loslassen können. Herr, gib sie deiner Kirche. Herr, lass alle, die sich abmühen und schwer beladen sind, zu dir kommen, denn alle, die zu dir kommen, werden mit Frieden erfüllt und erhalten Vergebung.

Herr, lass uns beten und in deiner Gegenwart mutig bitten, wie es John Knox tat. Herr, gib uns China, gib uns Chengdu, gib uns Szechuan. Gib sie deiner Gemeinde und sei durch uns verherrlicht. Andernfalls, Herr, nimm uns in deine himmlische Heimat auf, denn unser Leben wäre in dieser Welt sinnlos.

Herr, wir haben kein Bedürfnis oder Verlangen nach dieser Welt. Alles, was wir wollen, ist, dass unser Leben für dein Evangelium und für eine große Erweckung brennt. Oh Herr, höre unser Gebet. Was du früher in der chinesischen Kirche getan hast, tue auch unter uns. Tu es auch heute wieder unter den chinesischen Hauskirchen. Herr, wir danken dir und preisen dich.

Erwecke den Wang Mingdao dieses Zeitalters, den Ji Zhiwen dieses Zeitalters, den John Sung dieses Zeitalters – Generation um Generation von treuen Kindern, auch in diesem Zeitalter.

Herr, wir danken dir und preisen dich. Herr, erhöre unser Gebet und lass unsere Anbetung und unseren Lobpreis die Pforten der Hölle erschüttern. Offenbare allen Mächten und Gewalten in China deine Weisheit durch deine Kirche. Herr, lass den Fürsten der Mächte der Bosheit in der Himmelswelt fliehen. Diejenigen, die deine Kirche mit Schwertern verfolgen, sollen sich mit den Füßen in ihrem eigenen Netz verfangen. Mach den Tag, an dem sie sich versammeln, um deine Kirche zu verfolgen, zu einem Tag, an dem sie selbst beschämt werden. Lass die Verfolgung, die sie für die Kirche planen, sie selbst treffen!

Oh Herr, wir danken dir und preisen dich. Jedes Zeitalter hat Hamans Pläne und Hamans Hinterlist. Herr, besiege all diese Pläne durch deinen eigenen Sieg, denn du bist am Kreuz gekreuzigt worden. Oh Herr, du bist auferstanden. Der Herr, dem wir folgen, ist der auferstandene Herr Jesus Christus. Das Kreuz wird für immer unser Ruhm sein. Wir danken dir und preisen dich, Herr, als die Streitmacht Gottes und als eine vereinte Gemeinde.

Herr, wenn du uns brauchen kannst, sende uns aus. Wenn du uns für würdig hältst, benutze uns.

Wenn du uns für bereit und dir wohlgefällig hältst, sende uns aus.

Wir danken dir und preisen dich, Herr, dass du unsere Gebete in deiner Gegenwart erhörst. Wir beten in dem kostbaren und heiligen Namen unseres Herrn Jesus Christus.

12

DAS KREUZ UND DIE MÜLLDEPONIE

WANG YI

In diesem Hirtenbrief befasst sich Wang Yi mit der Frage der Eschatologie. Wozu ist diese Welt bestimmt, und wie sollen Christen im Licht der Ewigkeit leben? Als Antwort darauf erklärt Wang Yi, dass die Gemeinde wie eine wunderschöne Balletttänzerin ist, die auf einer Müllhalde als Bühne tanzen muss. Die Müllhalde schmälert die Schönheit ihres Tanzes nicht, sondern verstärkt ihn noch durch den Kontrast. Denn, so Wang Yi, die Müllhalde ist nicht bedeutungslos; sie hat durch die Menschwerdung Gottes und durch sein Eintreten in unsere Wirklichkeit einen Sinn erhalten.

Wang Yi sandte diesen Brief im Oktober 2017 an seine Gemeinde.

Der Diener des Herrn, Wang Yi: Friede sei mit euch, Brüder und Schwestern in allen Gemeinden, die erfüllt sind von „der Fülle dessen, der alles in allem erfüllt".

Dies war wirklich ein arbeits- und ereignisreicher Monat. Seit dem Beginn von Camp Shiyi ist die „Theologie des Kreuzes" in unserer Mitte angekommen, und alles scheint an Fahrt aufgenommen zu haben. Ich möchte mich dafür entschuldigen, dass die Veröffentlichung von Hirtenbriefen etwas nachgelassen hat, obwohl es vieles gibt, das ich gern mit euch teilen möchte. Ich bin sowohl von einem Gefühl der Zeitknappheit als auch von einer unaussprechlichen Begeisterung erfüllt. Seit 2009 hat mich der Herr oft durch Esra 9,8 motiviert und inspiriert: „Und nun ist uns für einen kleinen Augenblick Gnade von dem HERRN, unserem Gott, zuteilgeworden. Er hat uns Gerettete übrig gelassen und uns einen Zeltpflock gegeben an seiner heiligen Stätte. Unser Gott hat unsere Augen hell gemacht und uns ein wenig Belebung geschenkt in unserer Knechtschaft."

Damals baute Israel den Tempel und die Stadtmauern wieder auf. Während des Erdbebens 2008 und des anschließenden Wiederaufbaus im Jahr 2009, den die Kirche inmitten von Unterdrückung fortsetzte, wurde dieser Vers für mich zu einer Vision des Herrn von einer kleinen Erweckung der Gemeinde. Tatsächlich haben Hauskirchen in den letzten Jahrzehnten oft Ermutigung aus den nachexilischen Berichten der Israeliten geschöpft. Zu Beginn meines Weges mit Gott haben die Xiaomin-Hymnen wie „In These Remaining Years" und „Treading the Remaining Miles" mein Verständnis von der Wirklichkeit auf den Kopf gestellt.[111] Die Tradition der Hauskirche betont die „Eschatologie des Evangeliums" oder das „eschatologische Evangelium".

Die Kirche hat in der Regel drei Weisen, die Realität zu betrachten. Eine Sichtweise ist, dass das Schiff sinkt und es daher keinen Wert hat, etwas anderes zu tun, als sich um die Rettung von Seelen zu bemühen. Eine andere sieht das Schiff nicht als sinkend, sondern als beschädigt an. Diejenigen, die diese Ansicht vertreten, glauben, dass die Kraft der Erlösung das Schiff aufrechterhalten wird und dass das Reich Gottes schließlich auf dem Schiff errichtet werden wird, ganz gleich, wie beschädigt das Schiff auch sein mag. Die dritte Sichtweise besagt, dass das Schiff sinkt, aber die

111 A. d. V.: Dt. etwa: „In diesen verbleibenden Jahren" und „Die letzten Meilen zurücklegen". Lü Xiaomin ist eine bekannte chinesische Hymnendichterin. Siehe Fußnote 5 in der Einleitung.

Musikinstrumente auf dem Schiff noch gestimmt werden, ja, sogar noch mindestens einmal wie bei einer Aufführung gespielt werden müssen. In der Zukunft wird es ein brandneues Schiff geben, aber das Leben auf dem neuen Schiff wird nicht völlig losgelöst von unserem Leben auf dem jetzt sinkenden Schiff sein.

In gewisser Weise ist unsere gegenwärtige Wirklichkeit im Lichte des Evangeliums tatsächlich bedeutungslos geworden. Wenn wir also sofort sterben würden oder wenn die Zeit sofort zu Ende ginge, würden wir es nicht bedauern. Aber aus einem anderen Blickwinkel ist diese sinnlose Wirklichkeit durch das Evangelium sinnvoll geworden. Wir müssen jede Sekunde wertschätzen, solange wir noch leben und die Zeit noch nicht zu Ende ist, denn nur durch den Glauben ist diese sinnlose Wirklichkeit mit der Ewigkeit verbunden. Die gegenwärtige Wirklichkeit ist ein auf den Kopf gestelltes Bild der Ewigkeit.

Unser Blick auf die Wirklichkeit ist daher die dritte Sichtweise. Die Welt ist ein beschädigtes Schiff und sinkt wirklich. Man kann auf einem solchen Schiff weder das Himmelreich errichten, noch kann man dieses Schiff als seine ewige Heimat betrachten. Aber alles, was auf dem Schiff ist, ist wie ein Negativ, ein umgekehrtes Bild der Ewigkeit, und nur auf diesem alten Schiff können wir die Form des neuen Schiffes erahnen.

Der Schlüssel ist der Glaube, und der Glaube braucht eine Kulisse. Der Glaube ist wie eine Balletttänzerin, die anmutig auf einer baufälligen Bühne tanzt. Einerseits macht es, solange der Tanz schön ist, nichts aus, wenn die Bühne in Trümmern liegt. Andererseits: Stellt euch vor, wie herrlich und wundervoll der Tag sein wird, an dem diese Meistertänzerin auf einer prächtigen Bühne tanzt. Vorerst aber sagt Gott, dass die Schönheit des Tanzes auf einer baufälligen Bühne zum Ausdruck kommen muss.

Lasst mich ein anderes Bild gebrauchen. Viele haben die Geschichte über das Experiment gelesen, bei dem Joshua Bell sechs

Bach-Stücke in einer U-Bahn-Station spielte. Er gehört zu den größten Geigern der Welt und spielt eine Geige, die 3,5 Millionen US-Dollar wert ist. Der Durchschnittspreis für eine Eintrittskarte zu seinen Konzerten lag nur zwei Tage vor dem Experiment bei 200 Dollar. Bei diesem Experiment jedoch blieben von den 2000 Menschen, die während Joshua Bells 45-minütigem Auftritt in der U-Bahn-Station vorbeikamen, nur 20 stehen, um zuzuhören, was ihm 32 Dollar einbrachte.

Liebe Brüder und Schwestern, ich versuche damit zu sagen, dass ihr eine Gruppe der größten Künstler des Universums seid, die in einer U-Bahn-Station auftreten. Die Welt erkennt euch nicht an, aber euer Wert manifestiert sich ironischerweise durch ihre Ignoranz und ihren Mangel an Anerkennung. Anders ausgedrückt: Ihr seid eine Gruppe von Balletttänzern der Meisterklasse, die auf einer Mülldeponie auftreten. Und das ist die Bedeutung der Mülldeponie: Obwohl ihr von denen, die sich dort aufhalten, für Verrückte gehalten werdet, ist die Mülldeponie durch euch zu einem Bild des neuen Himmels und der neuen Erde geworden.

So beschreibt der Autor des Hebräerbriefs euren Wert: „Sie, deren die Welt nicht wert war, irrten umher in Wüsten und Gebirgen und Höhlen und den Klüften der Erde“ (Hebr 11,38).

Im Konferenzzentrum wurden uns Strom und Wasser abgestellt, was zeigt, dass wir Menschen sind, deren die Welt nicht wert ist.[112]

Die Brüder und Schwestern, die sich auf den Weg zur theologischen Konferenz in Hongkong machten, wurden verhört, bedroht und durchsucht, was sie als Menschen auswies, deren die Welt nicht wert ist.

Bruder Ding Shuqi wurde von der Flughafenpolizei auf dem Boden fixiert und 24 Stunden lang schrecklichen und quälenden

112 Die ERCC nahm damals an einer christlichen Konferenz teil.

Verhörmethoden unterworfen. Er wurde verhaftet, mit Handschellen gefesselt, und mit grellem Licht wurde ihm der Schlaf entzogen. All dies zeigt, dass die Welt seiner nicht wert ist.

Aber das Erstaunliche am Evangelium ist, dass Jesus Christus auf die Mülldeponie kam und ihr einen Sinn gab. Jesus nahm die Gestalt eines Dieners an und gab damit dem Dienen einen Sinn. Jesus nahm die Schande und den Tod auf sich, sodass die Schande und der Tod dieser Welt nun einen Sinn haben. Das ist der Grund, warum ich sage, dass erstens das Schiff zwar sinkt, aber zweitens das sinkende Schiff noch einen Sinn hat.

Liebe Brüder und Schwestern, ich möchte euch vor allem daran erinnern, dass der geistliche Kampf hart ist. Die Werke des Satans sind verkommen und teuflisch. Seit vielen Jahren sucht die Regierung nach Löchern in dieser Kirche und hat meinen Berg von Materialien unter die Lupe genommen. Sie hat sogar versucht, heimlich Löcher in der Kirche zu erzeugen. Ich achte diesbezüglich auf alle Gerüchte und Spuren.

Die Kirche hat außerdem kürzlich bestätigt, dass ein ehemaliges Mitglied (das inzwischen ausgetreten ist) ein Spion einer einschlägigen Regierungsbehörde war und Lügen unter den Gläubigen verbreitete. Manche Dinge werden offenbar werden, wenn die Zeit reif ist. Aber es gibt viele Dinge, die sich erst zeigen werden, wenn wir den Herrn sehen. Das Ziel all dessen ist, auf dieser baufälligen Bühne den Wert des Glaubens deutlich zu machen. Deshalb ist es wichtig, dass ihr erkennt, dass ihr ein Werkzeug des Teufels werdet, wenn ihr keine Liebe im Herzen habt. Und wenn ihr euch über die Kirche, ihre Pastoren oder ihre Mitarbeiter beschwert und nicht in der Lage seid, ihnen im Lichte des Evangeliums zu begegnen, dann werdet ihr eines Tages zu einem Werkzeug werden, das der Satan einsetzt, um die Kirche zu zerstören.

In *The Compelling Community* schreibt einer der Autoren darüber, wie sehr er Pastor Mark Dever und die Capitol Hill Baptist

Church vermisste, während er an anderer Stelle diente. Aber er erwähnte noch etwas anderes, was mir sehr zu Herzen ging. Er sagte: „Ich habe nicht nur Pastor Dever und seine Predigten vermisst, sondern auch die Gemeinschaft, die durch seine Predigten entstanden ist.“[113]

Das ist in letzter Zeit zu meinem Gebet geworden. Ich hoffe, dass, wenn jemand in Zukunft meinen Dienst erwähnt, dieser nicht als Zusammenfassung von Worten und Predigten beschrieben wird, sondern als bescheidener Dienst, der euch – als eine Gemeinschaft des Evangeliums – wirklich beeinflusst und aufgebaut hat.

Als Akademiker glaubte ich fälschlicherweise, dass sich meine zukünftige Krone auf meine Worte beziehen würde. Erst als ich zum Pastor berufen wurde, verstand ich das Herz des Paulus, das sich offenbarte, als er die Gemeinde in Philippi „meine Freude und mein Siegeskranz“ nannte und zur Gemeinde in Thessalonich sagte: „Denn ihr seid unsere Herrlichkeit und Freude.“

Geliebte, der Gedanke, dass ich euch eines Tages auf dem Kopf tragen werde und sage: „Diese Gemeinschaft ist die Freude und der Ruhm meines Lebens“, ist von äußerster Schönheit und etwas, von dem ich nicht einmal zu träumen wage. Deshalb lasst uns gemeinsam in den U-Bahnen-Stationen singen und auf den Mülldeponien tanzen.

Ich möchte euch alle noch einmal daran erinnern, dass unsere Regierung ehrgeizig ist. Ihr Ziel ist es nicht nur, Ordnung in der Gesellschaft zu schaffen, sondern auch die Bedeutung von Mülldeponien und U-Bahn-Stationen zu monopolisieren. Daher ist die Regierung besorgt, wenn wir auf Mülldeponien Ballett tanzen. Wenn wir in der U-Bahn Geige spielen, werden uns Polizisten am

113 Mark Dever and Jamie Dunlap, *The Compelling Community: Where God's Power Makes a Church Attractive* (Wheaton, IL: Crossway, 2015), dt. etwa: *Die überzeugende Gemeinschaft: Wenn Gottes Kraft eine Kirche attraktiv macht.*

Boden fixieren. Dies ist jedoch Teil des Sinns der Mülldeponie, denn Gott hat ihnen erlaubt, ehrgeizig zu sein, weil er den Wert des Glaubens hervorheben will. Im Allgemeinen ist die „eschatologische Bedeutung" der kirchlichen Veranstaltungen umso größer, je schrecklicher das Umfeld ist, in dem sie stattfinden.

Lasst uns also in Ruhe abwarten und mit Nachdruck handeln. Lasst uns aus Ehrfurcht vor Gottes Plan auch einen ehrenvollen Respekt bewahren, während wir uns demütig den Absichten der Regierung widersetzen, das Herz und die Anbetung ihres Volkes zu kontrollieren, denn den Gegner zu respektieren, den Gott vor euch gestellt hat, ist gleichbedeutend damit, Gott zu respektieren.

Es gibt Zeiten, in denen wir uns durch unsere Handlungen unterordnen, uns aber im Herzen nicht mit diesen Handlungen identifizieren oder sie gutheißen.

In anderen Fällen bleiben wir in unserem Handeln beharrlich, aber wir zeigen keine Verachtung.

Auf diese Weise beten wir in der Morgendämmerung und ruhen in der Abenddämmerung, und die Macht der Regierung hat darauf keinen Einfluss.

Ja, das Schiff ist am Sinken, aber wir reinigen unsere Instrumente in sechs Tagen und spielen am Tag des Herrn darauf.

Ein Bruder, der bereit ist, mit euch „wie ein Schaf mitten unter Wölfen" zu sein, Wang Yi

21. Oktober 2017

13

20 ARTEN DER VERFOLGUNG ALS GOTTES WEISE, UNS ZU WEIDEN

WANG YI

In diesem Hirtenbrief zählt Wang Yi auf, warum Christen Verfolgung als Gottes Werk in ihrem Leben betrachten sollten. Aufgrund unserer eschatologischen Bestimmung sollen wir Christen uns daran erinnern, dass diese Welt vergänglich ist, und uns auf den bevorstehenden Kampf vorbereiten. Die 20 Punkte von Wang Yi lassen sich in ein paar Schlüsselthemen zusammenfassen. (1) Verfolgung offenbart das wahre Herz des Christen und läutert die Kirche. (2) Verfolgung ist ein Beweis für das Königtum und die Autorität Jesu Christi über die Gemeinde und fördert die Ausbreitung des Evangeliums in dieser Welt. (3) Verfolgung weist den Individualismus zurecht und fördert die christliche Gemeinschaft auf lokaler und globaler Ebene. (4) Verfolgung manifestiert sich aufgrund unserer Verbindung mit Christus.

Wang Yi sandte diesen Brief am 9. November 2017 an seine Gemeinde.

Meinen Brüdern und Schwestern, die dazu berufen sind, „besonnen und gerecht und gottesfürchtig (zu) leben in dem jetzigen Zeitlauf“ (Tit 2,12): Friede sei mit euch.

Als Paulus über die Ehe sprach, war er persönlich der Meinung, dass es besser sei, ledig als verheiratet zu sein. Er sprach dabei jedoch nicht über die Bedeutung der Ehe als Bild für die Schöpfung und die Erlösung. Paulus leugnete nicht den Wert der Ehe oder des Kinderkriegens. Sondern er forderte die Gläubigen auf, „so zu bleiben, wie ihr seid", denn „diese Welt vergeht mit ihrer Begierde". Diejenigen, die verheiratet sind, sollen verheiratet bleiben und keine Scheidung anstreben. Diejenigen, die ledig sind, sollen auch ledig bleiben und nicht die Ehe suchen. Das alles dient nur einem Zweck: dass sich die Menschen Gottes nicht um sich selbst, ihre Frauen, ihre Kinder oder die Dinge der Welt kümmern, sondern um die Angelegenheiten des Herrn und darum, wie sie dem Herrn gefallen können (1Kor 7,26-32).

Wenn wir über den Konflikt zwischen Glaube und Welt sprechen, bringen diese Verse die Überzeugung zum Ausdruck, dass alles unter folgendem Gesichtspunkt gesehen werden sollte: „Die Welt in ihrer jetzigen Gestalt wird vergehen" (1Kor 7,31; NeÜ). Außerdem müssen alle Dinge mit großem Eifer dafür betrieben werden, „sich um die Angelegenheiten des Herrn zu kümmern und wie (man) dem Herrn gefallen kann" (1Kor 7,32).

Ohne dieses starke eschatologische Bewusstsein für die Vergänglichkeit der Welt und den Konflikt zwischen der Welt und dem Glauben ist alles, was ihr denkt, bedeutungslos. Ohne dieses Bewusstsein ist alles, was ihr sagt, falsch.

Jemand teilte mir seine Sorge mit, dass die tägliche Seelsorge vernachlässigt würde, wenn die Haltung der Gemeinde in dieser Zeit der kirchlich-staatlichen Spannungen der einer Kriegsvorbereitung gleicht. Ich sagte diesem Gläubigen, dass Soldaten ihr tägliches Training in der Regel als Kriegsvorbereitung und -übung absolvieren. Je bedrängender die Situation ist, desto effektiver wird das Training. Für die Gemeinde gibt es kein tägliches Hirtenamt ohne geistlichen Kampf. Einerseits ist der Kampf selbst die Art und Weise, wie der Herr seine Jünger hütet; andererseits ist es der Zweck des Hirtenamtes, auf den Kampf vorzubereiten.

Ich habe gesehen, wie viele chinesische Kirchen geistlich starben, weil sie nicht vorbereitet waren. In Zeiten der Verfolgung mögen in der Kirche des Herrn Tausende vom Teufel getötet werden; aber nach der Verfolgung werden es Millionen sein.

Im Folgenden findet ihr daher 20 Gedanken, die ich euch zu unserem heutigen Thema mitteilen möchte: Welchen geistlichen Nutzen bringt der gegenwärtige Konflikt zwischen Kirche und Staat für die Kirche und die Christen? Inwiefern ist dieser Konflikt Gottes Weg, uns zu weiden?

1. Die Möglichkeit der Verfolgung ist ein Test, um zu sehen, ob wir uns nur aus Angst vor dem Tod dafür entschieden haben, Sklaven zu werden. Sind unsere Herzen wirklich durch das Evangelium befreit worden, und werden sie unter jedem System und in jeder Umgebung ehrenhaft bleiben?
2. Unsere Ängste zeigen uns die tief verwurzelte Knechtschaft, die noch in unseren Herzen lebt. Der Konflikt zwischen Kirche und Staat ist eine Prüfung, die solche sklavischen Restbestände in uns offenbart.
3. Verfolgung zeigt, dass die Macht des Schwertes für die Kirche noch eine andere Bedeutung hat. Gott hat das Kreuz geschaffen, damit es als Grenzmarkierung zwischen der Kirche und der Welt dient. Das Kreuz ist das Mittel, das er benutzt, um der Welt die große Macht des Evangeliums zu zeigen. Seine Absicht ist es, dass den Herrschern und Mächten in den himmlischen Bereichen nun durch die Gemeinde seine mannigfaltige Weisheit bekannt gemacht werden kann.
4. Der Konflikt zwischen Kirche und Staat kann uns helfen festzustellen, ob der Gehorsam, den wir in der

chinesischen Gesellschaft an den Tag legen, aus einer sklavischen Unterwerfung unter Autoritäten resultiert oder aus einer gottesfürchtigen Beharrlichkeit. Dieser Konflikt hilft uns zu erkennen, ob wir uns einer mächtigen Autorität beugen oder Mut zeigen als Schafe unter Wölfen. Unabhängig davon, wie wir reagieren, wenn sich die Angst erst einmal ausgebreitet hat, ist jede Reaktion, die auf Angst beruht, nicht von Liebe getragen.

5. Das ist der Unterschied: Der Gehorsam, der aus der Liebe entspringt, wird uns befähigen, einen bescheidenen Regierungsbeamten, der rechtmäßig handelt, zu respektieren, was uns dazu bringt, ihm großen Respekt zu zollen, als wäre er ein König. Gleichzeitig werden wir, wenn wir mit den ungerechten Taten unseres nationalen Führers konfrontiert werden, mutig genug sein, ihn als Tyrannen anzusehen.
6. Der Konflikt zwischen Kirche und Staat ist auch ein Test, um zu sehen, ob wir im Herzen feige und eingeschüchtert sind und den Mächtigen gehorchen, aber die Demütigen verachten. Solche Art von Gehorsam ist kein biblischer Gehorsam, sondern das Kennzeichen einer niederen Gesinnung.
7. Nur wenn du fähig bist, denen zu gehorchen, die niedriger sind als du, ist dein Gehorsam gegenüber denen, die mächtiger sind, im Einklang mit der Bibel. Und nur wenn du fähig bist, die Ungerechtigkeit der Mächtigsten zu verachten, wird dein Tadel gegenüber den Niedrigen der Demut entspringen.
8. Der Konflikt zwischen Kirche und Staat hat diesen Unterschied in schärfster Weise offenbart, und zwar in einer Weise, die nicht überdeckt oder verschleiert werden kann.

9. In diesem Konflikt wird auch geprüft, ob wir aufgrund von Christus Würde und Freiheit erfahren haben. Das ist es, was die Bibel als einen Glauben und Gehorsam beschreibt, die anerkennen, dass es „keine staatliche Macht außer von Gott" gibt und dass „die bestehenden von Gott verordnet" sind (Röm 13,1). Diese Art von Gehorsam führt zu einer bibelorientierten Gesinnung, die weiß, wann es Zeit ist, zu gehorchen, und wann es Zeit ist, Widerstand zu leisten. Die Freiheit Christi führt zu einem Gehorsam und einem Widerstand, die beide aus der gleichen Unterwerfung unter die göttliche Ordnung hervorgehen.
10. Verfolgung ist daher ein Test dafür, ob man in seinem theologischen Konservatismus wirklich im Evangelium verwurzelt ist. Wenn ein Gott gehorsamer, theologisch konservativer Mensch der Regierung gehorcht, wird das Böse nicht weiter geschürt, sondern eher eingegrenzt. Wenn ein Gott gehorsamer, theologisch konservativer Mensch Widerstand leistet, wird die moralische Ordnung der Gesellschaft nicht gestört, sondern gefestigt.
11. Wenn Christen der Regierung gehorchen, könnten uns daher Befürworter der Demokratie, die die Gesellschaft positiv verändern wollen, als Loyalisten kritisieren, die der Regierung helfen, die soziale Ordnung aufrechtzuerhalten. Aber wenn Christen sich im Konflikt zwischen Kirche und Staat dafür entscheiden, Gott mehr zu gehorchen als den Menschen, werden wir ebenfalls beschuldigt – nun von den Pragmatikern –, wir würden zum Umsturz gegen den Staat auffordern.
12. Dies ist auch ein Test, um zu sehen, ob uns die Wertschätzung der Welt wichtiger ist als das Lob Christi. Der Konflikt zwischen Kirche und Staat offenbart mehr als

jeder andere Konflikt den Gegensatz und die Unterschiede zwischen der Gemeinde und der Welt. Infolge dieses Konflikts werden die sozialen Beziehungen der Christen von der Welt offengelegt und neu bewertet. Einer der größten Nutzen des Konflikts zwischen Kirche und Staat besteht darin, dass ein Christ, der damit konfrontiert ist, nicht als heimlicher Jünger weitermachen kann.

13. Daher ist jeder Konflikt zwischen Kirche und Staat in der Geschichte ein Moment, in dem Gottes Reich voranschreitet. Es verlangt von den Gläubigen, dass sie aufhören, so zu leben, als seien sie im Urlaub, und auf ihre Posten zurückkehren. Wenn Paulus sagt: „Bleibt, wie ihr seid", bezieht er sich auf einen Lebensstil der „Bereitschaft", den die Christen der Welt vorleben sollen. Der Konflikt zwischen Kirche und Staat setzt jedem falschen Friedenszustand ein Ende und offenbart stattdessen die universelle Wahrheit eines ständigen, andauernden geistlichen Krieges. In diesem Krieg ist das wahre Problem nicht die Welt oder die Regierung, sondern die Macht der Sünde und der Angst im Leben eines Christen.
14. Jeder Konflikt zwischen Kirche und Staat ist eine Gelegenheit für Gott, seine Gemeinde zu reinigen. Wie die Vorväter der Hauskirche sagten: „Freiheit dient der weiten Verbreitung, Spannung der Auslese."[114] Durch Verfolgung vertreibt der Herr falsche Gläubige aus der Kirche, stellt falsche Lehrer bloß, und Prediger, die nicht zum Lehren berufen sind, verlieren die Gelegenheit, die Kirche auszunutzen.

---

114 Dieses Zitat stammt aus dem mündlichen Zeugnis eines älteren Hauskirchenleiters, Yang Anxi (杨安溪). Yang Anxi, „The Hand of God in China", Church China 16 (2009年03月号), www.churchchina.org/archives/090301.html.

15. Teste dich selbst, um zu sehen, ob du bereit bist, ein Narr für das Evangelium zu sein. Wenn du wegen des Evangeliums mit dem Tod bedroht wirst, erfährst du, für wen du wirklich lebst. Wenn man Gefahr läuft, seinen Arbeitsplatz zu verlieren, weiß man, für wen man wirklich arbeitet. Wenn du um des Evangeliums willen dein Vermögen und deine Stellung verlieren könntest, findest du heraus, ob du verrückt nach Geld oder verrückt nach dem Evangelium bist.
16. Ein großer Vorteil dieses Konflikts zwischen Kirche und Staat ist daher die Erkenntnis, wie sehr wir unser geistliches Leben überschätzen. Diese Fehleinschätzung ist die Ursache für fast alle Probleme in unserem täglichen Leben. Wäre Christus nicht verhaftet worden, hätte Petrus nicht gewusst, dass er es nicht schaffen würde, treu zu bleiben, und die Jünger hätten ihren Unglauben nicht zugegeben. Gläubige, die in Bequemlichkeit leben, schätzen ihre Frömmigkeit meistens falsch ein. Erst wenn die Temperatur rings um uns herum sinkt, spüren wir die Kälte und sehnen uns wirklich nach Wärme und Licht.
17. Die Nachrichten über Verfolgung sowie die Verfolgung selbst geben uns eine echte Gelegenheit, Anteil zu nehmen an den verfolgten, ermordeten, inhaftierten und gedemütigten Kirchen in Nordkorea, im Nahen Osten und in der ganzen Welt. Sie bewahren uns davor, Missionare, die für den Herrn gemartert werden, arrogant zu ignorieren, und verhindern, dass wir diejenigen, die für Gott eifern, auf Distanz halten. Die Erfahrung der Trauer hilft uns, intensiver mit denen zu weinen, die trauern, und die Gefahr der Knechtschaft bindet uns fester an die, die bereits in Knechtschaft sind.

18. Der Konflikt zwischen Kirche und Staat ist auch das beste Gegenmittel gegen Individualismus oder das Wohlstandsevangelium. Durch diesen Konflikt zeigt Gott, dass der Glaube selbst eine Beziehung zwischen zwei Reichen darstellt und kein isoliertes geistliches Leben ist. Der Konflikt zwischen Kirche und Staat offenbart die Kraft der Gemeinschaft. Z. B. sind 100 Christen zusammen weit größerer Gefahr ausgesetzt als 20; eine Gruppe von Christen mit Pastoren, Ältesten, mit Geschäftsordnung und Wahlen ist größeren Gefahren ausgesetzt als eine locker verbundene Gruppe von Christen. Durch diese Gefährdung zeigt uns Gott den Wert der Gemeinschaft. Im Mittelpunkt des Reiches Christi steht nicht der Einzelne, sondern die Gemeinschaft. Was irdische politische Mächte am meisten fürchten, sind nicht gespaltene Christen, sondern eine heilige Gemeinschaft, die von Gott regiert wird.
19. Der größte Nutzen des Konflikts zwischen Kirche und Staat ist daher, dass er uns mit Christus verbindet, der selbst gerichtet wurde. Cäsar ging es nicht darum, ob du an Jesus glaubst (wie sie oft sagten: „Es ist uns egal, ob du an Jesus glaubst"), sondern ob du glaubst, dass Jesus „der König" ist. Die Verfolgung zwingt uns, der Welt auf dieselbe Weise zu antworten, wie wir dem Herrn antworten: „Ja, er ist der König." Auf diese Weise geben wir der Polizei die Möglichkeit, ihre Kleider zu zerreißen und zu sagen: „Was brauchen wir noch Zeugen? Sie stiften zum Umsturz der Staatsgewalt an."
20. Das liegt daran, dass der Konflikt zwischen Kirche und Staat durch das Wesen des Evangeliums bestimmt wird. Der Konflikt zwischen Kirche und Staat steht für das Kreuz; und das Kreuz steht für den Konflikt zwischen

Kirche und Staat. In den Vereinigten Staaten kann sich dies auf zwei extreme Arten zeigen: in Schießereien in Kirchen oder in den Urteilen des Obersten Gerichtshofs. In China zeigt sich dieser Konflikt in Form von Geheimpolizei, Verhaftungen, Verboten, Grenzkontrollen, Bedrohung von Vermietern, die Räume an Kirchen vermieten, wie auch in der Kontrolle von Gedanken und Rede. Das Kreuz markiert die Grenze zwischen der Welt und der Kirche. Um von der Welt zur Kirche zu gelangen, muss man am Kreuz vorbeigehen; genauso kehrt man von der anderen Seite zurück.

Bruder Wang Yi,
der sich zusammen mit euch wünscht, alles als Verlust zu betrachten und Leiden als unbedeutend zu schätzen.

14

GESCHICHTE IST DER GROSSGESCHRIEBENE CHRISTUS

WANG YI

Diese Predigt ist eine der wichtigsten theologischen Überlegungen Wang Yis. Viele von Wang Yis theologischen Themen und Anliegen sind in diesem Kapitel am deutlichsten herausgearbeitet – das eschatologische Schicksal der Geschichte, das Kreuz als Zentrum der christlichen Identität, das Bestreben des Staates, Gottes Souveränität zu ersetzen, und der geistliche Kampf um die Herzen der Menschheit. Er bietet nicht nur eine chinesische Analyse der westlichen Kirche-Staat-Theologie, in der er über die Fehler der protestantischen Reformatoren nachdenkt, sondern er argumentiert, dass die chinesischen Hauskirchen die Erben dieser älteren Debatten sind und die am nächsten liegende Frontlinie für die Kirche-Staat-Theologie weltweit bilden. Er deutet an, dass der geistliche Kampf zwischen der Hauskirche und dem säkularen Autoritarismus der KPC die Zukunft des Christentums ist und dass das Christentum in anderen kulturellen Kontexten schließlich auch vor ähnlichen Kämpfen und Fragen stehen wird.

In seinen Schlussbemerkungen weist Wang Yi darauf hin, dass er den festen Wunsch hat, zur Ehre Gottes und zur

Verbreitung des Christentums in China ins Gefängnis zu gehen. Die meisten späteren Schriften handeln hauptsächlich von der Vorbereitung auf das persönliche Leiden.

Da er im November 2017 daran gehindert wurde, Chengdu zu verlassen, wurde diese Predigt in Abwesenheit auf der Konferenz in Jakarta 2017 verlesen, die von Stephen Tong anlässlich des 500. Jahrestages der protestantischen Reformation organisiert wurde.

Lieber Rev. Dr. Stephen Tong, liebe Pastoren, Älteste, Brüder und Schwestern,

ich werde euch dieses große Thema anhand von Kolosser 1,15-20, einem der bedeutenden Bibelabschnitte der Christologie, vorstellen. Ich werde die Bedeutung dieser Bibelstelle mit einer berühmten Aussage von Eric Voegelin, einem politischen Philosophen des 20. Jahrhunderts, zusammenfassen. Er erklärte: „Geschichte ist der großgeschriebene Christus."[115]

Seit dem Zeitalter Noahs hat Gott zugelassen, dass die menschliche Geschichte weitergeht. Gottes Bund mit Noah bedeutet, dass Geschichte von Gott geschrieben wird, und Gott benutzt die Geschichte, um über seine rettende Gnade zu schreiben. Deshalb ist Geschichte der großgeschriebene Christus. Denn alle Geschichte ist von ihm, durch ihn und für ihn. Dies gilt nicht nur für die 500 Jahre Reformationsgeschichte, sondern auch für die vergangenen 200 Jahre des protestantischen Glaubens in China. Es gilt auch für die Geschichte der Verfolgung der christlichen Kirche durch die Kommunistische Partei in den letzten mehr als 60 Jahren. Und es gilt auch für die zukünftige

115 Eric Voegelins Aussage wurde 1965 in seiner Ingersoll-Vorlesung „Unsterblichkeit: Erfahrung und Symbol" überliefert (dt. *Voegeliniana, Occasional Papers, 2010*, Hg. von Peter J. Opitz). Wang Yi zitiert auf Chinesisch aus der englischen Übersetzung.

Geschichte. Der Grund dafür ist, dass das Kreuz Christi im Mittelpunkt der Geschichte steht. Das Kreuz stand nicht einfach nur auf Golgatha außerhalb der Stadt Jerusalem. In Offenbarung 11,8 heißt es, dass Sodom und Ägypten die Orte waren, an denen Christus gekreuzigt wurde, was bedeutet, dass das Kreuz Christi vielmehr im Zentrum der ganzen Welt steht. Auf diese Weise steht das Kreuz Christi auch im Zentrum der gesamten Menschheitsgeschichte.

Paulus[116] sagte, dass wir sogar den ungerechten Herren untertan sein sollen, so wie wir es auch dem Herrn sind. In den vergangenen 60 Jahren war die Kirche in China stets einer ungerechten Autorität unterworfen. Einerseits sind die Drei-Selbst-Kirchen in ihrer Unterwerfung so weit gegangen, dass ihre Unterordnung zur totalen Unterwerfung und ihre Nachsicht zur Treue geworden ist. Auf diese Weise hat die Kirche ihre Vormachtstellung und Transzendenz verloren. Die totale Unterwerfung der Kirche unter ungerechte Autoritäten hat die Kirche zu einem Teil der Ungerechtigkeit werden lassen. Andererseits waren die Hauskirchen immer dieser Autorität unterworfen. Sie haben nie rebelliert, aufbegehrt oder zum Umsturz der herrschenden Kommunistischen Partei aufgerufen. Ich wurde einmal verhaftet und auf die Polizeiwache gebracht. Der Beamte dort fragte mich: „Haben Sie jemals versucht, die Staatsmacht zu untergraben?“ Ich fragte, ob Beten als Umsturz gelte. Ich bete oft zum Herrn und sage: „Oh Herr, wir wurden so hart unterdrückt, kannst du deinen Arm ausstrecken, um dieses politische Regime über Nacht zu stürzen? Oder wirst du das Herz des Pharaos verhärten, damit deine Herrlichkeit und Macht in Zukunft offenbar werden?“ Ich betete: „Oh Herr, du hast Millionen von Kindern in China, und wir alle warten

116 Hier müsste es „Petrus“ heißten, siehe 1Petr 2,18.

sehnsüchtig auf diesen Tag." Ich fragte den Polizisten, ob dieses Gebet als Untergrabung der Staatsgewalt zu werten sei. Er dachte einen Moment nach und antwortete: „Das zählt nicht." Dann sagte ich: „Nun, etwas anderes haben wir nicht; denn das Gebet ist die Geheimwaffe der Kirche, die Atombombe der Kirche. Weil Gott uns die Macht und das Mittel des Gebets gegeben hat, ruft er uns auf, gehorsam zu sein, auch gegenüber ungerechten Autoritäten." Ich fuhr fort, dem Offizier Kolosser 1,16 vorzulesen:

> *„Denn in ihm ist alles in den Himmeln und auf der Erde geschaffen worden, das Sichtbare und das Unsichtbare, es seien Throne oder Herrschaften oder Gewalten oder Mächte: Alles ist durch ihn und zu ihm hin geschaffen." (Kol 1,16)*

Einige Ausleger glauben, dass die Formulierung „Throne oder Herrschaften oder Gewalten oder Mächte" eine Aufzählung der Ämter der Engel oder anderer geistiger Mächte in den damaligen Volksreligionen repräsentiert. Das ist auch der Grund, warum Paulus uns später daran erinnert, dass wir keine Engel verehren sollen. In der Antike gingen alle heidnischen Gesellschaften davon aus, dass die geistliche Ordnung im Himmel die gleiche sei wie die politische Ordnung auf der Erde. Beides sind hierarchische Systeme. So wie die höheren Beamten über die niedrigeren herrschen, so herrschen die höheren Götter über die niederen. Im Falle der chinesischen Volksreligionen reicht die Ordnung vom Beschützer der Pferde bis zum Beherrscher des Himmelszeltes, vom Küchengott bis zum Jadekaiser, aber Christus steht über allen. All diese Götter sind unecht, während Christus echt ist. Diese Götter sind letztlich das Ergebnis der Fantasie der Menschen, während Christus die letzte Offenbarung Gottes ist.

Das Problem der Drei-Selbst-Kirche besteht darin, dass sie nicht glaubt, dass Chinas Geschichte von Christus großgeschrieben wird. Insbesondere glaubt sie nicht, dass auch die Geschichte Chinas nach 1949 durch Christus großgeschrieben wird. Wenn Sie an die Souveränität Gottes glauben und an die Transzendenz und Überlegenheit Christi als Schöpfer und an Gottes unfehlbare und allmächtige Fürsorge für alle großen und kleinen Dinge in diesem Universum, dann werden Sie keine Überprüfung der Lehre und des pastoralen Dienstes der Kirche durch das Büro für religiöse Angelegenheiten akzeptieren. Sie werden auch nicht zulassen, dass ungläubige kommunistische Kader bei kirchlichen Versammlungen sprechen, und Sie werden auch nicht akzeptieren, dass die Abteilung für Einheitsfrontarbeit Pastoren einsetzt,[117] denn Sie können die Liebe zur Partei und zum Land und die Unterstützung des Sozialismus nicht als Bedingungen akzeptieren, um von Gott zum Dienst berufen zu werden. Gott befiehlt uns, geduldig und gehorsam zu sein, und nicht, Lieder zu singen und Trommeln zu schlagen, um den Kommunismus zu unterstützen. Wenn man wirklich glaubt, dass Christus der Erlöser ist dass man durch das Blut Christi am Kreuz Vergebung, Reinigung und die Wiedergeburt erlangt hat, wird man vor allem nicht akzeptieren können, dass die Regierung unsere Pastoren dazu auffordert, Xi Jinpings Reden zu studieren. Wenn ein Diener Gottes im heutigen China wirklich an diese Schriftstelle in Kolosser 1,15-20 glaubt, kann er beim besten Willen nichts von diesen Dingen akzeptieren.

Gott hat die höchste Souveränität und den letzten Plan der Erlösung. Genau das ist der Grund dafür, gehorsam zu sein und uns weiterhin der Autorität der Throne oder Herrschaften oder

117 Siehe Glossar: „Abteilung für Einheitsfrontarbeit".

Herrscher oder Mächte im Himmel oder auf Erden unterzuordnen. Wenn ein Mensch im Grunde von einem König regiert wird, der von den Toten auferstanden ist, was macht es dann aus, wenn er vorübergehend unter einer ungerechten Regierung steht? Genauso wie eine gottesfürchtige Frau, die im Wesentlichen die Braut Christi ist und eine persönliche, echte und lebendige Beziehung zum Allerhöchsten hat – was hat sie zu verlieren, wenn sie sich einem unvernünftigen und ungerechten Ehemann auf Erden unterordnet? Da diese leichte momentane Bedrängnis das ewige Gewicht unserer alles überragenden Herrlichkeit nicht beeinträchtigen kann, ist eine solche zeitliche und leichte Herrschaft über uns in diesem Leben nicht mehr als ein Mückenstich. So wie Mao Zedong selbst davon sprach, dass auf diesem winzigen Globus immer ein paar Fliegen gegen die Wand fliegen. 10 000 Jahre seien zu lang für uns Menschen, darum versuche die Welt, den Tag und die Stunde zu nutzen. Alle Träume dieser Welt müssen vor dem Tod erfüllt werden. Aber Christi Liebe zu uns ist größer als 10 000 Jahre, und er hat uns schon vor unserer Zeitrechnung geliebt. Das Kreuz hat den Fluch überwunden, dass alle Träume vor dem Tod erfüllt werden müssen. Nur die, die mit Christus am Kreuz gekreuzigt wurden, können jetzt in Demut und doch mit unvergleichlicher Würde leben, können in Armut leben und doch unendlich reich sein. Sie können sogar nach dem Tod leben, anstatt tot zu sein, während sie noch leben.

Moderne Bibelwissenschaftler haben herausgefunden, dass dieser Text eigentlich in Gedichtform geschrieben ist. Daher ist es ein großer Christus-Hymnus, genau wie Philipper 2,6-11 und 2. Timotheus 3,16. Der Christus-Hymnus im Philipperbrief preist, wie Christus sich vom Höchsten zum Niedrigsten herabgebeugt hat und dann zum Höchsten erhoben wurde. Menschwerdung und Kreuz sind also die beiden erstaunlichen

Wendepunkte des Evangeliums. An Jesus zu glauben bedeutet, zwischen diesen beiden Wendepunkten zu leben. Die Kraft des Evangeliums und die Erfüllung mit dem Heiligen Geist erkennt man an den Spuren, die diese beiden Wendepunkte in unserem Leben hinterlassen. Wie bei einem tief gepflügten Feld, einem wieder und wieder gefalteten Blatt Papier oder einem Siegel, das mit dem Messer tief eingekerbt wurde. Es ist unmöglich, keine Spuren zu hinterlassen. Es ist sogar unmöglich, den ursprünglichen Zustand wiederherzustellen. Deshalb erklärte Paulus der Welt kühn: „Von jetzt an soll mir niemand mehr Schwierigkeiten machen! Denn ich trage die Malzeichen des Leidens für Jesus an meinem Körper“ (Gal 6,17; NeÜ).

Doch heute machen uns die chinesische Regierung, die chinesische Kultur und die meisten chinesischen Intellektuellen und auch einfache Leute immer noch Schwierigkeiten. Das liegt daran, dass sie die Malzeichen Jesu an unserem Körper nicht gesehen haben. Sie haben nicht genug gesehen, oder die Zeichen sind nicht tief genug oder noch nicht lange genug vorhanden. Darum glauben sie nicht, dass sie unauslöschlich sind. Sie denken, dass das Chinesischsein unsere angeborene Eigenschaft ist und dass das Christsein nur ein Schmutzfleck auf unseren chinesischen Gesichtern ist, den sie uns mit ein wenig mehr Anstrengung abwaschen können. Selbst wenn es ihnen nicht gelingt, uns gründlich zu waschen, können sie uns zumindest zu einem „sozialismuskonformen“ oder zu einem sinisierten, konfuzianisierten oder „parteiorientierten“ Christentum weichspülen.[118]

Aber dieser Christus-Hymnus im Kolosserbrief folgt einer anderen Logik, die zuerst von Christus als dem Schöpfer und dann als dem Erlöser spricht. Kolosser 1,15-17 preist Christus als den Schöpfer, der mit dem Vater zusammenarbeitet, der

118 Siehe Glossar: „Sinisierung des Christentums“.

von gleichem Wesen und von gleicher Macht wie der Vater ist. Alle Dinge sind durch ihn geschaffen worden. Augustinus wies ausdrücklich darauf hin, dass alles – offensichtlich auch die Zeit – durch ihn und für ihn geschaffen wurde.[119] Dies beweist, dass Christus gezeugt und nicht geschaffen wurde und dass er außerhalb der Zeit existiert. Wie das Nizänische Glaubensbekenntnis verkündet, wurde er vor allen Zeiten vom Vater gezeugt und ist der Schöpfer von Ewigkeit zu Ewigkeit. Das ist es, was es bedeutet, wenn man sagt, dass die Geschichte Christus großgeschrieben hat.

Das Geheimnis des Evangeliums besteht darin, dass dieser großgeschriebene Christus zum kleingeschriebenen Christus wurde. Wenn er nicht der kleingeschriebene Christus geworden wäre, wären wir nicht gerettet worden. Aber als er klein wurde, konnte die Welt ihn nicht erkennen, was die Blindheit der Welt offenbar machte. Deshalb geht Kolosser 1,18-20 dazu über, Christus als den Erlöser zu preisen. Nachdem Paulus diesen Christus, den großgeschriebenen Christus, der den Kosmos schuf, gepriesen hat, erwähnt er plötzlich den Tod Christi. Er sagt, dass sein Tod die Grundlage für alle wurde, die gestorben und auferstanden sind, und so wurde er zum Anfang, der Erstgeborene aus den Toten. Der Tod erklingt hier abrupt und verbindet zwei Dinge, die eigentlich unmöglich miteinander verbunden werden können, nämlich den Schöpfer und den Erlöser. Hier gibt es zwei „Erstgeborene". Bei der Schöpfung ist er der Erste. Jetzt, bei der Erlösung, ist er auch der Erste. Es gibt auch zweimal „alles" in diesem Abschnitt. Das eine ist das „alles" der Schöpfung. Dieses „alles" ist nicht von selbst entstanden, sondern wurde erschaffen. Das andere „alles" wird im Zusammenhang mit der Erlösung

119 Wang Yi paraphrasiert wahrscheinlich Buch 11 der *Bekenntnisse* des Augustinus.

erwähnt. Dieses „alles" nach dem Sündenfall kann sich nicht selbst heilen, sondern kann nur durch die Erlösung geheilt werden.

Wie im Philipperbrief stellt Paulus also am Ende das Kreuz in den Mittelpunkt des Hymnus.

> *„Und durch ihn alles mit sich zu versöhnen – indem er Frieden gemacht hat durch das Blut seines Kreuzes."* (Kol 1,20)

Einmal predigte ich dem Polizisten, der mich verhaftet hatte, das Evangelium. Ich sagte: „1949 habt ihr dieses Regime durch Blutvergießen errichtet. Später, 1989, habt ihr dieses Regime auf die gleiche Weise verteidigt.[120] Was ist für die Zukunft zu erwarten? Wenn ihr in Zukunft die Macht verliert, müsst ihr vielleicht wieder Blut vergießen. Ist es nicht das, was in den letzten Tausenden von Jahren immer wieder geschehen ist? Niemand war in der Lage, diesen Kreislauf der Geschichte zu durchbrechen. Die Bibel sagt jedoch, dass das Blut Jesu es uns ermöglicht, aus diesem Kreislauf auszusteigen. Das Blut Jesu am Kreuz kann alle Dinge mit ihm versöhnen. Da es sich auf ‚alles' bezieht, schließt es sicherlich China, die Millionen von Kommunisten und die Millionen des ganzen Volkes ein."

Ich sagte ihm: „Nach dieser Bibelaussage muss ich Ihnen sagen, dass die Kommunistische Partei vergehen wird. Alle mächtigen Kaiser und die von ihnen errichteten politischen Mächte in der chinesischen Geschichte sind Teil dieses Zyklus. Aber wenn die Kommunistische Partei vergangen ist, wird die Kirche immer noch da sein. Die Kirche wird es immer geben. Und warum? Weil der durch Menschenblut geschaffene Frieden nur von kurzer Dauer ist. Nur der Frieden, der durch das Blut

120 Siehe Glossar: „Proteste auf dem Platz des Himmlischen Friedens 1989".

Christi geschaffen wurde, währt ewig. Ob Sie es nun glauben oder nicht, ich frage Sie: Ist das nicht besser? Ist es nicht viel mehr mit Ihrem Gewissen vereinbar, und gibt es Ihnen nicht mehr inneren Frieden?"

Ich sagte ihm: „Ich erzähle Ihnen von einer Macht, die ewig währen wird. Doch diese Macht beansprucht weder Länder noch Schwerter noch alle Autoritäten dieser Zeit. Im Gegenteil, sie ist bereit, sich zu demütigen und sich den Schwertern und Mächten auf Erden unterzuordnen. Wenn man heute die irdische Macht benutzen will, um die ewige Macht zu unterdrücken, hat die Bibel bereits das Endergebnis offenbart. Geschichte ist Christus, der großgeschrieben wird, nicht Xi Jinping, der großgeschrieben wird. Wenn Sie erkennen würden, dass die Existenz der Seele, die tief im Herzen der Menschheit wohnende Sünde, der Glaube der Menschheit und das ewige Schicksal der Menschheit über der Zuständigkeit Ihrer Regierung liegen, dann würde ich aufrichtig wünschen, Ihnen immer untertan zu sein. Ich würde mich freuen, wenn Sie China regieren würden, bis unser Herr Jesus Christus wiederkommt, denn es ist sehr mühsam und gefährlich, die Regierung zu verändern."

Liebe Brüder und Schwestern, jetzt möchte ich über zwei Punkte sprechen, die mit der Beziehung zwischen der Kirche und der Welt auf der Grundlage dieser Schriftstelle zu tun haben.

Erstens ist seit der Aufklärung der Aufstieg der „Souveränität des Staates" zum größten Götzen geworden, den die menschlichen Gesellschaften in den letzten 500 Jahren angebetet haben.[121] Nach der Definition des italienischen Gelehrten Jean Bodin aus

121 Die Idee der Souveränität des Staates gewann während der Aufklärung sowohl an rechtlicher als auch an moralischer Kraft. Insbesondere der von Thomas Hobbes im *Leviathan* (1651) vorgeschlagene Gesellschaftsvertrag wurde als Mechanismus zur Begründung staatlicher Souveränität akzeptiert.

dem 16. Jahrhundert[122] bedeutet staatliche Souveränität, dass der Staat ein Wesen darstellt, das ewig und erhaben ist und von keiner anderen Macht eingeschränkt wird.[123] In den letzten 500 Jahren hat dieser Fortschrittsglaube verschiedene Revolutionen gegen die Souveränität Christi in der weltlichen Politik ausgelöst. Mit anderen Worten: Die wichtigste Veränderung in den westlichen Gesellschaften nach der Reformation ist die Leugnung von Kolosser 1,15-17. Mit den Worten von Eric Voegelin ist es schlicht die Selbstvergottung der Menschheit durch die Errungenschaften der Moderne.[124]

Dies ist ein Problem, das die Reformation nicht gelöst hat. Denn seit der Reformation im 16. Jahrhundert bis zum Westminster-Glaubensbekenntnis von 1646 bzw. für Europa bis zum Westfälischen Frieden von 1648 verstand man die politische Ordnung in Europa so, dass sie durch den Glauben an Gott und das Gesetz Gottes gebunden sei. Es wurde anerkannt und respektiert, dass es eine höhere geistliche Ordnung und geistliche Autorität gibt. Die Westminster-Theologen jedenfalls sahen den Staat selbst noch nicht als die größte Bedrohung des Monotheismus oder als den größten Götzen der zukünftigen Welt an. Die Vorstellung, dass die Nationen der Erde die höchste, ewige und autonome Autorität in den menschlichen Gesellschaften haben, ist ein völlig modernes und antichristliches Konzept und Produkt.

122 Jean Bodin war Franzose, nicht Italiener.

123 In seiner Abhandlung *Sechs Bücher über den Staat (Les six livres de la République)* aus dem Jahr 1576 vertrat Bodin die Auffassung, dass es in der Natur des Staates liege, dass seine Souveränität absolut (das Höchste) und beständig, ja, ewig sein müsse.

124 Dies könnte eine stark verkürzte Zusammenfassung von Voegelins Ansichten sein, die er in *The New Science of Politics: An Introduction* (University of Chicago Press, 1952) beschrieb.

In der Präambel der US-Verfassung wird davon gesprochen, dass „wir, das Volk der Vereinigten Staaten, von der Absicht geleitet (sind), unseren Bund zu vervollkommnen", durch die von unserem „Schöpfer"[125] geschenkten Freiheiten. So wurde Amerika zur letzten Nation in der Menschheitsgeschichte, die sich auf den Monotheismus gründet und ihre Staatsmacht freiwillig der höheren geistigen Ordnung unterstellte, denn das Wort „Schöpfer" steht in der Einzahl, was bedeutet, dass er der Einzige ist.

Allerdings haben heute nur Großbritannien und Amerika in der Verfassungstradition zumindest nominell das Konzept der Reformationszeit beibehalten, dass die Herrschaft des Staates unter eine höhere und ewige Herrschaft gestellt ist. Damit wird anerkannt, dass die Herrschaft Gottes die Quelle der Legitimität der staatlichen Macht ist. Mit Ausnahme dieser beiden Länder sind eigentlich fast alle Länder der Welt Produkte des modernen Staatskonzepts, das an die Vorherrschaft der staatlichen Souveränität glaubt.[126]

Ich möchte besonders darauf hinweisen, dass die größte Auswirkung dieses Wandels auf die Kirche darin besteht, dass das von der Kirche gepredigte Evangelium in den letzten 200 Jahren Kolosser 1,15-17 zunehmend ignoriert und nur Kolosser 1,18-20 gepredigt hat. Mit anderen Worten: Wir predigen nicht mehr einen Christus, der den Kosmos geschaffen hat, und seine ewige Herrschaft, sondern nur noch die Erlösung durch Christus am Kreuz. Die Kirche hat sogar eine ausgefeilte theologische

---

125 A. d. V.: Der Begriff „Schöpfer" findet sich allerdings nur in der Präambel der Unabhängigkeitserklärung von 1776: „… dass sie von ihrem Schöpfer mit gewissen unveräußerlichen Rechten ausgestattet sind; dass dazu Leben, Freiheit und das Streben nach Glück gehören."

126 A. d. V.: Auch im deutschen Grundgesetz heißt es in der Präambel: „Im Bewusstsein seiner Verantwortung vor Gott und den Menschen …"

Erzählweise und Kommunikationsfähigkeit entwickelt, die es vermeidet, die Verse 15 bis 17 zu predigen, und sich nur auf die Verse 18 bis 20 konzentriert. Wir haben das Evangelium der Gemeinde in ein dem monströsen souveränen Staat untergeordnetes Quasi-Evangelium verwandelt. Deshalb können wir dem Einzelnen das Evangelium verkünden, aber es ist schwierig, der Nation das Evangelium zu verkünden. Wir finden es schwierig, einer Nation als Ganzes zu sagen: „Ihr seid im Unrecht, wenn ihr meint, das höchste, ewige oder uneingeschränkt souveräne Wesen im Universum zu sein. Ihr seid nur Verwalter, die zeitweilig von Gott eingesetzt wurden und unter Gott existieren dürfen. Letztendlich unterliegen alle eure Handlungen dem endgültigen Urteil Gottes." Dies hat die Kirche heute dazu gebracht, das Evangelium ständig zu psychologisieren und die Bedeutung der Erlösung auf die Heilung des Herzens zu reduzieren. Es fällt uns sehr schwer, das Evangelium von der „einen ewigen Kraft" zu verkünden. Am Weihnachtsabend, wenn wir der Geburt Jesu Christi gedenken, können wir kaum verkünden: „Die Herrschaft ruht auf seiner Schulter" (Jes 9,5).

Der größte Kampf, dem sich die Kirche stellen muss, ist nicht die Frage, welche Lieder wir in den Gottesdiensten singen sollen. Vielmehr handelt es sich um einen uralten Kampf im Gottesdienst zwischen der Souveränität Christi und der Souveränität des Staates. In China zeigt sich dieser Kampf deutlich in den Fragen, ob wir in der Kirche rote Lieder singen sollen, ob wir die Nationalflaggen in unseren Gemeinderäumen aufhängen sollen, ob wir an politischen Studien teilnehmen sollen, ob wir die Kreuze von den Dächern der Kirchengebäude entfernen sollen, ob wir der Kommunistischen Partei beitreten sollen, ob wir die roten Schals tragen sollen, ob wir eine gemeinsame Anbetung Gottes haben sollen, ob wir Jugendliche unter 18 Jahren taufen sollen und so weiter.

Der zweite Punkt, den ich ansprechen möchte, ist, dass das Herrschaftsverständnis der chinesischen Herrscher und des chinesischen Volkes seit der Antike bis heute nie durch den Monotheismus eingeschränkt wurde. Die Anbetung des Staates, der Regierung und der politischen Führer wurde auch nie durch die Anbetung Christi unterbrochen. Ich würde sogar so weit gehen zu sagen, dass wir selbst in den chinesischen Hauskirchen immer noch nicht so sehr von Kolosser 1,15-17 überzeugt sind, sodass die Furcht und der Groll gegenüber der Kommunistischen Partei als Herrscher uns bis heute fesseln. Sie binden nicht nur die Drei-Selbst-Kirchen, sondern auch die Hauskirchen. Mehr als ein halbes Jahrhundert lang haben wir den Machthabern gehorcht, aber unser Gehorsam geschah weniger aus einem freien Gewissen in Christus heraus als vielmehr aus der gleichen Furcht und Sorge um die Vorteile des Fleisches wie beim Rest der Nation. Ebenso halten uns der Hass und die Gleichgültigkeit in uns, genau wie im Rest der Nation, davon ab, das Evangelium mit glühendem Herzen zu predigen. Weil wir einen verrückten Herrscher haben, sind nur wenige von uns verrückt nach dem Evangelium in China. In der Tat sind in China nicht genug Christen inhaftiert worden, nicht genug Menschen haben ihre Arbeit verloren, weil sie an Jesus glauben, und zu wenige sind ins Gefängnis gekommen, weil sie das Evangelium verkündet haben. Zu wenige Kirchen wurden von der Regierung geschlossen, weil sie sich in der Öffentlichkeit versammelten und Gottesdienst feierten. Die Zahl der Märtyrer hat sich noch nicht erfüllt. Der Wille des wahren Menschen ist noch nicht stark genug. Die chinesische Kirche hat zu wenig gelitten. Das Leiden, das die chinesische Kirche zu ertragen vermag, hat nicht ausgereicht. Der Herr hat uns so viel gegeben, aber wir haben ihm so wenig gegeben, denn das Evangelium hat unsere Anbetung von Königen nicht völlig beseitigt, denn ihr werdet denjenigen anbeten, den ihr fürchtet. Geben wir also kühn zu, dass wir Angst vor der Kommunistischen Partei haben. Die Gläubigen haben Angst, ihre öffentlichen Ämter zu verlieren; die Pastoren haben Angst, ihre Kirchen zu verlieren; die Männer haben Angst, kein Geld mehr zu verdienen; die Frauen haben Angst, eine Geldstrafe zu bekommen, weil sie Kinder haben. Wer hat am meisten Angst davor, dass die Kirche verfolgt wird? Nicht die Gläubigen, denn wenn die eine Kirche verfolgt wird, können sie einfach zu einer anderen Kirche wechseln. Es sind die Pastoren und Kirchenführer, die die Verfolgung der Kirche am meisten fürchten, denn wenn die Kirche verfolgt wird, könnten sie ihren Arbeitsplatz verlieren. Und ein Neubeginn ist schwierig. Ein Neuanfang erfordert, dass man erneut Buße tut, erneut gehorsam ist und erneut mit dem Heiligen Geist erfüllt wird. So sind es in der chinesischen Kirche heute leider nicht die Gläubigen, sondern die Pastoren, die am meisten Angst vor der Kommunistischen Partei haben.

Einst schuf Kaiser Kang Xi eine Inschrift für die katholische Kirche mit den Worten: „Das wahre Prinzip aller Dinge."[127] Es schien eine Antwort auf Kolosser 1,15-17 zu sein, wo erklärt wird, dass Christus der Herr aller Dinge ist. Doch Kang Xi erkannte nicht, dass Christus auch das Prinzip seiner kaiserlichen Macht war und eine Beschränkung seiner Herrschaft darstellte. Deshalb verbot China beginnend mit ihm 100 Jahre lang das Christentum.

Dieser Bibelabschnitt zeigt, dass Christus als Schöpfer über alles herrscht. Aber als Erlöser wurde Christus bis zum Tod gedemütigt. Zwischen diesen beiden Tatsachen hat Gott in seiner rettenden Liebe der Welt einen Raum gegeben, in dem beide Ordnungen nebeneinander bestehen: Die eine ist die Ordnung

127 Der chinesische Originaltext lautet 万有本原 *(wan you ben yuan).*

Gottes, die andere die des Satans. Wenn sich diese beiden Ordnungen in der Welt zeigen, ist die eine die Ordnung Christi, die andere die des Pharaos. Das Kreuz ist die Grenze zwischen diesen beiden Ordnungen, es ist der einzige Weg und die Himmelsleiter, die die gegenwärtige Welt und die zukünftige Zeit miteinander verbindet.

Seit dem Exodus entsprach jede Ausdehnung des Reiches Gottes in der Geschichte dem jeweils mächtigsten Reich der Erde zu dieser Zeit. In der Zeit des Mose entsprach sie Ägypten. In der Zeit vor und nach dem Exil entsprach sie Assyrien, Babylon und Persien. In der Zeit des „Schweigens" entsprach sie dem griechischen Reich und in der Zeit des Neuen Testaments dem römischen Reich. Auch der Pharao hat viele Namen. In Babylon wurde er König genannt, in Rom Cäsar und in China Kaiser. Im 20. Jahrhundert wurde er als Staatsoberhaupt bezeichnet, in China als Generalsekretär. Im Wesentlichen sind sie von der gleichen Ordnung wie der Pharao. Das Kernmerkmal dieser Ordnung ist, dass die Menschen Gott sind oder dass der Staat Gott ist.

In der Geschichte der Menschheit wurde diese pharaonische Ordnung nur in Europa während der 1000 Jahre nach seiner Christianisierung aufgelöst. In Europa gründeten sich – wenn auch meist nur theoretisch – alle Mächte, ob Throne oder Reiche oder Herrscher oder Behörden, auf das Königtum Christi. Sie alle erkannten an, dass sie ihre Macht unter der höheren Souveränität Christi ausübten. Mit anderen Worten: Im Mittelalter war die monarchische Ordnung Teil einer größeren Ordnung Christi. Das ist es, was „Christentum" eigentlich bedeutet.

Die Reformation begann, die Idee und Umsetzung dieses „Christentums" zu zerschlagen. Als die persönliche Bedeutung des Evangeliums wiederentdeckt wurde, offenbarte die Welt ihren Unglauben. Danach wurde durch die Bemühungen der Puritaner allmählich eine andere, neue Regierungsordnung in den britischen und amerikanischen Gesellschaften eingeführt, eine Ordnung zwischen der Ordnung Christi und der des Pharaos. Diese sind das westlich-konstitutionelle und das republikanische System im britisch-amerikanischen Sinne.

Die größte Veränderung in den westlichen Gesellschaften in den letzten Jahrhunderten ist jedoch das Wiederaufleben der pharaonischen Ordnung in den modernen westlichen Staaten. Seit dem englischen Denker Thomas Hobbes im 17. Jahrhundert hat sich das sogenannte Staatsmonster, der „Leviathan", allmählich von den Fesseln des Christentums befreit und sich mit der Entwicklung der britisch-amerikanischen konstitutionellen und republikanischen Tradition zu einer höheren Version der pharaonischen Ordnung entwickelt. Mit anderen Worten: Die pharaonische Ordnung ist wie ein Virusprogramm, das sich auch in der schwächsten Version des „britisch-amerikanischen Christentums" im Westen nach der Reformation versteckt hält und in den westlichen Gesellschaften im Faschismus und in der Sowjetunion seinen Ausbruch gefunden hat.

In China ist diese pharaonische Ordnung, die die Souveränität Gottes leugnet, jedoch nie zusammengebrochen, denn nach dem völligen Untergang der Reiche Ägypten, Babylon und Persien ist China in der heutigen Welt der Virus selbst. Gott benutzte mehr als 100 Jahre an beispiellosen Revolutionen, verheerenden Kriegen und dem Aufstieg und Fall mehrerer Regime, um diese alte und sündige Nation zu brechen. Heute mögen im Sinne von Kolosser 1,18-20 Millionen von Christen in den Hauskirchen und ein Teil der Christen in den Drei-Selbst-Kirchen bereits die größte evangelikale Kirchengemeinschaft der Welt bilden. Aber im Sinne der Verse 15 bis 17 hat sich die Ordnung Christi noch nicht auf die Seelen dieser großen Volksgruppe insgesamt ausgewirkt. Die Ordnung des Pharao ist immer noch sehr mächtig und beherrscht die Herzen des chinesischen Volkes mit ihrer den

Geist kontrollierenden Macht. In der Tat schwächt sie die Fähigkeit der Gemeinde, das Evangelium zu verkünden, erheblich.

Aber, liebe Brüder und Schwestern, wenn Gott immer noch Geduld mit uns hat, warum können wir dann nicht geduldig sein? Gott hat in den letzten 100 Jahren viele Chinesen unter die Nationen zerstreut. Zeigt das nicht, dass die Christen in China, in Malaysia, in den Vereinigten Staaten und in Kanada letztlich nicht diesen Ländern gehören, sondern der ewigen Macht Gottes – obwohl wir bei der Verkündigung des Evangeliums die Seelen und Gemeinschaften der Länder lieben, in denen wir leben? Ja, wir gehören zu einem Reich, das auf dem Blut Christi am Kreuz aufgebaut ist, einem Reich, das alle Dinge mit Gott versöhnen wird. Und das wahre Zeichen, das zeigt, dass wir wirklich zu diesem Reich Christi gehören, ist nicht unser Erfolg, unser Reichtum oder unser Ruf, sondern das Zeichen des Kreuzes Jesu auf unserem Körper. Dies ist ein Zeichen, das nicht weggewischt, ausradiert oder ausgelöscht werden kann.

Deshalb ist es für die einen gut, für den Herrn Geld zu verdienen, und für die anderen besser, für den Herrn ins Gefängnis zu gehen. Es ist gut für die einen, für den Herrn zu leben, und es ist besser für die anderen, für den Herrn zu sterben.

Oh Herr, schenke deiner Gemeinde die zukünftige chinesische Gesellschaft, oder erlaube mir, die Welt zu verlassen, um bei dir zu sein. Herr, schenke deiner Gemeinde in China eine große Erweckung, oder lass meine Zunge an meinem Gaumen kleben. Herr, erwecke eine große Zahl von Dienern, die deinem Reich und deiner Herrschaft treu sind, um einer neuen Runde der Verfolgung standzuhalten, oder lass sie ihre Kirchen und ihre hohen Positionen in ihren Kirchen verlieren. Oh Herr, mögest du unzählige Missionare, Gemeindegründer und Evangelisten erwählen, die „zu gelegener und zu ungelegener Zeit“ arbeiten und durch alle Städte und Dörfer Chinas ziehen, bis das Evangelium jedes Gefängnis und jeden

Kerker füllt, oder nimm uns unseren Besitz, unsere Qualifikationen und unseren bürgerlichen Lebensstil, damit wir nicht eines Tages nur mit solchen Dingen vor dich treten. Herr, lass uns Geld geben, wenn wir Geld haben, Leben geben, wenn wir Leben haben; lass uns passiv und unkooperativ in der chinesischen Gesellschaft sein, aber aktiv in der Verkündigung des Evangeliums; lass uns die Bösen nicht beneiden und die Mächtigen nicht fürchten; lass uns nicht die Lieder Babylons singen, nicht das Bild Nebukadnezars anbeten und nicht den Sünden nachlaufen. Herr, erhöre dieses dringende und doch unvollkommene Gebet deines Kindes, im heiligen Namen unseres Herrn Jesus Christus, Amen.

15

EINE GELEGENHEIT FÜR DIE GEMEINDEN, DEN WEG DES KREUZES ZU GEHEN

WANG YI

Der folgende Text ist ein bearbeiteter und gekürzter Auszug aus einem viel längeren Interview, das im Februar 2018 mit Wang Yi und einem anderen prominenten Pastor aus Peking geführt wurde. Der Interviewer veröffentlichte die Transkription kurz vor dem chinesischen Neujahrsfest anonym. Sie fand über die Feiertage weite Verbreitung im Internet. Erklärte Absicht des Interviewers war, den Pastoren der Hauskirchen Material zur Verfügung zu stellen, über das sie zu Beginn des neuen Jahres nachdenken und beten konnten, um zu einer einheitlichen Reaktion auf die Neuen Verordnungen von 2018 zu finden.

In dem vollständigen Interview geht es um die Beweggründe der Regierung für ihre Verordnungen, um die Frage, ob sich Hauskirchen in kleine Gemeinschaften auflösen sollten, darum, wie die Ekklesiologie der Hauskirchen ihre Reaktionen auf die Verordnungen beeinflusst, um das Zeugnis, das die Hauskirchen vor der chinesischen Gesellschaft ablegen, und um die Frage, warum die Hauskirchen in den großen städtischen Zentren für die kleinen Kirchen auf dem Land einstehen müssen. Beide Pastoren vertraten die Ansicht, dass der Kern der neuen Verordnungen darin besteht, dass die Kommunistische Partei Chinas nicht bereit ist, zwei Reiche anzuerkennen – das geistliche Reich und das Reich des Schwertes. Stattdessen strebt die KPC einen einzigen Machtbereich unter dem Staat an. Aus diesem Grund argumentieren die Pastoren, dass die Hauskirchen nicht isoliert, sondern geeint sein müssten, mit einer gemeinsamen Identität und der Bereitschaft, als ein Leib im Widerstand zu leiden.

In diesem Auszug erklärt Wang Yi, wie seine Theologie seine Reaktion auf die neuen Verordnungen beeinflusst. Gegen die Bedrohung durch den Individualismus argumentierend, glaubt er, dass das letztendliche Ziel der Gemeinde nicht nur ist, die Gemeinschaft unter den Gläubigen zu verwirklichen, sondern vielmehr durch Gottes erlöstes Volk die Erde mit Gottes Bild und Herrlichkeit zu füllen. Aus diesem Grund steht jede Entscheidung, die die sichtbare Präsenz der Kirche verringert, im Widerspruch zu Gottes Willen für die Ausbreitung des Evangeliums in China. Letztlich fragt Wang Yi seine Leser, ob sie bereit sind, den Preis für das derzeitige Wachstum der Kirche in China zu zahlen.

Das Zentrum von Gottes Schöpfung und Erlösung ist seine Gemeinde. Vor Grundlegung der Welt hat er sein Volk in Christus Jesus erwählt. Als Erstlingsgabe wartet sein Volk auf den Tag, an dem alles in Christus vereint sein wird. Wir sind für die Gemeinschaft geschaffen, und wir sind für das Reich Gottes, den Leib Christi, erlöst.

Wir bleiben auf der Erde, anstatt nach unserer Taufe direkt in den Himmel entrückt zu werden, weil wir den Missionsbefehl haben, das Evangelium bis an die Enden der Erde zu verbreiten, die Gläubigen zu lehren, alles zu befolgen, was der Herr uns geboten hat, die Anbetung Gottes einzuführen und zum ursprünglichen Zweck der Schöpfung zurückzukehren, der darin besteht, die Erde mit Gottes Bild und Herrlichkeit durch diejenigen zu erfüllen, die Gott gerettet hat. Die Gemeinde ist in erster Linie Gottes Reich.

Unter schwierigen Umständen kann dieses Reich auch in unsichtbaren Formen existieren. In den 1950er und 1960er-Jahren gab es in diesem Land keine sichtbare Kirche. Doch die verstreuten und verfolgten Gläubigen bildeten weiterhin das Reich Gottes. Es hat nie aufgehört. Die Menschen fragen: „Wenn Verfolgung kommt, sollten wir dann noch an der sichtbaren Form der Kirche festhalten?"

Es gibt zwei Ansichten. Die eine ist das moderne, individualistische Verständnis des Evangeliums, dessen Einfluss sich in unserer Haltung zeigt, die Kirche zu einer reinen Gemeinschaft herabzustufen. Der Schwerpunkt liegt dann immer nur auf „mir" – „ich" brauche die Hilfe der anderen. Um es weltlich auszudrücken: „Wir halten zusammen, um uns zu wärmen." Gemeinschaft ist gut für mein persönliches Wachstum. Wenn jemand ein individualistisches Verständnis von Gemeinde und Evangelium hat, wird es ihm um seine eigene Errettung gehen und darum, wie viele Menschen er zu Christus führen kann. Doch die Gemeinde wird nicht aus der Perspektive einzelner Mitglieder begründet; denn das Haupt der Gemeinde ist Christus. Das bedeutet aber: Die Gemeinde steht für das Reich Gottes.

Manchmal existiert dieses Reich unter schwierigen Umständen auf unsichtbare Weise. Der Zusammenbruch der sichtbaren Gemeinde bedeutet nicht, dass das Reich Gottes verschwunden ist. Unter solchen Umständen fragen die Menschen: „Warum sollten wir an den Formen der sichtbaren Kirche festhalten? Was sollte die Kirche verteidigen, um wachsen zu können und sich zu entwickeln?" Dies ist eine komplexe Frage. Die Antworten vieler

Gemeinden hängen mit ihrem Verständnis der Umstände, der chinesischen Gesellschaft und der Beziehung zwischen Kirche und Staat zusammen.

In den letzten sechs Monaten habe ich meine Kollegen befragt, wie viele von ihnen das Gefühl haben, dass unsere Gemeinde verfolgt wird. Ich habe diese Umfrage vier- oder fünfmal durchgeführt. Anfangs dachte die Hälfte von ihnen, es gebe eine 50-prozentige Wahrscheinlichkeit dafür, verfolgt zu werden. Vor einer Woche waren 80–90 % der Meinung, dass die Wahrscheinlichkeit 50 % beträgt. Diejenigen, die die Firewall häufig umgehen, halten die Gefahr für nicht so groß, während diejenigen, die das nicht tun, die Gefahr für größer halten.[128]

Unsere Reaktionen hängen ab von unseren Informationsquellen, von unserem Verständnis der Gesellschaft sowie von unserer Angst vor Staat und Politik. Manchmal wollen wir unsere Entscheidungen als theologische Reaktionen darstellen, aber hier müssen wir deutlich unterscheiden. Die Reaktionen einiger Gemeinden beruhen nicht auf theologischen Erwägungen, sondern auf unterschiedlichen Informationsquellen, einem unterschiedlichem Verständnis der Situation, unterschiedlichen persönlichen Erfahrungen und sogar auf Angst. Wir versuchen, eine Menge weltlicher Dinge als Theologie zu verkleiden, was aber äußerst gefährlich ist. Denn in solchen Situationen neigen wir dazu, schwach zu sein.

Das Entstehen der chinesischen Stadtkirchen im letzten Jahrzehnt wurde von Gott in einem relativ freien Umfeld bewirkt. Unser Weg des Kreuzes, unser Leiden für den Herrn, unser Verständnis der Situation und unsere Selbsteinschätzung sind von Gott noch nicht ernsthaft geprüft worden. Deshalb neigen wir

128 Chinas Firewall ist ein komplexes technologisches System, das Informationen und den Zugang zum Internet überwacht, reguliert und blockiert, insbesondere zu ausländischen Internetseiten.

dazu, unsere Verdorbenheit und Angst inmitten der Schwäche zu übersehen.

Wir waren wie ängstliche Vögel, mit einer tiefsitzenden Furcht vor dem Staat und vor politischer Macht. Wenn wir uns den Neuen Verordnungen mit Blick auf unsere Erlösung stellen, hilft uns das, unsere Angst, Zaghaftigkeit, Schwäche und Verdorbenheit zu überwinden. Wenn die Neuen Verordnungen unseren Glauben herausfordern, haben wir dann wahre Freiheit in Christus?

Wenn Gläubige heute mit solchen äußeren Herausforderungen konfrontiert werden, sollten wir uns darauf konzentrieren, dass wir in Christus nicht mit dem Heiligen Geist der Furchtsamkeit erfüllt worden sind. In der Bibel ist ein Nebenergebnis des Erfülltseins mit dem Heiligen Geist, dass wir Gottes Wort mutig aussprechen. Unsere Herausforderung sind wir selbst: Können Hauskirchen in China heute das Wort Gottes mit Kühnheit verkünden, weil wir vom Heiligen Geist erfüllt sind? Haben wir wahre Freiheit durch das Evangelium von Christus? Unsere Antwort auf die Neuen Verordnungen sollte mehr aus dem Evangelium selbst kommen als aus unserer Einschätzung äußerer Faktoren. Oft sind unsere Einschätzungen nicht zuverlässig. Sie sind abhängig von unseren Informationsquellen, unserer Lebenserfahrung und dem Ort, an dem wir leben. Wir müssen uns fragen, ob unsere Reaktion auf das Evangelium ausgerichtet ist. Das sagt nichts über unsere Auffassung von der Kirche aus, sondern nur über unsere Auffassung von der Errettung. Das ist der erste Punkt: Wir müssen uns den Herausforderungen der Neuen Verordnungen stellen und dabei unser Heil im Auge behalten.

Der zweite Punkt ist die ekklesiologische Perspektive. Unabhängig von der Absicht der Regierung müssen wir Gottes Willen suchen. Gott würde niemals beabsichtigen, dass wir durch unsere Reaktion auf die Neuen Verordnungen den Gottesdienst der Kirche einschränken. Die Gemeinden in China haben tatsächlich

Zeiten ohne die Möglichkeit von großen Versammlungen durchgemacht. Wir haben Jahrzehnte mit nur kleinen Gruppen, Hausgottesdiensten und Treffen von zwei oder drei Personen erlebt. In den letzten zehn Jahren haben wir erlebt, wie Gott die chinesischen Hauskirchen in ein neues Zeitalter geführt hat. Gäbe es die Neuen Verordnungen nicht, würden wir jetzt über neue Gebäude, pastorale Strukturen, Gemeindegründung und Evangelisation sprechen. Sollten wir aufhören, über diese Dinge zu reden?

Gottes Wille ist es, sichtbare Gemeinden aufzubauen, in denen sich Gottes Volk als Gemeinde (die Größe spielt keine Rolle) zum öffentlichen Gottesdienst und zum Abendmahl versammeln kann. Werden die Reaktionen der Kirchen auf die Neuen Verordnungen unsere Gottesdienste einschränken? Wenn das, was wir tun, unseren Gottesdienst beeinträchtigt, dann ist unsere Reaktion falsch und steht im Widerspruch dazu, wie Gott die chinesischen Hauskirchen in den letzten zehn Jahren geführt hat. Wenn die Antwort in mehr Gemeindegründungen besteht, ist das sicherlich gut.

Nehmt z. B. die presbyterianische Kirche. Um eine neue Gemeinde zu gründen, muss es qualifizierte Älteste geben. Dazu ist erstens eine gewisse Größe erforderlich: Eine kleine Gruppe wird wahrscheinlich kaum zwei bis drei reife Älteste haben. Zweitens braucht es Zeit: Es kann sogar zehn Jahre dauern, bis sich zwei oder drei Älteste qualifiziert haben. Wenn die Stabilität einer Gemeinde gestört wird und sie sich in kleine Gruppen aufteilt, wird sie realistischerweise keine Mitarbeiter haben, um eine weitere Gemeinde zu gründen.

Angenommen, wir haben eine Gemeinde mit 200 Mitgliedern. In den letzten sieben bis acht Jahren hat sie sich zu einer Gemeinde mit drei qualifizierten Ältesten und christuszentrierten Pastoren, Lehrern und Evangelisten entwickelt. Doch nun wird die Gemeinde aufgrund der Neuen Vorschriften in acht Kleingruppen aufgeteilt. Es wird nicht einmal in jeder Gruppe einen qualifizierten Ältesten geben. Lehre, Anbetung und Leitung der Gemeinde sind geschwächt. Dies ist keine vorwärtsweisende Gemeindegründung, sondern eine Zerstörung dessen, was Gott aufgebaut hat. Wenn sich die Kirche jedoch darauf vorbereitet, sich in zwei Gemeinden aufzuteilen oder eine Gruppe auszusenden, um eine neue Gemeinde zu gründen, dann ist das großartig. Das wäre der richtige Weg, um eine Gemeinde organisch wachsen zu lassen. Wenn eine Gemeinde in kleine Gruppen zerfällt, macht sie einen Schritt rückwärts, und das Ergebnis ist die Spaltung des Leibes Christi.

Lohnt es sich für uns, den Preis für den Sonntagsgottesdienst, die Kirchenleitung und die Feier von Abendmahl und Taufe zu zahlen? Sollten wir den Weg des Kreuzes gehen und nicht einfach aufgeben? Dies ist die entscheidende Frage.

Einige Kirchen haben sich für die Aufteilung entschieden. Ich kritisiere sie nicht, denn sie haben dies auf der Grundlage ihres Verständnisses getan. Wenn die heutige Situation so schlimm ist wie in den 1950er- und 1960er-Jahren, müssen wir uns vielleicht alle zerstreuen. Wir müssen dann den Preis dafür zahlen; wenn die Lage so schlimm wird, werden wir wahrscheinlich keine öffentlichen Gottesdienste mit mehr als 50 Personen abhalten können. Selbst wenn das passiert, glauben wir immer noch, dass es in China einen sichtbaren Leib Christi geben wird.

Aber die aktuelle Frage lautet: Würdet ihr den Preis für das zahlen, was Gott in den letzten zehn Jahren durch die Hauskirchen in China getan hat? Für die städtische Gemeindegründungsbewegung, für den Gemeindeaufbau, für die Formung des Leibes Christi, für die langsame Reifung einer Ekklesiologie, die unsere Lehre, den Predigtausbau, die Feier von Abendmahl und Taufe, die Ausbildung von Gemeindeleitern und die

Jüngerschaft prägt? Sind diese Dinge es wert, den Weg des Kreuzes zu gehen, sogar bis zur Gefangenschaft, bis wir es nicht mehr aushalten?

Wir sollten Schritt für Schritt reagieren, anstatt überzureagieren und schon im Voraus zurückzustufen. Wenn wir unsere Kirche im Voraus zurückstufen, hat das etwas mit Ekklesiologie, Mut und Geisterfüllung aufgrund der eigenen Soteriologie zu tun, aber auch mit einer falschen Einschätzung der Situation.

In Zukunft werden wir die Gemeindegründungen verstärken. Eine Gemeinde zu gründen ist etwas anderes als eine Kleingruppe. Ende letzten Jahres haben wir eine neue Gemeinde gegründet; wir planen, dies im März erneut zu tun; möglicherweise werden wir in diesem Jahr eine weitere Gemeinde gründen. Dies entspricht der Logik des Aufbaus der Gemeinde und der Tatsache, dass aktuelle Ereignisse unserer Bewegung neue Energie verleihen.

Unserer Ekklesiologie zufolge ist die grundlegende Frage das Verhältnis zwischen Kirche und Staat. Chinas Regierungsphilosophie sieht Politik und Religion als eins an. Der Staat erkennt keine geistliche Autorität im Bereich des Glaubens an. Daher hat unsere Antwort hier eine wichtige evangelistische und apologetische Funktion.

Wir haben hier die Möglichkeit, der Gesellschaft zu zeigen, was eine Gemeinde ist; warum geistliche Autorität nicht in den Händen derer liegen sollte, die das Schwert tragen; warum wir eine externe Leitung akzeptieren oder zumindest ertragen können, aber nicht zulassen dürfen, dass unser Glaube, unser Gottesdienst, unsere Lehre, unser Hirtendienst, unsere kirchlichen Ämter und unsere Mitglieder unter die Kontrolle des Staates geraten. Dies ist eine Chance für die Kirche in China.

In den 1980er- und 1990er-Jahren gab es mehrere Zeiten der Verfolgung von Hauskirchen in China, aber in den letzten

20 Jahren hat es keine landesweite Verfolgung gegeben, sondern nur Einzelfälle, die bestimmte Gläubige und Kirchen in bestimmten Gebieten trafen. Dies ist nun eine Gelegenheit, da die Regierung einen neuen Versuch unternimmt.

Ich glaube, dass dies der letzte Versuch der KPC ist, die Entwicklung des Christentums in China vollständig zu unterdrücken oder strikt einzuschränken, bis hin zum Erlass von Gesetzen, ihrer zwangsweisen Durchsetzung und möglichen Strafverfahren in der Zukunft – wenn es auch wahrscheinlich nicht viele sein werden. Die Regierung scheut keine Kosten, um Hauskirchen zu unterdrücken. Dies mag nicht erfolgreich sein. Vielleicht wird sie es darum nach ein paar Höhepunkten wieder aufgegeben.

Es ist wie das Edikt von Mailand im Jahr 313 n. Chr. Bevor das Christentum legalisiert wurde, erlitt es 311 n. Chr. eine letzte schwere Verfolgung, die zwar gewaltsam schien, aber nicht lange währte.[129]

Die Antwort der Gemeinde auf die Neuen Verordnungen ist eine groß angelegte evangelistische und apologetische Bewegung, die keine einzelne Kirche, kein einzelner Pastor und kein einzelner Gläubiger in der Vergangenheit durchführen konnte. Dies ist Gottes Wille, und die Kirche hat die Gelegenheit, mit Demut, Sanftmut und einem entschlossenen Herzen zu zeigen, dass das Wesen dieser Beziehung zwischen Kirche und Staat die Grenze zwischen einem geistlichen Reich und einem weltlichen Reich der Schwerter ist.

Die Haltung der Kirche zum Verhältnis von Kirche und Staat ist durch unsere Ekklesiologie geprägt. Alle anderen Religionen

129 Im Edikt von Mailand aus dem Jahr 313 verkündeten die Kaiser Konstantin I. und Licinius die Duldung des Christentums im Römischen Reich. Das Edikt gewährte allen Personen unter römischer Herrschaft Religionsfreiheit, gesetzliche Rechte als Christen, das Recht, Kirchen zu gründen, und die Rückgabe von beschlagnahmtem Eigentum.

sind Nutznießer der Haltung des Christentums in dieser Frage, weil sie keine Philosophie der Trennung von Kirche und Staat haben. In ihrer Antwort auf die Neuen Regelungen muss die Kirche an dieser Haltung festhalten. Wir müssen erklären, warum unser Glaube diese Trennung unterstützt und warum wir die Sinisierung des Christentums, die Einmischung des Staates in die Gemeinden und seine Eignungsprüfungen für pastorale Mitarbeiter entschieden ablehnen.

Die Kirchen heute müssen prüfen, ob wir staatliche Eingriffe entschieden ablehnen sollten. Wenn ja, wie zeigen wir, dass wir durch den Glauben und nicht durch politische Ziele motiviert sind? Wir müssen bereit sein, den Weg des Kreuzes zu gehen und für unseren Glauben zu leiden. Es geht nicht darum, sich zu drücken, sondern wir wollen die Gesellschaft und das Land wissen lassen, warum unser Glaube selbst es ablehnt, dass die Regierung diesen einschränkt und kontrolliert. Ich bin bereit, diesen Preis zu zahlen. Und ich bin bereit, euch diese Bereitschaft zu zeigen.

Dies ist der Weg der Evangelisation und der Apologetik. Die Kirche hat die Gelegenheit, mit der Gesellschaft und ihren Machthabern zu ringen, auszuharren und den Preis für unseren Glauben zu zahlen. Wenn dies die erste landesweite Verfolgung von Hauskirchen in den letzten 20 Jahren ist, dann ist es für die Kirche der letzten 20 Jahre auch die erste evangelistische und apologetische Gelegenheit. Dieser Weg des Kreuzes steht im Einklang mit einer Theologie des Kreuzes, die Gott in unsere Herzen gelegt hat.

[Unsere Hauskirchenbewegung] tritt für eine evangeliums- und christuszentrierte Kirche ein; wir lehren, dass das Kreuz unser Zentrum ist. Wenn die Kirchen in China, die reformierten Kirchen und die Kirchen, die an [unserer Bewegung] beteiligt sind, nicht zeigen, dass wir bereit sind, den Preis für das zu zahlen, was wir lehren, dann verraten wir diese Lehre. Dies ist eine

Gelegenheit für die Kirchen in China, nicht nur eine Botschaft zu haben, die sie verkünden können, sondern auch Leiter mit einem Zeugnis.

Wenn die Kirche auf die Neuen Verordnungen reagiert, müssen wir bedenken, welches Zeugnis sie dabei vor der chinesischen Gesellschaft ablegt. Auch wenn die Kirche nicht immer in Bestform ist, genießt sie bei den Chinesen auch heute noch einen guten Ruf. In der traditionellen chinesischen Kultur und Gesellschaft gibt es nur eine Gruppe von Menschen, die ohne praktischen (wirtschaftlichen oder politischen) Nutzen an ihrem Gewissen und ihrem Glaubensleben so festhalten, dass selbst staatliche Verfolgung sie nicht zum Aufgeben zwingen kann. Sie drücken ihren guten Willen aus, indem sie nicht mit Gewalt, sondern mit Sanftmut reagieren. Nur die chinesische Kirche hat in der chinesischen Gesellschaft in den letzten Jahrzehnten ein solches Zeugnis abgelegt.

Doch die Zeugnisse der Hauskirchen sind der Mehrheit der Gesellschaft nicht sehr bekannt. Wie viele Menschen kannten Yuan Xiangchen oder Wang Mingdao? Ich schätze, nicht mehr als zehn Millionen Chinesen. Ihre Zeugnisse waren auf ein geschlossenes System beschränkt. Aber mit Millionen von Gläubigen sind die heutigen Hauskirchen in der chinesischen Gesellschaft weitaus bekannter.

Heute kennen mindestens 200 bis 500 Millionen Chinesen die Hauskirchen. Mit den gesellschaftlichen Veränderungen der letzten zwei Jahrzehnte haben immer mehr Chinesen, einschließlich derer, die Freiheit und Demokratie anstreben und sich für die Gesellschaft einsetzen, nach und nach die Zeugnisse der Hauskirchen wahrgenommen. Das sind alles mutige Menschen, die an ihrer Gewissensfreiheit festhalten. Die Hauskirchen sind anders; wir gehen nicht auf die Straße und leisten nicht mit politischen Kampagnen Widerstand. Die Kirche ist bescheiden und sanft.

Wie die chinesischen Hauskirchen auf die Neuen Verordnungen reagieren und heute für Christus Zeugnis ablegen, könnte einen unvorstellbar positiven Einfluss auf die Zukunft der Evangeliumsbewegung in China haben.

Abschließend möchte ich noch eine weitere Perspektive hinzufügen. Die Kirchen in den Großstädten müssen sich für die Kirchen in den kleineren Städten und Dörfern einsetzen.

Aus biblischer Sicht halte ich es für falsch, wenn eine Gemeinde auf die Neuen Verordnungen allein aus dem Grund reagiert, dass sie selbst davon profitieren oder verlieren könnte. Die Entscheidung muss aus der Perspektive des Reiches Gottes getroffen werden – die Gemeinden in ganz China sind der Leib Christi. Wir sind *eine* Gemeinde.

Städtische Kirchen sind tendenziell stärkerem Druck ausgesetzt als ländliche. Kirchen in mittelgroßen Städten stehen tendenziell unter größerem Druck als Kirchen in Orten der zweiten und dritten Reihe. In den letzten zehn Jahren sind in Städten wie Peking, Shanghai, Wuhan und Chengdu städtische Kirchen entstanden, in denen sich mehr als 100 Gläubige öffentlich versammeln (manche erreichen sogar 300 oder mehr). Wir wissen nicht, was das Endergebnis der derzeitigen Verfolgung sein wird. Ist es das Ziel, gegen Gemeinden mit mehr als 1000 Gläubigen vorzugehen und die mit 100 in Ruhe zu lassen, oder ist es das Ziel, gegen die mit 100 Gläubigen vorzugehen und die mit 50 in Ruhe zu lassen? Wir haben keine Ahnung.

Die Kirchen in Peking, Shanghai und Chengdu müssen standhaft bleiben, denn dies ist ihre Verantwortung. Sie stehen inmitten von Brüdern und Schwestern im Leib Christi im ganzen Land; wenn sie schnell aufgeben, werden die Kirchen in kleineren Städten noch schneller aufgeben. Wenn eure Gemeinde mit 200 Mitgliedern ohne Verfolgung durch das Schwert oder die politische Obrigkeit aufgibt, wird eine Gemeinde mit 50 Mitgliedern in einer kleineren Stadt aufgeben müssen, um eine Verhaftung zu vermeiden. Wenn ihr durchhalten könnt, sind Gemeinden mit 50 Mitgliedern in kleineren Städten vielleicht auch aufrechtzuerhalten.

Alle Kirchen in diesem Land sind Teil des Leibes Christi und der einen Kirche. In diesem Sturm müsst ihr euch für eure Brüder einsetzen. Ihr dürft nicht nur an eure eigene Gemeinde denken. Ihr habt eure privilegierte Position als Kirche in einem städtischen Zentrum erreicht und genießt so viel alltägliche Gnade, aber es kann sein, dass Gott euch benutzen wird, um für eure Brüder einzustehen und gegen das Schwert und die Obrigkeit standzuhalten. Dies ist eine entscheidende Last für den ganzen Leib Christi.

Die meisten Kirchen brauchen unserem Beispiel nicht zu folgen und diesen Weg nicht zu beschreiten. Aber auf nationaler Ebene gibt es einen Bedarf an mehr Kirchen, die rechtliche Schritte unternehmen, um ihre Meinung öffentlich zu äußern. Kirchen, die dafür nicht gerüstet sind, müssen dies nicht tun. Ich würde sogar vorschlagen, dass sie es unterlassen. Es wäre aber von Vorteil, wenn es Kirchen gäbe, die dazu bereit sind. Es wäre großartig, wenn es unter den Hunderten und Tausenden von Kirchen, die verfolgt werden, zehn oder sogar 100 gäbe, die bereit wären, dies zu tun. Das Ziel ist, dass die meisten anderen Kirchen ihre Energie auf andere Dinge konzentrieren könnten anstatt auf rechtliche Angelegenheiten.

Wenn wir stellvertretend als Gemeinde verfolgt werden sollten, dann sind wir bereit, dies für die Kirche unseres Herrn zu erleiden. Unsere Strategie ist die folgende: Wenn unsere Gemeinderäume geschlossen werden, werden wir andere Orte finden. Wenn sie einmal, zweimal oder dreimal hinter uns her sind, werden wir das aushalten. Wenn wir in Chengdu keinen Platz mehr finden und überall, wo wir hingehen, verjagt werden, werden wir uns im Freien versammeln. Wenn sie nicht bereit sind, uns in der Öffentlichkeit Handschellen anzulegen, werden sie diese Gemeinde niemals zu Fall bringen. Entweder nehmen sie uns sofort nach dem Gesetz fest, oder sie stellen uns wie Jin Tianming unter Hausarrest und nehmen uns die Freiheit. Wenn sie illegal gegen uns vorgehen, ist das ein Zeugnis für die Gesellschaft, dass die Regierung unrechtmäßig und rücksichtslos ist. Auf diese Weise durchzuhalten wäre ein sehr gutes Zeugnis.

Wenn eine Kirche mit mehreren hundert Mitgliedern zu einem derartig heißen Eisen wird, wird die Regierung kaum in der Lage sein, dies ein zweites Mal durchzuführen. Wir werden also warten müssen, bis die anderen Pastoren und ich festgenommen werden und unsere Freiheit verlieren. Erst dann werden wir uns in Kleingruppen zurückziehen. Wir können während der Woche 20 Kleingruppen haben, die sich am Sonntag in fünf bis sechs Versammlungsräumen treffen. Die Kleingruppen und der Sonntagsgottesdienst werden getrennt sein. Wenn ein Pastor freigelassen wird, werden wir uns sofort wieder versammeln. Wir werden das Gerichtsverfahren abwarten, um unsere Meinung in einem ordnungsgemäßen Verfahren zu äußern.

Die erste und größte Herausforderung richtet sich an die Pastoren und Prediger, nicht an die Gläubigen. Die Pastoren dieser Generation sind einem größeren Risiko ausgesetzt. Wenn eine Kirche mit diesen Dingen konfrontiert wird, geht für die Gläubigen das Leben weiter, aber die Pastoren zahlen den höchsten Preis. Wenn sie jemanden festnehmen, dann ist es der Pastor. Dies ist eine Prüfung für diese Generation von Pastoren, um ihren Mut für das Evangelium zu testen. Sind die Pastoren bereit, den Preis zu zahlen und die Kirche zu führen? Pastoren der Hauskirche: Seid ihr bereit, den Weg des Kreuzes zu gehen, indem ihr euch auf die Kraft des Evangeliums verlasst? Dies wird sich nicht nur auf euer Leben und das eurer Familie auswirken, sondern auch auf die Gemeinde unseres Herrn und auf Millionen von Menschen, die Gott gehören. Wenn sie zaghaft und schwach sind, wie können wir ihnen dann helfen? Wir sollten sie nicht zurechtweisen. Wir sollten mit ihnen Gemeinschaft im Evangelium haben, aber wir sollten mutig sein.

Die zweite Herausforderung ist die Einheit der Kirche. Werden sich die Hauskirchen in China auflösen? Die Verfolgung wird sicherlich zu einer gewissen Einheit der Kirchen führen, und das ist unsere Hoffnung. Können die Kirchen sich gegenseitig ermutigen, in Frieden zusammenstehen, indem sie infolge der Neuen Verordnungen mehr Solidarität und Vernetzung fördern? Unterschiede im Kleinen, aber Einheit im Großen. Das ist eine der größten Herausforderungen, die die Neuen Verordnungen mit sich bringen werden.

16

„CHRISTUS IST HERR. GNADE IST KÖNIG. TRAGE DAS KREUZ. BEWAHRE DEN GLAUBEN."

WANG YI

Der folgende Text ist ein Auszug aus einem längeren Interview, das ein chinesischer Autor im Oktober 2018 mit Wang Yi und der Leitung der Early Rain Covenant Church geführt hat. Der Interviewer hat es anonym online veröffentlicht und es wurde auf der Social-Media-Plattform WeChat weit verbreitet.

In diesem Auszug bringt Wang Yi seine immer stärker werdende Überzeugung zum Ausdruck, dass es beim Kampf seiner Gemeinde mit der Regierung nicht zuerst um Fragen nach Rechten und Verfassungsmäßigkeit geht, sondern dass es sich vielmehr um einen moralischen, geistlichen Kampf handelt. Das Problem bei der Verfolgung der Kirche ist nicht, dass die Gläubigen leiden. Auch wenn Gläubige nicht leiden wollen, wissen sie doch, dass sie mit Jesus den Weg des Kreuzes gehen. Das Problem mit der Verfolgung ist vielmehr, dass sie der Gesellschaft schadet. Sie gefährdet die Seelen der Verfolger, schränkt die Möglichkeiten der Menschen ein, das Evangelium zu hören, und fordert Gottes Gericht über die Nation heraus. Die Gemeinde ist Gottes Licht in dieser Welt, und als solches muss sie offen und hell bleiben, um die Gesellschaft zu segnen. Die Gemeinde dient so als Wächterin der Welt, und wenn die Kirche zum Schweigen gebracht wird, leidet die Stadt darunter, weil sie ihre Stimme nicht mehr hören kann.

WIR BRAUCHEN EINE EVANGELIUMSBEWEGUNG

Einige Forscher sagen, dass China bis zum Jahr 2030 240 Millionen Christen haben und damit das größte christliche Land sein wird. Das könnte passieren. Aber mir scheint, dass die Zahl der Christen seit 2017 gesunken ist, vielleicht sogar um fünf Millionen. Das Wachstum der chinesischen Hauskirchen in den letzten zwei oder drei Jahren könnte sogar rückläufig sein. Es gibt vielleicht 80 Millionen chinesische Christen.

Wenn wir zurückblicken, sehen wir, dass die Jahre 1927 bis 1937 bis hin zur Erweckung in den 1940er-Jahren die geistige Stärke der chinesischen Hauskirche nach 1949 bildeten. Das Wachstum der chinesischen Hauskirche von den 1980er-Jahren bis heute ist auf das Blut der Märtyrer und auf einige Erweckungsprediger zurückzuführen. Die Neuen Religiösen Vorschriften sind ein Wendepunkt. Die heutige Hauskirche ist nicht mehr die Kirche der zweiten Hälfte der 1970er- und 1980er-Jahre, die durch das Leid gewachsen war.

Der größte Teil der Hauskirche ist sehr schwach, ja, sogar ängstlich. Wenn das Ziel darin besteht, Opfer zu vermeiden und das eigene Leben zu schonen, dann wird eine Armee unweigerlich sehr schwach werden. Ähnlich verhält es sich mit der jüngsten Situation der chinesischen Hauskirche. Die Kirchen, in denen Kreuze abgerissen wurden, unterscheiden sich völlig von denen der 1980er- und 1990er-Jahre. Je mehr die Kirchen in dieser Zeit unterdrückt wurden, desto mutiger wurden sie. Überall, wo Verfolgung herrschte, breitete sich das Evangelium aus. Wenn die

Kirche sich nicht mit der Mainstream-Kultur auseinandersetzt, wenn sie nicht die chinesische Gesellschaft beeinflusst, wenn sie nicht in scharfen Konflikt mit der Kaiserverehrung gerät, kann sie zwar auf 80 Millionen anwachsen, aber auf natürlichem Weg nicht weiter.

Welche Umstände haben dazu geführt, dass die chinesische Hauskirche auf 80 Millionen angewachsen ist? Sie hat ihren Höhepunkt im privaten Bereich der Zivilgesellschaft erreicht (sie kann nicht offen predigen und ist rechtlich nicht anerkannt). Wir haben eine Art Guerillakrieg in Gesellschaft, Politik, Wirtschaft und Kultur geführt, keinen Stellungskrieg. Unter diesen Umständen ist die Zahl von 80 Millionen der Höchststand. Wenn wir neue Höhen erreichen wollen (150 Millionen sind eine ganz andere Größenordnung), dann brauchen wir eine neue Runde der Verfolgung. Das derzeitige Wachstum könnte bereits zum Stillstand gekommen sein. Die Verfolgung und die Neuen Religiösen Vorschriften zwingen die Kirche zu reagieren.

Wir müssen vor Gott treten und für die Gemeinde und für uns selbst beten. Wenn in den nächsten zehn bis 20 Jahren in China keine neue Evangeliumsbewegung entsteht, wird es für die Kirche schwierig sein, in Zukunft noch größer zu werden.

Schauen wir uns die fünf wichtigsten chinesischen Hauskirchen-Netzwerke in den 1980er und 1990er-Jahren an.[130] Während sich die Ekklesiologie der chinesischen Kirchen in den letzten etwa zehn Jahren entwickelt hat, hatten die Gläubigen alle die gleiche Haltung. In dieser Zeit wurden neue Ortsgemeinden gegründet, sichtbare Körperschaften Christi errichtet, der Hirtendienst und die Lehre wurden betont, und feste Pastoren

---

130 Die „Fünf Hauptgruppen“ der chinesischen Hauskirchen-Netzwerke in den 1980er und 1990er-Jahren waren die Fangcheng-Gruppe und die Tanghe-Gruppe in der Provinz Henan, die Yingshang-Gruppe und die Lixin-Gruppe in der Provinz Anhui sowie die Wenzhou-Gruppe in der Provinz Zhejiang.

eingesetzt. Dies war eine wichtige Entwicklung. Sie hat zu Ortsgemeinden und Gemeindegründungen geführt.

Die jüngsten religiösen Vorschriften richten sich gegen diese Art von Kirche, nicht gegen einzelne Christen. Man kann seine Religion frei ausüben, aber nicht offen und gemeinsam mit anderen. Man kann sie nicht auf der Straße praktizieren usw. Somit richten sich die Angriffe gegen die Sichtbarkeit und Ausbreitung der Kirche in der Gesellschaft.

In der Vergangenheit haben wir die Entstehung von Ältestenräten und die Evangeliumsbewegung als ein und dasselbe betrachtet. Aber obwohl sie miteinander verbunden sind, sind sie nicht dasselbe. In der Kirchengeschichte ist noch nie eine Bewegung durch die Vorschläge einer Generalversammlung entstanden. Sie gingen stets aus Bewegungen und aus einem sozialen Umfeld hervor, das von einzelnen Kirchen oder Menschen geschaffen wurde und das dann weitere Menschen und Kirchen beeinflusste und so schließlich zu einer Evangeliumsbewegung führte.

EINE MISSIONALE GEMEINSCHAFT

Meine Hoffnung ist, dass die Early Rain Covenant Church eine missionale Kirche sein wird, die eine Evangeliumsbewegung fördert. Im Januar dieses Jahres hat die Gemeinde beschlossen, unsere Mission durch die Aussage „Christus ist Herr. Die Gnade ist König" deutlich zu machen. Wir haben dann weiter beschlossen, dass der Weg zur Erfüllung dieser Mission in Folgendem besteht: „Das Kreuz tragen. Den Glauben bewahren."

In den letzten Jahren haben wir immer wieder über die Vision der drei „hua"[131] gesprochen. Ein Aspekt [dieser Vision] ist

131 Siehe Glossar: „Jonathan Chao".

die Förderung und Schulung der Kinder Gottes durch die Ortsgemeinde. In dieser Hinsicht betonen wir die gleichen Dinge wie die traditionelle Hauskirche: die Verkündigung des Wortes, den Gottesdienst (Abendmahl und Taufe als Gnadenmittel sind sehr wichtig) und die Entstehung der Gemeinschaft. Dies ist die auf das Wort ausgerichtete Kirchenstruktur der reformierten Tradition.

Der andere Aspekt ist die Evangeliumsbewegung, die man in zwei Teile aufteilen kann. Der erste betrifft das Predigen und die Gemeindegründung. Die Brüder und Schwestern sind sich darüber im Klaren, dass die Kirche Gemeinden gründen muss, die wiederum Gemeinden gründen. (Unsere Gemeinde gründet zur Zeit ein oder zwei und hat bislang insgesamt sieben gegründet.) Die Brüder und Schwestern wissen, dass die Gründung von Gemeinden die Richtung ist, die die Evangeliumsbewegung einschlagen muss. Der zweite Teil kann allgemein als kultureller Auftrag bezeichnet werden. Die Brüder und Schwestern sehen deutlich, dass die Kirche eine große Verantwortung für Verkündigung, Gemeindegründung, Ausbildung und Kultur hat.

Wir haben den starken Eindruck, dass immer mehr Menschen in der heutigen chinesischen Gesellschaft hoffnungslos sind. Sie sehnen sich nach einem Ausweg und hoffen, ihn durch Religion zu finden. Die Stimme der Kirche ist klar und deutlich. Wenn sie von den gesellschaftlichen und politischen Mächten angegriffen wird und sich nicht zurückzieht und keine Angst hat, zieht das alle Bevölkerungsschichten an. Sie kommen nicht, weil sie das Gleiche tun wollen wie wir, sondern weil sie das bekommen wollen, was uns motiviert, nämlich das Evangelium selbst.

Erstens muss die Kanzel die Nöte der Gesellschaft ansprechen und die christuszentrierte Predigt in den Vordergrund stellen. Die Lehre der Kirche konzentriert sich auf die Sündhaftigkeit der Menschheit (und knüpft damit an die Hoffnungslosigkeit der Menschen in Bezug auf ihre Arbeit, ihre Ehen, ihre Gesellschaft und ihr Land an). Wenn diese verbreitete Verzweiflung anschaulich geschildert wird, kann ihr hoffnungsloses Herz im Evangelium Frieden finden.

Zweitens betonen wir die Ekklesiologie. In unserem Mitgliedschaftskurs bitten wir alle, uns ihre Erfahrungen mit gemeinschaftlichem Leben mitzuteilen. Ihre Antwort ist im Allgemeinen entweder, dass sie keines haben (da sie, bevor sie die Kirche kennenlernten, nie an irgendeinem gemeinschaftlichen Leben teilgenommen hatten) oder dass sie die Hoffnung darauf verloren haben. Wir legen Wert auf Evangelisation durch die Gemeinde selbst. Bei den Brüdern und Schwestern unserer Gemeinde hat sich die Meinung durchgesetzt, dass die beste Methode der Evangelisation darin besteht, Menschen mit in die Gemeinde zu bringen. Eine Schwester brachte ihren Vater mit in die Gemeinde. Nach dem Ende des Gottesdienstes kam ein Bruder auf ihn zu und umarmte ihn. Sie sagte: „Mein Vater ist seit vielen Jahrzehnten von niemandem mehr so umarmt worden."

Drittens: Wenn wir uns mit der allgemeinen Verzweiflung in der Gesellschaft auseinandersetzen, betonen wir die Dienste der Barmherzigkeit. Auch wenn nur sehr wenige Menschen daran teilnehmen, sind diese Dienste notwendig. Viele Menschen, die keine Hoffnung für die chinesische Gesellschaft haben, werden durch die Barmherzigkeitsdienste der Kirche ermutigt und sind tief bewegt. Unsere Gemeinde zieht damit oft liberale Intellektuelle, junge Nationalisten, Menschenrechtsaktivisten und Menschen aus bürgerlichen Kreisen an. Wenn sie sehen, dass die Kirche kleine, praktische Dinge tut, sind sie sehr bewegt.

Ein Bruder z. B. war ursprünglich in der Menschenrechtsarbeit engagiert. Er kam im letzten Jahr zum ersten Mal an unserem Gebetstreffen zum 4. Juni[132] in unsere Gemeinde. Er war schockiert.

132 Siehe Glossar: „Proteste auf dem Platz des Himmlischen Friedens 1989".

Er war noch nie an einem Ort wie diesem gewesen, an dem so viele Menschen ganz offen des 4. Junis gedachten, Hymnen sangen und beteten. Er weinte, als er die Anbetungsmusik hörte. Später zog er nach Chengdu, um mit dem Glaubenskurs zu beginnen. In diesem Jahr ließ er sich taufen und beschloss, der Kirche vollzeitlich zu dienen. Viele Menschen, die keine Hoffnung für die Gesellschaft haben, lernen durch die kirchlichen Dienste für Gerechtigkeit und Barmherzigkeit ihren Retter Jesus Christus kennen.

WIR VERSUCHEN NICHT, UNSERE RECHTE ZU SCHÜTZEN

Die Kirche spricht nicht, um sich zu verteidigen. Gott hat der Kirche die Rolle eines Wächters gegeben. Die Kirche hat den Auftrag, die Welt wissen zu lassen, wer die Gemeinde ist. Durch die Existenz der Gemeinde und das von ihr gepredigte Evangelium soll die Welt lernen, sich selbst zu verstehen. Dies hängt mit Apologetik und Mission zusammen.

Wenn wir die historische Erfahrung der Kirche betrachten, sehen wir, dass die frühe Kirche, die durch das Römische Reich verfolgt wurde, eine große Anzahl von Märtyrern hatte. Es gab auch viele Apologeten, die den Glauben verteidigten und der Welt und ihren Kaisern, die sie verfolgten, erklärten, was wir glauben, warum wir dies glauben, warum wir tun, was wir tun, und warum wir an diesen Positionen festhalten. In der Kirchengeschichte hat es immer eine apologetische Tradition gegeben. Das war auch während der Reformation der Fall. Sowohl Luther als auch Calvin verfassten apologetische Schriften zur Verteidigung des Glaubens. In der chinesischen Geschichte schrieb Wang Mingdao 1955 den Aufsatz „Wir – um des Glaubens willen“, der ebenfalls ein apologetisches Werk ist.

Wenn die Regierung die Kirche verfolgt, ist das unserer Meinung nach nicht nur für die Kirche schädlich. Es schadet auch der Regierung. Sogar Nichtchristen werden geschädigt, weil ihre Möglichkeiten, das Evangelium zu hören, eingeschränkt werden. Es sind nicht nur Gläubige, die unterdrückt werden. Alle Menschen sind mit betroffen. Gott könnte seinen Segen entziehen und sie bestrafen, weil dies etwas ist, was ihm nicht gefällt. Die Gemeinde hat die Verantwortung, der Gesellschaft und den Behörden diese Dinge zu verkünden.

Wir bekämpfen die Verfolgung der Kirche im öffentlichen Raum nicht mit der Sprache des öffentlichen Raums. Die Kirche führt keinen „Kampf um ihre Rechte". Die Gemeinde lehnt es ausdrücklich ab, sich auf eine weltliche Autorität zu berufen. Wir sagen auch nicht, dass es falsch ist, wenn die Regierung dies tut, weil es gegen die Verfassung verstößt oder weil die Regierung gegen ihre eigenen Gesetze verstößt. Wir erwähnen nur unseren Glauben. Es ist falsch, dass die Regierung auf diese Weise handelt, weil die Bibel sagt, dass es falsch ist. Wir glauben an die Bibel, wir glauben an Gott, und deshalb glauben wir, dass dies falsch ist.

Wir sind nicht die Einzigen, die Verluste erleiden werden. Auch die Regierenden werden leiden; das ganze Land wird leiden. Wenn wir dies nicht verkünden, haben wir unserer Verantwortung als Wächter nicht entsprochen. Diese Sünde wird dann über uns kommen. Aber wenn wir es der Welt sagen, und die Welt macht trotzdem, was sie will, dann hat diese Sünde nichts mehr mit uns zu tun. Dies ist ein Akt des Evangeliums. Es ist ein apologetischer und missionarischer Akt, kein Akt der Menschenrechtsbewegung.

Diese Verfolgung richtet sich gegen unsere Gemeindelehre. Das Ziel der Verfolgung ist nicht, dass jeder Mensch seinem Glauben abschwört, sondern dass die Gläubigen daran gehindert werden, sich zu versammeln. Warum reißt die Regierung Kreuze ab? Weil diese die Gesellschaft öffentlich beeinflusst haben. Wie sollte die Kirche darauf reagieren? Indem sie weiterhin an ihrer Ekklesiologie festhält. Deshalb bitten wir die Pastoren, ihre Identität als Pastoren zu offenbaren. Wenn sich die Pastoren nicht äußern, wird die Kirche nicht wissen, was sie tun soll, und viele Gläubige werden nicht wissen, welchen Weg sie einschlagen sollen.

Pastoren sind nicht nur für ihre eigenen Gemeinden verantwortlich, sondern haben auch eine gemeinsame Verantwortung für die Herde des Herrn. An vielen Orten sind die Kirchen klein und schwach. Einige haben vielleicht nicht einmal Pastoren. Sie müssen getröstet werden. Wir können sie ermutigen und ihnen helfen, ihren Glauben zu kräftigen und daran festzuhalten. Wir können sie wissen lassen, was die Grundhaltung von Christen in solchen Situationen sein sollte.

In diesem Sinne belehrt und ermutigt die [von uns herausgegebene] gemeinsame Erklärung die Herde des Herrn in China in seelsorgerlicher Weise.[133] Pastoren, die die Erklärung unterzeichnen, setzen sich womöglich einer erhöhten Gefahr aus. Die Entscheidung, ob sie unterschreiben oder nicht, wird nicht aufgrund der Vorteile für die eigene Kirche getroffen, sondern aufgrund der Frage, wie das das Reich Gottes beeinflussen wird. Dies ist eine gemeinsame Verantwortung. Je mehr Pastoren die gemeinsame Erklärung unterzeichnen, desto mehr teilen sie den Druck unter sich auf. So können Kirchen, die unter großem Druck stehen, diesen Druck verringern, und Kirchen, die nicht unter Druck stehen, können einen Teil des Drucks übernehmen. Der Leib arbeitet zusammen.

Liberale sehen die Rechte des Einzelnen als grundlegend an. Das steht im Gegensatz zum Christentum und zum konservativen Evangelium. Die Überzeugungen, die ich hatte, bevor ich an Gott glaubte, kritisiere ich jetzt. Die liberale Ideologie gärt

133 Siehe Kapitel 17 „Eine gemeinsame Erklärung der Pastoren: Eine Erklärung um des christlichen Glaubens willen“.

ständig in den Köpfen der jungen Menschen. Viele in der jüngeren Generation nehmen die individuellen Rechte und ihr eigenes Ich als Maßstab, um der Gemeinde einen Sinn zu geben.

Die Gemeinde vertritt das Gegenteil des Liberalismus. Die Kirche beseitigt das Individuum nicht, aber sie legt Wert auf Gemeinschaft. Die Bedeutung des Einzelnen wird im Kontext der Gemeinschaft deutlich und ausgefüllt. Die Kirche stellt Verantwortung über individuelle Rechte. Die Bibel lehrt Selbstverleugnung und Verantwortung, nicht individuelle Rechte.

EINE OFFENE GEMEINDE

Vor ungefähr zwölf Jahren wollte die Kirche ein Teil der öffentlichen Gesellschaft werden. Solche Offenheit bedeutete, in der Gesellschaft anerkannt zu werden – symbolisiert durch die Legalisierung und vielleicht sogar eine Position als Evangelist – und dass die Kirche mehr Raum für Aktivitäten erhält (sogar für das Eintreten für universelle Werte innerhalb der Zivilgesellschaft). Für die Pastoren war dies eine Art sprachliche Strategie: „Das zu tun ist gut für die Gesellschaft." Sie benutzten diese Rhetorik, weil sie mit der Regierung sprachen. Aber diese Strategie hat wenig mit dem wahren Sein der Gemeinde zu tun.

Wenn ich von Offenheit spreche, geht es mir nicht darum, eine Position in der Mainstream-Gesellschaft zu erlangen. Ich will damit sagen, dass die Hauskirche die Tendenz hat, sich selbst zu privatisieren, und dass sie sich vielleicht nicht bewusst ist, welchen Platz sie im Weltgeschehen und in der Weltgeschichte hat.

In der Vergangenheit haben wir uns im Untergrund versteckt. Es sah so aus, als hätten wir keinen Bezug zur Politik. In Wirklichkeit führte dies zu einem hohen Grad an Politisierung. Man nimmt sich selbst durch das Wahrnehmungsraster der Gegenseite wahr. Ihr seht euch einfach nur als Christen, die zusammenkommen. „Wir müssen keine Kirche gründen. Wir treffen uns einfach.“ In Wirklichkeit ist dies die Privatisierung der Selbsterkenntnis der chinesischen Hauskirche. Sie spiegelt eine mangelhafte eschatologische Sicht wider. In Wirklichkeit begreift man sich dann selbst nur noch nach der Logik dieser Welt und nicht nach einem geistlichen Verständnis.

Die Kirche leuchtet, offen und hell. Die Gemeinde muss sich offen in der Welt zeigen. Gott will der Welt seine Kirche zeigen: „Das ist meine Gemeinde, das sind meine Kinder, das ist der Leib Christi auf Erden.“

In Epheser 3,10 heißt es: „... damit jetzt den Gewalten und Mächten in der Himmelswelt durch die Gemeinde die mannigfaltige Weisheit Gottes zu erkennen gegeben wird.“ Gott hat die Gemeinde an die öffentlichsten Orte der Welt gestellt, damit jeder sie sehen kann, um seine Weisheit durch die Erlösung zu zeigen. Wir müssen das Selbstverständnis der Gemeinde korrigieren. Die Öffentlichkeit, von der ich spreche, hat nichts mit einem rechtlichen Status zu tun. Die Kirche ist bereits öffentlich. Öffentlichkeit bedeutet, dass die Kirche nicht von der Regierung anerkannt werden muss, um öffentlich zu sein. Die Gemeinde hat von Anfang an öffentlich existiert.

Wir wollen unsere Ekklesiologie stärken. Es ist nicht leicht, eine Ausdrucksform zu finden, die für die gegenwärtige Situation in China passt. Unsere Ekklesiologie ist schwach, und nicht nur in Bezug auf die Gestaltung der Gemeinde – niemand wird ins kirchliche Amt berufen, und die Glaubensbekenntnisse sind nicht klar –, sondern auch in Bezug auf unser Selbstverständnis. Wer sind wir? Welche Beziehung haben wir zur Weltgeschichte? Wenn Gott souverän über alle Reiche der Menschen ist, welche Beziehung haben wir dann zu den Reichen der Menschen?

Als ich am 12. Mai zum ersten Mal verhaftet wurde, sagte man mir, ich sei angeklagt, „Streit zu schüren und Ärger zu provozieren". Als Beweis führten sie Artikel an, die ich über die Religiösen Vorschriften geschrieben hatte. Am meisten waren sie beleidigt, nicht wegen meines Hinweises auf die Verfassung – dass diese Vorschriften nach chinesischem Recht falsch sind –, sondern weil ich sagte, dass sie aus religiöser Sicht böse seien und dass sie der Kirche Christi und Gott feindlich gegenüberständen. Das war ihnen unerträglich, weil ich mich einer ganz anderen Sprache bediente. Einer fragte: „Wie können Sie das Wort ‚böse' verwenden?" Ich sagte: „Das Böse ist ein moralischer und religiöser Begriff. Wenn man an Gott glaubt, dann gibt es in Bezug auf ihn Rechtschaffenheit und Böses. Wenn man nicht an Gott glaubt, dann ist die Behauptung, man sei böse, so, als würde man sagen, man sei hässlich. Es gäbe nichts, wofür du dich schämen müsstest. Warum sind Sie dann so aufgeregt?" Es war schwierig für ihn, darüber in politischen Begriffen zu sprechen, weil ich eine religiöse Terminologie verwendete. Er und ich sprachen in unterschiedlichen Sphären.

Nach der Bibel ist dieses Gesetz falsch. Ungläubige werden sagen: „Das ist aber das, was das Gesetz sagt", und wir werden sagen: „Wir sind aber Christen. Die Bibel ist unsere höchste Autorität." Wir [die kirchlichen Mitarbeiter] diskutieren nicht über Rechtsfragen. Das ist Sache der Anwälte. Unser Team von Anwälten wird Klagen einreichen. Sie werden die juristische Terminologie verwenden und natürlich auch unseren Glauben betonen. Aber die Kirche selbst spricht in der Sprache der Bibel. Unsere höchste Autorität ist die Bibel. In der Vergangenheit haben wir uns so geäußert: „Die Religiösen Vorschriften sind falsch, weil sie gegen die Verfassung verstoßen." Aber seit dem 12. Mai und dem 4. Juni haben wir solche Formulierungen aufgegeben. Die Gemeinde ist dazu übergegangen, die gemeindliche Sprache zu verwenden.

DIE BEDEUTUNG DES „WEGES DES KREUZES"

Wegen der Sünde ist die heutige Welt eine Umkehrung der Welt, die Gott einmal geschaffen hat. Das Kreuz kehrt diese Welt wieder um. Das Evangelium hat einen stark eschatologischen Charakter. Das Evangelium ist keine gute Nachricht dafür, wie dieses gegenwärtige Leben umgestaltet werden kann. Auch wenn dieses Leben ein Teil davon ist, erstreckt sich der Fokus des Evangeliums auf das ewige Leben. In diesem gegenwärtigen Leben, das durch die Sünde auf den Kopf gestellt wurde, wird die gute Nachricht vom ewigen Leben durch umgekehrte Mittel verkündet – durch das Mittel, dass Jesus uns rettet. Das Kreuz ist das, was wir glauben, und es ist auch das Mittel, durch das wir glauben. Das Kreuz ist nicht nur der Inhalt, sondern auch die Form, und diese Form sagt uns, dass die Welt noch nicht endgültig ist – Gottes Schöpfung ist noch nicht vollendet. Auch mein Leben ist nicht vollkommen, wenn ich irgendwann mit 80 Jahren die Welt verlasse.

Wie kann ich dann eine unsichtbare Welt darstellen? Wie mache ich meinen wahren Reichtum schon in diesem Leben sichtbar? Ich zeige ihn durch Armut. Wie zeige ich die Kraft der Auferstehung? Durch Leiden. Ich habe die Fähigkeit zu leiden. Ich kann geben, weil ich habe. Was ich gebe, bezeugt, was ich besitze.

In dem Film *Hacksaw Ridge* wollte Desmond Doss aufgrund seines Glaubens keine Waffe benutzen. Woher wussten die Leute, dass das, was er sagte, auch wahr war? Sie schlugen ihn und sahen, wie er reagierte. Wenn er, nachdem er geschlagen worden war, wütend wurde und zurückschlug, war das, wovon er sprach, nicht wahr. Wenn er aber, nachdem er ständig schikaniert worden war, immer noch sanftmütig dieselben Dinge sagte, dann war das, was er sagte, wahr, oder zumindest glaubte er, dass es wahr war.

So zeugen Christen in dieser Welt mit den subversiven Mitteln des Kreuzes von Christus. Mein Leben, Gottes Schöpfung und die gesamte Weltgeschichte sind noch nicht vollendet. Das Kreuz bedeutet, dass man seine Hoffnung auf die Zukunft baut, anstatt sie in der Gegenwart zu verwirklichen.

TEIL III

VERHAFTUNG UND DER WEG DES KREUZES

Im Laufe des Jahres 2018 wurde immer deutlicher, dass Wang Yi Verhaftung und Inhaftierung drohten. Um seine Überzeugungen und sein tatsächliches Bekenntnis zu bewahren, falls er unter Druck geraten oder mit einem Redeverbot belegt werden sollte, und um seine Gemeinde zum Durchhalten zu ermutigen, schrieb Wang Yi eine Reihe von Aufsätzen, in denen er seine beabsichtigte Reaktion auf die Verfolgung darlegt. Solche Aufsätze sind in diesem dritten Teil zusammengestellt.

Im vollständigen Interview mit dem Titel „Eine Gelegenheit für die Kirchen, den Kreuzesweg zu gehen“ sagte Wang Yi im zweiten Teil: „Ich habe meinen Kollegen und Brüdern und Schwestern gesagt, dass die einfachste Methode, wenn jemand etwas mit euch besprechen möchte, darin besteht, zuerst eure Karten offen auf den Tisch zu legen. Wenn ihr das tut, werdet ihr euch erleichtert fühlen. Nachdem ihr klar überlegt habt, was ihr tun wollt und was ihr bereit seid, durch Gottes Gnade zu tun, könnt ihr diese Sache beiseitelegen. Ihr braucht dann nicht mehr darüber nachzudenken. Das hat mir auch geholfen, meine eigenen Entschlüsse zu fassen. Nachdem ich diese Entscheidungen mitgeteilt habe, hoffe ich tatsächlich, dass auch die zuständigen Regierungsstellen sie zur Kenntnis nehmen werden. Das erspart langes Reden. Manche Dinge werden einfacher, wenn ich bereits weiß, was ich tun werde. Das ist auch eine Art psychologische Vorbereitung für mich, für meine Familie und für die Gemeinde. Denn wenn man sich nicht ganz sicher ist, welche Karten man hat, denkt man ständig über sie nach. Aber wenn man sich klar entschieden hat, gibt es nichts mehr, worüber man nachdenken muss. Man ist frei.“

Obwohl Wang Yi und die Leitung von Early Rain mit der Einmischung der Regierung gerechnet hatten, waren die Intensität und das Ausmaß des letztendlichen Angriffs der Regierung doch überraschend. Am 9. Dezember 2018 begann die Polizei mit systematischen Verhaftungen und Inhaftierungen. Es traf nicht nur Wang Yi und die Ältesten und Diakone von Early Rain, sondern auch ihre Ehefrauen, Hunderte von Laien und die Lehrer der Grundschule, der Mittelschule, des Colleges sowie des angegliederten Seminars und auch zahlreiche Kinder. Der gesamte beträchtliche Besitz der Kirche wurde beschlagnahmt und in vielen Fällen sogar zerstört. Mehr als 100 Mitglieder von Early Rain wurden gezwungen, Chengdu zu verlassen und in ihre Heimatstädte zurückzukehren, wo ihre Familien sie dann oft ablehnten. Die Ereignisse waren administrativ sehr gut organisiert, mit Hunderten von Polizei- und Regierungsmitarbeitern und einer minutiösen Planung.

Die Einmischung in die Early Rain Covenant Church endete nicht nach den Verhaftungen und Razzien am 8. und 9. Dezember. In den folgenden vier Monaten wurden die Mitglieder der Gemeinde weiterhin bedroht und schikaniert. Die Kirche schätzt, dass zwischen Dezember 2018 und April 2019 mehr als 300 Personen auf Polizeistationen gebracht wurden. Nach Berichten von Early Rain umfasst die Liste der Misshandlungen, denen Kirchenmitglieder ausgesetzt waren, Obdachlosigkeit aufgrund wiederholter

Zwangsräumungen unter dem Druck der Regierung; Abschaltung von Strom, Internet und Telefon; Bedrohung von Familien, ihnen die Kinder wegzunehmen; Beschlagnahmung von Pässen und Einschränkung von Reisen; ständige Kontrolle, Überwachung und Fotografieren von Personen; Verhöre, auch von Kindern in Abwesenheit der Eltern; Trennung stillender Müttern von ihren Babys für längere Zeit; Entlassung aus Arbeitsplätzen auf Druck der Regierung; Beschlagnahmung von persönlichem Eigentum und von Bankkonten; Vandalismus in Privatwohnungen und das Verbot für Mütter, ihre Kinder zum Spielen nach draußen zu bringen. In einigen schwerwiegenderen Fällen hat die ERCC mitgeteilt, dass Personen tage- oder sogar wochenlang vermisst waren, dass gefährdete Kinder aus ERCC-Pflegefamilien entfernt wurden und dass es zu Prügelstrafen kam, unter anderem traf es eine Mutter, die ihr Kind in den Armen hielt. Einer der schwersten Fälle von Inhaftierung betraf einen Laienführer der Kirche, der sieben Monate lang in Einzelhaft in einem Raum ohne Tageslicht gefangen gehalten wurde.[134]

Wang Yis jugendlicher Sohn stand mit seiner Großmutter unter strengem Hausarrest; er durfte das Haus nicht verlassen und auch keine Gäste empfangen. Die alte Mutter von Wang Yi sagte, sie sei von einem Polizeibeamten beschimpft und geschlagen worden. Jiang Rong, Wang Yis Frau, wurde sieben Monate lang in Strafhaft genommen. Am 14. Juni 2019 durfte Jiang Rong wieder zu ihrem Sohn zurückkehren und in einer von der Regierung bereitgestellten Wohnung

134 Englische Übersetzungen von Early Rains öffentlichen Updates können eingesehen werden unter China Partnership, „LIVE POST— Early Rain Covenant Church Urgent Updates“, December 14, 2018, www.chinapartnership.org/blog/2018/12/live-post-early-rain-covenant-church-urgent-prayer-updates.

wohnen; 2020 kehrten sie in ihr Haus zurück. Abgesehen von engen Verwandten konnte niemand mit ihr sprechen.

Am 26. Dezember 2019 wurde Wang Yi zu neun Jahren Haft und Qin Defu (覃德富), ein Ältester von Early Rain, der für die Veröffentlichung von Gesangbüchern und christlicher Literatur verantwortlich war, zu vier Jahren Haft verurteilt. Beiden Männern wurde während des gesamten Verfahrens der von ihnen gewählte Anwalt verweigert, stattdessen wurden ihnen von der Regierung ernannte Anwälte zur Seite gestellt.

Early Rain hat sich seitdem noch nicht wieder persönlich treffen können. Alle Versuche eines gemeinsamen Gottesdienstes, auch im Freien, wurden von den Behörden unterbunden. Einige kleine Gruppen konnten sich persönlich treffen, während andere dies online tun. Die verschiedenen Kirchen des Westchinesischen Gemeindeverbands haben die Mitglieder der ERCC eingeladen, regelmäßig am Abendmahl teilzunehmen, solange sie wollen. Die meisten Kirchen im Gemeindeverband wurden ab 2020 daran gehindert, ihre öffentlichen Versammlungsräume zu betreten.

17

EINE GEMEINSAME ERKLÄRUNG DER PASTOREN

EINE ERKLÄRUNG UM DES CHRISTLICHEN GLAUBENS WILLEN

DIE LEITUNG DER EARLY RAIN COVENANT CHURCH

Anfang September 2018 veröffentlichten Wang Yi und die Leitung der Early Rain Covenant Church eine gemeinsame Erklärung als Reaktion auf die Neuen Religiösen Vorschriften, die Anfang des Jahres in Kraft getreten waren. Die Erklärung wurde auf der Website der Early Rain Church und auf dem persönlichen Blog von Wang Yi veröffentlicht, Unterschriften wurden per E-Mail gesammelt. Die letzte Aktualisierung auf Wang Yis Blog enthielt 446 Unterschriften von Pastoren und Ältesten von Hauskirchen in ganz China, von denen viele seither Repressalien für ihre Unterschrift hinnehmen mussten. Viele Unterzeichner waren bekannte Persönlichkeiten in der Hauskirchenbewegung, darunter Jin Mingri, doch sie waren nicht repräsentativ für die Hauskirchen insgesamt, und einige Pastoren standen der Erklärung kritisch gegenüber, darunter auch einige aus dem Umfeld von Wang Yi.

Wir sind eine Gruppe chinesischer Christen, die vom Allerhöchsten Gott auserwählt wurden, seine demütigen Diener zu sein und als Pastoren für christliche Gemeinden in verschiedenen Städten zu arbeiten.

Wir glauben und sind verpflichtet, die Welt zu lehren, dass der eine wahre und lebendige dreieinige Gott der Schöpfer des Universums, der Welt und aller Menschen ist. Alle Menschen sollten Gott verehren und nicht irgendeine Person oder Sache. Wir glauben und sind verpflichtet, die Welt zu lehren, dass alle Menschen, von den Staatsoberhäuptern bis zu den Bettlern und Gefangenen, gesündigt haben. Sie werden einmal sterben und dann in Gerechtigkeit gerichtet werden. Ohne die Gnade und Erlösung Gottes würden alle Menschen auf ewig verloren gehen. Wir glauben und sind verpflichtet, die Welt zu lehren, dass der gekreuzigte und auferstandene Jesus das einzige Haupt der weltweiten Gemeinde, der einzige Retter der gesamten Menschheit und der ewige Herrscher und oberste Richter des Universums ist. Allen, die umkehren und an ihn glauben, wird Gott ewiges Leben und ein ewiges Reich schenken.

Im September 2017 erließ der Staatsrat die neuen „Vorschriften für die Verwaltung religiöser Angelegenheiten" und begann im Februar 2018 mit deren Umsetzung. Seitdem sind christliche Kirchen in ganz China während öffentlicher Gottesdienste und religiöser Handlungen in unterschiedlichem Ausmaß Verfolgung, Verachtung und Verständnislosigkeit durch staatliche Stellen ausgesetzt, einschließlich verschiedener administrativer Maßnahmen, die versuchen, den christlichen Glauben zu verändern und zu entstellen. Einige dieser gewaltsamen Maßnahmen hatte es seit dem Ende der Kulturrevolution nicht mehr gegeben. Dazu gehörte, dass Kreuze von Kirchengebäuden gerissen wurden; Ausdrucksformen des Glaubens wie Kreuze und Bibelverse, die sich in den Häusern von Christen befanden, gewaltsam entfernt wurden; Kirchen bedroht und dazu gezwungen wurden, religiösen Organisationen beizutreten, die von der Regierung kontrolliert werden; der Zwang, Nationalflaggen aufzuhängen oder weltliche Lieder zu singen, in denen der Staat und die politischen

Parteien gelobt werden; das Verbot für die Kinder von Christen, Kirchen zu betreten und Religionsunterricht zu erhalten; und der Entzug des Rechts auf freie Versammlung für Kirchen und Gläubige.

Wir sind der Ansicht, dass diese ungerechten Maßnahmen einen Missbrauch der Regierungsgewalt darstellen und zu schweren Konflikten zwischen politischen und religiösen Gruppen in der chinesischen Gesellschaft geführt haben. Diese Maßnahmen verletzen die Religions- und Gewissensfreiheit der Menschen und verstoßen gegen die allgemeine Rechtsstaatlichkeit. Wir sind verpflichtet, den Behörden und der gesamten Gesellschaft schlechte Nachrichten zu überbringen: Gott hasst alle Versuche, menschliche Seelen zu unterdrücken, und jegliche Verfolgung der christlichen Kirche, und er wird sie gerecht verurteilen und richten.

Aber noch mehr sind wir verpflichtet, den Behörden und der ganzen Gesellschaft die gute Nachricht zu verkünden: Jesus, der eingeborene Sohn Gottes, der Retter und König der Menschheit, wurde getötet und begraben und ist durch die Kraft Gottes von den Toten auferstanden, um uns Sünder zu retten und die Macht der Sünde und des Todes zu brechen. In seiner Liebe und Barmherzigkeit hat Gott Vergebung und Rettung für alle vorbereitet, die bereit sind, an Jesus zu glauben, auch für Chinesen. Jeder kann jederzeit von jeder Sünde umkehren, sich Christus zuwenden, Gott fürchten, ewiges Leben erlangen und seiner Familie und seinem Land zu großem Segen werden.

Um des Glaubens und des Gewissens willen, zum geistlichen Nutzen der Behörden in China und der Gesellschaft als Ganzes und letztlich zur Ehre, Heiligkeit und Gerechtigkeit Gottes geben wir gegenüber der chinesischen Regierung und der gesamten Gesellschaft die folgende Erklärung ab:

1. Die christlichen Kirchen in China glauben vorbehaltlos, dass die Bibel das Wort und die Offenbarung Gottes ist. Sie ist die Quelle und letzte Autorität für alle Gerechtigkeit, Ethik und Erlösung. Wenn der Wille einer politischen Partei, die Gesetze einer Regierung oder die Gebote einer Einzelperson direkt gegen die Lehren der Bibel verstoßen, den Seelen der Menschen schaden und dem von der Kirche verkündeten Evangelium entgegenstehen, sind wir verpflichtet, Gott und nicht den Menschen zu gehorchen alle Mitglieder der Kirche zu lehren, das Gleiche zu tun.
2. Die christlichen Kirchen in China sind eifrig und entschlossen, den Weg des Kreuzes Christi zu gehen und die älteren Generationen von Heiligen nachzuahmen, die für ihren Glauben gelitten haben und gemartert wurden. Wir sind bereit und verpflichtet, unter allen Umständen allen staatlichen Verfolgungen, allem Misstrauen und allen Gewalttaten mit Frieden, Geduld und Barmherzigkeit zu begegnen. Wenn die Kirchen sich weigern, bösen Gesetzen zu gehorchen, dann geschieht dies nicht aus politischem Kalkül, nicht aus Ressentiment oder Feindseligkeit, sondern allein aus den Forderungen des Evangeliums und aus Liebe zur chinesischen Gesellschaft.
3. Die christlichen Kirchen in China sind bereit, den von Gott eingesetzten Autoritäten in China zu gehorchen und die Autorität der Regierung zur Regelung der Gesellschaft und des menschlichen Zusammenlebens zu respektieren. Wir glauben und sind verpflichtet, alle Gläubigen in der Kirche zu lehren, dass die Autorität der Regierung von Gott kommt und dass, solange die Regierung die in der Bibel festgelegten Grenzen der weltlichen Macht nicht überschreitet und sich nicht in Dinge einmischt, die mit

dem Glauben oder der Seele zu tun haben, Christen verpflichtet sind, die Autoritäten zu respektieren und inständig für ihr Wohl und für die chinesische Gesellschaft zu beten. Um des Evangeliums willen sind wir bereit, alle äußeren Verluste zu erleiden, die durch ungerechte Strafverfolgung entstehen. Aus Liebe zu unseren Mitbürgern sind wir bereit, auf alle unsere irdischen Rechte zu verzichten.

4. Aus diesem Grund glauben wir und sind verpflichtet, alle Gläubigen zu lehren, dass alle wahren Kirchen in China, die zu Christus gehören, am Grundsatz der Trennung von Kirche und Staat festhalten und Christus als das alleinige Haupt der Gemeinde verkünden müssen. Wir erklären, dass die Kirchen in Fragen des äußeren Verhaltens bereit sind, die rechtmäßige Aufsicht durch die Zivilverwaltung oder andere staatliche Stellen zu akzeptieren, wie es auch andere gesellschaftliche Organisationen tun. Aber unter keinen Umständen werden wir unsere Kirchen dazu veranlassen, sich einer religiösen Organisation anzuschließen, die von der Regierung kontrolliert wird, sich bei der Religionsbehörde registrieren zu lassen oder irgendeine Art von Zugehörigkeit zu akzeptieren. Wir werden auch kein „Verbot" oder „Bußgeld" akzeptieren, das aufgrund unseres Glaubens gegen unsere Kirchen verhängt wird. Um des Evangeliums willen sind wir bereit, alle Verluste zu tragen – sogar den Verlust unserer Freiheit und unseres Lebens.

Alle Pastoren, Ältesten und Amtsträger der chinesischen Kirchen sind eingeladen, die gemeinsame Erklärung mitzuunterzeichnen.

18

WAS WERDE ICH ANGESICHTS VON VERFOLGUNG TUN?

WANG YI

> Diese einfache Liste von Vorsätzen wurde erstmals am 14. Oktober 2018, zwei Monate vor seiner Verhaftung, auf dem Blog von Wang Yi veröffentlicht. Es ist wichtig, Wang Yis persönliche Geschichte als Menschenrechtsanwalt und seine Kenntnisse des chinesischen Systems zu berücksichtigen, um seine Erwartungen und Vorsichtsmaßnahmen zu verstehen.

Ich habe vor Christus gebetet und mich nach reiflicher Überlegung entschlossen, mit friedlichen Mitteln Widerstand zu leisten, wenn die Regierung die Grenzen der ihr von Gott gegebenen weltlichen Macht überschreitet und die geistlichen Angelegenheiten, die Gott und seiner Gemeinde gehören, angreift und an sich reißt.

Im Folgenden seht ihr die Einzelheiten meines Plans. Als Hauskirchenpastor und presbyterianischer Pfarrer gründe ich sie alle auf meine konservative evangelikale Position und calvinistische Theologie. Das bedeutet nicht, dass jeder gläubige, reformierte Pastor oder Gläubige dies in gleicher Weise tun muss. Aufgrund unserer einzigartigen Kontexte und Verantwortlichkeiten wird Gott seinen gläubigen Kindern besondere Pflichten und Vorgehensweisen in diesem geistlichen Kampf zugestehen. Das bedeutet nicht, dass mein Vertrauen so weit gestärkt ist, dass ich angesichts von Drohungen, falschen Anschuldigungen und Gewalt uneingeschränkt an diesen Positionen und Praktiken festhalten kann.

Ich bete, dass der Tod Christi immer über mir sein wird, damit die Kraft der Auferstehung Christi mich jederzeit schützt. Ich weiß und erkenne voll und ganz, dass ich ein unwürdiger Sünder bin, aber ich hoffe, dass die Souveränität und die Gnade Christi mich in der Verfolgung nicht verlassen werden. Möge der Geist des Herrn mich stets begleiten, damit ich auch in erzwungener Isolation mit großer Ausdauer und Hoffnung an diesen Positionen festhalten kann, bis ich die Herrlichkeit des Herrn sehe oder durch den Sieg des Herrn auf die Kanzel zurückkehre.

Meine Positionen und Vorsätze sind von meinen Mitstreitern – den Ältesten der Early Rain Covenant Church – anerkannt worden. Sie könnten auch den Mitgliedern des Gremiums, die meine Positionen und Verantwortlichkeiten teilen, als Vorlage und zur Annahme vorgelegt werden.

1. HÖRT NICHT AUF, EUCH ZU VERSAMMELN

Unter keinen Umständen werden wir aufhören oder aufgeben, uns öffentlich zu versammeln, insbesondere zum gemeinsamen Gottesdienst der Gläubigen am Sonntag. Gottes Souveränität ist höher als jede weltliche Autorität, und der Auftrag der Kirche und die biblische Lehre, die Versammlung nicht zu vernachlässigen, sind höher als jedes weltliche Gesetz. Unabhängig davon, ob das Büro für religiöse Angelegenheiten und die Polizei administrative und gewaltsame Maßnahmen gegen den Sonntagsgottesdienst ergreifen, ob ihre Durchsetzung nach einem ordnungsgemäßen Verfahren erfolgt oder nicht, werde ich mit friedlichen Mitteln Widerstand leisten. Ich werde nicht mit der Polizei zusammenarbeiten, die die Kirche und ihre Versammlungen verbietet, schließt, auflöst oder versiegelt. Ich werde nicht aufhören, zu öffentlichen Gottesdiensten der Kirche einzuladen, sie zu veranstalten und daran teilzunehmen, bis die Polizei meine persönliche Freiheit mit Gewalt einschränkt.

2. KEINE ZUSAMMENARBEIT

Selbst wenn die Polizei Gewalt anwendet, werde ich weiterhin friedlichen Widerstand leisten. Ich werde nicht die geringste Kraft, die Gott mir gegeben hat, einsetzen, um mit dem Angriff der Polizei auf die Kirche und den Gottesdienst zu kooperieren. An anderen Tagen als an Sonntagen, an denen die Polizei ihre Aufgaben ordnungsgemäß wahrnimmt, werde ich mich körperlich unterordnen und kooperieren, um ihre von Gott gegebene Autorität zu ehren. Wenn die Polizei sich nicht an ein ordnungsgemäßes Verfahren hält und das Gesetz unrechtmäßig durchsetzt, werde ich weiterhin gewaltfreien physischen Widerstand leisten, bis die Polizei meine persönliche Freiheit mit Gewalt einschränkt. Ich werde nicht die geringste Kraft, die Gott mir gegeben hat, einsetzen, um mit der Polizei bei ihrem illegalen Verhalten zu kooperieren.

3. UNGEHORSAM

Ich werde die Entscheidung einer Regierungsbehörde, die Kirche und ihre Versammlungen zu verbieten, zu versiegeln und aufzulösen, weder akzeptieren noch befolgen. Ich werde keinem der polizeilichen Befehle gehorchen, wenn es darum geht, die Kirche zu verfolgen und zu verbieten, denn Gott hat der Regierung nicht die Autorität dazu gegeben. Dort, wo die Kirche oder die Familie ihre Eigentumsrechte behalten, werde ich die Siegel der Regierung abreißen und ihre Ketten brechen. Solange die Polizei meine persönliche Freiheit nicht mit Gewalt einschränkt, werde ich nicht aufhören, mit friedlichen Mitteln zum gemeinsamen Gottesdienst der Kirche aufzurufen, ihn zu veranstalten und daran teilzunehmen.

4. NICHT UNTERZEICHNEN

Ich werde weder Dokumente unterschreiben, die von der Behörde für religiöse Angelegenheiten verschickt werden, noch Dokumente anderer Regierungsbehörden, die sich mit der Verfolgung der Kirche befassen. Ebenso werde ich keine Polizeiprotokolle oder andere Dokumente unterschreiben, wenn ich zu Fragen des Glaubens und der Kirche befragt werde.

5. KEIN BEKENNTNIS

Mit Ausnahme der Weitergabe des Evangeliums werde ich keine Fragen im Zusammenhang mit der Kirche und dem Glauben akzeptieren oder beantworten, die im Rahmen einer administrativen Untersuchung durch das Büro für religiöse Angelegenheiten gestellt werden.

Abgesehen von der Angabe meiner persönlichen Daten und der Weitergabe des Evangeliums werde ich keine Fragen beantworten, die mir die Polizei in Bezug auf meinen Glauben und die Kirche stellt, und ich werde keine Beweise vorlegen, die die Verwaltung und die Strafverfolgungsbehörden verwenden könnten, um meinen Glauben und die Kirche zu verurteilen, es sei denn, die Polizei foltert mich so brutal, dass meine Gesundheit und mein Geist zerstört werden.

6. DIE BITTE, DIE BIBEL ZU LESEN

Ab dem Tag, an dem Zwangsmaßnahmen ergriffen werden, werde ich die Freiheit erbitten, während meiner Verhörpausen die Bibel zu erhalten und zu lesen. Wenn ich die Bibel nicht bekommen kann oder man mir verbietet, sie zu lesen, werde ich mich friedlich weigern, die polizeilichen Ermittlungen und Verhöre mitzumachen, entweder bis ich die Bibel bekomme oder bis die Polizei mich so brutal foltert, dass meine Gesundheit und mein Geist zerstört werden.

7. SICH NICHT SCHULDIG BEKENNEN

Bei Verhören, Befragungen oder Gerichtsverhandlungen werde ich keine Straftaten zugeben, die mir in Glaubens- und Kirchenangelegenheiten zur Last gelegt werden, sei es der Vorwurf der Anstiftung zur Untergrabung der Staatsgewalt, der Verursachung von Unruhen, der illegalen Geschäftstätigkeit, der Störung der sozialen Ordnung oder der Sabotage der Strafverfolgung durch Sektenorganisationen und bei solchen üblichen Anklagen, die zur Verfolgung und Verleumdung der Kirche führen, oder bei ähnlichen Anklagen. Ich werde mich nicht schuldig bekennen, keine Reue zeigen und keine Form der Freilassung aufgrund meines Schuldeingeständnisses anstreben oder akzeptieren, wie z. B. Straffreiheit, Bewährung, Verbüßung von Strafen außerhalb des Gefängnisses, Freilassung auf Bewährung, Freilassung auf Kaution oder Überwachung an einem bestimmten Ort.

Wenn ich strafrechtlich festgehalten werde, werde ich entweder verurteilt und verbüße meine Haftstrafe, oder ich werde freigesprochen, ohne Raum für Kompromisse oder Verhandlungen über eine dritte Option, es sei denn, die Polizei foltert mich so brutal, dass meine Gesundheit und mein Geist zerstört werden.

8. VERWEIGERUNG DER IDEOLOGISCHEN UMERZIEHUNG

Die sogenannte Umerziehung durch Arbeit ist eine Art ideologischer Reform für Gefangene durch Zwangsarbeit und politische Erziehung, die in kommunistischen Ländern wie der Sowjetunion, Nordkorea und China eingeführt wurde. Als Christ werde ich alle ungerechten Urteile physisch befolgen und mich der Gefängnisdisziplin unterwerfen. Aber auch wenn ich diese Strafe verbüße, werde ich mich nicht ideologisch reformieren. Ich werde mich weder schuldig bekennen noch Buße tun; mein Gewissen verbietet es mir, mich auf der Grundlage meines Schuldeingeständnisses irgendwelchen Reformmaßnahmen zu unterwerfen, wie z. B. der obligatorischen politischen Bildung oder dem Anschauen einschlägiger Fernsehprogramme, der obligatorischen Teilnahme an Fahnenzeremonien, dem obligatorischen Schreiben ideologischer Berichte und dem obligatorischen Singen roter Lieder oder dem Rufen von Parolen. Ich werde mich solchen Reformmaßnahmen mit friedlichen Mitteln widersetzen und bin bereit, jeden Preis für meine Reaktion zu tragen, es sei denn, die Gefängnisbehörde foltert mich so brutal, dass meine Gesundheit und mein Geist zerstört werden.

9. WEIGERUNG, STRAFEN ODER BUSSGELDER ZU ZAHLEN

Ob ich nun verwaltungsrechtlich oder gerichtlich bestraft werde, ich werde um des Glaubens und der Kirche willen keinen Cent Strafe, Bußgeld oder Kaution zahlen, da die Regierung nicht befugt ist, der Kirche um des Glaubens willen eine Strafe aufzuerlegen.[135]

---

135 Mit einer „Verwaltungsstrafe“ kann die Regierung Sanktionen gegen einen chinesischen Bürger verhängen, der gegen Verwaltungsvorschriften verstößt, ohne eine Straftat begangen zu haben. Zu den verschiedenen Formen von Verwaltungsstrafen gehören Verwarnungen, Geldstrafen, die Beschlagnahmung

10. WEIGERUNG, DIE ZUSÄTZLICHE STRAFE DES ENTZUGS DER POLITISCHEN RECHTE ZU AKZEPTIEREN

Die sogenannten politischen Rechte bestehen hauptsächlich aus dem Wahlrecht, dem Recht, gewählt zu werden, und dem Recht, ein öffentliches Amt zu bekleiden.[136] Als chinesischer Staatsbürger habe ich keine solchen Pseudo-Rechte; als Diener Gottes kümmere ich mich auch nicht darum, sie zu besitzen. Zu den sogenannten politischen Rechten gehören jedoch auch die Rede-, die Versammlungs- und die Publikationsfreiheit, die den Glauben, das Gewissen und die Kirche einschließen, so wie es im Westminster-Glaubensbekenntnis, Kapitel 20, Abschnitt 2, heißt: „Gott allein ist Herr des Gewissens." Die Regierung hat kein Recht, das gottgegebene menschliche Gewissen und die Freiheit, den Glauben auszudrücken, zu rauben. Daher werde ich die zusätzliche Strafe des sogenannten Entzugs der politischen Rechte nicht akzeptieren. Sobald meine persönliche Freiheit wiederhergestellt ist, werde ich mein Möglichstes tun, das Evangelium zu predigen, Gemeinden zu leiten oder zu gründen, Artikel zu schreiben und zu veröffentlichen und den Missionsbefehl des Herrn Jesus Christus zu erfüllen, bis ich meine Freiheit wieder verliere.

11. BEHARRLICH DAS EVANGELIUM WEITERGEBEN

Ob auf dem Polizeirevier, in der Untersuchungshaftanstalt, im Gefängnis oder in einer anderen Haftanstalt – ich werde das

---

von Einkommen oder Vermögen, die Aussetzung oder der Entzug von Lizenzen, die Aussetzung von Geschäften und die Inhaftierung.

136 Die Verfassung der Volksrepublik China besagt, dass die Regierung die politischen Rechte und Freiheiten ihrer Bürger gewährleistet, darunter das aktive und passive Wahlrecht, das Recht auf freie Meinungsäußerung und eine freie Presse sowie das Recht auf Versammlungsfreiheit.

Evangelium weitergeben, sobald ich mit einer Person in Kontakt komme. Weltliche Regierungen und Gesetze haben weder das Recht, jemandem die Möglichkeit zu nehmen, das Evangelium zu hören, noch haben sie das Recht, einem Pastor die Freiheit zu nehmen, anderen das Evangelium zu predigen. Nur das Evangelium von Christus kann einen Sünder wirklich verändern. Ich werde in meiner Haft alles tun, um den Auftrag des Evangeliums zu erfüllen, es sei denn, die Polizei foltert mich so brutal, dass meine Gesundheit und mein Geist zerbrechen.

12. WEIGERUNG, VON DER REGIERUNG BENANNTE VERTEIDIGER ZU AKZEPTIEREN

Nur der von mir oder meiner Frau bestellte Anwalt kann mich in meinem Verwaltungs- oder Strafverfahren vertreten. Unter keinen Umständen werde ich einen von der Regierung benannten Verteidiger akzeptieren.[137]

13. WEIGERUNG, IM FERNSEHEN AUFZUTRETEN ODER DIE OFFIZIELLEN MEDIEN ZU KONTAKTIEREN

Solange meine persönliche Freiheit nicht wiederhergestellt ist und ich meine Familie und meine Brüder und Schwestern nicht getroffen habe, werde ich keine Interviews und Filmaufnahmen akzeptieren, die von den Gefängnisbehörden, offiziellen Medien oder anderen inländischen Medien arrangiert wurden. Ich werde keine Videoaufnahmen machen, weder unter Polizeikontrolle

---

137 Die chinesische Regierung kann für einen Angeklagten, der (aufgrund von finanziellen Zwängen oder aus anderen Gründen) keinen eigenen Anwalt hat, einen Rechtsbeistand benennen. In politischen Fällen wird oft der benannte Anwalt des Angeklagten von dem Fall abgezogen und durch einen von der Regierung benannten Anwalt ersetzt.

noch irgendwo außerhalb des Verhörraums, um zu vermeiden, dass sie verzerrt und als Schuldbekenntnis im Fernsehen gesendet werden, es sei denn, die Polizei foltert mich so brutal, dass meine Gesundheit und mein Geist zerstört werden.[138]

14. ÖFFENTLICHE VERHANDLUNG VERLANGEN

Wenn ich wegen Angelegenheiten des Glaubens und der Kirche strafrechtlich verfolgt werde, werde ich vom Gericht eine öffentliche Verhandlung meines Falles verlangen. Wenn das Gericht sich nicht an ein ordnungsgemäßes Verfahren hält und keine öffentliche Verhandlung abhält und meiner Frau, meiner Familie, meinen Brüdern und Schwestern, Freunden und den Medien nicht erlaubt, bei der Verhandlung anwesend zu sein und sie zu beobachten, werde ich mich einer solchen Gerichtsverhandlung physisch widersetzen, denn ein Gericht, das eine geheime Verhandlung abhält, ist nicht länger eines, dem ich nach der Bibel gehorchen soll. Ich werde mich sowohl weigern, vor Gericht zu erscheinen, als auch, mich dem Befehl des Richters zu beugen. Ich werde auf alle ungesetzlichen Prozesse gegen die Kirche und den Glauben mit keiner Rede und keiner Verteidigung reagieren, außer wenn ich das Evangelium weitergebe.

Möge der Herr mich mit so viel ehrfürchtiger Furcht vor ihm segnen, dass ich mich vor keiner Macht fürchte, die ihn nicht fürchtet.

Möge der Herr mir friedlichen Widerstand, positive Beharrlichkeit und freudigen Ungehorsam in allen Angelegenheiten des Gewissens, des Glaubens und der Kirche gewähren, und in allem,

138 Viele Angeklagte, die politischer Verbrechen beschuldigt werden, haben im Fernsehen und in den nationalen Medien Geständnisse abgelegt, die später als Beweise gegen den Angeklagten verwendet werden.

was das Fleisch und die Schädigung der äußeren Rechte betrifft, möge er mir die Kraft der Geduld und des Schweigens verleihen.

Möge der Herr in diesem Prozess das Potenzial in mir beseitigen, in Hass und Groll umzuschlagen.

Möge er sich meiner erbarmen und mir in meiner Schwäche beistehen, wenn ich in der Isolation bin.

Möge der Herr mir helfen, dass ich vom Tag meiner Verhaftung an jeden Tag für alle Verantwortlichen bete, die mit meinem Fall zu tun haben, sowie für die Beamten der Polizei, der Staatssicherheit, der Staatsanwaltschaft, des Gerichts und anderer Behörden.

Möge der Herr unter ihnen reuige und gläubige Kinder erwählen und sich ihrer bußfertigen Seelen erbarmen.

Möge der Herr wenigstens einen von ihnen durch diesen Prozess zum Glauben führen und meinem Herzen große Freude und Trost schenken.

Ich bitte den Herrn Jesus auch, mir während meiner Inhaftierung die Last und die Sorgen um meine Frau, meine Familie, die Kirche und alles andere zu nehmen, damit ich alles dem Herrn anvertraue, nur dem Herrn treu bin und mich als Hirte und Lehrer meiner Gemeinde darauf konzentriere, diese 14 Vorsätze als die Sehnsucht meines Herzens, als meinen Dienst für meine Familie und als Erfüllung meiner Verantwortung für das Reich Gottes zu praktizieren.

19

MEINE ERKLÄRUNG DES TREUEN UNGEHORSAMS

WANG YI

Im September und Oktober 2018 schrieb Wang Yi „Meine Erklärung des treuen Ungehorsams“ und empfahl sie der Führung von Early Rain zur öffentlichen Verbreitung, falls er länger als 48 Stunden inhaftiert sein sollte – die bisher längste Dauer seiner Inhaftierungen.

In seiner Erklärung bringt Wang Yi ein komplexes Argument für Ungehorsam vor, nicht als eine Frage des zivilen Rückzugs oder Ausstiegs aus der Gesellschaft, sondern vielmehr als eine Frage der Treue der Kirche zu einem anderen Reich. Das Reich, dem Wang Yi die Treue hält, ist keine ferne Realität; es existiert hier und jetzt genauso wahrhaftig und konkret wie in der Ewigkeit.

Wang Yi ist der Ansicht, dass politische Veränderungen nicht das Ziel seiner pastoralen Berufung sind. Regierungen werden von Gott eingesetzt, um dem Bösen Einhalt zu gebieten, und der Christ braucht sie nicht zu fürchten, auch wenn sie versuchen mögen, der Kirche zu schaden. Im Stil einer prophetischen Stimme bezeichnet er die Handlungen und Gesetze der chinesischen Regierung gegen die Kirche als sündhaft und böse und tadelt freimütig alles, was dem Evangelium entgegensteht. Doch das Ziel seiner Zurechtweisung ist nicht der politische Umsturz; vielmehr möchte er Christus, sein Kreuz und sein Reich sowie die Realität des ewigen Lebens bezeugen. Das größte Übel, das die Verfolgung der Kirche mit sich bringt, ist nicht die Aufhebung persönlicher Rechte, sondern die Tatsache, dass Ungläubige daran gehindert werden, das Evangelium zu hören. Für Wang Yi sind der einzelne Christ und die gesamte Kirche tatsächlich zu zivilem Ungehorsam aufgerufen, aber nur, um das Himmelreich zu bezeugen, das bereits in dieser Realität angebrochen ist und die Gesellschaft bis zur Wiederkunft Christi weiter durchdringt.

Die Übersetzung von Wang Yis Formulierung des „treuen Ungehorsams" erfordert Nuancierung. Spricht er von Ungehorsam ziviler oder geistiger Natur? Seine Konzepte vermischen sich. Schließlich definiert Wang Yi „treuen Ungehorsam" als friedlich, sanftmütig, aktiv duldend, freudig und unvermeidlich für den Fortschritt des Evangeliums. Er darf der Seele des Christen, der diesen Ungehorsam leistet, keinen Schaden zufügen, keinen Hass und keine Bitterkeit hervorrufen und muss außerdem gewaltfrei sein. Wang Yi ist der Ansicht, dass die Welt Christus, seinem Evangelium und seinem Reich grundsätzlich entgegensteht und vom Christen eine Loyalität einfordern wird, die er ihr nicht gewähren darf. Daher wird die Haltung des Christen unweigerlich eine Haltung des Ungehorsams gegenüber den Mächten dieser Welt sein.

48 Stunden nach der Verhaftung von Wang Yi wurde „Meine Erklärung des treuen Ungehorsams" von Early Rain öffentlich verbreitet. Sie wurde sofort ins Englische übersetzt und von Hunderttausenden auf der ganzen Welt gelesen. Christen weltweit sollten mehrere Dinge aus diesem Dokument berücksichtigen. (1) Zeitgenössische Geschichten über die Verfolgung von Christen sollten Gespräche und

sogar Debatten unter nicht verfolgten Christen über die Rolle des Leidens in unserer Verbindung mit Christus anregen. [2] Wang Yis Theologie des „treuen Ungehorsams" trägt zur langen Tradition des Denkens über gewaltfreies Engagement der Kirche gegenüber dem Staat bei. Seine Perspektive ist weder täuferisch in der Abkehr von zivilem Engagement, noch fördert sie gewaltlosen Protest wie die Lehre von Martin Luther King Jr. Wang Yis Verständnis des Himmelreichs, seine Überzeugung, dass alle Christen dazu berufen sind, das Kreuz zu tragen, sowie sein kultureller Kontext der Auseinandersetzung mit einer feindseligen, säkularen Regierung versetzen ihn in die Lage, neue Einsichten zu vermitteln, über die es nachzudenken gilt.

Auf der Grundlage der Lehren der Bibel und des Auftrags des Evangeliums respektiere ich die von Gott in China eingesetzten Autoritäten. Denn Gott setzt Könige ab und setzt Könige ein. Deshalb ordne ich mich den historischen und institutionellen Regelungen Gottes in China unter.

Als Pastor einer christlichen Gemeinde habe ich meine eigenen, auf der Bibel beruhenden Vorstellungen und Ansichten darüber, was eine gerechte Ordnung und eine gute Regierung ist. Gleichzeitig bin ich voller Zorn und Abscheu über die Verfolgung der Kirche durch dieses kommunistische Regime, über die Niedertracht, mit der die Menschen ihrer Religions- und Gewissensfreiheit beraubt werden. Aber die Veränderung sozialer und politischer Institutionen ist nicht die Mission, zu der ich berufen wurde, und sie ist nicht das Ziel, für das Gott seinem Volk das Evangelium gegeben hat.

Denn alle grausamen Realitäten, wie ungerechte Politik und willkürliche Gesetze, offenbaren, dass das Kreuz Jesu Christi das einzige Mittel ist, durch das jeder Chinese gerettet werden kann und muss. Sie offenbaren auch die Tatsache, dass wahre Hoffnung und eine perfekte Gesellschaft niemals in der Umgestaltung irgendeiner irdischen Institution oder Kultur zu finden sind, sondern nur in der freien Vergebung unserer Sünden durch Christus und in der Hoffnung auf das ewige Leben.

Als Pastor leite ich meinen festen Glauben an das Evangelium, meine Lehre und meine Zurechtweisung alles Bösen aus dem Gebot Christi im Evangelium und aus der unergründlichen Liebe dieses glorreichen Königs ab. Das Leben eines jeden Menschen ist äußerst kurz, und Gott befiehlt der Gemeinde, mit allem Ernst jeden zur Umkehr aufzurufen und zu führen, der zur Umkehr bereit ist. Christus ist von Herzen bereit, allen zu vergeben, die sich von ihren Sünden abwenden. Dies ist das Ziel aller Bemühungen der Gemeinde in China – der Welt von unserem Christus zu zeugen, dem Reich der Mitte vom Himmelreich zu zeugen und dem irdischen, vergänglichen Leben vom himmlischen, ewigen Leben zu zeugen.[139] Dies ist auch die pastorale Berufung, die ich erhalten habe.

Aus diesem Grund akzeptiere und respektiere ich die Tatsache, dass Gott diesem kommunistischen Regime erlaubt hat, vorübergehend zu regieren. Wie der Diener des Herrn Johannes Calvin sagte, sind böse Herrscher das Gericht Gottes über ein böses Volk, und das Ziel Gottes ist, das Volk Gottes dazu zu drängen, umzukehren und sich wieder ihm zuzuwenden.[140] Aus diesem Grund

---

139 Wörtlich übersetzt bedeutet China (中国, *zhongguo*) „zentrale Nation" oder „Reich der Mitte" (während andere Länder traditionell als „peripher" und „barbarisch" bezeichnet werden).

140 Wang zitiert Calvin nicht direkt, sondern paraphrasiert seine Worte. In seiner *Institutio,* IV,20,25, sagt Calvin: „Die aber ungerecht und zügellos herrschen, die sind von ihm erweckt worden, um die Ungerechtigkeit des Volkes zu strafen", und: „Ein gottloser König (ist) des Herrn Zorn über das Land." In Calvins Kommentar zum Römerbrief sagt er zu Römer 13,3-4: „Ein böser Herrscher (ist) eine Geißel Gottes, mit welcher das Volk für seine Sünden

bin ich jederzeit bereit, mich der Durchsetzung ihres Gesetzes so zu unterwerfen, als ob ich mich der Disziplin und der Erziehung des Herrn unterwerfen würde.

Gleichzeitig glaube ich, dass die Verfolgung der Kirche durch das kommunistische Regime eine sehr böse und unrechtmäßige Aktion ist. Als Pastor einer christlichen Gemeinde muss ich diese Schlechtigkeit offen und scharf anprangern. Die Berufung, die ich erhalten habe, verlangt von mir, dass ich gewaltfreie Methoden anwende, um die menschlichen Gesetze zu missachten, die der Bibel und Gott widersprechen. Mein Erlöser Jesus Christus verlangt auch von mir, dass ich bereitwillig alle Kosten des Ungehorsams gegen böse Gesetze trage.

Das bedeutet aber nicht, dass mein persönlicher Ungehorsam und der Ungehorsam der Kirche in irgendeinem Sinne „Kampf für Rechte“ oder politischer Aktivismus in Form von zivilem Ungehorsam sind, denn ich habe nicht die Absicht, irgendwelche Institutionen oder Gesetze Chinas zu ändern. Als Pastor geht es mir nur darum, dass durch diesen treuen Ungehorsam und das Zeugnis, das er für das Kreuz Christi ablegt, die sündige Natur der Menschheit behindert wird.

Als Pastor ist mein Ungehorsam ein Teil des Evangeliumsauftrags. Der Missionsbefehl Christi verlangt von uns erheblichen Ungehorsam. Das Ziel dieses Ungehorsams ist nicht, die Welt zu verändern, sondern von einer anderen Welt zu zeugen.

Denn der Auftrag der Gemeinde besteht nur darin, Gemeinde zu sein, und nicht, Teil einer weltlichen Institution zu werden. Aus negativer Perspektive muss sich die Kirche von der Welt

gestraft werden soll.“ Johannes Calvin, *Unterricht in der christlichen Religion* (Institutio), übersetzt von Otto Weber, Neukirchener Verlag, 2008. *Johannes Calvins Auslegung der Heiligen Schrift, Römerbrief*, übersetzt von Karl Müller (1863–1935), Verlag der Buchhandlung des Erziehungsvereins, Neukirchen, Kreis Moers – www.glaubensstimme.de.

abgrenzen und sich davor bewahren, von ihr institutionalisiert zu werden. Aus positiver Perspektive sind alle Handlungen der Kirche Versuche, der Welt die reale Existenz einer anderen Welt zu beweisen. Die Bibel lehrt uns, dass wir in allen Angelegenheiten, die das Evangelium und das menschliche Gewissen betreffen, Gott und nicht den Menschen gehorchen müssen. Aus diesem Grund sind geistlicher Ungehorsam und körperliches Leiden beides Wege, auf denen wir eine andere, ewige Welt und einen anderen, glorreichen König bezeugen.

Deshalb bin ich nicht daran interessiert, irgendwelche politischen oder rechtlichen Institutionen in China zu ändern. Ich bin nicht einmal an der Frage interessiert, wann sich die Politik des kommunistischen Regimes, das die Kirche verfolgt, ändern wird. Unabhängig davon, unter welchem Regime ich jetzt oder in Zukunft lebe, werde ich meinen treuen Ungehorsam fortsetzen, solange die säkulare Regierung die Kirche verfolgt und das menschliche Gewissen verletzt, das allein Gott gehört. Denn der ganze Auftrag, den Gott mir gegeben hat, besteht darin, mehr Chinesen durch mein Handeln wissen zu lassen, dass die Hoffnung der Menschheit und der Gesellschaft nur in der Erlösung durch Christus und in der übernatürlichen, gnädigen Souveränität Gottes liegt.

Wenn Gott beschließt, die Verfolgung dieses kommunistischen Regimes gegen die Kirche zu nutzen, um mehr Chinesen zu helfen, an ihrer Zukunft zu verzweifeln, und um sie durch eine Wüste geistiger Desillusionierung zu führen, sodass sie Jesus kennenlernen, wenn er durch die Verfolgung seine Kirche weiter erzieht und aufbaut, dann bin ich gern bereit, mich Gottes Plänen zu unterwerfen, denn seine Pläne sind immer wohlwollend und gut.

Gerade weil keines meiner Worte und meiner Handlungen darauf abzielt, einen gesellschaftlichen und politischen Wandel anzustreben oder zu erhoffen, habe ich keine Angst vor irgendeiner gesellschaftlichen oder politischen Macht. Denn die Bibel lehrt uns, dass Gott staatliche Autoritäten einsetzt, um Übeltäter abzuschrecken, nicht aber um die zu terrorisieren, die Gutes tun. Wenn die Jesusgläubigen kein Unrecht tun, dann sollten sie auch keine Angst vor dunklen Mächten haben. Auch wenn ich oft schwach bin, glaube ich fest daran, dass dies die Verheißung des Evangeliums ist. Darauf habe ich meine ganze Energie verwendet. Es ist die gute Nachricht, die ich in der chinesischen Gesellschaft verbreite.

Ich verstehe auch, dass das kommunistische Regime gerade deshalb Angst vor einer Kirche hat, die keine Angst mehr vor ihm hat.

Wenn ich für längere oder kürzere Zeit inhaftiert bin, und wenn ich dazu beitragen kann, den Behörden die Angst vor meinem Glauben und vor meinem Erlöser zu nehmen, bin ich gern bereit, ihnen auf diese Weise zu helfen. Aber ich weiß, dass ich den Seelen der Regierenden und den Strafverfolgungsbehörden nur dann wirklich helfen kann, wenn ich mich von all der Bosheit dieser Verfolgung gegen die Kirche lossage und friedliche Mittel des Ungehorsams anwende.

Ich hoffe, dass Gott mich benutzt, um denen, die mich meiner persönlichen Freiheit beraubt haben, durch ebendiesen Verlust zu sagen, dass es eine Autorität gibt, die höher ist als ihre Autorität, und dass es eine Freiheit gibt, die sie nicht einschränken können, eine Freiheit, von der die Gemeinde des gekreuzigten und auferstandenen Jesus Christus erfüllt ist.

Unabhängig davon, welches Verbrechen mir die Regierung vorwirft, mit welchem Dreck auch immer sie mich bewirft, solange diese Anklage mit meinem Glauben, meinen Schriften, meinen Kommentaren und meinen Lehren zusammenhängt, ist sie lediglich eine Lüge und eine Versuchung durch Dämonen. Ich weise sie kategorisch zurück. Ich werde meine Strafe verbüßen, aber ich werde nicht ihrem Gesetz entsprechen. Man mag mich hinrichten, aber ich werde mich nicht schuldig bekennen.

Außerdem muss ich darauf hinweisen, dass die Verfolgung der Kirche des Herrn und von allen Chinesen, die an Jesus Christus glauben, das schlimmste und schrecklichste Übel der chinesischen Gesellschaft ist. Dies ist nicht nur eine Sünde gegen Christen. Es ist auch eine Sünde gegen alle Nichtchristen. Denn die Regierung bedroht sie brutal und rücksichtslos und hindert sie daran, zu Jesus zu kommen. Es gibt keine größere Bosheit auf der Welt als diese.

Wenn dieses Regime eines Tages von Gott gestürzt wird, dann aus keinem anderen Grund als wegen Gottes gerechter Strafe und Rache für dieses Übel. Denn auf der Erde hat es bisher nur eine 1000-jährige Kirche gegeben, eine 1000-jährige Regierung dagegen noch nie. Es gibt nur einen ewigen Glauben. Es gibt keine ewige politische Macht.

Diejenigen, die mich einsperren, werden eines Tages von Engeln eingesperrt werden. Diejenigen, die mich verhören, werden schließlich von Christus befragt und verurteilt werden. Wenn ich daran denke, erfüllt mich der Herr mit echtem Mitleid und mit Trauer gegenüber denen, die mich einzusperren versuchen oder es tatsächlich tun. Betet dafür, dass der Herr mich gebraucht und mir Geduld und Weisheit schenkt, damit ich ihnen das Evangelium bringen kann.

Mich von meiner Frau und meinen Kindern zu trennen, meinen Ruf zu ruinieren, mein Leben und meine Familie zu zerstören – die Behörden sind zu all diesen Dingen in der Lage. Aber niemand auf dieser Welt kann mich zwingen, meinem Glauben abzuschwören; niemand kann mich zwingen, mein Verhalten zu ändern; und niemand von den Behörden kann mich von den Toten auferwecken.

Und deshalb, verehrte Beamte, hören Sie auf, Böses zu tun. Und zwar nicht zu meinem Vorteil, sondern vielmehr zu dem Ihren und dem Ihrer Kinder. Ich bitte Sie inständig, Ihre Hände vom Unrechttun abzuhalten, denn warum sollten Sie bereit sein, den Preis der ewigen Verdammnis in der Hölle zu zahlen, nur um eines niedrigen Sünders willen wie mir?

Jesus ist der Christus, der Sohn des ewigen, lebendigen Gottes. Er starb für die Sünder und ist für uns auferstanden. Er ist mein König und der König der ganzen Erde, gestern, heute und in Ewigkeit. Ich bin sein Diener, und deshalb bin ich gefangen.

Ich werde mich in Sanftmut denen widersetzen, die sich Gott widersetzen, und ich werde bereitwillig gegen alle Gesetze verstoßen, die Gottes Gesetze verletzen.

Erster Entwurf am 21. September 2018; überarbeitet am 4. Oktober. Soll von der Gemeinde nach 48 Stunden Haft veröffentlicht werden.

ANHANG: WAS IST TREUER UNGEHORSAM?

Ich bin der festen Überzeugung, dass die Bibel keiner Regierungsabteilung die Befugnis gegeben hat, die Gemeinde zu leiten oder sich in den Glauben der Christen einzumischen. Deshalb verlangt die Bibel von mir, dass ich mit friedlichen Mitteln, in sanftem Widerstand und aktiver Duldsamkeit, erfüllt von Freude allen administrativen und rechtlichen Maßnahmen widerstehe, die die Kirche unterdrücken und den Glauben der Christen beeinträchtigen.

Ich glaube fest daran, dass dies ein geistlicher Akt des Ungehorsams ist. In modernen autoritären Regimen, die die Kirche verfolgen und sich dem Evangelium widersetzen, ist geistlicher Ungehorsam ein unvermeidlicher Teil der Evangeliumsbewegung.

Ich bin fest davon überzeugt, dass geistlicher Ungehorsam zur Endzeit dazugehört; er ist ein Zeugnis für Gottes ewiges Reich im zeitlichen Reich der Sünde und des Bösen. Christen, die auf diese Weise ungehorsam sind, folgen dem Beispiel des gekreuzigten Christus, indem sie den Weg des Kreuzes gehen. Friedlicher Ungehorsam ist die Art und Weise, wie wir die Welt lieben, aber auch die Art und Weise, wie wir vermeiden, Teil der Welt zu werden.

Ich bin der festen Überzeugung, dass die Bibel von mir verlangt, mich bei der Ausübung des geistlichen Ungehorsams auf die Gnade und Auferstehungskraft Christi zu verlassen, und dass ich zwei Grenzen respektieren muss und nicht überschreiten darf.

Die erste Grenze ist die des Herzens. Die Liebe zur Seele und nicht der Hass auf den Körper ist die Motivation des geistlichen Ungehorsams. Die Verwandlung der Seele und nicht die Veränderung der Umstände ist das Ziel des geistlichen Ungehorsams. Wenn äußere Unterdrückung und Gewalt mir den inneren Frieden und die Ausdauer rauben, sodass mein Herz beginnt, Hass und Bitterkeit gegenüber denen zu entwickeln, die die Kirche verfolgen und Christen misshandeln, dann scheitert der geistliche Ungehorsam an diesem Punkt.

Die zweite Grenze ist die des Verhaltens. Das Evangelium verlangt, dass der Ungehorsam des Glaubens gewaltlos sein muss. Das Geheimnis des Evangeliums liegt darin, aktiv zu leiden, sogar bereit zu sein, ungerechte Strafen zu ertragen, anstatt physischen Widerstand zu leisten. Friedlicher Ungehorsam ist das Ergebnis von Liebe und Vergebung. Das Kreuz bedeutet, bereit zu sein zu leiden, wenn man nicht leiden *müsste*. Denn Christus hatte unbegrenzte Möglichkeiten, sich zu wehren, und doch ertrug er all die Demütigung und den Schmerz. Christus widerstand einer Welt, die sich ihm widersetzte, indem er dieser Welt, die ihn kreuzigte, am Kreuz einen Friedenszweig reichte.

Ich glaube fest daran, dass Christus mich berufen hat, diesen treuen Ungehorsam umzusetzen durch ein Leben des Dienstes unter diesem Regime, das sich dem Evangelium widersetzt und die Gemeinde verfolgt. Das ist das Mittel, mit dem ich das Evangelium verkünde, und es ist das Geheimnis des Evangeliums, das ich predige.

Der Diener des Herrn, Wang Yi
Erster Entwurf vom 21. September 2018; überarbeitet am 4. Oktober. Soll von der Gemeinde nach 48 Stunden Haft in Umlauf gebracht.

20

WIE SOLLTE DIE KIRCHE DER VERFOLGUNG BEGEGNEN?

LI YINGQIANG

Es folgt ein Brief an die Mitglieder von Early Rain von Li Yingqiang, dem letzten Ältesten, der verhaftet wurde. Li Yingqiang schrieb diesen Brief im Versteck nur wenige Stunden vor seiner Entdeckung. Um nicht über sein Mobiltelefon entdeckt zu werden, schrieb er mit Stift auf Papier. Der Brief wurde von anderen Mitgliedern entdeckt, die dann Fotos des Briefes im Internet verbreiteten. Li Yingqiang beschreibt den Plan der Gemeinde für die kommenden Tage, einschließlich der Frage, wo sie versuchen wird, weiterhin Gottesdienste abzuhalten.

Geliebte Brüder, Schwestern und Arbeitskollegen,

dankt dem Herrn! Gerade als sich das Jahr 2018 dem Ende zuneigt, hat Gott uns eine Belohnung in Form dieser groß angelegten Verfolgung gegeben, die am 9. Dezember begann.

Von gestern Abend bis heute Mittag wurden über 100 Pastoren, Älteste, Mitarbeiter und Brüder und Schwestern verschleppt. Bis jetzt wissen wir noch nicht, wo sie alle sind, und selbst wenn wir es wüssten, wäre es für uns schwierig, ihnen zu helfen. Aber zum Glück wissen wir mit Sicherheit, dass das liebevolle Antlitz des Herrn über ihnen leuchtet. Sie befinden sich inmitten der gnädigen, souveränen Vorsehung des Herrn. Er wird ihnen in ihren Ketten und Prüfungen beistehen.

Der Apostel Petrus sagt: „Geliebte, lasst euch durch das Feuer der Verfolgung unter euch, das euch zur Prüfung geschieht, nicht befremden, als begegne euch etwas Fremdes; sondern freut euch, insoweit ihr der Leiden des Christus teilhaftig seid, damit ihr euch auch in der Offenbarung seiner Herrlichkeit jubelnd freut! Wenn ihr im Namen Christi geschmäht werdet, glückselig seid ihr! Denn der Geist der Herrlichkeit und Gottes ruht auf euch" (1Petr 4,12-14).

Geliebte Brüder und Schwestern, habt ihr diese Freude? Freut ihr euch über die Tatsache, dass ihr wegen dieser Gemeinde mit Christus leidet? Wisst ihr, dass wir gesegnet sind? Der Herr schenkt uns armen Menschen heute Schätze der Herrlichkeit des Himmels! Der Herr selbst schenkt uns schwachen Menschen Trost vom Himmel! Der Herr Jesus lässt uns blinden Menschen sein großes Licht leuchten. Diejenigen von uns Brüdern und Schwestern, die an der Front des Krieges um das Evangelium stehen, werden große geistliche Reichtümer erlangen!

Danken wir dem Herrn, dass er uns in dieser Prüfung beisteht. Dankt dem Herrn, dass er uns seinem wahren Wort gemäß erzogen hat! Dankt dem Herrn, dass er uns in diesen Tagen der Trübsal erzieht! Dankt dem Herrn, dass er uns durch die heutige Verfolgung geformt hat! Möge der Herr uns große Freude und wahre Hoffnung schenken und uns durch das Vertrauen auf ihn stark machen!

Was die nächsten zwei Tage oder die nächsten Wochen bringen werden, wissen wir nicht. Diese Tage liegen in der Hand des Herrn. So wie er den Tau in Frost und den Regen in Schnee verwandelt, so wie er den Duft der Pflaumenblüte durch die bittere Kälte wehen lässt, so sind wir in der Hand des Herrn. Wie schön wäre es, wenn wir durch dieses Leiden den süßen Duft des Evangeliums verströmen könnten!

Liebe Brüder und Schwestern, ich fürchte, diese „große Verfolgung" wird für uns in Zukunft zum Status quo werden. Ich weiß nicht, ob ihr das wisst, aber vor drei Jahren wurde am 9. Dezember offiziell die Verfolgung der Living Stone Church in Guiyang eingeleitet.[141] Die Polizei suchte auch die Häuser dieser Brüder und Schwestern auf, eins nach dem anderen. Sie setzten dabei mehrere Polizeibeamte und Kommunalarbeiter ein, um nur eine Person zu überwachen. Auch ihre Kleingruppen wurden nach und nach aufgelöst. Wie sollten wir in den kommenden Tagen auf diese Dinge reagieren? Nach dem Notfallplan, den unsere Ältestenversammlung ausgearbeitet hat, gibt es einige Dinge, die wir tun müssen.

1. Diejenigen Ältesten, die noch frei sind, müssen die Verantwortung für die Leitung der gesamten Gemeinde übernehmen und auf die Entlassung des Pastors und der Ältesten warten. Wenn Pastor Wang Yi nicht innerhalb von 48 Stunden freigelassen wird, müssen die Ältesten, die noch frei sind, die Gemeinde gemäß der zuvor beschlossenen Abfolge weiterführen.

---

141 Am 9. Dezember 2015 hinderten mehr als 100 Polizisten und Regierungsbeamte die Mitglieder der Living Stone Church (活石教会, *huo shi jiaohui*) in Guiyang, Provinz Guizhou, daran, das Gebäude für ein Gebetstreffen zu betreten. Pastor Yang Hua (仰华) und seine Frau wurden von der Polizei festgenommen und gewaltsam aus dem Gebäude entfernt. Anschließend stürmte die Polizei in die Kirche und beschlagnahmte alle Computer und anderer Geräte. Ein Jahr später, im Dezember 2016, wurde Yang vor Gericht gestellt und zu einer zweieinhalbjährigen Haftstrafe verurteilt. Im Januar 2018 ordnete ein Bezirksgericht in Guiyang die Beschlagnahmung des Eigentums von Living Stone an und verhängte eine Geldstrafe von sieben Millionen RMB (rund eine Million US-Dollar) gegen die Kirche. Yang wurde nach Verbüßung seiner gesamten Strafe im Juni 2018 aus dem Gefängnis entlassen.

2. Unabhängig davon darf die Early Rain Covenant Church das Glaubensbekenntnis und den Weg der Transparenz, den sie in der Vergangenheit öffentlich verkündet hat, nicht ändern. Und auch wir werden unsere bisherige Haltung zur Beziehung zwischen Kirche und Staat oder unser schönes geistiges Erbe der chinesischen Hauskirche, den Weg des Kreuzes zu gehen, nicht ändern. Wir werden uns nicht bei der Behörde für religiöse Angelegenheiten registrieren lassen, und noch viel weniger werden wir der Drei-Selbst-Kirche beitreten.
3. Wir werden unser Kirchengebäude nicht einfach aufgeben und uns in unsere Kleingruppen zurückziehen. Unabhängig davon, wer die Kirche leitet, müssen sie versuchen, in das Kirchengebäude zurückzukehren, das Gott uns gegeben hat.[142] Weder Papiersiegel noch Verhaftungen sollten uns daran hindern, in unserem Kirchengebäude Gottesdienst zu feiern.[143] Solange nicht alle Ältesten, Prediger und Seminarstudenten, die in der Lage sind, den öffentlichen Gottesdienst und die Verkündigung von Gottes Wort zu leiten, ihre Freiheit verlieren, werden wir uns nicht in Kleingruppen zurückziehen. Wenn wir das Kirchengebäude nicht betreten können, werden wir einen anderen Ort mieten. Wenn es keinen Ort gibt, an dem wir uns drinnen zum Gottesdienst treffen können, tun wir es im Freien.

---

142 ERCC traf sich auch an zwei weiteren Standorten - ERCC Baihua und ERCC Grace. Die drei Standorte waren relativ unabhängig voneinander, gehörten aber alle zum selben Presbyterium.

143 Wenn Polizeibeamte und Vertreter der Behörde für religiöse Angelegenheiten einer Kirche ein Versammlungsverbot erteilen, bringen sie die offizielle Verordnung am Eingang der Kirche an und kleben Papiersiegel an die Türen. Das Brechen der Siegel bedeutet einen Verstoß gegen die Verordnung und gegen das Gesetz.

4. Treffen in kleinen Gruppen sind unser letzter Ausweg. Wenn es auch nur eine geringe Möglichkeit gibt, gemeinsam als ganze Gemeinde Gottesdienst zu feiern, werden wir uns nicht in die Kleingruppen zurückziehen. Aber wenn wir uns in Kleingruppen treffen müssen und dabei auf Widerstand stoßen, sind wir bereit, einen noch höheren Preis zu zahlen, um das große Werk des Evangeliums mit unserem Leben zu bezeugen. Wir sind dazu bereit, dass 200, 300 oder 500 Menschen verhaftet und ins Gefängnis geworfen werden. Möge die ganze Welt wissen, dass wir mit Freude bereit sind, diese Verfolgung um unseres Glaubens willen auf uns zu nehmen.

Geliebte Brüder und Schwestern, ich schreibe diesen Brief im „Versteck". Möget ihr alle von der Freude am Evangelium Christi erfüllt sein. Möget ihr voller Hoffnung das noch schwerere Kreuz und das noch schwierigere Leben, das vor euch liegt, annehmen.

„Christus ist Herr. Die Gnade ist König. Tragt das Kreuz. Bewahrt den Glauben."[144] Dies ist die Vision, die die Early Rain Covenant Church vom Herrn erhalten hat. Mögen wir alle sie erlangen, sie wertschätzen, sie in die Praxis umsetzen und ausleben!

Euch alle liebend,
der Älteste Yingqiang

10. Dezember 2018

144 Dies ist ein offizielles Motto des ERCC.

21

DAS IST AUCH MEIN STANDPUNKT!

JIN TIANMING

> Der folgende Text ist eine Solidaritätserklärung von Jin Tianming, Pastor der Shouwang-Kirche in Peking, mit Wang Yi. Sie wurde erstmals am 13. Dezember 2018, wenige Tage nach Wang Yis Verhaftung, auf der Website von ChinaAid veröffentlicht.

Am Abend des 9. Dezember erfuhr ich, dass Pastor Wang Yi nicht mehr erreichbar ist und über 100 Mitglieder der Early Rain Covenant Church, darunter Älteste, Diakone, Mitarbeiter und Geschwister, von der Polizei in Chengdu abgeführt wurden. Viele von ihnen sind immer noch in Gewahrsam, zu anderen ist es weiterhin nicht möglich Kontakt aufzunehmen. Die Unterdrückung und Verfolgung der Early Rain Covenant Church durch die Polizei in Chengdu geht weiter und hat bis heute nicht aufgehört. Laut dem dringenden Gebetsanliegen der Early Rain Covenant Church vom Abend des 12. Dezember wurde Pastor Wang Yi unter dem Vorwurf der „Anstiftung zur Untergrabung der Staatsgewalt" in Strafhaft genommen.

Die Early Rain Covenant Church hat die „Erklärung des treuen Ungehorsams" von Pastor Wang Yi veröffentlicht, die er vor seiner Verhaftung verfasst und die Kirche zu veröffentlichen angewiesen hatte, sollte er länger als 48 Stunden inhaftiert sein. Als ich dieses Glaubensbekenntnis las, war mein Herz tief bewegt. Ehrlich gesagt, vor dem Herrn: Das, was Pastor Wang Yi zum Verhältnis zwischen Kirche und Staat erklärt hat, ist auch mein Standpunkt. Was unseren Gehorsam gegenüber Gott betrifft, der sich in treuem Ungehorsam ausdrückt, so werden jeder Pastor und jede Kirche entsprechend der Führung des Heiligen Geistes anders reagieren, insbesondere in Bezug auf die Herangehensweise, das Ausmaß und die Bereiche des Engagements. Jeder Christ mag sich aufgrund seiner Gewissensfreiheit unterschiedlich äußern. Aber zwei Dinge müssen wir alle gemeinsam haben und daran festhalten: Gott gehorchen und für Christus Zeugnis ablegen.

Pastor Wang Yi ist unser lieber Bruder, ein Diener, den Gott in den letzten zehn Jahren für seine besondere Aufgabe in der chinesischen Kirche gebraucht hat. Während seiner derzeitigen strafrechtlichen Inhaftierung unter der Anklage der „Anstiftung zur Untergrabung der Staatsgewalt" werden viele liebe Brüder und Schwestern der Early Rain Covenant Church verfolgt. Als Pastor, der denselben Ruf des Herrn erhalten hat und dazu berufen ist, im selben Land zu dienen, erkläre ich, dass das, was Pastor Wang Yi als seine Haltung zur Beziehung zwischen Kirche und Staat erklärt hat, auch mein Standpunkt ist!

Auf der Grundlage der Lehren der Bibel und des Auftrags des Evangeliums respektiere ich die von Gott in China eingesetzten Autoritäten. Denn Gott setzt Könige ab und setzt Könige ein. Deshalb ordne ich mich den historischen und institutionellen Regelungen Gottes in China unter.

Die Veränderung sozialer und politischer Institutionen ist nicht die Mission, zu der ich berufen wurde, und sie ist nicht das Ziel, für das Gott seinem Volk das Evangelium gegeben hat.

Gleichzeitig glaube ich, dass die Verfolgung der Kirche durch das kommunistische Regime eine sehr böse und unrechtmäßige Aktion ist. Als Pastor einer christlichen Kirche muss ich diese Schlechtigkeit offen und scharf anprangern.

Das bedeutet aber nicht, dass mein persönlicher Ungehorsam und der Ungehorsam der Kirche in irgendeiner Weise „Kampf für Rechte" oder politischer Aktivismus in Form von zivilem Ungehorsam ist.

Heben wir alle unsere Hände für Pastor Wang Yi und gedenken der Early Rain Covenant Church.

Pastor Tianming

13. Dezember 2018, aus Peking

22

BRIEF AN ALLE CHRISTLICHEN KIRCHEN: AUFRUF ZUM GEBET

PRESBYTERIUM WESTCHINA

Der folgende Aufruf an die weltweite Gemeinde, für Early Rain zu beten, wurde vom Presbyterium Westchinas verfasst und veröffentlicht, zu dessen Gründungsmitgliedern Early Rain gehört. Er wurde am 12. Dezember 2018 direkt an die Mitglieder des Presbyteriums verschickt und später online verbreitet.

Liebe Brüder und Schwestern in Christus, die ihr auch als Kinder Gottes und Jünger Christi berufen seid:

Friede sei mit euch!

Wir gehen davon aus, dass ihr die Nachricht gehört habt, dass seit dem 9. Dezember 2018 die Early Rain Covenant Church, eine Kirche, die unserem Herrn Jesus Christus gehört, von den weltlichen Behörden angegriffen und verfolgt wird. Gottes Kinder werden verfassungswidrig und unrechtmäßig verfolgt und erfahren großes Leid.

Nachdem der Kontakt zu Pastor Wang Yi und seiner Frau über 48 Stunden lang abgebrochen war, wurde seiner Familie mitgeteilt, dass Pastor Wang Yi wegen des Verdachts der „Anstiftung zur Untergrabung des Staates“ in Strafhaft sitzt; zum Ältesten Tan Defu besteht seit über 72 Stunden kein Kontakt mehr; der Älteste Li Yingqiang befindet sich wegen des Verdachts der „Provokation im Internet“ in Strafhaft; und der Diakon Ge Yingfeng ist wegen des Verdachts der „illegalen Geschäftstätigkeit“ in Strafhaft.

47 Brüder und Schwestern werden im Xinjin County Legal Learning Center festgehalten, und bei zwei Schwestern wurde eine Leibesvisitation durchgeführt.

Eine Schwester ist gerade im Krankenhaus und bringt ein Baby zur Welt, während ihr Mann seit fast 72 Stunden keinen Kontakt mehr zu ihr hat.

Darüber hinaus hat die Polizei einige Älteste, Diakone, Mitarbeiter und Brüder und Schwestern gewaltsam abgeführt, wobei einige physische Gewalt erlitten und Narben und Wunden am Körper davongetragen haben. Sie werden zwar nach und nach freigelassen, stehen aber immer noch unter Beobachtung.

Bis heute werden Mitarbeiter der Gemeindeleitung auf Polizeiwachen abgeführt, und die Regierung übt nach wie vor auf verschiedene Weise Druck auf Kirchenmitglieder aus und fordert sie auf, eine Erklärung zu unterschreiben, in der sie sich verpflichten, die Early Rain Covenant Church nicht mehr zu besuchen. Viele werden zu Hause überwacht, und einige Brüder wurden in ihre Heimatstädte abgeschoben. Die Behörden haben einige Brüder und Schwestern mithilfe ihrer Vermieter dazu gezwungen umzuziehen, und die Gesamtzahl der Gemeindemitglieder, die direkt einer illegalen Verfolgung ausgesetzt sind, liegt bei weit über 100.

Die Regierung hat auch das Kirchengebäude und alle anderen Einrichtungen beschlagnahmt, das Seminar, die Hochschule und die Akademie geschlossen und Strafen verhängt, um weitere Gemeindegründungen zu unterbinden.

Ihr Ziel ist es, die Kirche des Herrn zu zerstören, was offensichtlich eine schwere religiöse Verfolgung darstellt.

Wir sind uns jedoch zutiefst bewusst, dass es sich nicht nur um eine Verfolgung durch die weltliche Regierung handelt, sondern auch um einen Plan Satans, die Kirche Gottes anzugreifen; es ist ein geistlicher Kampf gegen das Volk Gottes, und kein Kind Gottes bleibt davon unberührt.

Als Presbyterium Westchinas der Reformierten Presbyterianischen Kirche sind wir verpflichtet, ihnen beizustehen. Wir teilen mit der Early Rain Covenant Church den historisch-biblischen Glauben und identifizieren uns daher mit der Verfolgung, der sie ausgesetzt sind, weil wir alle Teil des Leibes Christi sind. Die Verfolgung, die sie um Christi willen erleiden, ist die Verfolgung, die wir erleiden werden. „Alle aber auch, die gottesfürchtig leben wollen in Christus Jesus, werden verfolgt werden" (2Tim 3,12). Sie erfahren Leiden, und wir sind bereit, mit ihnen zu leiden. „Und wenn ein Glied leidet, so leiden alle Glieder mit; oder wenn ein Glied verherrlicht wird, so freuen sich alle Glieder mit" (1Kor 12,26).

Da es sich um einen geistlichen Kampf handelt, ringen wir nicht mit Fleisch und Blut, sondern mit den geistlichen Mächten des Bösen in der Himmelswelt. „Denn unser Kampf ist nicht gegen Fleisch und Blut, sondern gegen die Gewalten, gegen die Mächte, gegen die Weltbeherrscher dieser Finsternis, gegen die geistigen Mächte der Bosheit in der Himmelswelt" (Eph 6,12). Denn die Waffen unseres Kampfes sind nicht fleischlicher Natur, sondern von der göttlichen Kraft des Heiligen Geistes. „Denn die Waffen unseres Kampfes sind nicht fleischlich, sondern mächtig für Gott zur Zerstörung von Festungen" (2Kor 10,4).

Deshalb müssen wir vor allem durch Gebet in die Gegenwart Gottes treten, damit wir geistliche Kraft erhalten, um für den Herrn Zeugnis abzulegen und uns mit den Mitgliedern zu identifizieren, die sich im geistlichen Kampf befinden.

In der Zwischenzeit appellieren wir an die Gemeinden Gottes, sich an diesem geistlichen Kampf zu beteiligen durch ihre Gebete, ihre Ermutigung, ihren Trost und ihre Hilfe, ihre liebevolle Unterstützung von Mitgliedern in Not, um dem Satan auf Knien und unter Tränen das Genick zu brechen. Wenn möglich, bemüht euch bitte, für ihre praktischen Bedürfnisse zu sorgen, indem ihr deren Familien besucht, euch um ihre Kinder kümmert, für sie kocht oder eure Häuser für diejenigen öffnet, die Zuflucht brauchen.

Bitte betet für die Geschwister hinter Gittern. Möge der Herr ihnen Zuversicht und Kraft geben, damit sie so mutig sind wie Paulus und Petrus, um den Königen und Gefangenen von Christus zu predigen, der gestorben und auferstanden ist.

Bitte betet für die Geschwister, die Angst haben, und für diejenigen, die freigelassen wurden, aber noch überwacht werden. Möge der Herr sie, ob frei oder gefesselt, davor bewahren, den Mut zu verlieren, damit sie das wahre, vertrauenswürdige und herrliche Evangelium vor ihrer Familie, ihren Nachbarn und den Strafverfolgungsbehörden bezeugen können.

Bitte betet für die Mitglieder, die unter Druck stehen, die Zusage zu unterschreiben, die Kirche nicht mehr zu besuchen. Möge der Herr sie durch den Heiligen Geist unter allen Umständen leiten, sodass sie, egal, ob sie nach links oder rechts abbiegen, die Stimme hören, die sagt: „Dies ist der Weg, den geht!“

Bitte betet für das Mitarbeiterteam der Early Rain Covenant Church. Möge der Herr sie mit seinem einheitsstiftenden Geist, seinem Geist der Weisheit und der Einsicht erfüllen und ihnen Kraft, Mut, Liebe und Selbstbeherrschung schenken, damit sie sich auch in der Not nicht durch die harten Umstände behindern lassen. Möge das Wort des Herrn durch sie wachsen und sich vermehren!

Bitte betet für jedes Gemeindemitglied der Early Rain Covenant Church. Möge der Herr sie alle zu Kämpfern des

Evangeliums machen und ihnen Zuversicht geben, damit sie inmitten des Sturms noch tiefer verwurzelt und widerstandsfähiger werden.

Bitte betet auch für die Polizeibeamten und die örtlichen Bürgermeister, die in den Angriff verwickelt waren. Möge der Herr ihnen gnädig sein, da die meisten von ihnen die Wahrheit nicht kennen, sondern nur das tun, was ihnen befohlen wurde. Möge der Herr ihnen durch das Leiden der Brüder und Schwestern das Geheimnis der Wahrheit des Evangeliums offenbaren! Möge der Herr einige von ihnen berufen, damit sie den wahren Herrscher kennenlernen – Jesus Christus!

Möge die Gemeinde des Herrn in diesem Sturm eine Stadt auf einem Berg sein, die fest auf einem Felsen steht; eine Lampe auf einem Gestell, die Licht in die Dunkelheit bringt!

> *„Welche Tiefe des Reichtums, sowohl der Weisheit als auch der Erkenntnis Gottes! Wie unerforschlich sind seine Gerichte und unaufspürbar seine Wege!*
>
> *Denn wer hat des Herrn Sinn erkannt, oder wer ist sein Mitberater gewesen?*
>
> *Oder wer hat ihm vorher gegeben, und es wird ihm vergolten werden?*
>
> *Denn aus ihm und durch ihn und zu ihm hin sind alle Dinge! Ihm sei die Herrlichkeit in Ewigkeit! Amen."*
>
> *(Röm 11,33-36)*

Mögen alle Glieder im Herrn gemeinsam mit einer Stimme beten und sagen:

Unser Vater, der du bist in den Himmeln,
geheiligt werde dein Name;
dein Reich komme; dein Wille geschehe,

wie im Himmel, so auch auf Erden!
Unser tägliches Brot gib uns heute;
und vergib uns unsere Schulden,
wie auch wir unseren Schuldnern vergeben haben;
und führe uns nicht in Versuchung,
sondern rette uns von dem Bösen!
Denn dein ist das Reich und die Kraft und die Herrlichkeit
in Ewigkeit. Amen

Dieses mit den Gliedern des Leibes des Herrn zu teilen, dazu möge Gott euch segnen und euch gebrauchen!

Presbyterium Westchinas der Reformierten Presbyterianischen Kirche

12. Dezember 2018

FAZIT

HANNAH NATION - *FEBRUAR 2022*

Die Schriften, die in jüngster Zeit aus bestimmten städtischen Zweigen der chinesischen Hauskirche hervorgegangen sind, sind äußerst interessant. Wo lassen sich Wang Yi und viele seiner Zeitgenossen am besten in die Landschaft der Theologie einordnen?

Das erste offensichtliche Merkmal ist, dass sie gegenüber der Stadt eine reformierte Haltung einnehmen. Wang Yi und andere in seinen verschiedenen Netzwerken beziehen sich häufig auf Calvin und Luther sowie auf eine beträchtliche Anzahl zeitgenössischer, theologisch konservativer, presbyterianischer und reformierter baptistischer Autoren. So haben beispielsweise Timothy Keller und Mark Dever einen bedeutenden Einfluss auf viele chinesische Hauskirchenautoren ausgeübt. Doch obwohl diese amerikanischen Pastoren vielleicht zu den engsten theologischen Partnern vieler städtischer Hauskirchenautoren gehören, gibt es in der reformierten evangelikalen Kirche in den Vereinigten Staaten bisher nicht die Publikations- oder Lesegewohnheiten, die die chinesischen Hauskirchen als theologisch relevant behandeln. Ein Großteil der amerikanischen evangelikalen Schriften über kulturelles und soziales Engagement geht von einem triumphalen Status der Kirche aus, und wo dieser Status nicht gegeben ist, geht es darum, wie er wiedergewonnen werden kann, entweder durch einen Kulturkampf oder durch gewinnende Freundlichkeit. Der reformierte Evangelikalismus in Amerika muss sich erst noch ernsthaft denjenigen zuwenden, die versuchen, sich aus einer Position der Machtlosigkeit heraus für ein reformiertes Verständnis der Stadt einzusetzen.

Ein zweites Merkmal der Schriften vieler städtischer Hauskirchen sind die Anklänge an Befreiung und neotäuferische Theologie in Bezug auf den Staat. Wang Yis Kühnheit, mit der er die Mächte, die das chinesische Leben regieren, tadelt und jede Komplizenschaft der Kirche an der Unterstützung, Förderung oder Anpassung an diese Mächte ablehnt, mag den Leser an Arbeiten außerhalb der reformierten Tradition erinnern.

Es gibt jedoch einen wichtigen Unterschied im Kontext, der diese besondere Strömung des chinesischen Denkens von den Befreiungstheologen unterscheidet. Während diese gegen Mächte geschrieben haben, die nicht ihre eigenen sind, nämlich die europäischen und amerikanischen Kolonialmächte, schreiben Wang Yi und seine Kollegen gegen Mächte, deren kulturelle Identität sie teilen. Es wäre merkwürdig, die Theologie von Wang Yi zu den Postkolonialisten zu zählen. Die chinesischen Theologen, die im 20. Jahrhundert aus der Patriotischen Drei-Selbst-Bewegung hervorgingen, werden zu Recht mit der postkolonialen Theologie identifiziert. Vielleicht sind die Schriften der städtischen chinesischen Hauskirche des 21. Jahrhunderts Beispiele für das, was nach dem Postkolonialismus in der Theologie kommt – eine post-postkoloniale Auseinandersetzung mit der politischen Theologie. Denn der Staat, den sie tadeln, ist kein fremder, sondern vielmehr ihr eigener. Ihr Kampf ist nicht international, sondern innenpolitisch. Das bringt Wang Yi und seine Zeitgenossen sofort mit bestimmten neotäuferischen Denkern wie John Howard Yoder und Stanley Hauerwas in Verbindung, aber aufgrund der Tatsache, dass Wang Yi und seine Zeitgenossen außerhalb des Stroms der westlichen theologischen Tradition schreiben, ist diese Verbindung nur schwach. Man darf den Unterschied in der Perspektive zwischen einem amerikanischen oder europäischen Neotäufer, der gegen die Überreste des demokratischen Christentums schreibt, und einem chinesischen Calvinisten, der gegen einen atheistischen, totalitären Staat schreibt, nicht unterschätzen.

Ein drittes Merkmal der Theologie, die aus den städtischen Hauskirchen hervorgeht, ist ihr situativer Charakter, der vielleicht auf die Schriften der frühen Kirche im Römischen Reich zurückgeht. Der Kontext ist immer wichtig, aber besonders für diejenigen, die nicht die Privilegien der akademischen institutionellen Theologie genießen. Manche würden sagen, dass die chinesischen Hauskirchen gar keine Theologie schreiben. Das zu behaupten wäre so, als wären die ersten 100 Jahre des Christentums ebenfalls nicht theologisch gewesen. Theologie kann die mühsame Arbeit von Akademikern und die großen Werke wie Calvins *Institutio* oder Barths *Dogmatik* bedeuten. Theologie kann aber auch Clemens' *Brief an die Römer*, Polykarps *Apologetik* und die *Didache* bedeuten. Für die chinesischen Hauskirchen sieht Theologie meist so aus, dass die wöchentlichen Predigten sorgfältig und treu vorbereitet werden und dass sie den Menschen etwas über Gott vermitteln. Wir haben den Martin Luther der Hauskirchen noch nicht gesehen; wir befinden uns noch in der Phase „Hauskirchentheologie 1.0". Aber das theologische Schreiben, das heute stattfindet, legt den Grundstein für das künftige gründlichere und umfassendere Denken, das kommen *wird*.

Selbst seit der Verhaftung von Wang Yi im Jahr 2018 haben sich die wichtigsten theologischen Themen innerhalb der chinesischen Hauskirche verschoben. Wang Yis Auseinandersetzung mit der politischen Theologie ist nach wie vor von großer Bedeutung. Eine der drängendsten Fragen in den Jahren nach seiner Inhaftierung ist jedoch eine, mit der sich die Kirchen auf der ganzen Welt vertraut machen sollten: Wie sollten Christen über eine Kirche denken, die sich digital trifft? Wie die meisten Kirchen in der Welt sahen sich mit dem Ausbruch der Covid-19-Pandemie Anfang 2020 auch die Hauskirchen in China mit erheblichen Einschränkungen ihrer Möglichkeiten konfrontiert, sich persönlich zu treffen. Für Early Rain waren die Fragen rund um die digitale Kirche jedoch nicht neu. Es wurde unmittelbar nach dem Angriff auf ihre Kirche im Jahr 2018 zu einem wichtigen Diskussionsthema. Da sie sich in keiner Form mehr persönlich treffen konnten, ging Early Rain dazu über, sich online zu treffen. Während der Abwesenheit von Wang Yi wohnte ihr Interimspastor viele Jahre lang nicht einmal in China. Ihre Situation und die Situation der Hauskirchen in ganz China laden zu einem weiteren Dialog über die dringende Frage der digitalen Ekklesiologie ein. Müssen wir anders über die digitale Kirche denken, wenn sie aufgrund aktiver Verfolgung eine Notwendigkeit wird und nicht nur eine provisorische Anpassung aufgrund einer vorübergehenden Störung ist? Diese Frage zu beantworten würde den Rahmen dieses abschließenden Beitrags sprengen. Aber ich hoffe, dass die Relevanz der Entscheidung einer verfolgten, aufs Abendmahl ausgerichteten, reformierten chinesischen Hauskirche in dieser Frage denjenigen nicht entgeht, die in Amerika und anderswo über dieses Thema diskutieren. Wir täten gut daran, häufiger die theologische Meinung der chinesischen Hauskirche zu diesem und anderen Themen einzuholen.

Wang Yi ist weiterhin inhaftiert. Es gibt keinen Zugang zu ihm, um zu erfahren, wie es ihm geht. Aus einigen Berichten geht hervor, dass er körperlich bei guter Gesundheit ist. Aber eine Antwort auf die Frage, wie es um seine Seele bestellt ist, haben wir nicht. Unsere Reaktion sollte nicht darin bestehen, ihn zu heroisieren, denn die Gemeinde profitiert nicht davon, aus einfachen Menschen Helden zu machen. Vielmehr sollte unsere

Reaktion das Gebet für Wang Yi, seine Familie und die Early Rain Covenant Church sein.

Verfolgung macht einen Menschen nicht automatisch zu einem geheiligten Christen. Auch klärt sie nicht unbedingt die eigenen Gedanken und Überzeugungen. Die Reaktionen der Jünger Jesu auf seine Kreuzigung erinnern uns daran: Angst kann Menschen dazu bringen, viele Dinge zu tun und zu sagen, die sie später tief bereuen. Es war nicht allein der soziale und politische Druck auf die frühe Kirche, der die Apostel dazu befähigte, den Völkern das Evangelium zu verkünden, sondern es war vielmehr das Kommen des Heiligen Geistes, der in der Gemeinde Wohnung nahm und ihre Reaktion auf Ausgrenzung und Verfolgung leitete. Beten Sie, dass derselbe Geist nicht nur Wang Yi, sondern alle Christen in China leitet und ausrüstet.

Wir wissen, dass es zwei Dinge gibt, zu denen Wang Yi unbedingt Zugang haben wollte, sollte er jemals ins Gefängnis kommen: eine Bibel sowie Papier und Stift. Beten Sie dafür, dass er weiterhin Zugang zu beidem hat, damit er das Wirken des Heiligen Geistes in dieser Welt besser erkennen und seine Theologie entsprechend ausrichten und vermitteln kann.

GLOSSAR

Die **Abteilung für Einheitsfrontarbeit (United Front Work Department, UFWD)** ist direkt dem Zentralkomitee der Kommunistischen Partei Chinas (KPC) unterstellt und arbeitet daran, den Widerstand gegen die Politik und die Autorität der Partei zu neutralisieren und sicherzustellen, dass einflussreiche chinesische Einzelpersonen und Gruppen mit der Partei und ihrer Agenda übereinstimmen. Ihre Arbeit konzentriert sich sowohl auf den Umgang mit der Opposition innerhalb Chinas als auch auf die chinesische Gemeinschaften in Übersee, die für die Unterstützung der KPC-Agenda und der Außenpolitik besonders wichtig sind.

Die **Anti-Rechts-Kampagne** von 1957 war eine Bewegung, um diejenigen zu entfernen, die der Kommunistischen Partei Chinas (KPC) gegenüber illoyal waren. Unter der Leitung von Mao Zedong machte die KPC kritische Intellektuelle und Parteimitglieder ausfindig, indem sie sie zunächst ermutigte, die Politik der Partei während der 100-Blumen-Kampagne offen zu kritisieren, um ihr zu helfen, sich zu verbessern. Wenn sie sich aber dann zu Wort gemeldet hatten, wurden sie scharf angeprangert, angegriffen und bestraft. Wissenschaftler schätzen, dass 550 000 chinesische Intellektuelle, von denen viele zu den besten Fachleuten in ihrem jeweiligen Bereich gehörten, sowie Tausende von Christen in dieser Bewegung politisch verfolgt wurden.

Die **Antichristliche Bewegung** von 1922 bis 1927 war eine intellektuelle und politische Bewegung, die darauf abzielte, China vom Einfluss des Christentums zu befreien. Sie begann mit der Veröffentlichung von zwei Büchern, *Christian Education in China* und *The Christian Occupation of China*[145], die das Wachstum des Christentums in China aufzeigten und sowohl den Kommunisten als auch den Nationalisten beispielhafte Argumente für die imperialistischen Motive des Christentums lieferten. Als der Christliche Studentenweltbund 1922 ankündigte, eine große Konferenz an der Tsinghua-Universität in Peking abzuhalten, schlossen sich in ganz China Dutzende von Studentengruppen zu antichristlichen Verbänden zusammen und organisierten Proteste, Petitionen und Kundgebungen unter Chinas Intellektuellen. Im Jahr 1925 wurden elf chinesische Demonstranten, die an einer antichristlichen Demonstration teilnahmen, von der Polizei der Internationalen Enklaven (einer von den verschiedenen westlichen Kolonialmächten geschaffenen gemeinsamen Polizeitruppe) getötet, was die „Bewegung des 30. Mai" auslöste. Die Proteste nahmen zu, und viele Kirchen und christliche Schulen wurden beschädigt oder besetzt. Ende 1926 erklärte die Regierung, dass alle ausländischen Schulen und Bildungseinrichtungen der Aufsicht der staatlichen Verwaltung unterstellt werden müssten, dass als Direktoren aller Privatschulen chinesische Staatsangehörige eingesetzt werden müssten und dass der Religionsunterricht nicht länger ein obligatorischer Bestandteil des Lehrplans einer Schule sein dürfe. 1927 wurden in Nanking sechs christliche Missionare ermordet, was dazu führte, dass sich viele Missionare aus dem Landesinneren zurückzogen und über 3000 das Land verließen. Die Antichristliche Bewegung endete

145 A. d. V.: Dt. etwa: *Christliche Erziehung in China* und *Die christliche Besetzung Chinas.*

mit der Bekehrung Chiang Kai-sheks zum Christentum und der Machtübernahme der Nationalisten im Jahr 1927, die bei der japanischen Invasion in der Mandschurei im Jahr 1931 die westlichen Mächte um militärische Unterstützung bitten mussten.

Der **Boxeraufstand** war ein gewalttätiger Bauernaufstand an der Wende zum 20. Jahrhundert, der darauf abzielte, die ausländischen Kolonialmächte und Missionare von chinesischem Boden zu vertreiben. „Boxer" war eine ausländische Bezeichnung für die *Yi He Quan* (义和拳, Gerechte und harmonische Fäuste) oder *Yi He Tuan* (义和团, Gerechte und harmonische Miliz), eine mystische Geheimgesellschaft, die glaubte, dass ihre Kampfkünste sie unempfindlich für Verletzungen und Kugeln, machten. Gegen Ende des 19. Jahrhunderts wuchs der Einfluss der Boxer in den nördlichen Provinzen Chinas, und die dortige Regierung warb um ihre Unterstützung im Kampf gegen die eindringenden ausländischen Mächte. Schließlich begannen die Boxer mit Angriffen auf westliche Missionare und chinesische Christen. Als sich die Boxer im Jahr 1900 Peking näherten, entsandten die verschiedenen europäischen Mächte, die in China koloniale Niederlassungen errichtet hatten, eine gemeinsame Miliz, um zu intervenieren; die Kaiserinwitwe Cixi befahl ihren kaiserlichen Truppen jedoch, die internationalen Truppen abzuweisen, wodurch die Boxer freien Zugang zur Hauptstadt erhielten. Die Boxer übernahmen die Kontrolle über die Stadt und begannen mit der Zerstörung von Kirchen und Häusern von Ausländern sowie mit der Ermordung zahlreicher chinesischer Christen. Als der Konflikt eskalierte, befahl Cixi selbst, alle Ausländer in Peking zu töten. Daraufhin stellten die europäischen Mächte eine Armee auf, die Peking einnahm und die Stadt plünderte, sodass Cixi fliehen musste. Schätzungsweise 100 000 Menschen wurden getötet, darunter mehrere hundert christliche Missionare.

Das **Büro für zivile Angelegenheiten (Civil Affairs Bureau – CAB)** ist der lokale Zweig des Ministeriums für zivile Angelegenheiten (Ministry of Civil Affairs – MCA) in jeder chinesischen Stadt. Das MCA wurde 1978 gegründet, um soziale und administrative Angelegenheiten (z. B. Heiratsregistrierungen, Beerdigungen, soziale Wohlfahrt, gemeinnützige Organisationen) zu beaufsichtigen. Einige religiöse Angelegenheiten fallen ebenfalls in den Zuständigkeitsbereich des MCA, insbesondere die Eintragung von Orten religiöser Aktivitäten. Damit eine Hauskirche beim CAB registriert werden kann, muss ihr gesetzlicher Vertreter einen Antrag beim MCA ausfüllen und den einschlägigen Vorschriften zustimmen, wodurch sie in das Drei-Selbst-System integriert wird.

Der **Chinesische Bürgerkrieg** dauerte von 1945 bis 1949. Seit den späten 1930er-Jahren war China in drei Gebiete mit konkurrierenden Regierungen aufgeteilt, die von Nationalisten, Kommunisten und Japanern kontrolliert wurden. Während des Zweiten Weltkriegs schlossen sich Kommunisten und Nationalisten zusammen, um im Zweiten Chinesisch-Japanischen Krieg die Japaner zu bekämpfen, die sie 1945 besiegten. Die Kommunisten und Nationalisten wendeten schließlich ihre Armeen gegeneinander, was 1949 zu einem kommunistischen Sieg führte.

Der **Chinesische Christenrat (CCR)** ist eine Organisation, die 1980 an der Seite der Patriotischen Drei-Selbst-Bewegung (DSB) gegründet wurde, um alle protestantischen religiösen Aktivitäten in China zu beaufsichtigen, einschließlich der Kirchenordnung, der theologischen Ausbildung, des religiösen Verlagswesens, des internationalen Austauschs, der akademischen Forschung und der sozialen Dienste. Die CCR ist Mitglied im Ökumenischen Rat der Kirchen.

„Das christliche Manifest“ (基督教宣言, *jidujiao xuanyan*) ist ein von Wu Yaozong verfasstes und von verschiedenen christlichen Anführern verbreitetes Dokument, in dem zur Unterstützung der neuen kommunistischen Regierung aufgerufen wird. Das Dokument wurde 1950 in *People's Daily* (人民日报, *renmin ribao*) und im *Tian Feng* (天风) mit 40 Erstunterzeichnern veröffentlicht. Das Dokument drückt die Unterstützung für die Kommunistische Partei Chinas (KPC) und die Gemeinsame Agenda (die vorläufige Verfassung der neuen Volksrepublik China) aus und befürwortet die Verbindungen der Kirche zu allen westlichen Missionsaktivitäten abzubrechen. „Das christliche Manifest“ gilt weithin als das Gründungsdokument der Patriotischen Drei-Selbst-Bewegung (DSB) und wurde als Lackmustest für die patriotische Unterordnung der Christen unter die KPC verwendet. Bis 1954 hatte das Manifest 417 389 Unterzeichner, damals etwa die Hälfte aller protestantischen Christen in China.

Ding Guangxun (丁光训, **K. H. Ting, 1915–2012**) war Vorsitzender der Patriotischen Drei-Selbst-Bewegung (DSB) sowie Präsident des Chinesischen Christenrats (CCR) und bekleidete zahlreiche hochrangige politische Ämter. Ding arbeitete für den CVJM in China und für die kanadische Christliche Studentenbewegung, bevor er nach New York City zog, um an der Columbia University und am Union Theological Seminary zu studieren. Nach einem Aufenthalt in Europa im Dienst des Christlichen Weltstudentenbundes kehrte Ding in den frühen 1950er-Jahren nach China zurück und leitete das Theologische Seminar in Nanjing. Als 1954 die DSB gegründet wurde, wurde Ding in den ständigen Ausschuss der Bewegung gewählt. Im Jahr 1955 wurde Ding als Bischof der Anglikanisch-Episkopalen Provinz China (AEPOC) eingesetzt. Während der Kulturrevolution verlor Ding seine Ämter, obwohl er sich stark für die KPC einsetzte.

In den 1970er-Jahren kehrte er in die Öffentlichkeit zurück und wurde Vizepräsident des Theologischen Seminars in Nanjing, später Präsident des CCR und Vorsitzender der DSB. Im Jahr 1985 half Ding bei der Gründung der Amity Foundation, dem einzigen legalen Bibelverlag in China mit eigener Bibeldruckerei. 1988 verkündete Ding, dass die protestantische Kirche mit dem Sozialismus in Einklang gebracht werden sollte, und forcierte die „theologische Rekonstruktion". Ding lehnte die Rechtfertigung allein durch den Glauben ab und seine Soteriologie wurde als „Rechtfertigung durch Liebe" (因爱称义, *yin ai cheng yi*) bekannt.

Ji Zhiwen (计志文, Andrew Gih, 1901–1985) war ein protestantischer Evangelist in China in den 1930er und 1940er-Jahren. Jis Vater war konfuzianischer Gelehrter und seine Mutter gläubige Buddhistin. Mit 18 Jahren besuchte er jedoch eine Missionsschule, wo er das Evangelium hörte und sich bekehrte. Nachdem er sich für ein Leben im christlichen Dienst entschieden hatte, begann Ji, mit Shi Meiyu (史美玉, „Mary Stone") und der Bethel-Mission zusammenzuarbeiten und wirkte als Wanderprediger im Südosten Chinas. 1931 schloss sich Ji zusammen mit John Sung und einigen anderen Mitarbeitern dem Bethel Worldwide Evangelistic Team an. Zwischen 1931 und 1935 legte die Gruppe Berichten zufolge über 50 000 Meilen zurück, besuchte 133 Städte, hielt fast 3400 Erweckungsversammlungen in ganz China ab und predigte zu schätzungsweise 500 000 Zuhörern. Im Jahr 1947 gründete Ji die Evangelize China Fellowship (ECF) in Shanghai und Hangzhou. Nach der kommunistischen Revolution zogen Ji und seine Frau nach Hongkong.

Jia Yuming (贾玉铭, 1880–1964) war ein einflussreicher protestantischer Theologe. Er schloss 1904 sein Studium an einem presbyterianischen Seminar ab und wurde in Yizhou, Shandong, zum Pastor ordiniert. Zwölf Jahre lang leitete er mehrere Kirchen und taufte Hunderte von Gläubigen. Im Jahr 1915 wurde Jia vom Nanjing Jinling Seminar angestellt, um Theologie zu unterrichten. Im Jahr 1919 wurde er Vizepräsident des North China Theological Seminary, einer neu gegründeten fundamentalistischen Ausbildungsstätte, und 1930 wurde er Rektor des Jinling Girls' Theological Seminary. Im Jahr 1936 gründete Jia das Chinesische Christliche Bibelinstitut und war dessen Leiter. Jia war stellvertretender Vorsitzender der Weltevangelisationskonferenz, die 1948 in den Niederlanden stattfand. Als 1954 die Patriotische Drei-Selbst-Bewegung (DSB) gegründet wurde, wurde Jia die Position des stellvertretenden Vorsitzenden zugewiesen. Jia war unschlüssig, ob er der DSB beitreten sollte, aber er tat es, um sein Seminar zu schützen, eine Entscheidung, die er Berichten zufolge bis zu seinem Tod bereute. Als 1957 die Anti-Rechts-Kampagne begann, wurde Jia trotz seiner Zugehörigkeit zur DSB verfolgt.

Jing Dianying (敬奠瀛, 1890–1957) war der Gründer der Jesus-Familie, eines großen, unabhängigen charismatischen Netzwerks christlicher Gemeinden, das in den 1920er-Jahren in Nordchina entstand. Jing war stark von der Pfingstbewegung beeinflusst, und seine Gemeinden legten ihren Schwerpunkt auf ein einfaches, gemeinschaftliches Leben und inbrünstiges Gebet. Hunderte schlossen sich der Bewegung an, und in den 1930er und 1940er-Jahren reisten Jing und seine Frau umher, um bei der Gründung neuer Gemeinden zu helfen. Bis 1948 gab es 127 Gemeinden in den nördlichen Regionen Chinas. Als die Patriotische Drei-Selbst-Bewegung (DSB) gegründet wurde, unterstützte Jing sie offen und unterstellte das gesamte Netzwerk der Jesus-Familie ihrer Aufsicht. Trotz seines Entgegenkommens wurde Jing wegen „antirevolutionärer

Aktivitäten" angeklagt und 1952 zu zehn Jahren Gefängnis verurteilt. Vier-Jahre später wurde er aufgrund von Leberversagen auf Bewährung entlassen und starb 1957.

Jonathan Chao (赵天恩, Zhao Tianen, 1938–2004) war Experte für chinesische Kirchengeschichte und ein Pionier der theologischen Ausbildung für die Hauskirchenbewegung. Er war auch ein Fürsprecher und Wortführer der chinesischen Hauskirchen auf internationaler Ebene. Zhao wuchs in der chinesischen Diaspora auf und beschloss als Jugendlicher, sein Leben der Evangelisation in China zu widmen. Er studierte am Geneva College, am Westminster Theological Seminary und an der University of Pennsylvania. Während seines Studiums war Zhao von der Notwendigkeit überzeugt, Chinas Hauskirchen mit einer theologischen Ausbildung zu unterstützen. Zhao verfolgte eine dreifache Vision: (1) Evangelisierung der chinesischen Nation, (2) „Königreichswerdung" der chinesischen Kirche und (3) Christianisierung der chinesischen Kultur. Zhao gründete das China Evangelical Seminary in den Vereinigten Staaten (1960er-Jahre), in Taiwan (1970er-Jahre) und in Hongkong (1980er-Jahre).

Außerdem gründete er 1978 das Chinese Church Research Center in Hongkong, 1986 das Research Center of Christianity and Chinese Culture in Taiwan und Mitte der 1980er-Jahre China Ministries International in Taiwan und den Vereinigten Staaten. Zhao reiste mehr als 100-mal nach China, um Pastoren auszubilden und zu ermutigen, und stand schließlich auf der schwarzen Liste für die Einreise ins Land. Zhao schrieb viele Bücher für die chinesische Kirche, darunter *Eine Geschichte des Christentums im sozialistischen China, 1949–1997* und *Klug wie die Schlangen, unschuldig wie die Tauben: Christen erzählen ihre Geschichte.*

Kardinal Gong Pinmei (龚品梅枢机, Ignatius Kung, 1901–2000) war ein katholischer Priester, der sich gegen die Katholische Patriotische Gesellschaft Chinas und die Kontrolle der Kommunistischen Partei über die chinesische katholische Kirche stellte. Gong wurde in Shanghai in einer katholischen Familie geboren, 1930 zum Priester geweiht und kurz nach der Gründung der Volksrepublik China im Jahr 1949 zum Bischof von Shanghai ernannt. Gong wurde 1955 zu einer lebenslangen Haftstrafe verurteilt. Im Jahr 1985 wurde er unter Hausarrest entlassen und siedelte zwei Jahre später in die Vereinigten Staaten über. Ohne sein Wissen wurde er während seiner Haft heimlich vom Papst zum Kardinal ernannt, was er erst nach seiner Flucht aus China erfuhr.

Katholische Patriotische Gesellschaft Chinas (KPGC). Im Gegensatz zu den protestantischen Kirchen, die unabhängig mit der Regierung interagieren, ist die Situation des Katholizismus in China von den Beziehungen zwischen dem Vatikan und der chinesischen Regierung abhängig. Ähnlich wie die protestantischen Kirchen, die sich der Patriotischen Drei-Selbst-Bewegung (DSB) unterwerfen, sind alle katholischen Kirchen in China verpflichtet, sich der KPGC zu unterstellen, die seit ihrer Gründung 1957 das Recht hat, Bischöfe zu ernennen. Als Reaktion darauf haben sich viele katholische Kirchen für eine Existenz im Untergrund entschieden. Der Vatikan unterhält seit 1951 keine offiziellen Beziehungen zu China mehr, aber in den letzten Jahren gab es gegenseitige Bemühungen um die Wiederherstellung diplomatischer Kontakte. Papst Franziskus hat besonders aktiv seinen Wunsch formuliert, China zu besuchen und die Beziehungen zu verbessern, und 2018 wurde ein historisches Abkommen ausgehandelt, in dem die chinesische Regierung den Papst als Oberhaupt der katholischen Kirchen Chinas anerkannte und der Vatikan die von der KPGC ernannten Bischöfe anerkannte, wodurch alle im Untergrund eingesetzten Bischöfe delegitimiert wurden.

Die **Kommunistische Partei Chinas (KPC)** ist die regierende politische Partei der Volksrepublik China (VRC). Sie wurde 1921 von Chen Duxiu und Li Dazhao gegründet und kam 1949 an die Macht, als Mao Zedong im chinesischen Bürgerkrieg die nationalistische Regierung von Chiang Kaishek besiegte. Das höchste Entscheidungsgremium der KPC ist der Nationalkongress, der alle fünf Jahre zusammentritt, um über die Angelegenheiten des Staates zu entscheiden. Der oberste Führer der KPC ist der Generalsekretär, derzeit Xi Jinping.

Die **Kulturrevolution** war eine politische Kampagne, die Mao Zedong von 1966 bis 1976 anführte, um den revolutionären Eifer der chinesischen Bürger neu zu entfachen und sein eigenes historisches Erbe zu festigen. In den frühen 1960er-Jahren befürchtete Mao zunehmend, dass die kommunistische Revolution angesichts der zunehmenden wirtschaftlichen Depression, seiner geschwächten politischen Rolle und der sozialen Struktur, die er im städtischen China wahrnahm, nachlassen würde. Maos Ziele während der Kulturrevolution waren die Läuterung der KPC und die Sicherstellung der Loyalität ihrer Führer gegenüber dem Mao-Denken, der Abbau des Elitismus in Chinas Kultur, in Bildungs- und Gesundheitseinrichtungen und die Organisation der städtischen Jugend in der Roten Garde, damit die jüngeren Generationen die Revolution erleben konnten. China wurde dadurch in ein soziales und wirtschaftliches Chaos gestürzt, da die Roten Garden ermutigt und ermächtigt wurden, jedes Anzeichen von „bürgerlicher" Unterwanderung und Einflussnahme anzuprangern und anzugreifen. Schulen wurden geschlossen, und viele Intellektuelle und Fachkräfte der älteren Generation wurden angegriffen, misshandelt und sogar getötet. Die Rotgardisten spalteten sich in rivalisierende Fraktionen auf, die darum wetteiferten, wer dem Mao-Kult am treuesten anhing. Die Roten Garden gewannen immer mehr an Macht, bis hin zum politischen Umsturz verschiedener Provinzregierungen. 1968 entsandte Mao die Armee, um die Institutionen von den Rotgardisten zurückzuerobern, die dann zur Umerziehung in die ländlichen Gebiete Chinas geschickt wurden. Mao, seine engsten politischen Verbündeten und die verschiedenen Führer der KPC verstrickten sich in den letzten Jahren der Revolution in den 1970er-Jahren in einen langwierigen Kampf um die Macht. Nachdem Mao einen schweren Schlaganfall erlitten hatte und 1976 starb, wurde Deng Xiaoping als nächster Führer der KPC bestimmt, und China begann, sich wirtschaftlich zu erholen.

Lin Xiangao (林献羔, Samuel Lamb, 1924–2013) war ein bekannter Hauskirchenpastor in Guangzhou. Aufgrund seiner Weigerung, sich der Patriotischen Drei-Selbst-Bewegung (DSB) anzuschließen, wurde Lin zu 22 Jahren Arbeitslager verurteilt. Während seiner Gefangenschaft predigte er weiter. Nach seiner Entlassung im Jahr 1978 gründete Lin seine Kirche in Guangzhou neu. Die Rongguili-Kirche (荣桂里教会), wie Lins Kirche später genannt wurde, wuchs exponentiell, mit mehreren Gottesdiensten pro Woche und Tausenden von Besuchern. Die Behörden schlossen die Kirche im Jahr 2018.

Die **Nationale Verwaltung für öffentliche Beschwerden und Vorschläge** ist eine staatliche Behörde, deren Aufgabe es ist, Beschwerden und zivile Petitionen entgegenzunehmen. Die kommunalen Verwaltungsämter sind einer nationalen Verwaltung unterstellt, die wiederum dem Generalbüro des Staatsrats der VR China untersteht.

Die **Nationalistische Partei**, auch **Kuomintang (KMT)** genannt, wurde 1912 unter der Führung von Sun Yat-sen gegründet. In den 1920er-Jahren ging die Führung an Chiang Kaishek über, der die in China herrschenden regionalen Kriegsherren besiegte und das Land wiedervereinigte. Die nationalistische Regierung wurde 1928 eingesetzt, und die Nationalisten waren die einzige regierende politische Partei. Während des Zweiten Weltkriegs verbündeten sich die Nationalisten mit den Kommunisten; als jedoch Japan 1945 aus China vertrieben war, bekämpften sich die beiden Parteien gegenseitig und lösten den chinesischen Bürgerkrieg aus. Die Kommunisten besiegten die Nationalisten im Jahr 1949.

Ni Tuosheng (倪柝声, Watchman Nee, 1903–1972) war ein Lehrer, Schriftsteller und Gemeindeleiter, der die Local Churches oder Ortsgemeinden (地方召会) gründete, ein weitverbreitetes unabhängiges Netzwerk von Hauskirchen auf dem chinesischen Festland sowie in Taiwan und Nordamerika. Sein Leben, sein Wirken und seine Theologie waren Gegenstand zahlreicher Kontroversen; dennoch wird er von vielen in der Hauskirche als Märtyrer betrachtet. Ni wuchs als Christ der dritten Generation auf und wurde von der methodistischen Evangelistin Yu Cidu (余慈度, Dora Yu) und von Margaret E. Barber, einer ehemaligen Anglikanerin, die zur unabhängigen Missionarin wurde, tief beeinflusst. Durch Yu und Barber lernte Ni die Theologie der Brüder kennen, die eine plurale Ältestenschaft, die Illegitimität von Konfessionen und die zentrale Bedeutung des Abendmahls betonte. Ni glaubte, dass es an einem Ort nur eine Kirche geben sollte, d. h. eine Ortsgemeinde.

Er gründete mit einer Handvoll Frauen und Charles Judd von der China Inland Mission die erste „Ortsgemeinde" in Shanghai. In den 1930er-Jahren wurden viele Ortsgemeinden in den Provinzen und Großstädten im Osten Chinas gegründet. Ni wurde als höchste Autorität in den Ortsgemeinden eingesetzt, und seine Stellvertreter erhielten apostolische Vollmacht. In den 1940er-Jahren startete Ni eine umfangreiche Evangelisationsarbeit in den unerreichten Gebieten Chinas, die dazu führte, dass die Ortsgemeinden bis 1949 auf 700 Gemeinden mit 70 000 Mitgliedern anwuchsen. Ni hatte 1950 die Möglichkeit, das chinesische Festland zu verlassen, aber er entschied sich, bei seinen Gemeinden zu bleiben. Unter dem Druck der Regierung drängte Ni 1951 die Ortsgemeinden dazu, die Patriotische Drei-Selbst-Bewegung (DSB) zu unterstützen und sich ihr anzuschließen. Im Jahr 1952 wurde Ni verhaftet und wegen Steuerhinterziehung und korrupter Geschäftspraktiken im Zusammenhang mit kirchlichen und geschäftlichen Angelegenheiten angeklagt. Die DSB organisierte „Anklageversammlungen" und verlangte von den Mitgliedern der Ortskirche, Ni zu denunzieren. Ni wurde zu 15 Jahren Gefängnis verurteilt, nach denen er auf verschiedene Zwangsarbeitsfarmen versetzt wurde. Er starb 1972 in Anhui. Nach seinem Tod fanden die Wachen ein Stück Papier unter seinem Kopfkissen, auf dem er sich verpflichtete, für seinen Glauben an Christus, den Sohn Gottes, zu sterben.

Die **Patriotische Drei-Selbst-Bewegung (DSB,** 三自爱国运动**)** ist der offizielle Name der staatlich sanktionierten protestantischen Kirche in China. Die drei Grundsätze der Selbstverwaltung, der Selbsterhaltung (im Gegensatz zur finanziellen Abhängigkeit vom Westen) und der Selbstverbreitung (einheimische Evangelisation) wurden ursprünglich von westlichen Missionaren und Missiologen als Leitlinien für die Gründung von Ortsgemeinden formuliert, im 19. Jahrhundert vor allem durch Henry Venn. Diese Drei-Selbst-Prinzipien bildeten die Grundlage für Wus „Das christliche Manifest" (基督教宣言). Diese „drei Selbst" wurden verwendet, um die Trennung der Kirchen von allen ausländischen Institutionen und Strukturen zum Ausdruck zu bringen und ihre Unterordnung unter die KPC in der neuen Volksrepublik China zu begründen. In den folgenden zehn Jahren unterzeichneten über 400 000 Christen das Manifest, während diejenigen, die dies nicht taten, verfolgt wurden. Die DSB wurde 1954 gegründet, um das Christentum unter kommunistischer Autorität zu strukturieren, was dem Begriff „Drei-Selbst" in China eine offenkundige politische Bedeutung verlieh. Während der Kulturrevolution wurde die DSB zusammen mit den Hauskirchen verboten. Nach dem Ende der Kulturrevolution setzte die Regierung die DSB 1979 wieder ein und gründete den Chinesischen Christenrat (CCR). Die DSB und der CCR sind als *liang hui* (两会) oder „die zwei Organisationen" bekannt, die mit dem protestantischen Christentum in China zu tun haben. Die DSB untersteht der Abteilung für Einheitsfrontarbeit der KPC.

Die **„Politik der dreifachen Festlegung"** schreibt vor, dass sich alle Kirchen der Patriotischen Drei-Selbst-Bewegung (DSB) nur an „festgelegten Orten" innerhalb von „festgelegten Regionen" versammeln dürfen, die von der Regierung genehmigt wurden, mit Predigten, die durch „festgelegtes Personal" gehalten werden, das von der Staatlichen Behörde für religiöse Angelegenheiten eine Predigterlaubnis erhalten hat. Die Politik verbietet es Einzelpersonen, in anderen Städten und Provinzen als dem genehmigten Ort zu predigen.

Die **Proteste auf dem Platz des Himmlischen Friedens (Tian'anmen-Platz) 1989**, im Chinesischen gemeinhin als

„Vierter-Juni-Vorfall“ (六四事件, *liusi shijian*) bekannt, waren Pro-Demokratie-Proteste im Jahr 1989, die von Studenten und Arbeitern angeführt wurden und in einem Massaker an Zivilisten durch die Volksbefreiungsarmee (VBA) endeten. Als das China der Nach-Mao-Ära begann, sich wirtschaftlich zu reformieren, setzten sich viele Studenten für weitergehende politische und bildungspolitische Reformen sowie für Rede- und Pressefreiheit und Maßnahmen zur Bekämpfung der Korruption ein. Unter der Führung von Studenten der Universitäten Peking und Tsinghua formierten sich Proteste auf dem Platz des Himmlischen Friedens, Pekings prominentestem und historisch bedeutsamstem öffentlichen Platz. Die Zahl der Demonstranten betrug schließlich schätzungsweise 100 000 Menschen. Die Proteste weiteten sich auf die meisten größeren Städte Chinas aus und eskalierten in den folgenden Wochen bis hin zu Hungerstreiks. Anfängliche Versuche im Mai, Truppen zu entsenden, wurden durch Scharen von Anwohnern, die die Straßen blockierten, vereitelt, doch in den ersten Junitagen beschloss die Regierung, die Proteste mit allen Mitteln niederzuschlagen. Die ersten Schüsse fielen am späten Abend des 3. Juni, als Panzer der Armee Blockaden entlang der Straßen zum Tian'anmen auflösten. Die Schätzungen über die Zahl der Todesopfer schwanken, doch herrscht unter Wissenschaftlern und Journalisten allgemeiner Konsens darüber, dass es sich um etwa 3000 Zivilisten handelte, vor allem um lokale Arbeiter aus Peking. Nachdem die Armee in den frühen Morgenstunden des 4. Juni die Straßen geräumt hatte, umzingelte sie die protestierenden Studenten auf dem Platz. Einigen prominenten älteren Akademikern, die mit der Bewegung sympathisierten, gelang es, einen sicheren Rückzug vom Platz auszuhandeln, und die Studenten wurden von der Armee eskortiert. Nach der Auflösung der Proteste führte die Regierung Massenverhaftungen durch, und viele Studentenführer flohen aus dem Land.

Die **„Sinisierung des Christentums“** ist eine Strategie, die darauf abzielt, das chinesische Christentum weiter mit der Ideologie der Kommunistischen Partei Chinas (KPC) in Einklang zu bringen. Sie ist Teil des größeren Plans, alle Religionen in China unter die Aufsicht der KPC zu stellen, da nicht genehmigte religiöse Aktivitäten als Bedrohung der nationalen Stabilität angesehen werden. Sinisierung, was wörtlich übersetzt „Chinesisch werden“ bedeutet, ist nicht mit Kontextualisierung zu verwechseln; es handelt sich vielmehr um die politische Steuerung und Kontrolle von Theologie und religiöser Praxis. Die jüngste Kampagne leitete Xi Jinping im Jahr 2016 mit einer Rede auf der Nationalen Konferenz für religiöse Arbeit ein. Im Jahr 2018 wurde von der Patriotischen Drei-Selbst-Bewegung (DSB) und dem Chinesischen Christenrat (CCR) ein Fünfjahresplan zur Entwicklung eines „Christentums, das mit dem Sozialismus im Einklang steht“ veröffentlicht. Zu den wichtigsten Grundsätzen, die in dem Dokument dargelegt werden, gehören: (1) Die Sinisierung des Christentums wird von der KPC geleitet und vom Sozialismus geführt; (2) die Sinisierung des Christentums bedeutet die Anpassung des christlichen theologischen Denkens an die sozialistische Gesellschaft; (3) die Sinisierung des Christentums wird von Mitarbeitern durchgeführt, die in Chinas staatlich sanktionierten theologischen Hochschulen zur Förderung von Patriotismus und Sozialismus ausgebildet wurden; (4) in der Ausbildung befindliche Studenten werden mit einer Hermeneutik, Lehrbüchern und Bibelübersetzungen indoktriniert, die die Grundwerte des Sozialismus fördern.

Song Shangjie (宋尚节, **John Sung, 1901–1944**) war ein bedeutender chinesischer Evangelist während der Erweckungsbewegung sowohl auf dem chinesischen Festland als auch in der chinesischen Diaspora in den 1920er und 1930er-Jahren. Song ging 1920 in die Vereinigten Staaten, weil seine Familie und seine Kirche ihn gedrängt hatten, die Bibel zu studieren. Stattdessen studierte Song jedoch sechs Jahre lang Chemie und erwarb 1926 seinen Doktortitel. Song beschrieb seine Zeit in den USA als eine Zeit des verlorenen Glaubens, und als er 1926 das Union Theological Seminary besuchte, bestätigte die liberale Lehre seiner Professoren seine Skepsis. Im Jahr 1927 erlebte er jedoch eine dramatische geistliche Wiedergeburt. Danach geriet Song in Konflikt mit seinen Professoren und Mitschülern, weil er häufig dazu aufforderte, die liberale Theologie aufzugeben und sich stattdessen dem Fundamentalismus zuzuwenden. Bald darauf geriet Song in eine psychische Krise und wurde in eine psychiatrische Klinik eingewiesen. Nach seiner Entlassung kehrte Song nach China zurück, wo er von der methodistischen Kirche als Prediger und Evangelist eingesetzt wurde. Nach einigen Jahren schloss er sich für drei Jahre einem Wanderevangelistenteam in Fujian an. 1931 trat er dem Bethel Worldwide Evangelistic Team (伯特利环球布道团) bei und predigte zusammen mit mehreren anderen berühmten Evangelisten in ganz China. 1933 wurde Song gebeten, die Predigergruppe zu verlassen. Seine Erfahrungen am Union Seminary und in der Predigergruppe desillusionierten Song bezüglich der Arbeit mit ausländischen Missionaren, die er oft als abweisend gegenüber chinesischen Mitarbeitern und verschwenderisch inmitten der Armut Chinas empfand. Die nächsten acht Jahre verbrachte er als unabhängiger Wanderprediger und bereiste das chinesische Festland und einen Großteil Südostasiens – auf Kosten der eigenen Gesundheit: Er litt unter verschiedenen schweren Krankheiten und starken Schmerzen. Songs bedeutendstes theologisches Vermächtnis in der chinesischen Kirche ist seine Betonung des „Kreuzesweges“ und der Berufung des Christen, mit Christus zu leiden. Er starb kurz vor seinem 43. Geburtstag.

Die **Staatsadministration für religiöse Angelegenheiten (SARA),** ursprünglich die Abteilung für religiöse Angelegenheiten, wurde 1951 gegründet, um religiöse Angelegenheiten zu kontrollieren und die Unterordnung aller religiösen Organisationen unter die Politik der KPC zu überwachen. Anfang 2018 wurde die SARA in die Abteilung für die Arbeit der Einheitsfront integriert. DSB, CCR und KPGC unterstehen der Aufsicht der SARA.

Das **Szechuan-Erdbeben von 2008** kostete am 12. Mai 2008 fast 90 000 Menschen das Leben. Das Erdbeben hatte im Zentrum eine Stärke von 8,0 und ereignete sich im Bezirk Wenchuan, nordwestlich der Provinzhauptstadt Chengdu. Die meisten Gebäude in dem betroffenen Gebiet stürzten ein, und die chinesische Regierung sah sich im Anschluss an das Beben mit einem großen Skandal konfrontiert, als massive Korruption beim Bau der Schulen in der Region aufgedeckt wurde. Fast 7000 Schulen stürzten bei dem Beben ein, und die Regierung räumte ein, dass bis zu 1000 von ihnen mangelhaft gebaut waren. Viele chinesische Aktivisten, die versuchten, die Korruption beim Schulbau in Szechuan zu untersuchen, wurden inhaftiert.

Tian Feng **(天风)** ist die offizielle Zeitschrift der Patriotischen Drei-Selbst-Bewegung (DSB). Sie wurde 1945 von Wu Yaozong zunächst als CVJM-Publikation gegründet und später der DSB unterstellt. In den frühen 1950er-Jahren veröffentlichte die Zeitschrift viele Artikel, in denen die neue chinesische Regierung beworben wurde und ausländische Missionare angeprangert wurden. Außerdem wurden Kirchen und Pastoren kritisiert, die sich weigerten, der DSB beizutreten. Die Zeitschrift wurde 1964 eingestellt und 1980, nach der Wiederherstellung der DSB nach der Kulturrevolution, neu aufgelegt.

Die **Volksrepublik China (VRC)** wurde 1949 durch die Kommunistische Partei Chinas (KPC) nach der Niederlage der nationalistischen Kuomingtang-Regierung gegründet. Der Vorsitzende Mao Zedong verkündete in einer Rede am 21. September 1949 ihre Gründung. Die VR China ist eine sozialistische Republik, die von einer einzigen politischen Partei regiert wird. Der Generalsekretär der KPC fungiert als Präsident der Volksrepublik China. Abgesehen von einer kurzen Zeit der Unruhen nach Maos Tod wurde die VR China hauptsächlich von fünf aufeinander folgenden Führern kontrolliert: Mao Zedong (1949–1976), Deng Xiaoping (1978–1989), Jiang Zemin (1989–2004), Hu Jintao (2004–2012) und Xi Jinping (2012 bis heute).

Die **Vorschriften für religiöse Angelegenheiten** wurden erstmals 2004 von der Staatsadministration für religiöse Angelegenheiten (SARA) bekannt gegeben; die zweite und jüngste Version der Vorschriften wurde 2017 veröffentlicht und trat 2018 in Kraft. Die neuen Vorschriften regeln die Beaufsichtigung aller religiösen Einrichtungen und Organisationen in China in Bezug auf Vermögen, religiöse Bildung, Veranstaltungsorte, religiöse Professionalisierung und rechtliche Verantwortung.

Ihr erklärter Zweck ist es, die Religionsfreiheit der chinesischen Bürger zu schützen; sie setzen jedoch voraus, dass die KPC alle religiösen Aktivitäten in China überwacht, und sie haben als Rechtsgrundlage für die Auflösung von Kirchen gedient, die sich der DSB nicht unterwerfen.

Wang Mingdao (王明道, 1900-1991) war Pastor, Evangelist und die erste Führungsgestalt der chinesischen Hauskirche. 1937 gründete Wang das Christian Tabernacle in Peking, das sich mit 570 Mitgliedern zu einer der größten evangelikalen Kirchen in Peking entwickelt hatte, als die KPC 1949 die Kontrolle über

China übernahm. Wang weigerte sich, der neu gegründeten Patriotischen Drei-Selbst-Bewegung (DSB) beizutreten, weil er der Meinung war, dass deren Führer theologisch liberal waren und die wahre Kirche von der Regierung getrennt bleiben sollte. Wang hatte bereits unter der japanischen Besatzung seine Unabhängigkeit von politischen Eingriffen bewiesen, sodass er argumentieren konnte, dass seine Kirche bereits die drei Prinzipien der Selbstverwaltung, der Selbsterhaltung und der Selbstverbreitung vertrat. Wang begann, die DSB offen zu kritisieren, und schrieb zahlreiche Artikel, in denen er die Christen Chinas aufforderte, sich nicht der Aufsicht der KPC zu unterwerfen. Einer seiner wichtigsten Artikel war „Wir – um des Glaubens willen". 1954 wurde Wang während einer öffentlichen Anklagesitzung heftig kritisiert; seine Unterstützung wuchs jedoch, und er blieb frei. 1955 verhafteten die Behörden ihn zusammen mit seiner Frau und 18 Kirchenmitgliedern. Sie schlossen auch das Christian Tabernacle und stellten seine beliebte Vierteljahresschrift *Spiritual Food Quarterly* (灵食季刊, *lingshi jikan*) ein. Nachdem Wang zu 15 Jahren Gefängnis verurteilt worden war, unterzeichnete er ein Geständnis und erklärte seine Unterstützung für die DSB. Nach seiner Freilassung widerrief er jedoch seine Aussage gegenüber den Behörden und wurde prompt erneut verhaftet und zusammen mit seiner Frau erneut verurteilt. 1979 teilte die chinesische Regierung Wang aufgrund des politischen Drucks der Vereinigten Staaten mit, dass es ihm freistehe, nach Hause zurückzukehren; er weigerte sich jedoch zu gehen, ohne dass sein Name rehabilitiert wurde.

Schließlich wurde Wang durch einen Trick dazu gebracht, das Gefängnis zu verlassen, um den internationalen politischen Druck auf China zu mindern. Wang war bei seiner Entlassung fast blind und taub und hatte alle seine Zähne verloren. Er und seine Frau lebten bis zu ihrem Tod mit ihrem Sohn in Shanghai.

Wang hinterließ den chinesischen Hauskirchen ein Vermächtnis von Fundamentalismus, Frömmigkeit und Leid, das das chinesische Christentum auch heute noch auszeichnet.

Wei Wenxiang (魏文祥, 以撒, Isaac, 1900–?) war ein Anführer der True Jesus Church (TJC). Die TJC ist eine unabhängige christliche Bewegung, die 1917 von Weis Vater Wei Enbo gegründet wurde. Die TJC wurde von verschiedenen pfingstlichen Praktiken und vom Glauben der Sieben-Tags-Adventisten beeinflusst. Bis 1949 hatte die TJC über 100 000 Mitglieder und 700 Kirchen. Wei war gegen die finanzielle Unterstützung chinesischer Kirchen durch das Ausland und gegen die Beteiligung ausländischer Missionare. Er wurde verhaftet und verschwand 1951. Über seinen Verbleib und seinen angeblichen Tod ist nichts bekannt.

Wenzhou (温州) ist eine Stadt in der Provinz Zhejiang, die in der Geschichte des protestantischen Christentums in China eine besondere Bedeutung hat. Bevor die Kommunisten an die Macht kamen, hatte Wenzhou den größten christlichen Bevölkerungsanteil in China.

Im Jahr 1958 wurde der Bezirk Pingyang in Wenzhou als Versuchsgebiet für die Beseitigung der Religion, einschließlich des Christentums, durch die Kommunistische Partei Chinas (KPC) ausgewiesen. Das Projekt war mit schweren, breit gestreuten religiösen Verfolgungen verbunden. Während der Kulturrevolution gingen die Kirchen in Wenzhou in den Untergrund. Ab den 1980er-Jahren erlebte Wenzhou eine große christliche Erweckung, was dazu führte, dass die Kirche in Wenzhou als einer der beispielhaften Fälle dafür gilt, dass das Christentum während der Kulturrevolution überlebte und sogar wuchs. Nach offiziellen Angaben der Regierung sind zehn Prozent der Bevölkerung von Wenzhou Christen, und die Stadt wird gemeinhin als Chinas Jerusalem oder Antiochia bezeichnet. Mehrere der dortigen Netzwerke haben im ganzen Land evangelisiert, sind gewachsen und bilden das sogenannte Wenzhou-Modell. Wenzhou wurde von der KPC als Test für die „Sinisierung des Christentums" ins Visier genommen. Zwischen 2014 und 2015 entfernten und zerstörten die örtlichen Behörden 1000 öffentlich sichtbare Kreuze an Kirchengebäuden, von denen die meisten Kirchen der Patriotischen Drei-Selbst-Bewegung (DSB) waren. Alle Kirchen wurden verpflichtet, in ihren Gemeinderäumen Nationalflaggen und Videokameras anzubringen, und Kirchenmitglieder, die als Beamte arbeiten, mussten ihre religiösen Aktivitäten ihren Vorgesetzten melden und dokumentieren.

„Wir – um des Glaubens willen" war ein Aufsatz von Wang Mingdao aus dem Jahr 1955, der in der Zeitschrift *Spiritual Food Quarterly* veröffentlicht wurde. Der Aufsatz ist eine Verteidigung von Wangs Entscheidung, nicht der Patriotischen Drei-Selbst-Bewegung (DSB) beizutreten, und er argumentiert, dass alle wahren Christen diesem Beispiel folgen sollten. Wang argumentiert theologisch, dass der Hauptgrund, warum Christen der DSB nicht beitreten sollten, darin liegt, dass sie von liberalen Theologen geleitet wird, die die Grundlagen des Glaubens wie die Jungfrauengeburt, die Auferstehung, das zukünftige Gericht und die individuelle Erlösung von der Sünde leugnen. Wang erklärt, dass er jahrzehntelang mit Chinas liberalen Theologen wie Wu Yaozong und Ding Guangxun debattiert habe und es nicht überraschen sollte, dass er sich weigern würde, sich mit ihnen zu vereinigen. Er begründet dies damit, dass Christen zwar barmherzig und freundlich mit den Angehörigen anderer religiöser Überzeugungen umgehen sollten, es aber für wahre Christen unmöglich sei, falsche Christen zu dulden. „Wir – um des Glaubens willen“ geht Punkt für Punkt die Grundlagen durch, die Wang als wesentlich für den christlichen Glauben ansieht, und zitiert mehrere lange Auszüge von prominenten chinesischen liberalen Theologen, um die von Wang kritisierte Theologie zu belegen. Der Essay enthält keine direkte Kritik oder Erwähnung der Kommunistischen Partei Chinas (KPC), der Regierung oder des Kommunismus im Allgemeinen.

Wu Weizun (吴维僔, 1926–2002) ist weithin als „Epaphras Chinas“ bekannt. Wu weigerte sich, der Patriotischen Drei-Selbst-Bewegung (DSB) beizutreten; stattdessen begann er, in seinem Haus Gebetstreffen zu veranstalten, und schrieb eine Reihe von Briefen an andere Hauskirchenchristen in ganz China mit dem Titel *Mitteilungen im Herrn* (主内交通, *zhu nei jiaotong*). Im Jahr 1957 wurde Wu zur Umerziehung aufs Land geschickt. Im Jahr 1964 wurde er verhaftet und zu lebenslanger Haft verurteilt, die er schließlich in einem Arbeitslager verbrachte. 1981 wurde die Reststrafe aufgehoben, aber Wu weigerte sich, ein Verbrechen zuzugeben, und lehnte die Strafminderung ab. 1987 wurde er wegen guter Führung für reumütig erklärt und gezwungen, das Gefängnis zu verlassen. Er schrieb sofort an das Gericht und erklärte, dass er in Wirklichkeit gar keine Reue gezeigt habe und seine Überzeugungen niemals widerrufen würde. Er zog in eine kleine Hütte neben der Gefängnismauer und lebte dort 15 Jahre lang, wo er weiterhin Briefe schrieb und christliche Besucher empfing. Wus Briefe waren in den 1990er-Jahren unter Christen in Hauskirchen weit verbreitet.

Wu Yaozong (吴耀宗, Y. T. Wu, 1893–1979) war der Architekt und führende Kopf der Patriotischen Drei-Selbst-Bewegung (DSB) in den 1950er und 1960er-Jahren. Wu wurde getauft und trat 1918 in eine Kongregationskirche in Peking ein. In den

1920er-Jahren wurde Wu Mitarbeiter des CVJM und reiste ins Ausland, um am Union Theological Seminary in New York City zu studieren.

Wu war ein starker Befürworter des sozialen Evangeliums und stand dem Evangelium der individuellen Errettung kritisch gegenüber. Nach Abschluss seines Studiums arbeitete Wu in den 1940er-Jahren für den Nationalen CVJM Chinas und gründete *Tian Feng*, die bedeutendste chinesische protestantische Zeitschrift. Nach dem Sieg der Kommunistischen Partei Chinas (KPC) im Jahr 1949 wurde Wu eingeladen, an den Aktivitäten der Arbeitsabteilung der Vereinigten Front teilzunehmen. Als Pazifist stand er der Gewaltanwendung durch die KPC zunächst kritisch gegenüber, gewann aber allmählich Sympathie für die Sache. Wu diente als führender protestantischer Delegierter auf der ersten Politischen Konsultativkonferenz des Chinesischen Volkes (CPPCC) und erklärte seine volle Unterstützung für die KPC. Wu war der Hauptverfasser des „Christlichen Manifests", eines Dokuments, in dem er sich zur Loyalität und Unterwerfung gegenüber der neuen Volksrepublik China und der KPC bekannte. Wu führte bei der Gründung der DSB den Vorsitz. Obwohl er die DSB leitete und Mitglied des Ständigen Ausschusses des Nationalen Volkskongresses war, fiel Wu der Kulturrevolution zum Opfer und wurde bis kurz vor seinem Tod 1979 in Peking zur Zwangsarbeit eingesetzt. Wus Theologie ist die offizielle Lehre der DSB im Sinne der „Sinisierung des Christentums".

Xi Jinping (习近平, geb. 1953) ist seit 2012 Generalsekretär der Kommunistischen Partei Chinas (KPC) und Präsident der Volksrepublik China (VRC). Aufgrund der zunehmenden Zentralisierung der politischen Macht während seiner Amtszeit und der Aufhebung der Begrenzung der Amtszeit des Präsidenten im

Jahr 2018 gilt er weithin als der mächtigste chinesische Führer seit Mao Zedong. Xi hat einen Personenkult um sich selbst aufgebaut und konnte seine wichtigsten Unterstützer in strategischen Positionen in der gesamten chinesischen Zentralregierung platzieren. Einer seiner engsten Vertrauten, Xia Baolong (夏宝龙), war von 2012 bis 2017 Sekretär des Parteikomitees der Provinz Zhejiang. In dieser Zeit ordnete Xia die Entfernung und den Abriss von Tausenden von Kreuzen aus Kirchengebäuden in Zhejiang an, vor allem in Wenzhou, als Teil der Pläne der KPC zur „Sinisierung des Christentums".

Xie Moshan (谢模善, **Moses, 1918–2011**) war ein bekannter Hauskirchenleiter, Pastor und Herausgeber mehrerer christlicher Zeitschriften und Bücher. Im Jahr 1956 wurde Xie verhaftet und inhaftiert, weil er sich weigerte, der Patriotischen Drei-Selbst-Bewegung (DSB) beizutreten. Er verbrachte 23 Jahre im Gefängnis und in Zwangsarbeitslagern. Nach seiner Freilassung im Jahr 1979 lehnte Xie die Möglichkeit ab, in die Vereinigten Staaten auszuwandern, und entschied sich stattdessen für ein Leben in Armut in Peking und für den Dienst an der Hauskirche. Xie wurde noch zwei weitere Male inhaftiert, zuerst 1985 und dann 1994. In seinen späteren Jahren half Xie, die nächste Generation von Hauskirchenleitern zu betreuen. Er schrieb, lehrte, bildete Hauskirchenpastoren aus und diente als Präsident des China Holy Anointment Theology Seminary.

Yuan Xiangchen (袁相忱, **Allen, 1914–2005**) war ein bekannter Hauskirchenpastor. Yuan bekehrte sich 1932, nachdem er die Predigten von Wang Mingdao gehört hatte. Er begann 1934 ein Theologiestudium am Far East College of Theology und fing 1937 an zu schreiben und zu veröffentlichen. Nach seinem Abschluss fühlte sich Yuan berufen, das Evangelium in den ländlichen

Gebieten Chinas zu predigen, und ging zusammen mit seiner Frau, seinem kleinen Sohn und einem ausländischen Missionar auf Wanderschaft. Im Jahr 1945 kehrte er nach Peking zurück und richtete einen Gebetsraum ein, von dem aus er im folgenden Jahr predigte. Yuan weigerte sich 1950, der DSB beizutreten, mit dem Argument, dass seine Kirche bereits selbsttragend sei. Yuan wurde 1958 verhaftet und zu lebenslanger Haft verurteilt; anschließend verbrachte er 21 Jahre in Arbeitslagern. Yuan wurde 1979 freigelassen. Anschließend gründete er eine Hauskirche, die zu einer der bekanntesten Gemeinden Pekings wurde. In den 1990er-Jahren wurde Yuan von Präsident Bill Clinton zum Presidential Prayer Breakfast eingeladen; er lehnte die Einladung jedoch ab, um jede politische Zugehörigkeit seiner Kirche zu vermeiden und um die Gemeinschaft mit den gleichzeitig eingeladenen DSB-Delegierten zu meiden.

WEITERFÜHRENDE LITERATUR

Baugus, Bruce P., *China's Reforming Churches: Mission, Polity, and Ministry in the Next Christendom*. Grand Rapids, MI: Reformation Heritage, 2014.

Bays, Daniel H., *A New History of Christianity in China*. Malden, MA: Wiley-Blackwell, 2012.

Chow, Alexander, *Chinese Public Theology: Generational Shifts and Confucian Imagination in Chinese Christianity*. Oxford: Oxford University Press, 2018.

Fulton, Brent, *China's Urban Christians: A Light That Cannot Be Hidden*. Eugene, OR: Pickwick, 2015.

Hamrin, Carol Lee, and Stacey Bieler, *Salt and Light, Volume 1: Lives of Faith That Shaped Modern China*. Eugene, OR: Pickwick, 2009.

Hamrin, Carol Lee, and Stacey Bieler, *Salt and Light, Volume 2: More Lives of Faith That Shaped Modern China*. Eugene, OR: Pickwick, 2010.

Harvey, Thomas Alan, *Acquainted with Grief: Wang Mingdao's Stand for the Persecuted Church in China*. Grand Rapids, MI: Brazos, 2002.

Johnson, Ian, *The Souls of China: The Return of Religion After Mao*. New York: Vintage, 2017.

Li Ma, *The Chinese Exodus: Migration, Urbanism, and Alienation in Contemporary China*. Eugene, OR: Pickwick, 2018.

Li Ma and Jin Li, *Surviving the State, Remaking the Church: A Sociological Portrait of Christians in Mainland China.* Eugene, OR: Pickwick, 2018.

Lian Xi, *Redeemed by Fire: The Rise of Popular Christianity in Modern China.* New Haven, CT: Yale University Press, 2010.

Nation, Hannah, and Simon Liu, *Faith in the Wilderness: Words of Exhortation from the Chinese Church.* Bellingham, WA: Kirkdale, 2022.

Starr, Chloë, *Chinese Theology: Text and Context.* New Haven, CT: Yale University Press, 2016.

Vala, Carsten T., *The Politics of Protestant Churches and the Party-State in China: God Above Party?* New York: Routledge, 2018.

Wang, S. E., and Hannah Nation, *Grace to the City: Studies in the Gospel from China.* Metuchen, NJ: China Partnership, 2021.

Yang Fenggang, *Religion in China: Survival & Revival Under Communist Rule.* New York: Oxford University Press, 2012.

Yao, Kevin Xiyi, *The Fundamentalist Movement Among Protestant Missionaries in China, 1920–1937.* Lanham, MD: University Press of America, 2003.

HILFSAKTION MÄRTYRERKIRCHE – WIR HELFEN DA, WO CHRISTEN LEIDEN

AKTUELL MIT 180 PROJEKTEN IN 55 LÄNDERN

Die Hilfsaktion Märtyrerkirche ist das Hilfswerk für verfolgte Christen, das von der verfolgten Gemeinde selbst gegründet wurde. Die Arbeit geht auf den lutherischen Pfarrer Richard Wurmbrand zurück. Wurmbrand war wegen seines Glaubens insgesamt mehr als 14 Jahre in verschiedenen rumänischen Gefängnissen inhaftiert.

Noch im Gefängnis bekam er von christlichen Mitgefangenen den Auftrag, nach der Freilassung die Glaubenserfahrungen der bedrängten Christen weiterzugeben und so zur „Stimme der Märtyrer" zu werden. So entstand 1969 die Hilfsaktion Märtyrerkirche (HMK).

Auftrag der HMK ist, verfolgten Christen zu helfen und deutlich zu machen, was wir von ihnen lernen können. Aktuell unterstützt die HMK bedrängte Christen in 55 Ländern mit 180 Projekten. Darüber hinaus stellt die HMK als „Stimme der Märtyrer" Christen im Westen die Frage: „Was darf euch euer Glaube kosten?"

Als christliches Hilfs- und Missionswerk wollen wir Christen hierzulande wachrütteln, zu einer ganzheitlichen Nachfolge einladen und ermutigen, den verfolgten Christen weltweit zu helfen und so bei der Erfüllung des Missionsauftrages zu unterstützen.

Die HMK will durch ihre Arbeit ...

Helfen

Die HMK hilft Christen, die aufgrund Ihres Jesus-Bekenntnisses bedrängt und verfolgt werden und fordert Christen im Westen dazu auf mitzuhelfen.

Lieben

Die HMK unterstützt verfolgte Christen, die durch aktive Nächstenliebe ihre Mitmenschen und sogar noch ihre Verfolger zum Glauben an Jesus Christus einladen.

Ermutigen

Die HMK ermutigt verfolgte Christen, indem sie ihnen eine Stimme gibt und ihre Situation öffentlich macht – zur Förderung des Evangeliums. Durch die Zeugnisse der Verfolgten werden Christen und Gemeinden auch hierzulande ermutigt, ihren Glauben freimütig zu bekennen und das Wort Gottes ohne Scheu weiterzugeben.

Die HMK nimmt die verfolgte Gemeinde nicht als Bittsteller wahr, sondern als Vorbild durch ihr segenbringendes, mutiges Glaubenszeugnis. Christen, die momentan in größerer Freiheit leben, werden durch dieses Vorbild herausgefordert, eindeutiger in der Nachfolge Jesu zu leben – und dann auch den um ihres Glaubens willen Bedrängten beizustehen. So ergibt sich ein Segenskreislauf, eine Gemeinschaft im Geben und Nehmen:

„Jetzt helfe euer Überfluss ihrem Mangel ab, damit danach auch ihr Überfluss eurem Mangel abhelfe und so ein Ausgleich geschehe." (2Kor 8, 14)

EINSATZGEBIETE

Aktuell hilft die HMK in 55 Ländern, in denen Christen bedrängt und verfolgt werden, mit 180 Hilfsprojekten. Da die HMK ausschließlich Projekte in solchen Ländern unterstützt, in denen Menschen ihren christlichen Glauben nicht frei leben können und wegen ihrer Religionszugehörigkeit unter Bedrängung oder Verfolgung leiden, können aufgrund der Sicherheitslage nicht alle Länder genannt werden.

Die HMK engagiert sich u. a. in folgenden Ländern: Afghanistan, Ägypten, Äthiopien, Arabische Halbinsel, Bangladesch, Bhutan, Brunei, Burkina Faso, China, Indien, Indonesien, Iran, Kenia, Kolumbien, Kuba, Laos, MENA-Region (Mittlerer Osten und Nordafrika), Mongolei, Mosambik, Myanmar, Nepal, Nigeria, Nordkorea, Pakistan, Palästinensische Autonomiegebiete, Mindanao (Philippinen), Sri Lanka, Sudan, Türkei, Uganda, Vietnam, Zentralasien.

EINSATZBEREICHE

Die HMK engagiert sich mit ihrer Projektarbeit in den Bereichen Soforthilfe, Medizinische Hilfe, Kinderhilfe, Ausbildung, Evangelisation, Rechtsbeistand und Gefangenenhilfe, Wiederaufbau und Entwicklung, Überlebenshilfe und Hilfe zur Selbsthilfe.

Richard Wurmbrand beschrieb das so: „Gebt uns die Werkzeuge, die wir brauchen! Wir werden den Preis dafür zahlen, sie zu nutzen. Die bedrängten Geschwister bitten nicht um Fluchtmöglichkeiten, Sicherheit oder ein leichtes Leben. Sie bitten nur um die Werkzeuge, die sie für ihren Dienst brauchen."

Die HMK arbeitet dabei hauptsächlich mit einheimischen Partnern zusammen. Dabei ist es der HMK wichtig, von den verfolgten Christen zu lernen. Die biblische Sicht von Verfolgung wird als Herausforderung und Ermutigung zugleich im deutschsprachigen Raum weitergegeben.

Kontakt

Pastor Manfred Müller (Missionsleiter)

Missionshaus
Steinstraße 5
35641 Schöffengrund
Tel.: 06445 612 44-0
Fax: 06445 612 44-22
info@verfolgte-christen.org
www.verfolgte-christen.org

John C. Lennox
Gegen den Strom
Von Daniel lernen, unangepasst zu leben

Daniel praktizierte seinen Glauben öffentlich in der pluralistischen Gesellschaft Babylons. Würde er heute leben, stünde er an vorderster Front in einer öffentlichen Debatte, in der die Ausübung des Christentums zunehmend ins Private abgedrängt wird. Was gab ihm die Kraft und Überzeugung, gegen den Strom zu schwimmen, oft unter großem Risiko?

Gb., 592 S., 13,5 × 20,5 cm
Best.-Nr. 271795
ISBN 978-3-86353-795-1

Glen Scrivener
Wie die Luft, die wir atmen
Warum wir alle an Freiheit, Menschenwürde und Gleichheit glauben

Ist das Christentum ein Todeskandidat, der überaltert und heuchlerisch mehr Probleme für die moderne Gesellschaft erzeugt als löst? Oft schämen sich Christen für ihren Glauben, und Außenstehende sind misstrauisch. Was aber, wenn die christliche Botschaft nicht der Feind unserer westlichen Werte ist, sondern ihre Quelle? Glen Scrivener nimmt seine Leser mit auf eine Entdeckungsreise und zeigt, wie die Lehren Jesu nicht nur die antike Welt auf den Kopf gestellt haben, sondern noch bis heute prägen, wie wir über Leben, Werte und Bedeutung denken. Freiheit, Freundlichkeit, Fortschritt und Gleichheit sind so selbstverständlich für uns geworden, dass wir ihre christlichen Wurzeln kaum noch bemerken. Dieses faszinierende Buch ist eine starke Hilfe für Christen, um über ihren Glauben zu reden, und ein Augenöffner für Nichtchristen über die positive Wirkung des Glaubens.

Gb., 272 S., 13,5 × 20,5 cm
Best.-Nr. 271878
ISBN 978-3-86353-878-1

Rebecca McLaughlin
Das neue Credo
Fünf säkulare Glaubenssätze im Test

Die Autorin geht Botschaften unserer heutigen Zeit nach und zeigt, dass diese ein säkulares Glaubensbekenntnis sind. Sie hilft Christen zu unterscheiden, welche Überzeugungen zu bejahen und welche abzulehnen sind. Sie lädt uns zum Gespräch mit unseren Nachbarn ein, um auf die Liebe Gottes hinzuweisen, die das wahre Fundament für Vielfalt und Gerechtigkeit ist.

Die fünf Glaubenssätze: „Black Lives Matter", „Liebe ist Liebe", „Die Schwulenbewegung ist die neue Bürgerrechtsbewegung", „Frauenrechte sind Menschenrechte", „Transfrauen sind Frauen".

Pb., 192 S., 13,5 × 20,5 cm
Best.-Nr. 271822
ISBN 978-3-86353-822-4

Nabeel Qureshi
Allah gesucht – Jesus gefunden
Eine außergewöhnliche Biografie

Nabeel Qureshi wächst in einem liebevollen muslimischen Zuhause auf. Schon in jungen Jahren entwickelt er eine Leidenschaft für den Islam. Dann entdeckt er – fast schon gegen seinen Willen – unwiderlegbare Beweise für die göttliche Natur und die Auferstehung Jesu Christi. Die Wahrheit über die Gottessohnschaft Jesu kann er nicht länger leugnen. Doch eine Konvertierung würde automatisch die Trennung von seiner geliebten Familie bedeuten. Qureshis Kampf und die innerliche Zerreißprobe werden Christen ebenso herausfordern wie Muslime und jeden, der sich für die großen Weltreligionen interessiert.

Eine Geschichte über den inneren Konflikt eines jungen Mannes, der sich zwischen Islam und Christentum entscheiden muss und schließlich seinen Frieden in Jesus Christus findet.

Gb., 512 S., 13,5 × 20,5 cm
Best.-Nr. 271658
ISBN 978-3-86353-658-9